청정도론

제3권

제법의 무상·고·무아를 꿰뚫어 보아 해탈열반을 성취하시는

스님들께

『청정도론』 제3권을 바칩니다.

발간사

'빠알리 삼장의 한글 완역' 을 근본 설립취지로 하여 〈초기불전연구원〉이 개원한지도 1년 6개월이 지났다. 이제 드디어 『청정도론』을 완역하여 출간하게 되었으니 이는 참으로 경이롭고(*acchariya*) 경사스러운(*abbhūta*) 사건이다. 『청정도론』은 빠알리 삼장을 이해하는 나침반이요, 이제 드디어 우리는 빠알리 삼장의 한글 완역을 위한 나침반을 얻었기 때문이다.

빠알리 삼장을 제대로 역출해내기 위해서는 몇 가지 구비해야 할 기본 장비들이 있다.

첫째는 언어학적 소양이 있어야 한다. 매개 언어인 빠알리어에 정통해야 한다. 빠알리어에 정통하기 위해서는 빠알리 문법과 어휘와 구문에 정통해야 하고 그러기 위해서는 빠알리어의 언어적 기반인 베다어와 쁘라끄리뜨어(방언)를 포함한 인도 고대어 즉 산스끄리뜨어에 대한 정확한 이해와 충분한 소양이 있어야 한다. 이들을 바탕으로 정확한 독해력을 완비하여야 한다.

둘째는 경에 대한 안목이 있어야 한다. 아무리 빠알리어에 능통하다해도 경에 대한 정확한 이해가 없이는 경에서 설하는 금구성언을 제대로 읽어낼 수 없다. 그러면 경에 대한 안목을 어디서 구할 것인가. 도대체 어떤 것을 두고 경에 대한 정확한 이해라 할 것인가 고뇌하지 않을 수 없다. 이런 고뇌를 바탕으로 전개되어 온 것이 아비담마의 역사이고 이런 아비담마의 체계를 통해서 경에 대한 정확한 이해를 추구해온 것이 주석서(Aṭṭhakathā)들이다. 경에 대한 정확한 이해는 그러므로 아비담마와 이에 바탕한 주석서들을 정확하게 섭렵하는 것에서 출발된다. 그렇지 않으면 자칫 자신의 반딧불만큼도 못한 알량한 이해를 가지고 광휘로운 태양과 같은 지혜라고 우기며 금구성언을 자기 깜냥으로 망쳐놓게 될 것이다. 두려운 일이다.

셋째는 수행이 뒷받침되어야 한다. 아무리 언어학적 소양과 경에 대한 정확한 이해를 갖추었다하더라도 이것을 지금 여기 내 삶에서 적용시켜 해탈열반을 실현하리라는 근본적인 태도를 가지지 못하는 한 삼장을 통해서 전승되어 온 부처님의 메시지는 바르게 읽어내지 못할 것이다.

〈초기불전연구원〉의 소임자들은 이러한 세 가지를 구비하려고 꾸준히 노력해 왔다. 그래서 인도유학시절에는 산스끄리뜨 공부에 열중하여 베다와 6파철학과 문법과 냐야(인명)를 공부하였으며 스리랑카와 미안마에서는 아비담마를 공부하였고 틈틈이 위빳사나 센터에서 정진하는 것도 게을리 하지 않았다. 지금도 이 셋을 갖추기 위해서 노력하고 있으며 앞으로도 이것을 생명으로 하여 금구성언을 하나하나 한글로 옮길 것이다.

그리고 〈초기불전연구원〉에서는 이러한 세 가지 필수장비를 두루 갖추기 위해서 삼장을 본격적으로 역출하기 전에 빠알리 삼장 이해의 완벽한 지침서인

『청정도론』을 먼저 출간하게 되었다. 그것은 다음과 같은 이유 때문이다.

첫째, 『청정도론』에는 빠알리 삼장에서 나타나는 거의 대부분의 단어와 술어들이 집약되어 있다. 빠알리 사전들에 등장하는 단어들이 대략 1만 3천개 정도라면 『청정도론』에 등장하는 단어들은 대략 1만 1천개 정도이다. 『청정도론』은 수많은 합성어를 쏟아내며 삼장의 메시지를 함축적으로 전달하고 있는 어려운 문장들의 연속이다. 어느 하나 수월한 문장이 없다. 『청정도론』의 원문을 제대로 읽어내어야만 빠알리에 대한 언어학적 소양을 충분히 갖추었다고 자부할 수 있다는 것이 상좌부 교단의 정설이다. 이제 본원에서는 『청정도론』 역출을 계기로 거의 대부분의 빠알리 어휘와 술어들을 통일적으로 이해하고 정착하게 되었으며 조만간 이를 책으로 발표할 예정이다.

둘째, 『청정도론』은 빠알리 삼장을 이해하기 위해서 반드시 거쳐야 하는 노둣돌이다. 그러므로 붓다고사 스님은 다른 여러 주석서들의 서문에서 다음과 같이 자신 있게 밝히고 있다.(본서의 해제를 참조할 것)

> 모든 초월지들과 통찰지〔慧〕의 정의를 내리는 것과
> 무더기〔蘊〕·요소〔界〕·감각장소〔處〕·기능〔根〕과
> 네 가지 성스러운 진리〔諦〕와 여러 조건〔緣=緣起〕의 가르침과
> 극히 청정하고 능숙한 방법과 경전을 벗어나지 않는 도〔道〕와
> 위빳사나 수행 — 이 모든 것은
> 내가 지은 『청정도론』에서 아주 청정하게 〔설명되었다.〕
>
> …
>
> 『청정도론』은 네 가지 전승된 가르침〔四阿含〕들의
> 중앙에 서서 거기서 말씀하신 뜻을 드러내기 때문이다."

그러므로 『청정도론』을 읽어내지 못하면서 경에 대한 정확한 이해를 말한다는 것은 어불성설이다.

셋째, 『청정도론』은 계·정·혜라는 불교수행의 세 버팀목과 칠청정이라는 불교수행의 일곱 절차를 그 근간으로 하고 있다. 특히 18장에서 22장까지에서 상세하게 열거하고 있는 다섯 가지 청정은 통찰지 수행의 핵심을 이룬다. 이것은 순간(18장)과 조건(연기, 19장)을 철저하게 봐서 모든 경계에 속지 않고(20장) 지혜를 완성하여(21장) 구극의 청정인 사쌍팔배(四雙八輩)의 성자의 경지로 인도하는(22장) 청정한 길을 제시하고 있기 때문에 스스로를 『청정도론』이라 부르고 있으며 불교수행에 있어서 만대의 표준을 천명하고 있다.

이처럼 『청정도론』의 번역은 빠알리 역출자가 갖추어야할 위의 삼대요소를 충족하지 않고서는 누구도 감히 엄두를 내지 못하는 일이다.

이제 〈초기불전연구원〉에서는 『청정도론』을 세상에 내어놓는다. 상좌부 불교의 부동의 준거를 마침내 제대로 소개하게 되었다는 자부심도 없는 것은 아니지만 그것보다는 본서로 인해 〈초기불전연구원〉이 빠알리 삼장의 완역 불사를 감당할 충분한 실력을 갖추었음을 유감없이 보여주는 증거가 되리라는 점에서 더 큰 의미를 찾는다. 물론 아직 미흡한 점이 많을 것이다. 강호제현들께서 검증해주시기를 기대한다.

〈초기불전연구원〉에서는 상좌부 아비담마의 핵심인 『아비담맛타 상가하』를 상세한 주해와 함께 번역하여 『아비담마 길라잡이』(상/하)로 출간하면서 역경불사의 돛을 달았다. 그리고 초기불교의 3대 수행지침서인 「긴 념처경」,

「출입식념경」, 「염신경」과 그 주석서들을 옮긴 『네 가지 마음챙기는 공부』와 『들숨날숨에 마음챙기는 공부』도 이미 출간하여 수행자들로부터 많은 호응을 얻고 있다. 그리고 『아비담맛타 상가하』(아비담마 길라잡이) 역출을 바탕으로 하여 이제 『청정도론』을 완역해내면서 역경불사를 위한 토대가 제대로 다져졌다고 자평한다.

마음챙김(*sati*)을 토대로 불교수행법이 지금까지 면면히 이어져오고 『아비담맛타상가하』와 『청정도론』을 항해도로 하여 빠알리 삼장이 순조롭게 우리들에게까지 전승되어왔듯이 본원도 이들을 의지하여 올해부터 본격적으로 빠알리 삼장 역경불사 3차 5개년 계획을 하나하나 실현해갈 것이다. 차질 없이 빠알리 삼장을 모두 완역하여 삼보님전에 헌정할 것을 거듭 다짐해본다.

이러한 불사는 부처님의 가피가 없이는 결코 가능한 일이 아닐 것이다. 부디 제불보살님들과 호법선신들의 가피력이 〈초기불전연구원〉에 함께 하시어 본원의 역경불사가 장애 없이 성취되게 하소서!

Ciraṁ tiṭṭhatu lokasmiṁ sammāsambuddhasāsanaṁ.

(이 세상에 부처님 교법이 오래 오래 머물기를!)

불기 2548년 3월

초기불전연구원
지도법사 각 묵

제3권 목차

제17장 통찰지의 토양〔緣起〕 19

Ⅰ 연기〔緣起〕란 무엇인가 …… §1 21

Ⅱ 12연기의 상세한 해설 …… §25 33

1. 서언 …… §25 33

2. 간단한 주석 …… §27 35

3. 상세한 주석 …… §58 50

조건의 주석 …… §65 55

(1) 무명을 조건으로 상카라들이 있다 …… §101 76

(2) 상카라를 조건으로 알음알이가 있다 …… §120 85

㈎ 32가지 세간적인 과보로 나타난 알음알이 …… §120 85

㈏ 과보로 나타난 알음알이들의 일어남 …… §126 88

㈐ 어떻게 조건이 되는가 …… §175 109

(3) 알음알이를 조건으로 정신·물질이 있다 …… §186 114

(4) 정신·물질을 조건으로 감각장소가 있다 …… §203 122

정신이 조건이 됨 …… §206 124

물질이 조건이 됨 …… §214 126

정신·물질이 조건이 됨 …… §218 128

(5) 여섯 감각장소를 조건으로
감각접촉이 있다 ······ §220 129
(6) 감각접촉을 조건으로 느낌이 있다 ······ §228 133
(7) 느낌을 조건으로 갈애가 있다 ······ §233 134
(8) 갈애를 조건으로 취착이 있다 ······ §239 137
(9) 취착을 조건으로 존재가 있다 ······ §249 142
(10) 존재를 조건으로 태어남이 있다 ······ §270 151
(11) 태어남을 조건으로 늙음·죽음 등이 있다 ··· §272 152
Ⅲ 존재의 바퀴 ······ §273 153
1. 존재의 바퀴 ······ §273 153
2. 삼세 ······ §284 157
3. 원인과 결과 ······ §288 158
4. 여러 가지 방법으로 ······ §299 162

제18장 견청정(見淸淨) 173
정신·물질을 파악함 ······ 176
(1) 근본물질(四大)을 통해서 구분함 ······ §3 176
(2) 18가지 요소(界)들을 통해서 구분함 ······ §9 179
(3) 12가지 감각장소(處)를 통해서 구분함 ······ §12 181

(4) 무더기〔蘊〕들을 통해서 구분함 §13 181
(5) 네 가지 근본물질을 통해서 간략하게 구분함 §14 182
만약 정신의 법들이 확연해지지 않으면 §15 182
세 가지 양상으로 정신의 법들이 확연해짐 §18 184
여러 경과 대조함 §25 187
비유로 정신·물질을 설명함 §28 188
정신·물질은 서로 의지한다 §32 191

제19장 의심을 극복함에 의한 청정 197
조건을 파악함 §1 199
정신·물질은 항상 조건에서 생긴다 §5 201
공통적인 것과 특별한 것의 두 가지 조건 §7 201
연기의 역관 및 순관 §11 203
업과 업의 과보 §13 203
업과 업의 과보 이외에는 달리 행위자가 없다 §19 208

제20장 도와 도 아님에 대한 지와 견에 의한 청정 215
명상의 지혜 §1 217
세 가지 통달지 §3 218

깔라빠에 대한 명상 ········ §6 220
40가지 관찰 ········ §18 226
물질의 생겨남을 봄 ········ §22 232
정신의 생겨남을 봄 ········ §43 240
물질의 칠개조를 통한 명상 ········ §46 242
정신의 칠개조를 통한 명상 ········ §76 255
18가지 중요한 위빳사나 ········ §89 260
일어나고 사라짐을 관찰하는 지혜〔전반부〕 ········ §93 262
위빳사나의 경계 ········ §105 269
도와 도 아님의 구분 ········ §126 276

제21장 도닦음에 대한 지와 견에 의한 청정 279

(1) 일어나고 사라짐을 관찰하는 지혜〔후반부〕 ········ §3 282
(2) 무너짐을 관찰하는 지혜 ········ §10 284
(3) 공포로 나타나는 지혜 ········ §29 292
(4) 위험함을 관찰하는 지혜 ········ §35 295
(5) 역겨움을 관찰하는 지혜 ········ §43 301
(6) 해탈하기를 원하는 지혜 ········ §45 302
(7) 깊이 숙고하여 관찰하는 지혜 ········ §47 303

(8) 상카라에 대한 평온의 지혜 …… §53 307
세 가지 해탈의 관문 …… §66 313
일곱 분의 성자들의 분류 …… §74 317
이 지혜는 앞의 두 지혜와 같다 …… §79 319
도의 출현으로 인도하는 위빳사나 …… §83 320
12가지 비유 …… §90 324
칠각지 등의 차이를 결정한다 …… §111 330
(9) 수순〔隨順〕하는 지혜 …… §128 336

제22장 지와 견에 의한 청정 343
1. 고뜨라부, 네 가지 도, 네 가지 과 …… §1 345
고뜨라부의 지혜와 첫 번째 도의 지혜 …… §3 346
나머지 도와 과의 지혜와 나머지 성자들 …… §15 352
2. 깨달음의 편에 있는 법들〔37菩提分法〕 …… §32 257
(1) 깨달음의 편에 있는 법의 원만성취 …… §33 358
(2) 출현과 (3) 힘의 결합 …… §44 364
(4) 버려야할 법들과 (5) 그들을 버림 …… §47 367
(6) 통달지 등 네 가지의 역할 …… §92 381
(7) 통달지 등의 구분 …… §104 387

제23장 통찰지수행의 이익 397

Ⅵ 통찰지를 닦으면 무슨 이익이 있는가 ································ §1 399

1. 여러 가지 오염원들을 없앰 ································ §2 399
2. 성스러운 과의 맛을 체험함 ································ §3 400
3. 멸진정에 들 수 있는 능력을 갖다 ························ §16 407
4. 공양 받을만한 자가 됨 등을 성취함 ····················· §53 421

결론〔*nigamanakathā*〕 425

후기〔*ganthakāraguṇakittana*〕 428

역자후기 433

참고도서 437

색인 및 찾아보기 445

약어

A.	Aṅguttara Nikāya(증지부)
AA.	Aṅguttara Nikāya Aṭṭhakathā = Manorathapūraṇī(증지부 주석서)
AAṬ.	Aṅguttara Nikāya Aṭṭhakathā Ṭīkā(증지부 복주서)
ApteD	Apte's *Practical Sanskrit-English Dictionary*
BDD	Ven. Buddhadatta's *Concise Pali-English Dictionary*
CMA	A *Comprehensive Manual of Abhidhamma*
Cp.	Cariyapiṭaka(짜리야삐따까)
CpA.	Cariyapiṭaka Aṭṭhakathā(짜리야삐따까 주석서)
D.	Dīgha Nikāya(장부)
DA.	Dīgha Nikāya Aṭṭhakathā = Sumaṅgalavilāsinī(장부 주석서)
DAṬ.	Dīgha Nikāya Aṭṭhakathā Ṭīkā(장부 복주서)
Dhk.	Dhātukathā(界論)
Dhp.	Dhammapada(법구경)
DhpA.	Dhammapada Aṭṭhakathā(법구경 주석서)
Dhs.	Dhammasaṅgaṇi(法集論)
DhsA.	Dhammasaṅgaṇi Aṭṭhakathā = Aṭṭhasālinī(법집론 주석서)
DhsMT.	Dhammasaṅgaṇi Mūlaṭīkā(법집론 근본복주서)
Dv.	Dīpavaṁsa(島史)
HOS	Harvard Oriental Series, Vol. 41

It.	Itivuttaka (如是語)
ItA.	Itivuttaka Aṭṭhakathā (여시어 주석서)
Jā.	Jātaka (本生譚)
JāA	Jātaka Aṭṭhakathā (본생담 주석서)
Khp.	Khuddakapātha (쿳다까빠타)
Kv.	Kathāvatthu (論事)
KvA.	Kathāvatthu Aṭṭhakathā (논사의 주석서)
M.	Majjhima Nikāya (중부)
MA.	Majjhima Nikāya Aṭṭhakathā (중부 주석서)
Miln.	Milindapañha (밀린다왕문경)
Mv.	Mahāvaṁsa (大史)
Nd1.	Mahā Niddesa (大義釋)
Nd2.	Cūla Niddesa (소의석)
Netti.	Nettippakaraṇa (指道論)
NettiA.	Nettippakaraṇa Aṭṭhakathā (지도론 주석서)
NMD	Ven. Ñaṇamoli's *Pali-English Glossary of Buddhist Terms*
Pe.	Peṭakopadesa (藏釋論)
PED	*Pāli-English Dictionary* (PTS)
Pm.	Paramatthamañjūsā = Visuddhimagga Mahāṭīkā (청정도론 주석서)

Ps.	Paṭisambhidāmagga(무애해도)
PṬ.	Paramatthadīpanī Ṭīkā(빠라맛타디빠니 띠까)
Ptn..	Paṭṭhāna(發趣論)
PTS	Pāli Text Society
PtnA.	Paṭṭhāna Aṭṭhakathā(발취론 주석서)
Pug.	Puggalapaññatti(人施設論)
PugA.	Puggalapaññatti Aṭṭhakathā(인시설론 주석서)
Pv.	Petavatthu(아귀사)
PvA.	Petavatthu Aṭṭhakathā(아귀사 주석서)
S.	Saṁyutta Nikāya(상응부)
SA.	Saṁyutta Nikāya Aṭṭhakathā = Sāratthappakāsinī(상응부 주석서)
Sn.	Suttanipāta(經集)
SnA.	Suttanipāta Aṭṭhakathā(경집 주석서)
Th.	Theragāthā(장로게)
Ud.	Udāna(감홍어)
Vbh.	Vibhaṅga(分別論)
VbhA.	Vibhaṅga Aṭṭhakathā = Sammohavinodanī(분별론 주석서)
Vin.	Vinaya Piṭaka(율장)
VinA.	Vinaya Piṭaka Aṭṭhakathā = Samantapāsādikā(율장 주석서)
VinAṬ.	Sāratthadīpanī Ṭīkā(사라타디빠니 띠까 = 율장 복주서)
Vis.	Visuddhimagga(청정도론)

VṬ.	Abhidhammaṭṭha Vibhavinī Ṭīkā(위바위니 띠까)
Vv.	Vimānavatthu(천궁사)
VvA.	Vimānavatthu Aṭṭhakathā(천궁사 주석서)
Yam.	Yamaka(쌍론)
YamA.	Yamaka Aṭṭhakathā = Pañcappakaraṇa(야마까 주석서)
길라잡이	『아비담마 길라잡이』(Abhidhammaṭṭha Sanghaha 역해)
냐나몰리	*The Path of Purification*
뻬 마웅 틴	*The Path of Purity*(PTS)
상가하	Abhidhammaṭṭha Sanghaha(아비담맛타 상가하)

일러두기

(1) 삼장(Tipitaka)과 주석서(Aṭṭhakathā)는 별다른 언급이 없는 한 모두 PTS본임. 복주서(Ṭīkā)는 미얀마 6차결집본임. M6/i.45는 『중부』 6번 경(『중부』 제1권 45쪽)을, M123은 『중부』 123번 경을, M.iii.123은 『중부』 제3권 123쪽을 나타냄.

(2) 본문의 단락번호는 HOS본의 단락번호를 따랐음.

(3) Pm의 숫자는 미얀마 6차결집본의 단락번호를 뜻하며 Pm에서 숫자 언급이 없는 것은 『청정도론』의 해당 원문에 대한 주석임을 나타냄.

(4) 관련된 곳의 문단번호는 괄호 속에 표기하여 제시하고 있음. 예를 들면 III. §33은 『청정도론』 HOS본의 3장 33번 문난을 뜻함.

제17장

paññābhūminiddeso

통찰지의 토양[緣起]

제17장 통찰지의 토양(緣起)

paññābhūminiddeso

I 연기(緣起)란 무엇인가

paṭiccasamuppādakathā

1. 무더기(*khandha*, 蘊), 장소(*āyatana*, 處), 요소(*dhātu*, 界), 기능(*indriya*, 根), 진리(*sacca*, 諦), 연기(*paṭiccasamuppāda*, 緣起) 등으로 분류되는 법들이 토양(*bhūmi*, 地)이라고 설했다.(XIV. §32) 이 통찰지의 토대가 되는 법들 가운데서 연기(緣起)와 '등(*ādi*)'이라는 단어로 포함되는 연기된(緣而生) 법들[1]이 아직 [설명되지 않은 상태로] 남아있

---

1) 12연기나 24가지 조건(*paccaya*)을 정확하게 이해하기 위해서는 먼저 '조건짓는 법(*paccaya-dhamma*)'과 '조건 따라 생긴 법(*paccayuppanna-dhamma*)'의 두 가지 개념을 정리해야 한다.
본서에 나타나는 '연기'가 조건짓는 법이고, '연기된 법'이 바로 조건 따라 생긴 법이다. 이것을 분명하게 알아야 한다. 예를 들면 '무명을 조건으로 상카라들이 있다'라고 했을 때 무명은 연기 즉 조건짓는 법이고, 상카라들은 연기된 법 즉 조건 따라 생긴 법들이다. 그래서 §4에서도 "연기(緣起, *paṭicca-samuppāda*)란 조건짓는 법(*paccaya-dhammā*)이고 연기된 법(緣而生法, *paṭiccasamuppanna-dhamma*)이란 이 조건 따라 생긴(*nibbatta*) 법들이다."라고 분명하게 정의하고 있다. 그리고 이것은

다. 그러므로 이제 이들을 설명할 차례가 되었다.

2. 이 가운데서 무명 등의 법들을 연기라고 알아야 한다. 세존께서 다음과 같이 설하셨기 때문이다. "비구들이여, 무엇이 연기인가? 비구들이여 무명을 조건으로 상카라(行)들이 있다. 상카라들을 조건으로 알음알이가, 알음알이를 조건으로 정신 · 물질(名色)이, 정신 · 물질을 조건으로 여섯 감각장소(六入)가, 여섯 감각장소를 조건으로 감각접촉(觸)이, 감각접촉을 조건으로 느낌(受)이, 느낌을 조건으로 갈애(愛)가, 갈애를 조건으로 취착(取)이, 취착을 조건으로 존재(有)가, 존재를 조건으로 태어남(生)이, 태어남을 조건으로 늙음 · 죽음(老死)과 근심 · 탄식 · 육체적 고통 · 정신적 고통 · 절망이 있다. 이와 같이 전체 괴로움의 무더기(苦蘊)가 일어난다. 비구들이여, 이것을 일러 연기라 한다.(S.ii.1)"

3. 늙음 · 죽음 등은 연기된 법들(*paṭiccasamuppannā dhammā*, 緣而生法)이라고 알아야 한다. 세존께서 다음과 같이 설하셨기 때문이다. "비구들이여, 무엇이 연기된 법들인가? 비구들이여, 늙음 · 죽음은 무상한 것이고, 형성된 것이고, 연기된 것이고, 파괴되는 법이고,[2] 무너지는 법이고, 빛바래는 법이고, 소멸하는 법이다. 비구들이여, 태어남은 … 존재는 … 취착은 … 갈애는 … 느낌은 … 감각

중국에서 각각 緣起와 緣而生으로 옮겨졌다.

2) 여기서 '파괴되는 법'이라고 옮긴 원어는 '*khaya-dhamma*'이다. 단어 그대로 *khaya*(파괴되는)-*dhamma*(법)이다. 이하 같은 문맥에서 나타나는 *dhamma*도 모두 법으로 살려서 옮긴다. 아마 불교의 영향이겠지만 우리 말로도 '~하기 마련이다'라는 표현을 '~ 하는 법이다'라고 많이 쓰는데 본문에서도 이런 경우에 해당된다. 그래서 그냥 '파괴되는 법이고, 무너지는 법이고 …'라고 직역하였다.

접촉은 … 여섯 감각장소는 … 정신 · 물질은 … 알음알이는 … 상카라들은 … 무명은 무상한 것이고, 형성된 것이고, 연기된 것이고, 파괴되는 법이고, 무너지는 법이고, 빛바래는 법이고, 소멸하는 법이다.(S.ii.26)"

4. 여기서 이것이 그 요점이다. '연기(緣起, *paṭicca-samuppāda*)란 조건짓는 법들(*paccaya-dhammā*)이고 연기된 법(*paṭicca-samuppanna-dhamma*, 緣而生法)들이란 이 조건따라 생긴(*nibbatta*) 법들이다.'[3]

5. '그러면 이것을 어떻게 알아야 하는가?'라고 만약 한다면 — 세존의 말씀을 통해서 알아야 한다. 세존께서는 연기와 연기된 법들에 대한 가르침의 경에서 연기를 가르치시면서 진실 등의 동의어로 오직 조건짓는 법들을 연기라 하셨기 때문이다.

"비구들이여, 무엇이 연기인가? 비구들이여, 태어남을 조건으로 늙음 · 죽음이 있다. 이것은 여래들께서 출현하신 후거나 출현하시기 이전에도 존재하는 요소(界)[4]이며, 법의 확립된 성질[5]이고, 법의

---

3) 거듭 말하지만 연기는 조건짓는 법이고 연기된 법은 조건따라 생긴 법이다. 용어에 대한 정확한 이해를 해야 한다.

4) "여기서 요소(*dhātu*, 界)란 '태어남을 조건으로 늙음 · 죽음이 있다'라고 하는 늙음 · 죽음의 조건을 뜻한다. 이 연기는 여래께서 세상에 출현하시기 이전에도 이후에도 존재해있었지만 여래께서 세상에 출현하시기 전에는 알려지지가 않았다. 여래는 통찰지로 그 사실을 보고 깨달으셨을 뿐 없는 것을 만들어 내신 것이 아니기 때문에 '그 요소는 존재해있었다'라고 했다.(Pm.571)"

5) "'태어남을 조건으로 늙음 · 죽음이 있다'라는 요소는 조건 또는 고유성질이 진실하기 때문에 존재한다. 그러므로 이 요소가 바로 법의 확립된 성질(*dhammaṭṭhitatā*)이다. 즉 조건이라는 고유성질에 따라 존재하는 것이다. 혹은 태어남이 *dhammaṭṭhitatā*(법의 확립된 성질)이다. 왜냐하면

결정된 성질[6]이며, 이것에게 조건됨[7]이다. 여래는 이것을 투철하게 깨달았고 관통하였다(*abhisameti*). 투철하게 깨닫고 관통한 뒤 이것을 천명하고 가르치고 알게 하고 확립하고 드러내고 분석하고 설명하고, '태어남을 조건으로 늙음·죽음이 있다. 이것을 보라'고 말한다.

비구들이여, 존재를 조건으로 태어남이 있다 .… 비구들이여, 무명을 조건으로 상카라들이 있다. 이것은 여래들께서 출현하신 후거나 출현하시기 이전에도 존재하는 요소(界)이며, 법의 확립된 성질이고, 법의 결정된 성질이며, 이것에게 조건되는 성질이다. 여래는 이것을 투철하게 깨달았고 관통하였다. 투철하게 깨닫고 관통하시고는 이것을 천명하고 가르치고 알게 하고 확립하고 드러내고 분석하고 설명하고, '무명을 조건으로 상카라들이 있다. 이것을 보라'고 말한다. 비구들이여, 이와 같이 여기서 진실한 성질, 거짓이 아닌 성질, 그렇지 않은 것이 아닌 성질, 이것에게 조건되는 성질, 이것을 일러 연기라 한다.(S.ii.25-26)"

그러므로 연기는 늙음·죽음 등의 법들에게 조건이 되는 것이 그 특징이다. 괴로움을 뒤따르는 것이 역할이며 나쁜 길로서 나타난다고 알아야 한다.

늙음과 죽음을 생기게 함으로써 존재하며 늙음과 죽음의 일어남, 생김, 쌓음, 속박, 장애 등의 원인이기 때문이다. 혹은 *dhammaṭṭhitatā*가 바로 원인, 조건을 뜻한다.(Pm.571)"

6) "'태어남을 조건으로 늙음·죽음이 있다'라는 요소가 바로 *dhamma-niyāmatā*(법의 결정된 성질)이다. 왜냐하면 '태어남을 조건으로 늙음·죽음이 있다'라는 조건 혹은 고유성질이 그렇지 않은 것이 아니기 때문에 결정됨이 있고 정의함이 있기 때문이다.(Pm.571)"

7) *idappaccayatā*는 *ida*(이)+*paccayatā*(조건의 성질)로 분해된다. 이것은 무명연행 … 생연노사우비고뇌의 연기의 정형구 전체를 지칭하는 술어이다. 여기서 *ida*(이것)는 12가지 연기각지들을 지칭한다.

6. 모자라지도 넘치지도 않은 각각의 조건들에 따라 각각의 법들이 생기기 때문에 이것을 진실(*tathatā*, 如如)이라고 했다. 조건들이 모일 때 단 한 순간이라도 그 [조건]으로부터 법들이 생기지 않는 것이 아니기 때문에 거짓이 아니다(*avitathatā*)라고 했다. 다른 조건으로부터 이 법이 생기지 않기 때문에 그렇지 않은 것이 아니다(*anaññathatā*)라고 했다. 앞서 말한 이 늙음·죽음의 조건이기 때문에 혹은 조건의 모임이기 때문에 이것에게 조건됨(*idappaccayatā*)이라 했다.

7. 이제 이것이 문법적인 뜻이다. '이다빳짜야(*idappaccaya*)'는 '이들의 조건'이란 뜻이다. 이다빳짜야가 바로 이다빳짜야따이다. 혹은 이다빳짜야들의 모임이 이다빳짜야따(이것에게 조건되는 성질)이다. 여기서 이 규칙은[8] 문법적으로 찾아야 한다.

8. 어떤 이들은 외도들이 가정하는 자연(*pakati*)[9]과 진인(眞人, *purisa*) 등의 원인을 무시함으로써 조건을 의지하여(*paṭicca*) 바르게(*sammā*) 일어나는 것(*uppāda*)이 바로 연기(*paṭicca-samuppāda*, 빠띳짜사뭅빠다)라고 하면서 이와 같이 오직 일어나는 것(*uppāda*)만을 연기라고 한다. 그것은 옳지 않다. 무슨 이유인가? ① 그런 경전이 없기 때문이고 ② 경전에 어긋나기 때문이고 ③ 심오한 방법이 없기 때문이고 ④ 문법에 맞지 않기 때문이다.

---

8) 원문의 '*lakkhaṇaṁ*'을 냐나몰리 스님은 문자 그대로 '*characteristic*(특징)'으로 영역했는데 여기서는 그 뜻이 아니고 이 문단에서 설명하고 있는 것을 문법서에서 그 '규칙'을 찾아보아야 한다는 뜻이다.

9) 자연과 진인은 상캬학파의 두 근본명제이다.(XVI. §91 주해 참조)

9. ① 단지 일어남만을 연기라고 한 경은 없다.

② [단지 일어남만을] 연기라고 주장하는 사람은 「빠데사 위하라 경」(Padesavihāra Sutta, 部分住經)과 반대가 되고 만다. 어떻게? "그때 세존께서는 초경에 연기를 순·역순으로 마음에 잡도리하셨다(Vin.i.1)"라는 등의 말씀이 있기 때문에 처음 정각을 이루신 세존께서는 연기를 마음에 잡도리하시면서 머무셨기 때문이다. 빠데사 위하라(*padesa-vihāra*)란 '한 부분에 머묾'이다. 그래서 말씀하셨다. "내가 최초로 정각을 이루었을 때 머물렀던 그 한 부분에 머물렀다.(S.v.12)"

그때 그분께서는 조건의 구성을 보면서 머무셨다. 단순히 일어나는 것만을 보면서 머물지 않으셨다. 그래서 말씀하셨다. "그런 나는 삿된 견해를 조건으로 생긴 느낌을 잘 알았고, 바른 견해를 조건으로 생긴 느낌, 삿된 사유를 조건으로 생긴 느낌을 잘 알았고 …(S.v.12)" 이와 같이 모든 것을 상세하게 알아야 한다. 이와 같이 단지 일어남만을 연기라고 주장하는 자는 「빠데사위하라 경」과 어긋나고 만다.

10. 마찬가지로 「깟짜나 경」(Kaccāna Sutta, 가전연경)과도 어긋난다. 「깟짜나 경」에서도 "깟짜나여, 세상의 일어남을 있는 그대로 바른 통찰지로 보는 자는 세상이 없다고 하지 않는다(S.ii.17)"라면서 단견(斷見, *ucchedadiṭṭhi*)을 뿌리 뽑기 위해 순서대로(順觀) 연기를 밝히셨다. 왜냐하면 세상을 조건으로 세상의 일어남이 있기 때문이다. 단순히 일어나는 것만을 [밝히신 것이] 아니다. 왜냐하면 단순히 일어나는 것만을 보는 것으로는 단견이 뿌리 뽑히지 않기 때문이다. 오직 조건이 그치지 않음을 봄으로써만 가능하다. 조건이 그치지

않을 때 결과도 그치지 않기 때문이다. 이와 같이 단지 일어남만을 연기라 주장하는 자는 「깟짜나 경」과도 반대가 된다.

11. ③ 심오한 방법이 없기 때문이다. 세존께서 이와 같이 설하셨다. "아난다여, 이 연기는 심오하고, 또한 심오하게 드러난다.(S.ii.92)" 심오함에는 네 가지가 있다. 이것은 나중에 설명할 것이다.(§304이하) 단지 일어남에는 이런 것이 없다. 그들은 이 연기를 네 가지 [심오한] 방법으로 장식하여 설명한다.(§309이하) 그 네 가지 방법도 이 단지 일어남에는 없다. 이와 같이 심오한 방법이 없기 때문에도 단지 일어남만은 연기가 아니다.

12. ④ 문법에 맞지 않는다. 이 *paṭicca*(조건, 緣)라는 단어는 주어가 같을 때 과거시제에 적용되어 뜻을 이룬다. 즉, "눈과 형상을 조건하여(*paṭicca*) 눈의 알음알이가 일어난다.(S.ii.72 등)"라고. 그러나 [*uppādamattaṁ paṭiccasamuppādo*(단지 일어남만이 연기다)라는 문장에서는 *paṭicca*라는 단어가] 동명사인 일어남(*uppāda*)에 적용되어 [두 동사가] 공유하는 주어(*katta*)가 없기 때문에[10] 문법적으로 맞지 않다. 뜻을 이루지 못하기 때문에 단지 일어남만을 연기라고 하는 것은 문법에 맞지 않다.

---

10) '*paṭicca-samuppāda*'라 하면 '어떤 것이 무엇을 조건으로 하여(*paṭicca*) 그것이 일어나는 것(*samuppāda*)'이니 조건한다와 일어난다의 주어는 같아야 한다. 마치 "눈과 형상을 조건하여(*paṭicca*) 눈의 알음알이가 일어난다"에서처럼 눈의 알음알이는 두 동사의 동일한 주어이다. 그러나 여기서처럼 일어남만(*uppādamattam*)이 연기(*paṭicca-samuppādo*)라 한다면 문법적으로도 옳지 않다는 설명을 하고 있다.

13. 이렇게 말할 지도 모른다. '조건을 의지하여(*paṭicca*) 일어남(*samuppāda*)이 있다(*hoti*)라고 *hoti*(있다)라는 동사를 적용시켜 보자'라고. 그것은 옳지 않다. 무슨 이유인가? 왜냐하면 그런 경우는 없기 때문이고, 또 일어남의 일어남이라는 모순을 범하게 되기 때문이다.[11] "비구들이여, 연기를 설하리라 … 어떤 것이 연기인가? … 비구들이여, 이것이 연기이다.(S.ii.1)"라고 한 이 말씀에서 '*hoti*(있다)'라는 단어는 어느 한 경우에도 더해지지 않았다. '*uppādo hoti*(일어남이 있다)'라는 말도 없다. 만약에 있다면 일어남이 일어남을 얻은 것이 될 것이다.

14. 이와 같이 생각하는 자들이 있을 것이다. '이다빳짜야(*ida-ppaccaya*, 이 조건)들의 상태가 이다빳짜야따(*idappaccayatā*, 이것에게 조건됨)이다. 그 '상태(*bhāva*)'는 무명 등의 [특별한] 양상(*ākāra*)인데 상카라들 등이 나타날 때 원인이 되고, 상카라들이 변화(*vikāra*)를 겪을 때 연기라고 이름한다.'라고. 그들의 생각은 옳지 않다. 무슨 이유인가? 무명 등은 원인(*hetu*)을 뜻하는 말이기 때문이다.

세존께서는 "아난다여, 그러므로 이것이 바로 늙음·죽음의 원인이고, 근원이고, 기원이고, 조건이니, 그것은 다름 아닌 태어남이다. … 이것이 상카라들의 원인이고, 근원이고, 기원이고, 조건이니, 그것은 다름 아닌 무명이다.(D.ii.57-63)"라고 이와 같이 무명 등이 원인이라고 말씀하셨지 그들의 변화를 말씀하신 것이 아니기 때문이다.

---

11) '*paṭiccāsamuppādo hoti*'라고 하면 '조건으로 함께 일어나서 있다(*hoti*)'는 말이니 일어나서 [다시 일어나] 있는(*hoti*) 것이 되므로 이것은 잘못이라는 것이다.

그러므로 '연기란 조건짓는 법이다'(§4)라고 알아야 한다. 그러므로 이처럼 말한 것은 바르게 말한 것이라고 알아야 한다.

15. '연기라는 용어의 그늘에 가렸을 뿐이지 그것은 단지 일어남(*uppāda*)을 말한 것일 뿐이다'라는 산나(인식)가 일어나면 다음 [게송의] 뜻을 이해하여 가라앉혀야 한다. 세존께서는,

> [조건 따라] 생긴 법의 모임에
> 이 [연기라는] 단어는 두 가지로 [연결된다]
> 그것에게 조건됨은 은유법을 사용하여
> 결과로서 설하신 것이다.

16. 조건 따라 생긴 법의 모임(*dhamma-samūha*)이 연기라고 한 것은 두 가지로 이해해야 한다. 이것에 도달하면(*patīyamāna*) 이것은 이익과 행복으로 인도한다. 그러므로 그것에 도달할(*paceturii*) 가치가 있다고 현자들은 말한다. 그래서 빠띳짜(*paṭicca*, 緣, 조건하여)라 한다. 일어날 때 함께(*saha*) 바르게(*sammā*) 일어난다(*uppajjati*). 제각각 일어나는 것이 아니고 원인 없이 일어나지 않기 때문에 사뭅빠다(*samuppāda*, 起, 함께 일어남)라 한다. 이와 같이 조건하여(緣) 일어나는(起) 것을 연기(緣起, 조건하여 함께 일어남)라 한다.

더욱이 함께 일어나기 때문에 사뭅빠다(함께 일어남, 起)이고, 조건의 화합을 조건해서(빠띳짜, 緣) [일어나는 것이지] 그것을 거절하고 [일어나는 것이] 아니다. 이와 같이 조건하여(緣) 일어나는(起) 것을 연기(緣起, 조건하여 함께 일어남)라 한다. 그리고 '이 원인의 모임이 조건이다'라고 해서 '그것에게 조건됨(*tappaccayattā*)'이다.

이처럼 연기(*paṭiccasamuppāda*)를 결과를 나타내는 일상적 표현으로 사용했다고 알아야 한다. 마치 세간에서 당밀을 조건으로 가래가 일어나는 것을 가래[를 일으키는] 당밀이라고 하고, 마치 부처님 교법에서도 부처님의 출현을 조건으로 [중생들이] 행복해 지는 것을 "행복[을 가져오는]의 부처님의 출현(Dhs.194)"이라고 하듯이.

17. 혹은,

> 향하여(*paṭimukham*) 가기(*ito*) 때문에[12]
> 원인의 모임을 빠띳짜(緣, *paṭicco*)라 한다.
> 모일 때(*sahite*) 일으키기(*uppādeti*) 때문에
> 사뭅빠다(起, *sanuppādo*)라 한다.

18. 원인의 모임(*hetu-samūha*)은 상카라(行)들 등을 나타나게 하는 무명 등 각각의 원인이라는 표제아래 설명되었다. 그것은 공통된 결과를 일으킨다는 뜻에서, 모자라지 않다는 뜻에서 원인의 화합의 구성요소를 서로서로 향해서 가기 때문에 빠띳짜(緣)라 한다. 이것은 함께 모일 때 서로서로 분리할 수 없는 법들을 일으키기 때문에 사뭅빠다(起)라 한다. 이와 같이 조건하여(緣) 일어나는(起) 것을

---

12) 여기서 '간다'로 옮긴 '*ito*(*ita*의 주격)'는 √*i*(*to go*)의 분사이다. 그래서 *paṭicca*라는 단어는 *paṭi*가 '향하여'라는 뜻을 가지며 '*ito*'는 '간다'는 뜻을 가졌다고 설명하고 있는데 언어게임(*pun*)이 아니고 바른 어원에 입각한 설명이라 하겠다. Pm에서는 다시 이렇게 설명한다.
"여기서 세 가지 질문이 있다. '무엇을 향하여 가며, 누구에 의해서 향해지며, 누가 향하여 가는가'라고. 원인의 모임, 즉 원인의 화합이 향하여 간다라고 마지막 질문에 대해 답하면 처음 두 질문은 이미 답한 것이다. 즉 '서로를 향해 가며, 서로서로에 의해서 향하여 간다'라고.(Pm.578)"

연기(緣起, 조건하여 함께 일어남)라 한다.

19. 다른 방법으로,

조건의 모임이 서로서로 의지하여 조화롭게 함께 법들을 생기게 한다. 그러므로 성인께서 이와 같이 말씀하셨다.

20. 무명 등의 표제로 설명한 조건들 중에서 상카라들 등의 법을 생기게 하는 조건들은 그들이 서로서로 의지하지 않고 서로서로 모자랄 때는 그런 법을 생기게 할 수 없다. 그러므로 조건들은 하나씩 차례대로가 아니라 의지해서 조화롭게 함께 법들을 생기게 한다. 뜻에 맞게 단어를 사용하는 데 능숙한 성인께서 이와 같이 말씀하셨다. 즉, 분명하게 빠띳짜사뭅빠다(緣起)라고 말씀하셨다는 뜻이다.

21. 이와 같이 말씀하시면서,

① 앞의 단어(즉, 緣)로 영원함(常見) 등이 없음을
② 뒤의 단어(즉, 起)로 단멸(斷見) 등의 논파를
③ 두 단어를 [합쳐서] 바른 방법(*ñāya*)을 밝혔다.

22. ① 앞의 단어로: 빠띳짜(緣)라는 단어는 조건의 화합(*sāmaggi*)을 가리킨다. 생기는 법들은 조건의 화합을 의지하여 존재하기 때문에 그 빠띳짜(緣)라는 단어는 영원하다거나(*sassata*), 원인 없이(*ahetu*) [생긴다거나], [신이나 창조주 등] 거짓 원인(*visama-hetu*)으로부터 [생긴다거나], 지배자에 의해서 존재한다는 학설(*vasavatti-vāda*) 등으로 분류되는 영원함(常見) 등이 없음을 보여준다. 영원하다거나 원인 없이 생긴다는 [견해] 등에게 이 조건의 화합이 무슨 소

용이 있겠는가?

23. **② 뒤의 단어로:** 사뭅빠다(起)라는 단어는 법들이 일어나는 것을 가리킨다. 조건이 화합할 때 법들이 일어나기 때문에 단멸이라거나(*uccheda*) 허무하다거나(*natthika*) 지음이 없다(도덕적 행위의 과보가 없다, *akiriya*)는 견해가 논파되었다. 그러므로 이 사뭅빠다라는 단어는 단멸이라는 등이 논파되었음을 보여준다. 이전의 조건에 따라 계속해서 법들이 일어날 때 어떻게 단멸하고, 허무하고 지음이 없는 견해가 발붙일 수 있겠는가?

24. **③ 두 단어를 [합쳐서]:** 각 조건이 화합하여 상속하는 것을 방해하지 않고 각각의 법들이 생기기 때문에 전체 단어인 빠띳짜사뭅빠다(緣起)는 중도(中道, *majjhimā paṭipadā*)를 가리킨다. 이것은 "그가 짓고 그가 경험한다, 그가 짓고 제3자가 경험한다(S.ii.20)"라는 견해를 버린다. 일상적으로 사용하던 언어를 고집하지 않는다.13) [세간에서] 통용되는 명칭을 넘어서지 않는다.14)(M.iii.234) 이와 같이 전체 단어인 빠띳짜사뭅빠다(緣起)는 바른 방법을 보여준다. 이것이 빠띳짜사뭅빠다라는 단어의 뜻이다."

---

13) "여자, 남자 등이 일상적인 생활 용어이다. 지자들도 '다섯 가지 무더기(五蘊)를 데리고 오라'거나 '정신 · 물질(名色)을 데리고 오라'고 하지 않고 여자 혹은 남자라고 말한다. 그러나 법을 잘 모르는 사람들은 이 사람은 남자이고 이 사람은 여자라고 고집한다. 그것은 단지 그러한 형태로 일어나는 법에 대한 개념일 뿐이다. 그래서 연기법을 아는 지자들은 결코 그처럼 고집하지 않는다.(Pm.580)"

14) "중생이라는 말을 듣고 '무엇이 중생이지? 그것이 물질인가? 느낌인가?' 등으로 분석하지 않고, 사용되고 있는 명칭에 반대하지 않고 세상 사람들이 하는 것처럼 표준적인 명칭에 따라 세간적인 것을 표현한다.(Pm.580)"

II 12연기의 상세한 해설

1. 서언

25. 세존께서 연기를 가르치시면서 '무명을 조건으로 상카라(行)들이 있다'라는 방법으로 경전을 설하셨다.[15] 그 뜻을 설명함에 해체를 설하는 [상좌부][16]의 회중에 들어가서 스승들을 비방하지 않고, 자기의 교리에서 빗나가지 않고,[17] 타인의 교리에 [허물을 찾으려] 애쓰지 않고, 경(經, Sutta)을 왜곡시키지 않고, 율(律, Vinaya)을 지키며, 위대한 권위(*mahā-padesa*, 大法教)[18]를 살피고, 법을 밝히고,

---

15) '설하셨다'로 옮긴 원어 '*nikkhittā*'는 '*nikkhipati*'의 과거분사로 '착수하다, 시작하다, 놓다, 두다' 등의 뜻이지만 Pm에서 '*ṭhapitā*(확립된)' 또는 '*desitā*(설해진)'의 뜻이라고 밝혔다. 그래서 역자도 '설하셨다'로 옮겼다.

16) 여기서 '해체를 설하는 상좌부'로 옮긴 원어는 '*vibhajja-vādi*'이다. 이 술어는 '*vibhajja*(해체, 분석, 분별)을 설하는 자(*vādi*)'라는 뜻이며 바로 남방 상좌부(Theravāda)를 일컫는다. 상좌부는 분석적으로 부처님 말씀을 이해하여 설하므로 그들 스스로가 이렇게 부르고 있다. 그래서 남방불교를 '분별 상좌부'라고 부르는 학자들도 있다. 분석의 궁극적 지향점은 개념(*paññatti*)의 해체이므로 역자는 여기에 초점을 맞추어 '해체를 설하는 상좌부'로 옮겼다.

17) '무명은 공덕이 되는 행위들과 흔들림 없는 행위들에게 원인의 조건으로 조건이 된다'라는 등의 말을 함으로써 자기의 교리에 빗나가게 된다. 왜냐하면 무명은 공덕이 되지 않은 행위들에게 원인의 조건으로 조건이 되지만 공덕이 되는 행위들과 흔들림 없는 행위들에겐 대상의 조건과 강한 의지의 조건, 이 두 가지 조건으로 조건이 되기 때문이다. 냐나몰리 스님은 원문의 '*avokkamantena*(빗나가지 않고)'를 '*who does not advertise*'라고 영역했는데 문맥상 맞지 않다.

18) 여기서 네 가지 큰 경우란, 첫 번째가 부처님으로부터 들었다, 두 번째가

뜻을 이해하며, 다시 그 뜻을 알기 쉽게 말을 바꾸어 설명하며, 여러 가지 방편을 써서 설명하는 자가 주석을 해야 한다. 본질적으로 연기의 주석은 어렵다. 이와 같이 옛 스승들은 말씀하셨다.

> "진리(*sacca*), 중생(*satta*), 재생연결(*paṭisandhi*), 조건(*paccaya*) 이 네 가지 법은 보기 어렵고 가르치기도 아주 어렵다"

그러므로 전승된 가르침을 통달하거나 수행하여 법을 증득한 자가 아니면[19] 연기의 주석은 불가능하다고 생각하면서,

> 그러나 오늘 나는 조건의 구조를 설명하기를 원한다.
> 마치 깊은 바다 속으로 빠져든 사람처럼
> 그 발판을 찾지 못하는구나.
> 그러나 여러 가지 가르침의 방법으로
> 이 교법은 잘 장엄되어있고
> 옛 스승들의 길은 끊이지 않고 전해내려 오고 있다.
> 그러므로 이 둘을 의지하여 그것의 주석을 시작하리라.
> 주의 깊게 잘 들어라.

승가로부터 들었다, 세 번째가 많은 대중이 사는 절의 대덕스님으로부터 들었다, 네 번째가 어떤 절의 대덕스님으로부터 들었다는 것인데 이 네 번째가 가장 약한 것이다. 「마하빠데사 경」(Mahāpadesa Sutta, A.ii. 167이하)을 참조할 것.

19) '전승된 가르침을 통달하거나 수행하여 법을 증득한 자가 아니면'으로 옮긴 원문 '*āgama-adhigama-ppattehi*'는 경전을 통달한 자와 수행하여 법을 증득한 자를 뜻한다. 그러나 냐나몰리 스님은 '*those who are expert in the texts*'라고만 영역했다.

26. 옛 스승들이 이와 같이 말씀하셨기 때문이다.

이것을 신중하게 듣는 이는
매순간 [지혜의] 수승함[20]을 얻을 것이다
[지혜의] 수승함을 얻으면
죽음의 왕이 볼 수 없는 경지로 간다.

2. 간단한 주석

saṅkhepakathā

27. 이와 같이 '무명을 조건으로 상카라들이 있다'라고 한 가르침에서 처음부터 다음과 같이 판별을 알아야 한다.

① 가르친 방법에 따라 ② 뜻에 따라 ③ 특징 등에 따라
④ 한 가지 등으로 ⑤ 구성요소들을 구분함에 따라

28. **(1) 가르친 방법에 따라:** 마치 네 명의 덩굴을 거두는 자가 덩굴을 거두는 것과 같이 세존께서도 ① 처음부터 ② 중간부터 끝까지 ③ 끝부터 ④ 중간부터 처음까지의 네 가지로 연기를 설하셨다.

29. ① 덩굴을 거두는 네 사람 가운데서 한 사람은 오직 덩굴의 뿌리를 처음 보고는 그 뿌리를 잘라 끌고 가서 사용한다. 그와 같이 세존께서도 "비구들이여, 이와 같이 무명을 조건으로 상카라들이 있다. … 태어남을 조건으로 늙음 · 죽음이 있다.(M.i.261)"라고

---

20) "혹은 번뇌의 소멸이라는 수승함을 얻을 것이다.(Pm.581)"

처음부터 시작하여 끝까지 연기를 설하셨다.

30. ② 그런데 이들 가운데 어떤 사람은 덩굴의 중간을 처음 본 뒤 중간을 잘라 윗부분만 끌고 가서 사용한다. 그와 같이 세존께서도 "비구들이여, 이와 같이 그 느낌을 즐기고, 반가워하고, 빠져있는 사람에게 즐김이 일어난다. 느낌들을 즐김이 바로 취착이다. 그 취착을 조건으로 존재가 있다. 존재를 조건으로 태어남이 있다.(M.i. 266)"라고 중간부터 시작하여 끝까지 설하셨다.

31. ③ 이들 가운데 어떤 사람은 덩굴의 끝을 처음 본 뒤 끝을 잡고서 끝을 따라 뿌리까지 전체를 가져가서 사용한다. 그와 같이 세존께서도 "'태어남을 조건으로 늙음 · 죽음이 있다'라고 하였다. 비구들이여, 태어남을 조건으로 늙음 · 죽음이 있는가? 혹은 그렇지 않은가? 혹은 어떻게 생각하는가? 세존이시여, 태어남을 조건으로 늙음 · 죽음이 있습니다. 저희들은 '태어남을 조건으로 늙음 · 죽음이 있다'고 생각합니다. '존재를 조건으로 태어남이 있다' … '무명을 조건으로 상카라들이 있다.'라고 하였다. 비구들이여, 무명을 조건으로 상카라들이 있는가? 혹은 그렇지 않은가? 혹은 어떻게 생각하는가?(M.i.261-62)"라고 끝에서부터 처음까지 [역순으로] 연기를 설하셨다.

32. ④ 이들 가운데 어떤 사람은 덩굴의 중간을 처음 본 뒤 중간을 끊어서 아래로 내려가 뿌리까지 가져가서 사용한다. 그와 같이 세존께서도 "비구들이여, 이 네 가지 음식은 무엇이 그것의 원인이며, 무엇이 그것의 근본이며, 무엇으로부터 났으며, 무엇이 그것

의 근원인가? 이 네 가지 음식은 갈애가 원인이며, 갈애가 근본이며, 갈애로부터 났으며, 갈애가 근원이다. 갈애는 무엇이 그것의 원인이며 … 느낌은 … 감각접촉은 … 여섯 감각기능은 … 정신·물질은 … 알음알이는 … 상카라들은 무엇이 그들의 원인이며, 무엇이 그들의 근본이며, 무엇으로부터 났으며, 무엇이 그들의 근원인가? 상카라들은 무명이 원인이며 … 무명이 근원이다(M.i.261)"라고 중간부터 시작하여 처음까지 설하셨다.

33. 왜 이와 같이 설하셨나? 연기는 전적으로 유익하기 때문이고(*bhaddakattā*), 세존께서는 설법하는 데 숙련이 되셨기 때문이다. 전적으로 유익하다고 한 것은 연기는 [네 가지 방법으로 설하신 가운데서] 어디서부터 시작하던 바른 방법[21]의 통찰로 인도한다. 세존께서 설법하시는 데 숙련이 되셨다는 것은 세존께서는 네 가지 대담함(四無畏, *vesārajja*)과 네 가지 무애해(*paṭisambhidā*)와 함께 네 가지 심오함(*gambhīra-bhāva*)을 얻으셨기 때문이다. 설법하시는 데 숙련이 되셨기 때문에 여러 가지 방법으로 법을 설하셨다.

34. ① 특히 교화받을 사람들이 [윤회의] 발생[22]의 원인을 분

---

21) "바른 방법(*ñāya*)이란 성스러운 도 혹은 연기 그 자체를 뜻한다. 왜냐하면 '성스러운 도를 지혜로써 잘 보았다'(S.ii.71)라는 경구가 있기 때문이다.(Pm.583)"

22) '[윤회의] 발생'으로 옮긴 '*pavatti*'는 *pra*(앞으로)+√*vṛt*(*to turn*)의 여성명사로 문자적으로는 '앞으로 회전해 감, 앞으로 나아감'의 뜻이다. '현전, 나타남, 전개, 사건, 소식' 등의 뜻으로 쓰이며 아비담마에서는 삶이나 윤회의 전 과정을 나타내는 전문술어로도 정착되었다. 즉 한 개체의 일생을 말하며 구체적으로는 재생연결과 죽음의 마음을 제외한 한 생의 모든 전개과정을 뜻한다. 그래서 우리의 매찰나에 일어나고 멸하는 전 마음을 아비담마에서는 재생연결(*paṭisandhi*)과 [삶의] 전개과정(*pavatti*)의 둘로

석하는 데 몽매한 것을 보시고 각각의 원인에 따라 발생하는 것을 설하시기 위해서, 또한 일어나는 순서를 보이시기 위해서 그것을 처음부터 시작하여 순서대로(順觀) 설하셨다고 알아야 한다.

② "세상 사람은 고뇌에 빠져있다. 태어나고, 늙으며, 죽고, 사라지고, 다시 태어난다.(S.ii.10)"라는 방법으로 세상 사람이 고뇌에 빠져있는 것을 보시고 정각을 이루기 전에 통찰한 대로 세존 스스로 증득한 갖가지 늙음, 죽음 등의 괴로움의 원인을 보이기 위해서 그것을 끝부터 시작하여 역순으로(逆觀) 설하셨다.

③ 음식의 원인을 구분하는 것에 따라 과거로 거슬러 올라가며 다시 과거로부터 오는 원인과 결과의 지속을 보여주기 위해 그것을 중간부터 시작하여 처음까지 이르는 순으로 설하셨다.

④ 현재의 시간 속에서 미래의 원인이 생기는 것부터 해서 미래의 상태를 보이기 위하여 그것을 중간부터 시작하여 끝까지 이르는 순으로 설하셨다.

35. 이 가운데서 교화받을 사람들이 [윤회가] 발생하는 원인에 대해 미혹해있기 때문에 그에게 각각의 원인에 따라 [윤회가] 발생함을 보여주시기 위해서, 그리고 [윤회가] 발생하는 순서를 보여주시기 위해서, 처음부터 시작하여 순서대로(順觀) 그것을 설하셨다. 이제부터 이것이 여기서 언급된다고 알아야 한다.

36. 왜 여기서 무명을 첫 번째로 설하셨는가? 상캬학파에서 주장하는 빠까띠(Pakaṭi, Sk. Prakṛti)처럼 이 무명도 원인 없는 이 세상의 근본원인(*mūlakāraṇa*)인가?[23] 그렇지 않다. 원인이 없는 것이 아

크게 나누어서 말하고 있다.

니다. "번뇌(āsava)가 일어나기 때문에 무명이 일어난다.(M9/i.54)"고 무명의 원인을 설하셨기 때문이다. 그러나 방편(pariyāya)으로 이것이 근본원인이라고 설하신다. 그러면 그것은 무엇인가? 윤회를 설명할 때 출발점(sīsa-bhāva)이 되는 것이다.

37. 세존께서 윤회를 설명하시면서 두 가지 법 중의 하나를 출발점으로 설하셨다. ① 무명을 출발점으로 하셨다. 이와 같이 설하셨기 때문이다. "비구들이여, '그 이전에는 없었고 그 이후에 생겼다'라고 하는 무명의 첫 시작(koṭi)은 꿰뚫어 알아지지 않는다. 비구들이여, 그러나 무명은 이것에게 조건 된다(idappaccaya)고 꿰뚫어 알아진다고 말한다.(A.v.113)"

혹은 ② 존재에 대한 갈애(bhava-taṇhā, 有愛)를 출발점으로 하셨다. 이와 같이 설하셨기 때문이다. "비구들이여, '그 이전에는 존재에 대한 갈애가 없었고 그 이후에 존재에 대한 갈애가 생겼다'라고 이렇게 존재에 대한 갈애의 첫 시작은 꿰뚫어 알아지지 않는다. 비구들이여, 그러나 존재에 대한 갈애는 이것에게 조건 된다고 꿰뚫어 알아진다고 말한다.(A.v.116)"

38. 세존께서 윤회를 설명하실 때 왜 이 둘을 출발점으로 만들어 시작하셨는가? 이것이 선처와 악처로 인도할 업의 두드러진 원

---

23) 앞에서도 언급했듯이(XVI. §91 주해참조) 상캬학파에서는 존재를 뿌루샤(puruṣa, 原人)와 쁘라끄르띠(prakṛti, 自然)의 둘로 이해한다. 여기서 뿌루샤는 나고 죽음이 없는 眞人으로서 세상을 초월하여 존재하며 쁘라끄르띠는 이 세상이 돌아가는 근본원인(pradhāna)이라고 설명하고 있다. 그래서 붓다고사 스님도 여기서 '그러면 불교의 무명도 이런 쁘라끄르띠처럼 윤회의 근본원인이 되는 것인가'라는 질문을 제기하여 그렇지 않음을 설명하고 있다.

인(*visesa-hetu*)이 되기 때문이다.

39. ① 무명은 악처로 인도할 업의 두드러진 원인이다. 왜 그런가? 마치 불로 지지고 곤장으로 두들겨 맞아 지칠 대로 지친 죽음을 눈앞에 둔 소가 그 피로를 가시게 할 량으로 만족을 주기는커녕 오히려 자기에게 백해무익인 뜨거운 물을 마시는 것처럼, 무명에 휩싸인 범부는 살생 등 여러 가지 악처로 인도할 업을 짓기 때문이다. 왜냐하면 그것은 번뇌로 불타기 때문에 만족을 주지 못할 뿐만 아니라 악처로 던져버리기 때문에 자기에게 해로움만 가져오기 때문이다.

40. ② 존재에 대한 갈애(有愛)[24]는 선처로 인도할 업의 특별한 원인이다. 왜 그런가? 존재에 대한 갈애에 사로잡힌 범부는 앞서 말한 소가 찬물에 대한 갈증으로 만족을 주며 고통을 가시게 해줄 찬물을 마시는 것처럼, 존재에 대한 갈애에 사로잡힌 사람은 불살생 등 여러 가지 선처로 인도할 업을 짓기 때문이다. 왜냐하면 그것은 번뇌로 불타는 것이 없기 때문에 만족을 주며, 선처로 데려다주기 때문에 자기가 악처에서 경험했던 고통과 피로를 가시게 해주기 때문이다.

41. 윤회에 대한 설명의 출발점이 될 이 두 법들 가운데서 세존께서는 어떤 곳에서는 하나의 법을 근본으로 가르침을 설하셨다. 예를 들면 "비구들이여, 이와 같이 무명을 근본으로 상카라들이 있고,

---

24) 주석서에 의하면 존재에 대한 갈애는 색계와 무색계에 대한 갈애라고 한다.(『네 가지 마음챙기는 공부』, 256).

상카라들을 근본으로 알음알이가 있다.(S.ii.31)” 등으로 말씀하셨다.

이처럼 어떤 곳에서는 “비구들이여, 집착이 생길 만한 법들에서 그 맛을 관찰하면서 머무는 자에게 갈애가 불어난다. 갈애를 조건으로 취착이 있다.(S.ii.84)”라는 등으로 [말씀하셨다].

어떤 곳에서는 둘 다를 근본으로 하여 “비구들이여, 무명의 장애를 받고 갈애를 가진 어리석은 자에게 이와 같이 이 몸이 일어난다. 이 몸과 밖의 정신·물질25)은 둘이 된다. 그 둘을 조건으로 감각접촉과 여섯 감각장소가 있다. 그것에 닿아 어리석은 자는 즐거움과 괴로움을 경험한다.(S.ii.23-24)”라는 등으로 [설하셨다].

42. 이 가르침 가운데서 ‘무명을 조건으로 상카라들이 있다’라고 한 가르침이 무명인 하나의 법에 근본을 둔 가르침이라고 알아야 한다. 이와 같이 여기서 가르친 방법에 따라 판별을 알아야 한다.

43. **(2) 뜻에 따라**(§27): 무명 등의 단어에 대한 뜻에 따라 [판별을 알아야 한다.] 예를 들면, 채우기에 적당하지 않다는 뜻에서 몸으로 짓는 나쁜 행위 등을 찾아서는 안된다(*avindiya*). 즉 얻어서는 안된다는 뜻이다. 찾지 말아야 할 것(*avindiya*)을 찾는다(*vindati*)라고 해서 무명(*avijjā*)이라 한다.

반대로 몸으로 짓는 좋은 행위 등을 찾아야 한다(*vindiya*). 찾아야 할 것(*vindiya*)을 찾지 않는다(*na vindati*)라고 해서 무명(*avijjā*)이라 한다.

---

25) 여기서 밖의 정신·물질은 여섯 가지 밖의 감각장소(六外入, 색·성·향·미·촉·법)를 말한다. 여기서 이 몸이란 여섯 가지 안의 감각장소(六內入, 안·이·비·설·신·의)를 말한다. 그리하여 둘이 되고 이 둘을 의지하여 감각접촉(*phassa*, 觸)이 있다고 말하고 있다.

무더기(蘊)들의 더미의 뜻, 장소(處)들의 장소의 뜻, 요소(界)들의 비었음(空)의 뜻, 기능(根)들의 다스린다는 뜻, 진리(諦)들의 진실의 뜻을 알지 못하도록(*avidita*) 하기 때문에 무명(*avijjā*)이라 한다.

괴로움 등을 압박 등으로 설한 네 가지 뜻(XVI. §15)을 알지 못하도록 하기 때문에(*avidita*) 무명(*avijjā*)이라 한다.

끝이 없는(*anta-virahite*) 윤회에서 중생을 모든 모태로, 태어날 곳으로, 존재로, 알음알이의 거주로, 중생의 거처로 내몬다(*javāpeti*)라고 해서 무명(*avijjā*)이라 한다.

궁극적인 뜻에서 존재하지 않는 여자, 남자 등으로 달려가며, 존재하는 무더기 등으로 달려가지 않는다(*na javati*)라고 해서 무명(*avijjā*)이라 한다.

나아가서 눈의 알음알이 등의 토대와 대상과, 연기(조건)와 조건 따라 생긴 법(緣而生)을 숨기기 때문에 무명이라 한다.

44. 그것을 의지하여(*paṭicca*) 결과가 오기(*eti*) 때문에 조건(*paccaya*)이라 한다. '의지하여'라는 것은 그것이 없이는 안된다, 무시하지 않고라는 뜻이다. 온다(*eti*)는 것은 일어난다, 생긴다는 뜻이다. 나아가서 도와준다는 것(*upakāraka*)이 조건의 뜻이다.

아윗자(무명)가 바로 빳짜야(조건)이기 때문에 아윗자빳짜야(무명을 조건으로)라 한다. 그러므로 '무명(*avijjā*)을 조건으로(*paccayā*)'라고 했다. 형성된 것을 계속 형성한다(*abhisaṅkharonti*)고 해서 상카라(行)들이라 한다. 이것은 두 가지이다. 즉 ㉮ 무명을 조건으로 한 상카라들과 ㉯ 상카라라는 이름으로 전승되어온 상카라들이다.

이 가운데서 ㉮ 무명을 조건으로 한 상카라들은 공덕이 되는 행위(*puñña-abhisaṅkhāra*), 공덕이 되지 않는 행위(*apuñña-abhisaṅkhāra*),

흔들림 없는 행위(*āneñja-abhisaṅkhāra*)의 세 가지와 몸의 상카라(身行), 말의 상카라(口行), 마음의 상카라(心行)의 세 가지 — 이 여섯 가지이다.[26] 이들은 모두 세간적인 유익함과 해로움(善·不善)의 의도(*cetanā*)일 뿐이다.

45. ㉯ 상카라라는 이름으로 전승되어온 상카라들은 ① 형성된 상카라(*saṅkhata-saṅkhāra*) ② 계속 형성된 상카라(*abhisaṅkhata-saṅkhāra*) ③ 계속 형성하는 상카라(*abhisaṅkharaṇaka-saṅkhāra*) ④ 몰두하는 상카라(*payoga-abhisaṅkhāra*) — 이 네 가지이다.

46. 이 가운데서 ① "참으로 무상하구나, 상카라(行)들은(D.ii.157)" 등에서 설한 조건을 가진 모든 법들을 '형성된 상카라'라 한다. ② 업에서 생긴 삼계의 물질과 정신의 법들이 '계속 형성된 상카라'라고 주석서에서 말했다. 이들은 '참으로 무상하구나, 상카라들은'에 포함된다. 그들이 따로 언급된 경우는 발견되지 않는다. ③ 삼계의 유익하거나 해로운 의도를 '계속 형성하는 상카라'라 부른다. "비구들이여, 무명에 휩싸인 사람이 만일 공덕이 되는 행위를 계속 형성한다면(S.ii.82)"이라는 등에서 그것이 언급된 경우를 발견한다. ④ 육체적, 정신적 노력을 '몰두하는 상카라'라 부른다. "그 바퀴는 [힘으로] 몰두한 만큼 굴러가서 차축에 고정된 것처럼 반듯이 섰다(A.i.112)"라는 등에서 언급되었다.

47. 이들 뿐만이 아니다. 다른 상카라들도 예를 들면, "도반 위사카여, 상수멸을 증득한 비구에게 첫 번째로 말의 상카라(口行)가

---

26) 이 여섯 가지는 §§60-61에서 설명된다.

가라앉습니다. 그 다음에는 몸의 상카라(身行)가, 그 다음에는 마음의 상카라(心行)가(M.i.302)"라는 방법으로 상카라(行)라는 단어로 언급되었다. 상카라는 여러 가지이다.

그러나 이들 가운데서 ① 형성된 상카라에 포함되지 않는 것은 아무것도 없다.

48. 이 다음부터는 '상카라들을 조건으로 알음알이가 있다'(§2) 등에서 설한 것은[27] 이미 설한 방법대로 알아야 한다. 여기서는 [앞에서] 설명하지 않은 것에 대해서만 간략하게 설명한다.

알아차리기 때문에 알음알이(識)이다.

[대상으로] 기울기 때문에 정신(名, *nāma*)이다.

변하기 때문에 물질(色, *rūpa*)이다.

생긴 [마음과 마음부수들을] 펴기 때문에, 긴 윤회의 고통을 인도하기 때문에 감각장소(處, *āyatana*)라 한다.

닿기 때문에 감각접촉(觸)이라 한다.

느끼기 때문에 느낌(受)이라 한다.

갈증내기 때문에 갈애(愛)라 한다.

취착하기 때문에 취착(取)이라 한다.

생존하고 생존하게 하기 때문에 존재(有)라 한다.

태어나는 것이 태어남(生)이다.

늙어가는 것이 늙음(老)이다.

이로 인해 죽기 때문에 죽음(死)이라 한다.

슬퍼하는 것이 근심이다.

---

27) 상카라(*saṅkhāra*)와 조건(*paccaya*)의 뜻 등은 이미 설했다.(Pm.587).

비탄하는 것이 탄식이다.

고통스럽게 만들기 때문에 고통이다.

일어나고 머무는 것의 두 가지 방법으로(*dvidhā*) 파기(*khanati*) 때문에 육체적 고통(*dukkha*)이다.

나쁜 마음 상태(*dummana-bhāva*)가 정신적 고통(*domanassa*)이다.

심한 근심이 절망이다.

있다(*sambhavati*)는 것은 생긴다는 뜻이다.

49. **있다**(*sambhavati*)라는 단어는(§2) 근심으로 시작되는 단어에만 적용되는 것이 아니다. 모든 단어에도 적용시켜야 한다. 그렇지 않고 "무명을 조건으로 상카라들이(*avijjāpaccayā saṅkhārā*)"라고만 말하면 이들이 무엇을 하는지 명확하지가 않다. '있다'라는 단어와 연결시키면 '무명이 바로 조건이기 때문에 *avijjāpaccayā*'라 한다. 그러므로 '무명을 조건으로 하여 상카라들이 있다'고 조건과 조건 따라 생긴 [법들이] 구분된다. 이 방법은 모든 곳에 적용된다.

50. **이와 같이**(*evaṁ*, §2)라는 단어는 서술하는 방법을 보여주는 것이다. 그러므로 이것이 무명 등의 원인 때문에 있는 것이지 신이 창조했기 때문이라는 등이 아니라는 것을 보여준다. **이**(*etassa*)이라는 것은 '이미 말한 것의'라는 뜻이다. **전체의**(*kevalassa*)라는 것은 섞이지 않은 혹은 모두의란 뜻이다. **괴로움의 무더기(苦蘊)**란 고의 덩어리라는 뜻이지 중생, 즐거움, 아름다움 등을 뜻하는 것이 아니다. **일어남**이란 생성됨이라는 뜻이다. **이다**(*hoti*)는 있다(*sambhavati*)는 뜻이다.

이와 같이 뜻에 따라 판별을 알아야 한다.

51. **(3) 특징 등에 따라:** 무명 등의 특징에 따라 [다음과 같이 판별을 알아야 한다.]

무명은 지혜 없음(*aññāṇa*)의 특징을 가진다. 미혹하게 만드는 역할을 한다. 숨김으로 나타난다. 가까운 원인은 번뇌이다.

상카라(行)들은 계속 형성하는 특징을 가진다. 쌓는 역할을 한다. 의도로 나타난다. 무명이 가까운 원인이다.

알음알이(識)는 아는 특징을 가진다. 앞서가는 역할을 한다. 재생연결로 나타난다. 상카라(行)들이 가까운 원인이다. 혹은 토대(*vatthu*)와 대상(*ārammaṇa*)이 가까운 원인이다.[28]

정신(名)은 기울이는 특징을 가진다. 결합하는 역할을 한다.[29] 분리할 수 없음으로 나타난다. 알음알이가 가까운 원인이다.

물질(色)은 변형되는 특징을 가진다. 흩어지는 역할을 한다.[30] 결정할 수 없음(無記)으로 나타난다.[31] 알음알이가 가까운 원인이다.

여섯 가지 감각장소(六入)는 펴는 특징을 가진다. 보는 등의 역

28) 알음알이(識)의 가까운 원인은 두 가지로 볼 수 있다. 12연기의 측면에서 볼 때는 상카라들을 조건으로 알음알이가 일어나기 때문에 상카라(行)들이 되겠고, '눈과 색을 조건으로 눈의 알음알이(眼識)가 일어난다'라는 측면에서는 눈은 토대이고 색은 대상이기 때문에 토대와 대상이 가까운 원인이다.

29) 마음과 마음부수와 더불어 결합한다.

30) "물질은 결합하지 않기 때문에 흩어진다. 그래서 쌀 등을 부수면 흩어지고 가루가 된다.(Pm.588)"

31) 결정할 수 없음(無記, *abyākata*)에는 네 종류가 있다. 즉 위빠까(*vipāka*, 과보로 나타난 마음), 끼리야(*kiriya*, 단지 작용만 하는 마음), 루빠(*rūpa*, 물질), 닙바나(*nibbāna*, 열반)이다. 즉 유익하다거나 해롭다고 결정할 수 없다는 뜻이다. 이 네 가지는 모두 선·불선의 개념과는 상관이 없기 때문에 무기라 부른다.(『길라잡이』 6장 §6 해설 참조)

할을 한다. 토대와 문의 상태로 나타난다. 정신·물질(名色)이 가까운 원인이다.

감각접촉(觸)은 닿는 특징을 가진다. 부딪치는 역할을 한다. [안의 감각장소(內入)와 밖의 감각장소(外入)와 알음알이의] 동시발생으로 나타난다. 여섯 감각장소(六入)가 가까운 원인이다.

느낌은 경험하는 특징을 가진다. 대상의 맛을 받아들이는 역할을 한다. 즐거움과 괴로움으로 나타난다. 감각접촉이 가까운 원인이다.

갈애는 원인의 특징을 가진다. 즐기는 역할을 한다. 만족할줄 모르는 것으로 나타난다. 느낌이 가까운 원인이다.

취착은 움켜쥐는 특징을 가진다. 놓지 않는 역할을 한다. 강한 갈애와 사견으로 나타난다. 갈애가 가까운 원인이다.

존재(有)의 특징은 업과 업의 결과이다.[32] 다시 태어남을 만들며, 태어나는 역할을 한다. 유익함(善)·해로움(不善)·결정할 수 없음(無記)으로 나타난다. 취착이 가까운 원인이다.

태어남의 특징 등은 진리(諦)의 해설에서 설한대로 알아야 한다. (XVI. §2이하)

이와 같이 특징 등에 따라 판별을 알아야 한다.

52. **(4) 한 가지 등으로:** 여기서 무명은 알지 못함과 보지 못함

---

32) 존재(有, *bhava*)는 두 가지인데 '업으로서의 존재(業有, *kammabhava*)'와 '재생으로서의 존재(生有, *upapattibhava*)'이다. 업으로서의 존재의 특징은 업(*kamma*)이고 재생으로서의 존재의 특징은 업으로부터 생긴 무더기(蘊)이다. 이것은 각각 다시 태어남을 만드는 역할과 다시 태어나는 역할을 하며, 업으로서의 존재는 유익하거나 해로운 것으로 나타나고 재생으로서의 존재는 유익하다 혹은 해롭다고 할 수 없는 무기로 나타난다.(아래 §250이하 참조)

과 어리석은 상태 등으로 한 가지이다. 수행하지 않음과 그릇되게 수행함으로 두 가지이다. 그와 마찬가지로 자극받은 것과 자극받지 않은 것으로 두 가지이다. 세 가지 느낌과 관련되어있는 것으로 세 가지이다. 네 가지 진리를 통찰하지 못하는 것으로 네 가지이다. 다섯 가지 태어날 곳[33]의 위험을 숨기는 것으로 다섯 가지이다. 모든 마음에 문과 대상으로 여섯 가지이다. 이처럼 알아야 한다.

53. 상카라들은 번뇌에 물들기 쉬운 상태, 결과를 가져올 상태 등으로 한 가지이다. 유익한 것과 해로운 것으로 두 가지이다. 그와 마찬가지로 제한된 것과 고귀한 것, 저열한 것과 중간의 것, [5역죄 등과 같이] 고유성질로는 삿된 것이고 그것은 죽은 뒤에 반드시 결과를 가져오는 것과 결과를 가져오는 것이 확실하지 않는 것[34]으로

---

33) 다섯 가지 태어날 곳(五趣, *gati*)이란 천상(*deva*), 인간(*manussa*), 아귀(*peta*), 축생(*tiracchānayoni*), 지옥(*niraya*)이다. 육도(六途)에서 이렇게 아수라(*asura*)를 빼고 五途로 나타나는 곳이 많다. 베다에서부터 항상 천상의 신들과 각축을 벌이는 바라문교의 아수라는 초기에는 불교와 관계가 많이 없다가 후대에 불교에 도입되어 육도로서 정리가 되었다. 아수라는 고대 이란 등지에서 성행하던 조로아스터교(배화교)의 주신으로 조로아스터교의 *ahuroo*를 나타낸다고 학자들은 설명한다.
코커서스 지방을 떠난 고대 아리야 족들이 히말라야 부근에서 한 무리는 인도로, 한 무리는 이란 쪽으로 넘어 들어갔다고 보여지는데 그때에 두 무리들 간의 각축을 신화적으로 보여주는 시들이 베다에 나타나는 신들과 아수라들의 전쟁이다. 한편 언어학자들은 Iran이라는 말과 Ariya라는 말은 같은 어원에서 파생된 것으로 여긴다. 그래서 인도이란어족(Indo-Iranian Language Family)이라 부른다. 더 고층 언어군은 인도유럽어족이 있다.

34) 『담마상가니』(법집론)의 마띠까에서 '*micchattaniyatā dhammā, sam-pattaniyatā dhammā, aniyatā dhammā*'의 세 개조로 언급이 되는데 '*sampattaniyatā dhammā*'는 도(*magga*)를 뜻하기 때문에 이 연기에서는 제외된다. 『앗타살리니』에서는 '*micchattaniyatā*(삿되고 확실한 것)'

도 두 가지이다. 공덕이 되는 행위 등의 상태로 세 가지이다. 네 가지 모태[35]로 인도하는 것으로 네 가지이다. 다섯 가지 태어날 곳으로 인도하는 것으로 다섯 가지이다.

54. 알음알이는 세간적인 것, 과보로 나타난 것 등의 상태로 한 가지이다. 원인을 가진 것과 원인을 갖지 않은 것 등으로 두 가지이다. 세 가지 존재에 포함된 것으로, 세 가지 느낌과 관련된 것으로, 원인을 갖지 않은 것과 두 가지 원인을 가진 것과 세 가지 원인을 가진 것으로 세 가지이다. 모태로 네 가지이며, 태어날 곳으로 다섯 가지이다.

55. 정신·물질은 알음알이를 의지하는 것으로, 업을 조건으로 한 것으로 한 가지이다. 대상을 가지는 것과 갖지 않는 것으로 두 가지이다. 과거 등으로 세 가지이다. 모태로 네 가지이며, 태어날 곳으로 다섯 가지이다.

56. 여섯 가지 감각장소는 [마음과 마음부수가] 일어나고 모이는 장소로 한 가지이다. 근본물질(四大)로 된 감성과 알음알이 등으로 두 가지이다. 직접 도달하는 대상을 가짐과 직접 도달하지 않는 대상을 가짐과 어느 것도 아닌 것으로 세 가지이다.[36] 모태와 태어

을 설명하면서 5역죄 등은 고유성질로는 삿된 것이며 그것의 과보는 죽은 다음에 반드시 있다고 한다(DhsA..45). 그러나 냐나몰리 스님은 이 부분을 '*with certainty of wrongness and without certainty*'라고 영역했는데 뜻을 충분히 드러내지 못했다.

35) 태·난·습·화의 네 가지 모태(四生)를 말한다.

36) 눈과 귀는 감각장소에 직접 도달하지 않는 대상을 취하고, 코, 혀, 몸은 감각상소에 직접 도달하는 대상을 취하며, 마노(*mano*, 意)는 이 둘 어느

날 곳에 포함되는 것으로 각각 네 가지와 다섯 가지이다.

같은 방법으로 감각접촉 등의 경우에도 한 가지 등의 상태를 알아야 한다. 이와 같이 한 가지 등으로 판별을 알아야 한다.

57. (5) **구성요소들을 구분함에 따라:** 근심 등은 여기서 존재(有)의 바퀴가 끊임없이 굴러간다는 것을 보여주기 위해 설하셨다. 왜냐하면 이것은 늙음과 죽음으로 괴로워하는 어리석은 사람에게 생기기 때문이다. 그래서 말씀하셨다. "비구들이여, 배우지 못한 범부가 육체적인 괴로움을 겪게 되면 근심하고 상심하고 슬퍼하고 가슴을 치고 울부짖고 광란한다.(S.iv.206)"

이것이 계속되는 한 무명도 계속되며 또 다시 무명을 조건으로 상카라들이 생긴다. 이렇게 해서 존재의 바퀴는 구르는 것이다. 그러므로 그 근심 등을 늙음·죽음과 더불어 하나로 만들어 연기의 구성요소(各支)는 모두 12가지라고 알아야 한다.

이와 같이 구성요소를 구분함에 따라 판별을 알아야 한다.

이것이 간략하게 주석한 것이다.

3. 상세한 주석

vitthārakathā

무명(*avijjā*)

58. 이제부터는 상세하게 주석한다. 경장에서 설한 방법에 의하면 무명은 괴로움 등 네 가지 경우들에 무지함(*aññāṇa*)이다. 논장

것도 아니다. XIV. §46참조할 것.

(아비담마)에서 설한 방법에 의하면 과거 등의 여덟 가지 경우들에 무지함이 무명이다. 이처럼 설하셨기 때문이다. "이 가운데서 무엇이 무명인가? 괴로움에 무지함 … 괴로움의 소멸로 인도하는 도닦음에 무지함, 과거에 무지함, 미래에 무지함, 과거와 미래에 무지함, 연기(*idappaccayatā*, 이것에게 조건됨)와 연기된 법들에 무지함이다.(Dhs. 195)"

59. 이 가운데서 출세간적인 두 진리를 제외한 그 나머지 경우에 대해 무명은 대상으로도 일어난다.(§102참조) 설령 그렇더라도 여기서 뜻하는 것은 숨김(*paṭicchādana*)으로 일어나는 것이다. 무명은 일어나면 괴로움의 진리를 숨기고 머문다. 그 [괴로움]의 역할과 특징을 있는 그대로 통찰하는 것을 막는다. 일어남과, 소멸과, 도에 대해서도 그와 마찬가지다.

과거라 불리는 이전의 다섯 가지 무더기(五蘊)를, 미래라 불리는 앞으로 올 다섯 가지 무더기를, 과거와 미래로 불리는 그 둘의 다섯 가지 무더기를, 연기와 연기된 법들이라 불리는 이 조건과 조건을 의지하여 생긴 법들을 숨기고 머문다. 이것이 무명이고 이것이 상카라들이라고 이와 같이 그것의 역할과 특징을 있는 그대로 통찰하는 것을 막는다. 그러므로 "괴로움에 무지함 … 연기와 연기된 법들에 무지함이 무명이다"라고 설하셨다.

상카라들(*saṅkhārā*)

60. 상카라(行)들은 공덕이 되는 행위 등 세 가지, 몸의 상카라(身行) 등 세 가지로 모두 여섯 가지라고 위에서 간략히 설했다.(§44)

그러나 여기서 상세하게 설하면 공덕이 되는 행위는 보시, 지계 등으로 생긴 여덟 가지 욕계의 유익한 의도(*cetanā*),[37] 수행으로 생긴 다섯 가지 색계의 유익한 의도 등 13가지 의도이다. 공덕이 되지 않는 행위는 살생 등으로 생긴 12가지 해로운 의도이고, 흔들림 없는 행위는 수행으로 생긴 네 가지 무색계의 유익한 의도이다. 이처럼 [처음] 세 가지 상카라들은 29가지 의도들이다.

61. 나머지 세 가지 중에서 몸의 의도들이 몸의 상카라(身行)이다. 말의 의도들이 말의 상카라(口行)이고, 마음의 의도들이 마음의 상카라(心行)이다. 이 셋은 업을 짓는(*āyūhana*) 순간에 공덕이 되는 행위 등이 이 [세 가지 업의] 문을 통해서 일어나는 것을 보여주기 위해 설했다.

8가지 욕계의 유익한 의도와 12가지 해로운 의도, 이 20가지 의도가 몸의 암시[38]를 일으킨 뒤 몸의 문으로 일어나면 몸의 상카라라 한다.

그들이 말의 암시를 일으킨 뒤 말의 문으로 일어나면 말의 상카라라 한다.

초월지의 의도는 더 이상 [과보로 나타난 재생연결의] 알음알이의 조건이 되지 않기 때문에 포함되지 않았다. 초월지의 의도와 마찬가지로 들뜸과 관련된 의도도 포함되지 않았다. 그러므로 [재생연

---

37) 8가지 욕계의 유익한 마음 등을 모두 여기서는 의도(*cetanā*)라는 술어로 표현하고 있다. 왜냐하면 유익하거나 해로운 마음들은 모두 자와나(*javana*, 속행) 단계에서 일어나는 것이기 때문에 업이 되고 업은 다름 아닌 의도이기 때문이다.

38) 몸의 암시(*kāya-viññatti*)와 말의 암시(*vacī-viññatti*)에 대해서는 XIV. §§61-62와 『길라잡이』 6장 §4의 9번 해설을 참조할 것.

결의 과보로 나타난] 알음알이의 조건에 포함되어서는 안된다. 그러나 이 모두는 무명을 조건으로 한 것이다.

두 가지 암시를 일으키지 않고 마노의 문(意門)으로 일어날 때 29가지 모든 의도는 마음의 상카라(心行)라 한다. 이와 같이 이 세 가지는 첫 번째 세 가지 안에 들어간다. 뜻으로는 무명이 공덕이 되는 행위 등의 조건이 된다고 알아야 한다.

62. 이렇게 [물을지도] 모른다. '이런 상카라들이 무명을 조건하여 있다고 어떻게 알겠는가?'라고. [답한다.] 무명이 있을 때 상카라들이 있는 것으로 [알 수 있다].

괴로움 등에 대해서 무명이라 불리는 무지함을 버리지 않은 자는 처음엔 괴로움에 대해, 그 다음엔 과거 등에 대해 무지함 때문에 윤회의 괴로움을 행복이라 인식한 뒤 그 괴로움의 원인인 세 가지 상카라들을 짓기 시작하기 때문이다. 괴로움의 일어남에 대해 무지함 때문에 괴로움의 원인이고 갈애의 필수품인 상카라들을 행복의 원인으로 생각하면서 짓기 시작한다.
소멸과 도에 무지함 때문에 괴로움의 소멸이 아닌 [천상세계 등의] 태어날 곳에 대해서 괴로움의 소멸이라 인식하고, 소멸로 이르는 길이 아닌 제사와 고행 등을 소멸의 도라 인식하고 괴로움의 소멸을 원하면서도 제사와 고행 등으로 세 가지 상카라들을 짓기 시작한다.

63. 더욱이 공덕의 열매라 불리는 괴로움은 태어남, 늙음, 병듦, 죽음 등 갖가지 위험으로 뒤범벅이 되어있는데 특별히 네 가지 진리에 무지함을 버리지 않기 때문에 그 괴로움을 괴로움이라고 알지 못하고서는 그것을 얻기 위해 몸의 상카라(身行), 말의 상카라, 마음

의 상카라로 분류되는 공덕이 되는 행위를 하기 시작한다. 이는 마치 요정을 원하는 자가 절벽에서 뛰어 내리는 것과 같다.

행복이라 여겼던 공덕의 열매의 끝엔 어마어마한 열병을 자아낼 변화에 기인한 괴로움(壞苦)을 보지 못하고 또한 만족이 없음을 보지 못하여 공덕이 되는 행위를 하기 시작한다. 공덕이 되는 행위는 그것의 조건이며,39) 그 종류는 앞서 이미 설했다. 이는 마치 등불에 뛰어드는 나방과 같고, 꿀 한 방울을 탐하여 꿀 묻은 칼날을 혀로 핥는 것과 같다.

감각적 욕망의 쾌락과 그 결과에 대해 위험을 보지 못하여 행복이라는 생각과 오염원에 압도되어 세 가지 문으로 일어나는 공덕이 되지 않는 행위를 짓기 시작한다. 이는 마치 변을 갖고 노는 어린아이와 죽으려고 사약을 마시는 사람과 같다.

무색계의 과보에 대해서 형성에 기인한 괴로움(行苦)과 변화에 기인한 괴로움(壞苦)을 알아차리지 못하여 항상하다는 등의 전도몽상으로 마음의 상카라(心行)인 흔들림 없는 행위를 짓기 시작한다. 이는 마치 길을 잃은 자가 도깨비굴을 향해 가는 것과 같다.

64. 이와 같이 무명이 있을 때 상카라들이 있다. 없을 땐 없다. 그러므로 이 상카라들은 무명을 조건으로 있다고 알아야 한다. 이와 같이 설하셨다. "비구들이여, 알지 못하고 무명에 빠진 사람이 공덕이 되는 행위, 공덕이 되지 않는 행위, 흔들림 없는 행위를 행

---

39) "그것의 조건이란 천상에 태어날 과를 가져올 조건이다. 이것도 결국엔 변화에 기인한 괴로움을 가져올 뿐이다. 즐겁고 기쁜 것으로 여겨지는 공덕의 열매는 마치 등불과 같고 칼끝에 묻은 꿀과 같다. 공덕이 되는 행위는 등불에 뛰어드는 것과 같고 칼끝을 핥는 것과 같다.(Pm. 593)"

한다. 비구들이여, 비구에게 무명이 사라지고 영지(靈知, *vijjā*)가 나타나면 무명이 사라지고 영지가 나타났기 때문에 다시는 공덕이 되는 행위를 짓지 않는다."

조건의 주석

paccayakathā

65. 여기서 '이제 무명이 상카라들의 조건이라는 것은 동의한다. 그러나 어느 상카라들에게 어떤 식으로 조건이 되는가를 설해야 한다.'라고 말할 것이다.

66. 이것이 그에 대한 대답이다. 세존께서는 [다음의] 24가지 조건(*paccaya*)들을 설하셨다.

(1) 원인의 조건(*hetupaccaya*, 因緣)
(2) 대상의 조건(*ārammaṇapaccaya*, 所緣緣)
(3) 지배의 조건(*adhipatipaccaya*, 增上緣)
(4) 틈 없이 뒤따르는 조건(*anantarapaccaya*, 無間緣)
(5) 더욱 틈 없이 뒤따르는 조건(*samanantarapaccaya*, 等無間緣)
(6) 함께 생긴 조건(*sahajātapaccaya*, 俱生緣)
(7) 서로 지탱하는 조건(*aññamaññapaccaya*, 相互緣)
(8) 의지하는 조건(*nissayapaccaya*, 依止緣)
(9) 강하게 의지하는 조건(*upanissayapaccaya*, 親依止緣)
(10) 먼저 생긴 조건(*purejātapaccaya*, 前生緣)
(11) 뒤에 생긴 조건(*pacchājātapaccaya*, 後生緣)
(12) 반복하는 조건(*āsevanapaccaya*, 數數修習緣)

(13) 업의 조건(*kammapaccaya*, 業緣)

(14) 과보의 조건(*vipākapaccaya*, 異熟緣)

(15) 음식의 조건(*āhārapaccaya*, 食緣)

(16) 기능(根)의 조건(*indriyapaccaya*, 根緣)

(17) 禪의 조건(*jhānapaccaya*, 禪緣)

(18) 도의 조건(*maggapaccaya*, 道緣)

(19) 서로 관련된 조건(*sampayuttapaccaya*, 相應緣)

(20) 서로 관련되지 않은 조건(*vippayuttapaccaya*, 不相應緣)

(21) 존재하는 조건(*atthipaccaya*, 有緣)

(22) 존재하지 않은 조건(*natthipaccaya*, 非有緣)

(23) 떠나가버린 조건(*vigatapaccaya*, 離去緣)

(24) 떠나가버리지 않은 조건(*avigatapaccaya*, 不離去緣)

67. **[(1) 원인의 조건**(*hetupaccaya*, 因緣)**]:** 이 가운데서 이것이 원인이고 또 조건이기 때문에 원인의 조건(*hetupaccaya*)이라 한다. 원인이면서 조건인 것이고 원인의 조건이기도 하다고 말했다. 대상의 조건 등에서도 이 방법이 적용된다. 여기서 원인(*hetu*)이란 것은 [5단]논법(*vacana*)[40]의 각 부분이나 이유(*kāraṇa*)나 근원(*mūla*)과 동

---

40) 서양의 논리학이 삼단논법에 바탕한 것이라면 인도의 전통 논리는 오단논법(혹은 오지작법, 宗→因→合→喩→結)이다. 전통적으로 오단논법은 다음의 진술로 나타난다.

(1) 산에 불이 있다.(*parvato vahnimān*): 宗

(2) 연기가 있기 때문이다.(*dhūmāt*): 因

(3) 연기가 있는 곳엔 언제나 불이 있다(*yatra yatra dhūmah tatra tatra vanhih*): 合

(4) 아궁이에서처럼(*yathā mahānase*): 喩

(5) 그러므로 산에 불이 있다(*tasmāt tathā*): 結

의어이다.

명제(*paṭiññā*), 원인(*hetu*) 등으로 세간에서는 [5단]논법의 각 부분을 헤뚜(원인)라 부른다. 교법에서는 "원인으로부터 생긴 법들(Vin.i.40)" 등에서는 이유를, "세 가지 유익한(善) 원인, 세 가지 해로운(不善) 원인(Dhs.188)" 등에서는 근원(*mūla*, 뿌리)을 헤뚜라 부른다. 이것이 여기서 뜻하는 것이다.

68. 이것이 조건(*paccaya*)의 뜻이다. 조건하여(*paṭicca*, 緣) 그것으로부터 [결과가] 온다(*eti*)라고 해서 조건(*paccayo*)이라 한다. 그것을 거부하지 않고(*appaccakkhāya*) 있다(*vattati*)는 뜻이다. 어떤 법이 어떤 법을 거부하지 않고 머물거나 일어나면 이 [두 번째] 법은 그 첫 번째 법의 조건이라고 말한다. 특징에 따라 [설명하면], 빳짜야는 도와준다는 특징을 가진다. 어떤 법이 다른 법이 머물거나 일어나는 데 도움을 주면 이것이 그것의 조건이다. 조건, 원인, 이유, 근본, 근원, 기원 등은 뜻으로는 하나이며 글자만 다를 뿐이다.

이와 같이 근본(*mūla*)이라는 뜻에서 헤뚜(원인)이고 도와준다는 뜻에서 빳짜야(조건)이기 때문에 간략히 설하면 근본이라는 뜻에서 도와주는 법이 원인의 조건이다.

69. 어떤 스승들[41]의 주장에 따르면 '마치 벼의 씨앗 등이 벼 등에게, 보석의 빛깔이 보석의 광채에게 그리하듯이 이것은 유익한 것 등에게 유익함 등의 상태를 성취하는 것이다'라고 한다. 이렇게 되면 원인으로부터 생긴 물질 등에서는 원인의 조건의 상태가 적용되지 않는다. 왜냐하면 그 원인은 그들에게 유익함 등의 상태를 성

---

41) 레와따(Revata) 스님을 말한다.(Pm.595)

취할 수 없기 때문이다.

그렇지만 그 원인이 그들에게 조건이 아닌 것이 아니다. 이와 같이 설하셨기 때문이다. "원인[42]은 원인과 연결된 법들과 그것으로부터 생긴 물질들에게 원인의 조건으로 조건이 된다.(Ptn.1)"

원인을 갖지 않은 마음들의 결정할 수 없는(無記) 상태도 이 원인 없이 성취된다. 원인을 가진 마음의 유익한 상태 등도 근원적으로 마음에 잡도리함에 달린 것이지 그것과 관련된 원인에 달린 것은 아니다. 만약 관련된 원인들에서 유익한 상태가 본성으로 있는 것이라면 관련된 법들에서 원인과 관계가 있는 탐욕 없음은 오직 유익한 것이거나 혹은 오직 결정할 수 없는 것(무기)이어야 한다. 그러나 이 탐욕 없음은 둘 다에 해당된다. 그러므로 관련된 법들에서처럼 원인들에서도 유익함 등의 상태를 조사해 보아야 한다.

70. 원인들의 근본(*mūla*) 뜻을 유익함 등의 상태를 성취하는 것이라고 취하지 말고 잘 안주하는 상태를 성취하는 것이라고 그것을 이해할 때 조금도 모순이 없다. 원인의 조건을 가진 법들은 튼튼한 나무처럼 확고하고 안정되어있다. 원인을 갖지 않은 마음들은 뿌리가 깨알만한 이끼처럼 확고하지 않다. 이와 같이 근본의 뜻에서 돕기 때문에 잘 안주하는 상태를 성취하는 것으로써 도와주는(*upakāraka*) 법이 원인의 조건이라고 알아야 한다.

---

42) 여기서 원인이란 세 가지의 유익한 원인, 즉 탐욕 없음, 성냄 없음, 어리석음 없음과, 세 가지의 해로운 원인 즉 탐욕, 성냄, 어리석음의 여섯을 뜻하고, 원인과 연결된 법이란 89가지로 분류되는 마음 중에서 원인을 갖지 않은 마음 18가지를 제외한 71가지 원인을 가진 마음과 또 이 마음과 관련된 52가지 마음부수(*cetasika*)법들을 뜻한다. 『길라잡이』 3장 §5를 참조할 것.

71. **[(2) 대상의 조건**(*ārammaṇapaccaya*, 所緣緣)**]**: 그 다음에 대상의 상태로써 도와주는 법이 대상의 조건이다. 이것은 "물질의 감각장소(色處)는 눈의 알음알이의 요소(眼識界)에게 대상의 조건으로 조건이 된다"로 시작하고 "그 법을 의지하여 어떤 마음과 마음부수들이 일어날 때 그 처음 법들은 이 나중 법들에게 대상의 조건으로 조건이 된다(Pṭn.1-2)"라고 결론지었기 때문에 어떤 법도 대상의 조건이 아닌 것은 없다.

기력 없는 사람이 막대기나 줄을 의지해 일어서고 또 서있듯이 마음과 마음부수의 법들도 물질 등의 대상을 의지하여 일어나고 또 머문다. 그러므로 모든 마음과 마음부수들의 대상이 되는 법은 대상의 조건이라고 알아야 한다.

72. **[(3) 지배의 조건**(*adhipatipaccaya*, 增上緣)**]**: 으뜸간다는(*jeṭṭhaka*) 뜻에서 도와주는 법이 지배의 조건이다. 이것은 ① 함께 생긴 [지배의 조건]과 ② 대상의 [지배의 조건으로] 두 가지이다. 이 중에서 "열의의 지배(*chanda-adhipati*)는 열의와 관련된 법들과 열의로부터 생긴 물질들에게 지배하는 조건으로 조건이 된다(Pṭn.2)"라는 말씀 때문에 열의(*chanda*), 정진(*vīriya*), 마음(*citta*), 검증(*vīmaṁsā*)[43] 으로 불리는 이 네 가지 법이 지배의 조건이라고 알아야 한다. 그러나 한꺼번에 일어나는 것은 아니다. 열의를 중요하게 생각하고 열의를 최고로 여겨 마음이 일어날 때는 오직 열의가 지배자이다. 다른 것은 지배자가 되지 않는다. 이 방법은 나머지에도 적용된다.

---

43) 이들에 대해서는 『길라잡이』 7장 §26의 네 가지 성취수단(如意足)과 §20의 네 가지 지배(增上)를 참조할 것.

어떤 법을 중요시 여기고 정신의 법(非色法)들이 일어날 때 그 법은 이 법들에게 대상으로서의 지배자가 된다. 그래서 설하셨다. "어떤 법을 중요시 여기고 마음과 마음부수의 법들이 일어날 땐 그 처음 법들은 이 나중 법들에게 지배의 조건으로 조건이 된다.(Pṭn.2)"

73. **[(4) 틈 없이 뒤따르는 조건**(*anantarapaccaya*, 無間緣)**]**: 틈 없이 뒤따르는 상태로 도와주는 법이 틈 없이 뒤따르는 조건이다. 더욱 틈 없이 뒤따르는 상태로 도와주는 법이 더욱 틈 없이 뒤따르는 조건이다. 이 두 가지 조건은 아주 다양하지만 여기서는 이것이 핵심이다. — 눈의 알음알이(眼識) 뒤에 마노의 요소(意界)가, 마노의 요소 뒤에 마노의 알음알이의 요소(意識界)가 뒤따른다는 등의 마음의 법칙(*citta-niyama*)은 각자 바로 앞의 마음에 의지하여 성취된다. 그렇지 않은 것이 없다.

그러므로 각자 자기 뒤에 적당한 마음을 일으킬 수 있는 능력을 가진 법이 틈 없이 뒤따르는 조건이다. 그래서 말씀하셨다. "틈 없이 뒤따르는 조건: 눈의 알음알이의 요소와 또한 눈의 알음알이와 관련된 법들은 마노의 요소(意界)와 또한 그와 관련된 법들에게 틈 없이 뒤따르는 조건으로 조건이 된다.(Pṭn.2)"

74. **[(5) 더욱 틈 없이 뒤따르는 조건**(*samanantarapaccaya*, 等無間緣)**]**: 틈 없이 뒤따르는 조건이 바로 더욱 틈 없이 뒤따르는 조건이다. 물질의 생성(*upacaya*, 積集)과 물질의 상속(*santati*)처럼, 용어(*adhivacana*)와 언어(*nirutti*)의 두개조처럼[44] 문자만 다를 뿐 뜻으로

---

44) 물질의 생성과 상속에 대해서는 XIV.§66과 『길라잡이』 6장 §4의 11번 해설에서 언급되어있다, 용어(*adhivacana*)와 언어(*nirutti*)는 『담마상가

는 다른 것이 없다.

75. 어떤 스승들[45]의 견해에 따르면 뜻으로서 [즉 법의 고유성질로][46] 틈 없이 뒤따르기 때문에 틈 없이 뒤따르는 조건이고, 시간상으로 틈 없이 뒤따르기 때문에 더욱 틈 없이 뒤따르는 조건이라고 한다. 그러나 이것은 "멸진정에서 출정한 사람의 비상비비상처의 유익한 마음은 과를 증득하는 데 더욱 틈 없이 뒤따르는 조건으로 조건이 된다.(Pṭn.160)"고 한 내용과 어긋난다.[47]

76. 그들은 여기서 이렇게 주장한다. '법들을 생기게 하는 능력이 줄어든 것은 아니다. 그러나 수행의 힘으로 방해를 받은 법들이 더욱 틈 없이 뒤따라 일어나지 못한다. 그것이 시간상으로 틈 없는 것이 아님을 증명한다.'라고. 수행의 힘으로 시간상으로 틈 없는 것

니』(Dhs.1306)를 참조할 것. 이들은 각각 말만 다를 뿐 뜻으로는 다른 점이 없다. '*anantara*(틈 없이 뒤따름)'와 '*samanantara*(더욱 틈 없이 뒤따름)'도 또한 그와 같다.

45) 여기서도 레와따 스님을 언급한다.(Pm, 598)

46) 즉 눈의 알음알이(眼識) 뒤에는 마노의 요소(意界)가, 마노의 요소 뒤에는 마노의 알음알이의 요소(意識界)가 오는 등, 법의 고유성질(*sabhāva*)에 따라 틈이 없는 것을 틈 없이 뒤따르는 조건이라 한다는 뜻이다. 그러므로 원문의 '*atthānantaratāya*(뜻으로써 틈이 없음)'는 법의 고유성질로써 틈이 없다는 뜻이다.

47) 시간상으로 틈이 없는 것을 더욱 틈 없이 뒤따르는 조건이라 한다면 멸진정으로부터 나온 사람의 비상비비상처의 유익한 마음은 과를 증득하는 데 더욱 틈 없이 뒤따르는 조건으로 조건이 된다라는 내용과 어긋난다. 왜냐하면 멸진정에 든 자가 그것으로부터 나와서 불환과 또는 아라한과를 증득하는 데는 7일간의 공백이 있기 때문이다. 그러나 삼장에서는 그 유익한 마음이 과를 증득하는 데 더욱 틈 없이 뒤따르는 조건으로 조건이 된다고 했다.

이 아님을 우리도 얘기한다. 시간상으로 틈 없음이 아니기 때문에 더욱 틈 없이 뒤따르는 조건이라는 것은 적당치 않다. 시간상으로 틈이 없어야 더욱 틈 없이 뒤따르는 조건이라고 하는 것은 신조(*laddhi*)일 뿐이다. 그러므로 그런 견해에 국집하지 말고 뜻으로서가 아니라 문자가 다른 것으로서 차이점을 찾아야 한다. 어떻게? 그들에게 틈이 없기 때문에 틈 없이 뒤따르는 조건이다. 형태가 없기 때문에(*saṇṭhānābhāvato*)48) 더욱 틈이 없다. 그래서 더욱 틈 없이 뒤따르는 조건이라 한다.

77. **[(6) 함께 생긴 조건**(*sahajātapaccaya*, 俱生緣)**]**: 일어나면서 [다른 법들을] 자신과 함께 생기게 하는 성질로써 도와주는 법을 함께 생긴 조건이라 한다. 마치 빛을 내게 하는 등불처럼. 이것은 정신의 무더기(蘊)에 따라 여섯 가지이다. 이처럼 말씀하셨다.

"(1) 네 가지 정신의 무더기는 서로서로 함께 생긴 조건으로 조건이 된다.

(2) 네 가지 근본물질(四大)은 서로서로 …

(3) 입태하는 순간에 마음과 물질은 서로서로 …

(4) 마음과 마음부수법들은 그것으로부터 생겨난 물질에게 …

(5) 근본물질은 그것으로부터 파생된 물질에게 …

(6) 물질은 정신에게 어떤 때는 함께 생긴 조건으로 조건이 되고 어떤 때는 그렇지 않다.(Pṭn.3)" 이것은 심장토대와 관련해서 설했다.49)

---

48) 원문의 '*saṇṭhānābhāvato*(형태가 없기 때문에)'를 냐나몰리 스님은 '*because [even the distinction of] co-presence is lacking*'이라 옮겼는데 잘못된 번역이라고 할 수 있다. *saṇṭhāna*라는 단어는 '형태, 모습' 등을 뜻한다. 이 정신(*nāma*)은 물질(*rūpa*)과 달리 형태가 없기 때문에 더욱 틈이 없어 더욱 틈 없이 뒤따르는 조건이라 한다는 내용이다.

78. [(7) 서로 지탱하는 조건(*aññam-aññapaccaya*, 相互緣)]: 서로 일어나게 하고(*uppādana*) 지탱하는(*upatthambhana*) 성질로써 도와주는 법을 서로 지탱하는 조건이라 한다. 마치 서로서로 받쳐주는 삼발이처럼. 정신의 무더기(蘊)에 따라 세 가지이다. 이처럼 말씀하셨다.

"(1) 네 가지 정신의 무더기는 서로 지탱하는 조건으로 조건이 된다.

(2) 네 가지 근본물질은 …

(3) 입태하는 순간에 정신과 물질은 서로 지탱하는 조건으로 조건이 된다.(Ptn.3)"

79. [(8) 의지하는 조건(*nissayapaccaya*, 依止緣)]: 머무는 곳(*adhiṭṭhāna*)으로써, 또 의지함으로써 도와주는 법을 의지하는 조건이라 한다. 마치 땅이 나무에게 머무는 곳이 되고, 면 바닥이 그림을 그리는 데 의지함이 되는 것처럼. 그것은 "네 가지 정신의 무더기는 서로서로 의지하는 조건으로 조건이 된다(Ptn.3)"라고 함께 생긴 조건에서 설한 방법대로 알아야 한다.

그러나 여섯 번째 부분은[50] 이와 같이 분석하셨다. "눈의 장소(眼處)는 눈의 알음알이의 요소(眼識界)에게 … 귀의 장소는 … 코의 장소는 … 혀의 장소는 … 몸의 장소는 몸의 알음알이의 요소(身識界)

---

49) 즉 심장 토대는 재생연결에서는 정신에게 함께 생긴 조건이 되고 삶의 전개과정에서는 아니라는 뜻이다.

50) 함께 생긴 소선(*sahajātapaccaya*)에서 설한 것 중에 맨 마지막의 '물질은 정신에게 어떤 때는 함께 생긴 조건으로 조건이 되고 어떤 때는 그렇지 않다'는 것을 제외한 처음 다섯 가지는 의지하는 조건도 되는 것으로 알아야 한다. 여섯 번째 부분은 다르기 때문에 '눈의 장소(眼處)는 눈의 알음알이의 요소(眼識界)와 그와 관련된 7가지 마음부수법들에게 의지하는 조건이 된다'라고 언급한다.

와 그로부터 생긴 법들에게 의지의 조건으로 조건이 된다. 그 물질[51]을 의지하여 마노의 요소(意界)와 마노의 알음알이의 요소(意識界)가 있을 때 그 물질은 마노의 요소와 마노의 알음알이의 요소와 그것으로부터 생긴 법들에게 의지하는 조건으로 조건이 된다.(Pṭn.4)"[52]

80. (9) 강하게 의지하는 조건(*upanissayapaccaya*, 親依止緣): 여기서 우선 단어의 뜻은 다음과 같다. 그것을 의지하여 존재하기 때문에 자기의 결과는 그것을 의지한다, 거부하지 않는다. 그러므로 의지함이다. 크게(*bhuso*) 낙담하는(*āyāso*) 것이 절망(*upāyāso*)이듯 강하게(*bhuso*) 의지하는(*nissaya*) 것이 강하게 의지함(*upanissaya*)이다. 강력한 원인과 동의어이다. 그러므로 강력한 원인(*balava-kāraṇa*)으로써 도와주는 법이 강하게 의지하는 조건이라고 알아야 한다.

그것은 ① 대상으로써 강하게 의지함(*ārammaṇa-upanissaya*, 所緣親依止) ② 틈 없이 뒤따르는 것으로써 강하게 의지함(*anantara-upanissaya*, 無間親依止) ③ 자연적으로 강하게 의지함(*pakata-upanissaya*,

---

51) 마노의 요소(意界)와 마노의 알음알이의 요소(意識界)가 의지하는 '그 물질(*yaṁ rūpaṁ* … *taṁ rūpaṁ*)'을 전통적으로 주석서들에서는 심장토대(*hadayavatthu*)라고 해석한다. 그러나 아비담마 칠론에서는 심장토대라는 용어로 명시하여 나타나는 곳은 없다. 그래서 요즘 일부 서양학자들은 전오식을 제외한 모든 마음들이 의지하는 물질적 토대는 굳이 심장이라 하지 않아도 된다고 주장한다. 그들은 은근히 현대 과학이 밝혀내고 있듯이 뇌야말로 모든 마음의 의지처가 된다고 보는 입장이며 그 근거를 빳타나(발취론)의 바로 이 문장에서 찾고 있다. 『길라잡이』 6장 §20의 2번 해설과 6장 §3의 5번 해설을 참조할 것.

52) 즉 심장 토대는 세 가지 마노의 요소(意界)와 76가지 마노의 알음알이의 요소(意識界)와 그와 관련된 52가지 마음부수들에게 의지하는 조건이 된다는 뜻이다.

本性親依止)[53]의 세 가지이다.

81. 이 가운데서 ① "보시를 하고, 계를 호지하고, 포살의 갈마를 한 뒤 그는 그것을 존중히 여기며 반조한다. 이전에 잘 한 일을 존중히 여기며 반조한다. 禪에서 출정하여 禪을 존중히 여기며 반조한다. 유학들은 종성(種姓, *gotrabhū*)을 존중히 여기며 반조하며 청백(淸白)의 경지(*vodāna*)[54]를 존중히 여기며 반조한다. 유학들은 도로부터 나와서 도를 존중히 여기며 반조한다.(Ptn.165)"라고 시작하는 방법으로 대상으로써 강하게 의지하는 조건은 대상으로써 지배하는(*ārammaṇa-adhipati*) 조건과 함께 구분 없이 사용되었다.

이 가운데서 그 대상을 존중히 여기며 마음과 마음부수들이 일어나면 그것은 그 대상들 가운데서 절대적으로 강한 대상이 된다. 이와 같이 존중히 여기는 뜻에서 대상으로써 지배하는 조건이고, 강한 원인의 뜻에서 대상으로써 강하게 의지하는 조건이라고 이들의 차이점을 알아야 한다.

82. ② 틈 없이 뒤따르는 것으로써 강하게 의지함(*anantara-upanissaya*)도 "앞서가는 유익한 무더기(蘊)들은 뒤에 오는 유익한 무

---

53) *pakata*(자연적인)를 주석서에서는 '*pa*는 접두어이고 *kata*는 결과를 일으키는 능력으로서 자신의 상속에서 잘 된 상태를 뜻한다(Pm.602)'로 설명한다.

54) *vodāna*(깨끗함)는 마음의 이름으로 일래과 이상의 경지에 든 자의 인식과정에서 수순(*anuloma*)의 다음에 일어나는 네 번째 마음 순간의 이름이다. 그래서 '청백의 경지'로 옮겼다. 만약에 준비(*parikkama*)의 마음이 일어나지 않으면 이 마음은 세 번째 순간의 것이다. 예류과에 든 자의 경우는 이 순간의 마음을 고뜨라부(종성)라고 부른다. 『길라잡이』 9장 §34 '종성'의 마음 해설을 참조할 것.

더기들에게 강하게 의지하는 조건으로 조건이 된다.(Pṭn.165)"는 방법으로 틈 없이 뒤따르는 조건(*anantara-paccaya*)과 함께 구분 없이 사용되었다. 그러나 마띠까(Mātika, 論母)의 개요에 따르면 그들의 차이점은 다음과 같다. "눈의 알음알이의 요소와 그와 관련된 법들은 마노의 요소와 그와 관련된 법들에게 틈 없이 뒤따르는 조건으로 조건이 된다.(Pṭn.2)"라는 방법으로 틈 없이 뒤따름(*anantara*)을 설하였고, "앞서가는 유익한 법들은 뒤에 오는 유익한 법들에게 강하게 의지하는 조건으로 조건이 된다(Pṭn.2)"라는 방법으로 강하게 의지함(*upanissaya*)을 설하였기 때문이다.

이것도 뜻으로서는 오직 하나이다. 그렇더라도 자신을 뒤따라 적절한 마음을 일으키는 능력의 측면에서 틈 없음(無間, *anantara*)이라고 하고, 뒤의 마음이 일어날 때 앞의 마음의 강한 상태의 측면에서 틈 없이 뒤따르는 것으로써 강하게 의지함이라고 알아야 한다.

83. 원인의 조건 등에서는 그 조건들 중 어떤 것이 없이도 마음이 일어날 수 있다.55) 그러나 뒤따르는 마음 없이는 마음의 일어남이란 결코 없다. 그러므로 강한 조건이 된다. 이와 같이 자신을 뒤따라 적절한 마음을 생기게 하기 때문에 틈 없이 뒤따르는 조건이고, 강한 원인이 되기 때문에 틈 없이 뒤따르는 것으로써 강하게 의지하는 조건이라고 그들의 차이점을 알아야 한다.

84. ③ 자연적으로 강하게 의지함(*pakata-upanissaya*)이란 잘된 것으로(*pakata*) 강하게 의지함(*upanissaya*)을 말한다. 여기서 잘된 것(*pakata*)이란 자신의 일생이 흘러가면서(相續) 일으킨 믿음, 계 등이

---

55) 예를 들면 해로운 마음은 탐욕 없음(*alobha*) 등의 조건 없이도 일어난다.

고, 혹은 습관이 된 날씨, 음식 등이다. 혹은 본래부터(*pakati*) 강하게 의지함(*upanissaya*)이 자연적으로 강하게 의지함이다. 대상으로서의 강하게 의지함과 틈 없이 뒤따름으로서의 강하게 의지함과 섞이지 않는다는 뜻이다.

"자연적으로 강하게 의지함이란 믿음을 강하게 의지하여 보시를 한다, 계를 지킨다, 포살의 갈마를 행한다, 禪을 일으킨다, 위빳사나를 일으킨다, 도를 일으킨다, 초월지를 일으킨다, 禪의 증득을 일으킨다, 계를 … 들음을 … 관대함을 … 통찰지를 강하게 의지하여 보시를 한다. … 禪의 증득을 일으킨다. 믿음, 계, 들음, 관대함, 통찰지는 각각 믿음에게, 계에게, 들음에게, 관대함에게, 통찰지에게 강하게 의지하는 조건으로 조건이 된다.(Ptn.165)"라는 방법으로 여러 가지 측면에서 그것의 분류를 알아야 한다.

이와 같이 이 믿음 등은 자연적인 [잘 된 상태]이고 또 강한 원인이란 뜻에서 강한 의지이다. 그래서 자연적으로 강하게 의지함이라 한다.

85. **[(10) 먼저 생긴 조건**(*purejātapaccaya*, 前生緣)**]**: 먼저 일어나서 존재하는 상태로 도와주는 법이 먼저 생긴 조건이다. 이것은 오문(五門)에서의 토대와 대상과, 심장토대[56]의 11가지이다. 이와 같이 설해졌다.

"① 눈의 감각장소(眼處)는 눈의 알음알이의 요소(眼識界)와 그와 관련된 법들에게 먼저 생긴 조건으로 조건이 된다. ② 귀의 감각장소는 … ③ 코의 감각장소는 … ④ 혀의 감각장소는 … ⑤ 몸의

56) 아래의 1번부터 5번까지는 토대로 먼저 생긴 조건이고, 6-10까지는 대상으로 먼저 생긴 조건이며, 11번은 심장토대로 먼저 생긴 조건이다.

감각장소는 … ⑥ 형상의 감각장소(色處)는 … ⑦ 소리의 감각장소는 … ⑧ 냄새의 감각장소는 … ⑨ 맛의 감각장소는 ⑩ 감촉의 감각장소는 몸의 알음알이의 요소(身識界)와 그와 관련된 법들에게 먼저 생긴 조건으로 조건이 된다. 형상 … 소리 … 냄새 … 맛 … 감촉은 마노의 요소(意界)에게 먼저 생긴 조건으로 조건이 된다. ⑪ 그 물질을 의지하여 마노의 요소와 마노의 알음알이의 요소가 있을 때 그 물질은 마노의 요소와 그와 관련된 법들에게 먼저 생긴 조건으로 조건이 되고, 마노의 알음알이의 요소와 그와 관련된 법들에게는 어떤 때는 먼저 생긴 조건으로 조건이 되고 어떤 때는 그렇지 않다.(Ptn.4-5)"[57]

86. **(11) 뒤에 생긴 조건**(*pacchājāta-paccaya*, 後生緣): 먼저 생긴 물질에게 지지하는 성질로 도와주는 정신의 법(非色法)이 뒤에 생긴 조건이다. 마치 맛있는 음식을 먹을 것이라는 생각이 새끼 독수리의 몸을 도와주는 것처럼. 그래서 설하셨다. "뒤에 생긴 마음과 마음부수법들[58]이 먼저 생긴 이 몸에게 뒤에 생긴 조건으로 조건이 된다.(Ptn.5)"라고.

87. **(12) 반복하는 조건**(*āsevana-paccaya*, 數數修習緣): 반복한다는

---

57) 심장토대는 세 가지 마노의 요소와 그와 관련된 법들에게, 또 76가지 마노의 알음알이의 요소 중에서 무색계 과보로 나타난 마음 4가지를 제외한 72가지 마노의 알음알이의 요소와 그와 관련된 마음부수법 52가지에게 삶의 전개과정에서는 먼저 생긴 조건이 되고 재생연결 중에는 아니라는 뜻이다.

58) 무색계 과보로 나타난 마음 4가지를 제외한 85가지 마음과 52가지 마음부수들이 이에 해당된다. 이들은 앞에 생긴 이 몸에게 뒤에 생긴 조건으로 조건이 된다.

뜻에서 뒤따르는 법들이 능숙하고 힘이 있도록 도와주는 법을 반복하는 조건이라 한다. 책 등에서 반복하여 적용하는 것처럼. 그것은 유익한 [속행], 해로운 [속행], 단지 작용만 하는 [속행]으로 세 가지이다. 이처럼 말씀하셨다.

"① 앞의 유익한 법들은 뒤따르는 유익한 법들에게 반복하는 조건으로 조건이 된다. ② 앞의 해로운 법들은 … ③ 앞의 단지 작용만 하는 무기의 법들은 뒤따르는 단지 작용만 하는 무기의 법들에게 반복하는 조건으로 조건이 된다.[59](Ptn.5)"

88. **(13) 업의 조건**(*kamma-paccaya*, 業緣): 마음씀(*citta-payoga*)이라 불리는 행위로 도와주는 법을 업의 조건이라 한다. 다른 순간에 작용하는[60] 유익하고 해로운 의도, 함께 생긴 모든 의도로 두 가지이다. 이와 같이 설하셨다.

"유익하고 해로운 업은 과보의 무더기와, 업을 지었기 때문에 생긴 물질에게 업의 조건으로 조건이 된다. 의도는 관련된 법들과 그로부터 생긴 물질에게 업의 조건으로 조건이 된다.[61](Ptn.5)"

89. **(14) 과보의 조건**(*vipāka-paccaya*, 異熟緣): 노력 없이(*nirussāha*) 고요한 상태(*santa-bhāva*)로 노력 없이 고요하도록 도와주는 과보가 과보의 조건이다. 삶의 전개과정(*pavatti*)에서 그것은 그로부터 생긴

---

59) 이 세 번째는 아라한들에게만 적용된다. 아라한들은 이미 선과 불선을 초월했기 때문이다.

60) 다른 순간에 작용하는 의도란 의도와 그것의 과보가 작용하는 순간이 다르다는 뜻이다.

61) 유익하고 해로운 업은 네 가지 과보로 나타난 마음의 무더기와 업에서 생긴 물질에게 업의 조건으로 조건이 되고, 의도는 관련된 법인 89가지 마음과 마음에서 생긴 물질에게 업의 조건으로 조건이 된다는 뜻이다.

물질들에게, 재생연결 순간에는 업으로부터 생긴 물질에게, 모든 경우에 관련된 법들에게 과보의 조건으로 조건이 된다.[62] 이처럼 말씀하셨다.

"과보로 나타난 무기(無記)인 하나의 무더기(蘊)는 세 가지 무더기와 마음으로부터 생긴 물질에게 과보의 조건으로 조건이 된다. … 재생연결 순간에 과보로 나타난 무더기인 하나의 무더기는 세 가지 무더기에게 … 세 가지 무더기는 한 가지 무더기에게 … 두 가지 무더기는 두 가지 무더기와 업에서 생긴 물질에게 과보의 조건으로 조건이 된다. 무더기는[63] 토대에게 과보의 조건으로 조건이 된다.(Pṭn.173)"

90. **(15) 음식의 조건**(*āhāra-paccaya*, 食緣): 물질과 정신에게 지지하는(*upatthambhaka*) 성질로 도와주는 네 가지 음식이 음식의 조건이다. 이처럼 말씀하셨다.

"먹는 음식은 이 몸에게 음식의 조건으로 조건이 된다. 정신적인 음식은 관련된 법들과 그로부터 생긴 물질들에게 음식의 조건으로 조건이 된다.(Pṭn.5)" 『빳타나(Paṭṭhāna, 발취론)』의 질문 부분(Pañhā-vāra)에서 "과보로 나타난 무기(無記)인 음식은 재생연결 순간에 그와 관련된 무더기들과 업에서 생긴 물질들에게 음식의 조건으로 조건이 된다(Pṭn.174)"라고도 설하셨다.

---

62) 즉 과보의 조건은 삶의 전개과정에서 36가지 과보로 나타난 마음에서 생긴 물질에게, 재생연결 중에는 업에서 생긴 물질에게, 삶의 전개과정과 재생연결의 둘 다에서는 마음과 마음부수들에게 조건이 된다.

63) 네 가지 정신적인 과보의 무더기와 그와 관련된 마음부수들을 뜻한다. 즉 36가지 과보로 나타난 마음과 36가지 마음부수들이 토대에게 과보의 조건으로 조건이 된다.

91. **(16) 기능(根)의 조건**(*indriya-paccaya*, 根緣): 지배한다는(*adhipati*) 뜻에서 도와주는 20가지 기능(根)들이 기능의 조건이다. 여자의 기능(女根)과 남자의 기능(男根)은 제외된다. 이중에서 눈의 기능 등은 정신에게만 조건이 되고 나머지는 정신과 물질에게 조건이 된다. 이처럼 말씀하셨다.

"눈의 기능은 눈의 알음알이의 요소에게 … 귀 … 코 … 혀 … 몸의 기능은 몸의 알음알이의 요소와 그와 관련된 법들[64]에게 기능(根)의 조건으로 조건이 된다. 물질의 생명기능은 업에서 생긴 물질들에게 기능의 조건으로 조건이 된다. 정신적인 기능들은 관련된 법들과 그로부터 생긴 물질들에게 기능의 조건으로 조건이 된다.(Pṭn.5-6)"

그러나 질문의 부분에서 "과보로 나타난 무기인 기능들은 재생연결 순간에 그와 관련된 무더기와 업에서 생긴 물질들에게 기능의 조건으로 조건이 된다(Pṭn.175)"라고도 설하셨다.

92. **(17) 禪의 조건**(*jhāna-paccaya*, 禪緣): 한 쌍의 전오식(前五識)에서 행복과 고통스런 느낌의 둘을 제하고, 명상한다는(*upanijjhāyana*) 뜻에서 도와주는 유익함 등으로 분류되는 일곱 가지 禪의 구성요소들은[65] 모두 禪의 조건으로 조건이 된다. 이처럼 말씀하셨다.

"禪의 구성요소들은 禪과 관련된 법들[66]과 그로부터 생긴 물질

---

64) 관련된 법들이란 7가지 공통되는 마음부수들을 말한다.

65) 『길라잡이』 7장 §16의 禪의 구성요소와 1장 §18 해설을 참조할 것.

66) 89가지 마음 중에서 한 쌍의 전오식(드위빤짜윈냐나)을 제외한 나머지 79가지와 52가지 마음부수법들을 뜻하며 이 법들에게 禪의 구성요소들은 선의 주건으로 조건이 된다.

들에게 禪의 조건으로 조건이 된다.(Ptn.6)" 그러나 질문 부분에서는 "재생연결의 순간에 과보로 나타난 무기인 禪의 구성요소들은 그와 관련된 무더기(蘊)들과 업에서 생긴 물질들에게 禪의 조건으로 조건이 된다(Ptn.175)"라고도 설하셨다.

93. **(18) 도의 조건**(*magga-paccaya*, 道緣): 그곳이 어느 곳이든 그곳으로부터 출구가 된다는(*niyyāna*) 뜻에서 도와주고, '유익함' 등으로 분류되는 열두 가지 도의 구성요소들이[67] 도의 조건이다. 이처럼 말씀하셨다.

"도의 구성요소들은 도와 관련된 법들[68]과 그로부터 생긴 물질들에게 도의 조건으로 조건이 된다(Ptn.6)" 그러나 질문 부분에서는 "재생연결 순간에 과보로 나타난 무기인 도의 구성요소들은 그와 관련된 무더기들과 업에서 생긴 물질들에게 도의 조건으로 조건이 된다. (Ptn.176)"라고 설하셨다.

이 禪의 조건과 도의 조건은 각각 [유익하고 해로운] 한 쌍의 전오식(前五識)과 [18가지] 원인 없는 마음에는 적용되지 않는다고 알아야 한다.

94. **(19) 서로 관련된 조건**(*sampayutta-paccaya*, 相應緣): 동일한 토대를 가지고, 동일한 대상을 가지며, 동시에 일어나고, 동시에 소멸함이라 불리고,[69] 관련된 상태로 도와주는 정신의 법들이 서로

---

67) 8정도의 8가지와 삿된 견해, 삿된 사유, 삿된 정진, 삿된 삼매가 그것이다. 『길라잡이』 7장 §17의 도의 각지를 참조할 것.

68) 도와 관련된 법들은 18가지 원인 없는 마음을 제외한 71가지 마음과 그와 함께 일어나는 52가지 마음부수를 뜻한다.

69) 여기에 대해서는 『길라잡이』 2장 §1을 참조할 것.

관련된 조건이다. 이처럼 말씀하셨다.

"네 가지 정신의 무더기들은 서로에게 서로 관련된 조건으로 조건이 된다.(Pṭn.6)"

95. (20) 서로 관련되지 않은 조건(*vippayutta-paccaya*, 不相應緣): 동일한 토대 등을 갖지 않는 상태로 정신의 법들을 도와주는 물질과, 물질들을 도와주는 정신들이 서로 관련되지 않은 조건이다. 이것은 함께 생기고, 뒤에 생기고, 먼저 생긴 것의 세 가지이다. 이와 같이 설하셨기 때문이다.

"함께 생긴 유익한 무더기(蘊)들은 마음으로부터 생긴 물질들에게 서로 관련되지 않은 조건으로 조건이 된다. 뒤에 생긴 유익한 무더기들은 먼저 생긴 이 몸에게 서로 관련되지 않은 조건으로 조건이 된다.(Pṭn.176)"

결정할 수 없는 것(無記)에 대한 구절에서 함께 생긴 [서로 관련되지 않은 조건]을 설명할 때 "재생연결 순간에 과보로 나타난 무기인 무더기(蘊)들은 업에서 생긴 물질들에게 서로 관련되지 않은 조건으로 조건이 된다. 무더기들은 토대(*vatthu*)에게, 토대는 무더기들에게 서로 관련되지 않은 조건으로 조건이 된다(Pṭn.176)"라고도 설하셨다.

먼저 생긴 [서로 관련되지 않은 조건]은 눈의 기능 등의 토대에 의해서[70] 알아야 한다. 이처럼 말씀하셨다. "먼저 생긴 눈의 장소는

---

70) 먼저 생긴 조건(*purejāta-paccaya*)은 대상과 토대로써 본래 두 가지인데 서로 관련되지 않은 조건(*vippayutta*)에 해당되는 것은 여섯 가지인 토대의 먼저 생긴 조건이다. 심장 토대를 앞의 다섯 가지 토대와 분리해서 보면 '먼저 생긴 조건은 눈의 감각기능 등과 토대로써 알아야 한다'라고 해석할 수도 있다.

눈의 알음알이의 요소에게 … 몸의 장소는 몸의 알음알이의 요소에게 서로 관련되지 않은 조건으로 조건이 된다. 토대는 과보로 나타난 무기인 무더기들과 단지 작용만 하는 무기인 무더기들에게 서로 관련되지 않은 조건으로 조건이 된다. 토대는 유익한 무더기들에게 … 토대는 해로운 무더기들에게 서로 관련되지 않은 조건으로 조건이 된다.(Ptn.176-77)"

96. **(21) 존재하는 조건**(*atthi-paccaya*, 有緣): 현재라는 특징을 가진 현존하는 상태로써 그러한 상태에 있는 법에게 지지하는 상태(*upatthambhakatta*)로 도와주는 법이 존재하는 조건이다. 그것은 정신의 무더기(蘊), 네 가지 근본물질(四大), 정신·물질(名色), 마음·마음부수, 네 가지 근본물질, 감각장소(處), 토대, 이 일곱 가지로 마띠까(論母)에 설해졌다. 이처럼 말씀하셨다.

"① 네 가지 정신의 무더기들은 서로서로 존재하는 조건으로 조건이 된다.

② 네 가지 근본물질들은 서로서로 …

③ 재생연결 순간에 마음과 물질은 서로서로 …

④ 마음과 마음부수들은 마음으로부터 생긴 물질에게 …

⑤ 네 가지 근본물질들은 파생된 물질들에게 …

⑥ 눈의 장소(眼處)는 눈의 알음알이의 요소(眼識界)에게 … 몸의 장소는 … 형상의 장소는 … 감촉의 장소는 몸의 알음알이의 요소와 그와 관련된 법들에게 존재하는 조건으로 조건이 된다. 형상의 장소(色處)는 … 감촉의 장소(觸處)는 마노의 요소(意界)와 그와 관련된 법들에게 존재하는 조건으로 조건이 된다.

⑦ 그 물질을 의지하여 마노의 요소(意界)와 마노의 알음알이의

요소(意識界)가 있기 때문에 그 물질은 마노의 요소와 마노의 알음알이의 요소와 그와 관련된 법들에게 존재하는 조건으로 조건이 된다.(Ptn.6)"

97. 그런데 질문 부분에서는 "함께 생김, 먼저 생김, 뒤에 생김, 음식, 기능"이라고 개요를 설하시고 다음과 같이 해설하셨다.

① 함께 생김에 대해 "한 개의 무더기는 세 개의 무더기들과 그로부터 생긴 물질들에게 존재하는 조건으로 조건이 된다(Ptn.178)"라는 방법으로 해설하셨다.

② 먼저 생김에 대해서는 먼저 생긴 눈 등으로 해설하셨다.

③ 뒤에 생김에 대해서는 먼저 생긴 이 몸에게 뒤에 생긴 마음과 마음부수들이 조건이 되는 것으로 해설하셨다.

④-⑤ 음식과 기능에 대해서는 "먹는 음식은 이 몸에게 존재하는 조건으로 조건이 된다. 물질의 생명기능[71]은 업에서 생긴 물질들에게 존재하는 조건으로 조건이 된다.(Ptn.178)"

98. (22) **존재하지 않은 조건**(*natthi-paccaya*, 非有緣): 자기 뒤에 일어나는 정신의 법들에게 일어나는 기회를 제공하면서 도와주는, 바로 틈 없이 소멸한 정신의 법이 존재하지 않는 조건이다. 이처럼 말씀하셨다.

"더욱 틈 없이 소멸한 마음과 마음부수들은 존재하는 마음과 마음부수들에게 존재하지 않는 조건으로 조건이 된다.(Ptn.7)"

99. (23) **떠나가버린 조건**(*vigata-paccaya*, 離去緣): 그 법들이 떠

71) 기능으로 존재하는 조건은 오직 이 물질의 생명기능만 해당된다.

나가버린 상태로 도와주기 때문에 떠나가버린 조건이다. 이처럼 말씀하셨다.

"더욱 틈 없이 떠나가버린 마음과 마음부수들은 존재하는 마음과 마음부수들에게 떠나가버린 조건으로 조건이 된다.(Ptn.7)"

100. (24) **떠나가버리지 않은 조건**(*avigata-paccaya*, 不離去緣)**:** 그 순간에 존재하는 조건의 법들이 떠나가버리지 않은 상태로 도와주기 때문에 떠나가버리지 않은 조건이라고 알아야 한다. 이 두개조는 설법의 능숙함에 의해서, 혹은 교화받을 중생의 근기에 따라서 [각각] 설하셨다. 마치 『담마상가니』(법집론)의 마띠까(논모)에 원인을 갖지 않음[과 원인을 가진 것]의 두개조를 설하시고 다시 [원인과 관련된 것과] 원인과 관련되지 않은 것을 설하신 것처럼.

(1) 무명을 조건으로 상카라들이 있다.

avijjāpaccayāsaṅkhārapadakathā

101. 이와 같이 이 24가지 조건들 가운데서 무명은,

① 공덕이 되는 행위들에게 두 가지로 조건이 되고
② 그 다음 것들에게 여러 가지로 조건이 되며
③ 마지막 것들에게 한 가지로 조건이 된다.

102. **① 공덕이 되는 행위들에게 두 가지로:** 대상의 조건과 강하게 의지하는 조건, 이 두 가지로 조건이 된다. 무명을 부서지는 것이라고, 사라지는 것이라고 명상할 때 무명은 욕계의 공덕이 되는

행위들에게 대상의 조건으로 조건이 된다. 초월지의 마음으로 어리석은 마음을 알 때에 무명은 색계의 [공덕이 되는 행위들에게] 대상의 조건으로 조건이 된다.

무명을 극복하기 위하여 보시 등 욕계의 공덕행의 토대들을[72] 완성하는 자와, 색계의 禪을 일으키는 자, 이 두 사람에게 무명은 강하게 의지하는 조건으로 조건이 된다. 그와 마찬가지로 무명으로 어리석었기 때문에 욕계존재와 색계존재의 복덕을 바라면서 그들 [욕계의 공덕이 되는 행위의 원인들을 완성하고, 색계의 禪을 일으키는] 공덕들을 짓는 자에게도 [무명은 강하게 의지하는 조건으로 조건이 된다].

103. **② 그 다음 것들에게 여러 가지로:** 무명은 공덕이 되지 않는 행위들에게 여러 가지로 조건이 된다. 어떻게? 무명을 의지하여 탐욕 등이 일어날 때 무명은 대상의 조건으로 조건이 된다. [무명을] 존중히 여기고 그것을 즐길 때에는 대상의 지배의 조건으로, 대상을 강하게 의지하는 조건으로 조건이 된다. 무명으로 미혹하여 위험을 보지 못하고 살생 등을 행하는 중생에게는 강하게 의지하는 조건으로 조건이 된다. 두 번째 속행 등에게는 틈 없이 뒤따르는 조건, 더욱 틈 없이 뒤따르는 조건, 틈 없이 뒤따르는 강하게 의지하는 조건, 반복하는 조건, 존재하지 않는 조건, 떠나가버린 조건으로 조건이 된다. 해로움을 행하는 자에게는 원인의 조건, 함께 생긴 조

72) 공덕행의 토대(*puññakiriyavatthu*)는 10가지로 보시(*dāna*), 지계(*sīla*), 수행(*bhāvanā*), 존경(*pacāyana*), 가까이 섬김(*veyyāvacca*), 덕의 전이(*pattidāna*), 타인의 덕에 대하여 따라 기뻐함(*pattānumodana*), 법을 들음(*dhammasavana*), 법을 가르침(*dhammadesana*), 자기의 견해를 바로잡음(*diṭṭhijjukamma*)이다.(DhsA.157; PvA.54)

건, 강하게 의지하는 조건, 의지하는 조건, 서로 관련된 조건, 존재하는 조건, 떠나가버리지 않은 조건으로 조건이 된다. 이와 같이 여러 가지로 조건이 된다.

104. ③ 마지막 것들에게 한 가지로 조건이 된다고 알아야 한다. 흔들림 없는 행위들에게 무명은 오직 강하게 의지하는 조건 한 가지로 조건이 된다고 알아야 한다. 그러나 이 무명의 강하게 의지하는 상태는 공덕이 되는 행위들에서 설한대로 알아야 한다.

105. 이렇게 [말할지도] 모른다. '오직 무명 하나가 상카라들의 조건인가 아니면 다른 조건들이 있는가? 어떻게 되는가? 만약에 이제 오직 하나라고 한다면 한 개의 원인을 주장함이 되고, 만약에 다른 것들도 있다면 무명을 조건으로 상카라들이 있다고 이처럼 하나의 원인만을 서술함은 옳지 않다.' [답한다.] 옳지 않은 것이 아니다. 왜 그런가?

> 하나의 원인으로부터 하나의 결과가 오는 것도
> 여러 결과가 오는 것도 아니다.
> 여러 원인으로부터 하나가 오는 것도 또한 아니다.
> 그러므로 하나의 원인과 결과를 설하는 데 그 뜻이 있다.

106. 하나의 원인으로부터 하나의 결과가 있는 것도 아니고 여럿이 있는 것도 아니다. 또한 여러 원인으로부터 하나의 결과가 있는 것도 아니다. 사실은 여러 원인으로부터 여러 결과가 있다. 온도, 흙, 씨앗, 수분이라 불리는 여러 원인으로부터 형상, 색깔, 냄새, 맛 등을 가진 새순이라 불리는 여러 결과가 일어나는 것을 본다. 그러

나 '무명을 조건으로 상카라들이 있다, 상카라들을 조건으로 알음알이가 있다'고 하나의 원인과 결과를 설했다. 그것은 뜻이 있고 목적이 있다.

107. 세존께서는 설법하시는 데 능숙함을 얻으셨고 또 교화받을 사람의 근기에 따라 ① 어떤 때는 이것이 가장 중요하기 때문에 ② 어떤 때는 분명하기 때문에 ③ 어떤 때는 이것이 특별하기 때문에 하나의 원인과 결과만을 설하셨다.

① "감각접촉을 조건으로 느낌이 있다"라는 구절에서는 가장 중요하기 때문에 하나의 원인과 결과를 설하셨다. 감각접촉은 느낌의 중요한 원인이다. 왜냐하면 감각접촉에 따라 느낌이 결정되기 때문이다. 느낌도 감각접촉의 중요한 결과다. 느낌에 따라 감각접촉이 결정되기 때문이다.

② "가래로 생긴 병(A.v.110)"이라고 한 데서는 분명하기 때문에 하나의 원인만을 설하셨다. 가래는 분명히 드러난다. 업 등은 그렇지 않다.

③ "비구들이여, 해로운 법들은 모두가 지혜롭지 못하게 마음에 잡도리함을 뿌리로 한다"라는 구절에서는 특별하기 때문에 하나의 원인만 설하셨다. 지혜롭지 못하게 마음에 잡도리함은 해로운 법들이 일어나는 데 대해 특별한 것이다.[73] 토대, 대상 등은 공통된다.

---

73) 지혜롭지 못하게 마음에 잡도리함은 오직 해로운 법들에게만 특별한 것이다. 이것은 유익한 법들과 결정할 수 없는 법들에 공통되는 것이 아니다. 그러나 토대와 대상은 유익한 법이든 해로운 법이든 무기인 법이든 그들에게 공통된다.

108. ① 그러므로 비록 토대, 대상, 함께 생긴 법 등으로 상카라들의 다른 원인들도 있지만 "달콤함을 찾는 자에게 갈애는 불어난다(S.ii.84)"거나 "무명이 일어나기 때문에 번뇌가 일어난다(M.i.55)"라는 말씀이 있기 때문에 무명은 갈애 등, 상카라들의 다른 원인의 원인으로 중요하다. ② 그리고 "비구들이여, 무명에 덮여 알지 못하는 자는 공덕이 되는 행위도 행한다"라고 한 데서는 분명하다. ③ 그리고 무명은 모든 이들에게[74] 공통되지 않는 [특별한] 것이다.

그러므로 무명을 상카라들의 원인으로 설했다고 알아야 한다. 하나의 원인과 결과로 대답을 하신 이 설명에 따라 모든 곳에도 하나의 원인과 결과를 설한 목적을 알아야 한다.

109. 이와 같이 말할지도 모른다. '하나의 원인과 결과만을 설했다하더라도 무명은 반드시 원하지 않는 결과를 가져오고 비난거리이다. 그런 무명이 어떻게 공덕이 되는 행위들과 흔들림 없는 행위들의 원인이 되겠는가? 쓰디쓴 님바의 씨앗으로부터는 결코 사탕수수가 나오지 않기 때문이다.'라고. [답한다.] 왜 될 수 없는가?

세간에서 법들의 조건은
어긋나게 또한 어긋나지 않게
비슷하게 또한 비슷하지 않게 성취되나니
이들은 [그들의] 과보들만은 아니다.

110. 법들이 조건을 가질 때 조건은 ① 위치(경우, *ṭhāna*) ② 고유

74) 아라한들에게는 무명이 공통되는 것이 아니다.

성질(*sabhāva*) ③ 역할(*kicca*) 등으로 어긋나게 또 어긋나지 않게 세간에서 성취된다.

① 먼저 일어난 마음은 뒤에 일어나는 마음에게 위치(경우)가 어긋나는 조건이 된다. 이전의 기술 등의 공부는 나중에 쓰게 될 그 기술 등의 행위에도 [위치가 어긋나는 조건이 된다]. ② 업은 물질에게 고유성질이 어긋나는 조건이 된다. 우유 등이 응유 등에게도 그와 같다. ③ 빛은 눈의 알음알이에게 역할이 어긋나는[75] 조건이 된다. 당밀 등이 술 등에게도 그와 같다.

① 눈과 형상 등은 눈의 알음알이 등에게 위치가 어긋나지 않는 조건이 된다. ② 앞의 속행 등은 뒤의 속행 등에게 고유성질이 어긋나지 않고 ③ 역할도 어긋나지 않는 조건이 된다.

어긋나게 또 어긋나지 않게 조건이 성취되듯이 비슷하게 또 비슷하지 않게도 조건이 성취된다. 온도, 음식이라 불리는 비슷한 물질은 비슷한 물질에게 조건이 된다.[76] 볍씨 등이 벼에게 조건이 된다. [마음과] 비슷하지 않은 물질이 마음에게, [물질과] 비슷하지 않은 마음이 물질에게 조건이 된다. 소털, 양털, 뿔, 응유, 깻가루 등은 비슷하지 않은 닷바 풀, 부띠나까 풀등에게 조건이 된다. 이 어긋나고 어긋나지 않고, 비슷하고 비슷하지 않은 조건으로 생긴 그 법들은 그 조건들의 결과들만은 아니다.[77]

---

75) 눈의 알음알이는 알아차리는 역할을 하지만 빛은 알아차리는 역할이 없다.

76) 즉 온도에서 생긴 물질은 다시 온도에서 생긴 물질에게 조건이 되고, 음식에서 생긴 물질은 다시 음식에서 생긴 물질에게 조건이 된다. 이것이 비슷한 것이 비슷한 것에게 조건되는 것이다.

77) 원문의 '*na te dhammā tesaṁ dhammānaṁ vipākā eva*'는 '그 [결과의] 법들은 그 [원인의] 법들의 결과만은 아니다'는 뜻이다. 즉 '어떻게 무명이 공덕이 되는 행위들의 조건이 되겠는가?'라는 질문에 대한 대답

111. 이와 같이 무명이 그것의 결과로는 반드시 원하지 않은 결과를 가져오며 고유성질로는 비난받을 것이지만 이 모든 공덕이 되는 행위들 등에게 위치(경우), 역할, 고유성질로 어긋나고 어긋나지 않는 조건으로, 또 비슷하고 비슷하지 않은 조건으로 적절하게 조건이 된다고 알아야 한다.

'괴로움 등에 대해서 무명이라 불리는 무지함을 버리지 않은 자는 처음엔 괴로움에 대해 그 다음엔 과거 등에 대해 무지함 때문에 윤회의 괴로움을 행복이라 인식한 뒤 그 괴로움의 원인인 세 가지 상카라들을 짓기 시작한다.(§62)'라는 방법으로 무명이 상카라들의 조건이 됨을 설했다.

112. 이제 이것은 다른 방법이다.

> ① 죽음에 대해 ② 태어남에 대해
> ③ 윤회에 대해 ④ 상카라들의 특징에 대해
> ⑤ 연기된 법들에 대해 미혹한 자는
> 세 가지 상카라들을 계속 형성하나니

이다. 조건이 된다는 것은 꼭 결과를 낸다는 뜻만은 아니다. 법들이 조건을 가질 때 조건은 위치, 고유성질, 역할 등으로 어긋나거나 혹은 어긋나지 않게 비슷하거나 혹은 비슷하지 않게 성취되기 때문이다.
예를 들면, 받아들이는 마음(*sampaṭicchana*)이 조사하는 마음(*santīraṇa*)에게 조건이 되지만 그 조사하는 마음이 앞의 마음의 결과로 일어난 것은 아니다. 앞의 마음은 뒤의 마음에게 위치가 어긋나는 조건이 된 것이다. 그러므로 무명은 그것의 결과로는 반드시 원하지 않는 결과를 가져오고, 고유성질로는 비난받아 마땅하지만 공덕이 되는 행위들에게 존재, 고유성질, 역할로 어긋나거나 혹은 어긋나지 않게 또 비슷하거나 혹은 비슷하지 않게 조건이 된다고 했다.

그래서 무명은 그 세 가지 상카라들에게 조건이 된다.

113. '그런데 어떻게 이들에 대해 미혹한 자가 이 세 가지 상카라들을 계속 형성하느냐'고 만약 한다면, [이제 답한다.]

① 죽음에 대해 미혹한 자는 모든 경우에서 무더기들의 무너짐이 죽음이라고 이해하지 않고 '중생이 죽는다. 중생이 다른 몸으로 건너간다.'라고 상상한다.

114. ② 태어남에 미혹한 자는 모든 경우에서 무더기들의 나타남이 태어남이라고 이렇게 태어남을 이해하지 않고 '중생이 태어난다. 중생의 새로운 몸이 나타난다.'라고 상상한다.

115. 무더기(蘊)와 요소(界)와 장소(處)의 연속이요
끊임없이 진행됨을 윤회라고 한다.

③ 윤회에 미혹한 자는 위와 같이 설한 윤회를 그렇게 이해하지 않고 '이 중생이 이 세상에서 다른 세상으로 간다. 다른 세상에서 이 세상으로 온다.'라고 상상한다.

116. ④ 상카라들의 특징에 미혹한 자는 상카라들의 개별적인 특징과 일반적인 특징을 이해하지 않고 상카라들을 자아, 자아에 속한 것, 항상한 것, 행복, 아름다운 것으로 상상한다.

117. ⑤ 연기된 법들에 대해 미혹한 자는 상카라들의 전개과정이 무명 때문이라고 이해하지 않고 자아가 알기도 하고 혹은 모르기도 하며, 자아가 행하고 혹은 행하게 만들고, 재생연결에 나타난다고 한다. 원자나 신 등이 깔랄라 능의 상태로 몸을 형성하게 하고

감각기능(根)들을 갖게 한다고 한다. 그 감각기능들을 가진 자는 닿고, 느끼고, 갈애하고, 취착하고, 애를 쓴다고 한다. 그리고 그는 다른 존재로 생존한다고 [상상하거나] 혹은 "모든 중생은 운명과 우연의 일치와 천성의 틀에 짜여있다(D.i.53)"라고 상상한다.

118. 그는 무명에 눈이 가려 이렇게 상상하면서 마치 맹인이 땅위를 걸을 때 길이건 길이 아니건, 불쑥 솟아올랐건 움푹 패었건, 평평하건 평평하지 않건 닥치는 대로 그곳을 걷는 것처럼 공덕이 되는 행위도 짓고, 공덕이 되지 않는 행위도 짓고, 흔들림 없는 행위를 짓는다.

119. 그래서 이처럼 설하셨다.

> 태어나면서부터 장님인 자가 인도해줄 사람이 없어
> 어떤 때는 바른 길로 어떤 때는 길이 아닌 곳으로 가듯
> 윤회에 돌고 도는 어리석은 자는 인도해줄 사람이 없어
> 어떤 때는 공덕이 되는 행위를
> 어떤 때는 공덕이 되지 않는 행위를 짓는다.
> 법을 알고서 진리들을 관찰할 때
> 무명은 가라앉고 고요하게 다닐 것이다.

이것이 무명을 조건으로 상카라들이 있다는 구절에 대한 상세한 주석이다.

(2) 상카라를 조건으로 알음알이가 있다

saṅkhārapaccayāviññāṇapadavitthārakathā

㈎ 32가지 세간적인 과보로 나타난 알음알이

120. '상카라들을 조건으로 알음알이가 있다(行緣識)'는 구절에서 알음알이란 눈의 알음알이 등 여섯 가지이다.

이 가운데서 눈의 알음알이는 유익한 과보로 나타난 마음과 해로운 과보로 나타난 마음으로 두 가지이다. 그와 마찬가지로 귀, 코, 혀, 몸의 알음알이도 각각 두 가지이다((34)-(38), (50)-(54)).

마노의 알음알이는 22가지다. 즉 유익하고 해로운 두 가지 마노의 요소((39), (55)), 세 가지 원인을 갖지 않은 마노의 알음알이의 요소((40),(41),(56)), 여덟 가지 원인을 가진 욕계의 과보로 나타난 마음((42)-(49)), 다섯 가지 색계의 과보로 나타난 마음((57)-(61)), 네 가지 무색계의 과보로 나타난 마음((62)-(65))이다.

이와 같이 이 여섯 가지 알음알이에 모두 32가지 세간적인 과보로 나타난 마음((34)-(65))이 포함된다. 출세간의 마음은 윤회의 주석에서 해당되지 않기 때문에 포함되지 않는다.

121. 여기서 만약 '이렇게 설한 알음알이들이 상카라들에서 기인한 것이라고 어떻게 알겠는가?'라고 한다면 — [답한다.] 쌓은 업(*upacita-kamma*)이 없다면 과보도 없기 때문이다. 왜냐하면 이것은 과보의 [마음]이고 과보의 [마음]은 쌓은 업이 없으면 일어나지 않기 때문이다. 만약 일어난다면 모든 종류의 과보가 모든 중생에게 일어날 것이다. 하지만 그렇게 일어나지 않기 때문에 '상카라들을

조건으로 이 알음알이가 있다'고 알아야 한다.

122. 만약 '어떤 상카라들을 조건으로 어떤 알음알이가 있는가?' 라고 한다면 — [답한다.] 욕계의 공덕이 되는 행위들을 조건으로 이제 유익한 과보로 나타난 눈의 알음알이 등 다섯 가지((34)-(38))가 있다. 마노의 알음알이(意識)의 경우에는 한 가지 마노의 요소(39), 두 가지 마노의 알음알이((40)-(41)), 여덟 가지 욕계의 과보로 나타난 마음((42)-(49))이 있다. 이와 같이 16가지 알음알이가 있다. 이처럼 말씀하셨다.

"욕계의 유익한 업을 지었고 쌓았기 때문에 과보로 나타난 눈의 알음알이가 일어난다. … 귀의 알음알이가 … 코의 알음알이가 … 혀의 알음알이가 … 몸의 알음알이가 … 과보로 나타난 마노의 요소가 일어난다. … 기쁨이 함께한 마노의 알음알이의 요소가 일어난다. … 평온이 함께한 마노의 알음알이의 요소가 일어난다. … 기쁨이 함께하고 지혜가 있는 [과보로 나타난 마음이] … 기쁨이 함께하고 지혜가 있으며 자극을 받은 [과보로 나타난 마음이] … 기쁨이 함께하고 지혜가 없는 [과보로 나타난 마음이] … 기쁨이 함께하고 지혜가 없으며 자극을 받은 [과보로 나타난 마음이] … 평온이 함께하고 지혜가 있는 [과보로 나타난 마음이] … 평온이 함께하고 지혜가 있으며 자극을 받은 [과보로 나타난 마음이] … 평온이 함께하고 지혜가 없는 [과보로 나타난 마음이] … 평온이 함께하고 지혜가 없으며 자극을 받은 [과보로 나타난 마음이] 일어난다.(Dhs.87-97)"

123. 색계의 공덕이 되는 행위들을 조건으로 다섯 가지 색계의

과보로 나타난 마음((57)-(61))이 일어난다. 이처럼 말씀하셨다. "색계의 유익한 업을 지었고 쌓았기 때문에 감각적 욕망을 여의고 과보인 초선에 … 제5선을 구족하여 머문다.(Dhs.97)"

이와 같이 공덕이 되는 행위들을 조건으로 21가지 알음알이들이 있다.

124. 공덕이 되지 않는 행위들을 조건으로 해로운 과보로 나타난 눈의 알음알이 등 다섯 가지((50)-(54))와, 한 가지 마노의 요소(55), 한 가지 마노의 알음알이의 요소(56), 이와 같이 일곱 가지 알음알이들이 있다. 이처럼 말씀하셨다.

"해로운 업을 지었고 쌓았기 때문에 과보로 나타난 눈의 알음알이가 일어난다. … 귀의 알음알이가 … 코의 알음알이가 … 혀의 알음알이가 … 몸의 알음알이가 … 과보로 나타난 마노의 요소가 일어난다. … 과보로 나타난 마노의 알음알이의 요소가 일어난다.(Dhs.117-19)"

125. 흔들림 없는 행위들을 조건으로 네 가지 무색계의 과보로 나타난 마음((62)-(65))이 일어난다. 이와 같이 네 가지 과보로 나타난 마음이 있다. 이처럼 말씀하셨다.

"그 무색계의 유익한 업을 지었고 쌓았기 때문에 물질에 대한 모든 인식을 초월하고 행복을 버려 과보인 제4선을 구족하여 머문다. … 공무변처의 인식이 함께한 제4선을 … 식무변처의 인식이 함께한 제4선을 … 무소유처의 인식이 함께한 제4선을 … 비상비비상처의 인식이 함께한 제4선을 구족하여 머문다.(Dhs.98-9)"

(나) 과보로 나타난 알음알이들의 일어남

126. 이와 같이 어떤 상카라들을 조건으로 어떤 알음알이가 일어나는가를 알고, 이제 그것이 어떻게 일어나는가를 알아야 한다. 이 모든 알음알이는 삶의 전개과정(*pavatti*)78)과 재생연결(*paṭisandhi*), 이 두 가지로 일어난다.

이 가운데서 눈의 알음알이 등 한 쌍의 전오식((34)-(38), (50)-(54)), 두 가지 마노의 요소((39), (55)), 원인을 갖지 않은 기쁨이 함께한 마노의 알음알이의 요소(40), 이 13가지는 다섯 무더기를 가진 존재79)에게 삶의 전개과정에서 일어난다. 나머지 19가지는 세 가지 존재에 적절하게 삶의 전개과정과 재생연결 둘 다에서 일어난다.

(나)-㉠ 삶의 전개과정에서

127. 어떻게? 유익한 과보나 해로운 과보를 통해 태어난 사람이 그 업에 따라 적절하게 감각기능이 성숙하면, 시야 등에 들어온 원하는 형상이거나 중간쯤 원하는 형상 등을 대상으로 삼아, 눈 등의 감성을 의지하여 보고, 듣고, 냄새 맡고, 맛보고, 감촉하는 역할을 성취하면서, 그에게 유익한 과보로 나타난 눈의 알음알이 등 다섯 가지가 일어난다. 다섯 가지 해로운 과보로 나타난 마음도 그와 마

---

78) 삶의 전개과정으로 옮긴 '*pavatti*'와 재생연결에 대해서는 『길라잡이』 4장 §1의 3번 해설을 참조할 것. 특히 재생연결은 아래 §133이하와 『길라잡이』 3장 §8의 1번 해설을 참조할 것.

79) '다섯 무더기를 가진 존재'로 옮긴 원어는 '*pañca-vokāra-bhava*'이다. 이것은 다섯 가지 무더기(五蘊)와 같은 개념으로 종종 등장하는 술어로 인간의 존재를 뜻한다. 아울러 네 무더기를 가진 존재, 하나의 무더기를 가진 존재에 대해서는 본장 §§254-255를 참고할 것.

찬가지로 일어난다. 이들의 대상은 원하지 않는 것이거나 중간쯤 원하지 않는 것이 여기서 차이점이다. 이들 열 가지 알음알이는 문, 대상, 토대, [인식과정에서의] 위치로서도 일정하고 또 역할로서도 일정하다.

128. 그 다음에 유익한 과보로 나타난 눈의 알음알이 등의 뒤에 유익한 과보로 나타난 마노의 알음알이(39)가 그 앞의 알음알이들이 가졌던 대상을 잡고 심장토대를 의지하여 받아들이는 역할을 성취하면서 일어난다. 그와 같이 해로운 과보로 나타난 눈의 알음알이 등 뒤에는 해로운 과보로 나타난 마노의 요소(55)가 일어난다. 이 두 가지는 문과 대상이 일정하지 않고 토대와 위치가 일정하며 역할도 일정하다.

129. '유익한 과보로 나타난 마노의 요소 다음에 그것의 대상을 잡고 원인 없는 기쁨이 함께한 마노의 알음알이의 요소(40)가 심장토대를 의지하여 조사하는 역할을 성취하면서 일어난다. 이것(40)은 또 여섯 가지 문 가운데서 대상이 크면 욕계의 중생에게 대부분 탐욕이 함께한 속행의 끝에 잠재의식의 과정을 끊어버리고, 속행이 가졌던 그 대상에서 한 번 내지 두 번 등록하는 마음(*tadārammaṇa*)으로 일어난다.'라고 중부의 주석서[80]에서 말했다. 그러나 논장의 주석서에서는 이 등록에 대해 마음이 두 번[81] 일어난다고 언급되었다.

---

80) 여기 『청정도론』에서 말하는 주석서는 모두 현존하는 빠알리어로 적힌 주석서가 아니라 붓다고사 이전에 있었던 싱할리어로 전승된 주석서를 말한다.

81) 후대로 내려오면서 등록의 마음은 일어나면 반드시 두 번 일어나는 것으로 정착이 되었다. 『길라잡이』 3장 §8의 13번 해설을 참조할 것.

이 [원인이 없고 기쁨이 함께한 마노의 알음알이의 요소(40)는] 등록의 마음과 삣티바왕가(*piṭṭhi-bhavaṅga*)라는 두 개의 이름을 가진다. 문과 대상이 일정하지 않고 토대는 일정하며 위치와 역할도 일정하지 않다. 이와 같이 우선 13가지 알음알이가 다섯 무더기를 가진 존재에게 삶의 전개과정에서 일어난다고 알아야 한다.

130. 나머지 19가지 알음알이 가운데서 어떤 것도 자기에게 적절하게 재생연결에 일어나지 않는 것은 없다.[82] 삶의 전개과정에서 유익하거나 해로운 원인을 갖지 않은 두 가지 마노의 알음알이의 요소((41), (56))는 오문(五門)에서는 유익하거나 해로운 마노의 요소 다음에 조사하는 역할을 하고, 육문(六門)에서는 앞에서 설한 방법대로 등록하는 역할을 하며, 그들에 의해서 주어진 재생연결 다음에 잠재의식을 끊어버릴 마음이 일어나지 않는 한 잠재의식의 역할을 하고, 생의 끝에 죽음의 마음의 역할을 한다. 이와 같이 네 가지 역할을 성취하면서 토대가 일정하고 문과 대상과 위치와 역할은 일정하지 않게 일어난다.

131. 여덟 가지 욕계의 원인을 가진 마음은 앞서 설한대로 여섯 문에서 등록하는 역할을 하고, 그들에 의해서 주어진 재생연결 다음에 잠재의식을 끊어버릴 마음이 일어나지 않는 한 잠재의식의 역할을 하고, 생의 끝에 죽음의 마음의 역할을 한다. 이와 같이 세 가지 역할을 성취하면서 토대가 일정하고 문과 대상과 위치와 역할은 일정하지 않게 일어난다.

---

82) 아래 §133에서 자세히 논의됨.

132. 색계 다섯 가지와 무색계 네 가지는 그들에 의해서 주어진 재생연결 다음에 잠재의식을 끊어버릴 마음이 일어나지 않는 한 잠재의식의 역할을 하고, 생의 끝에 죽음의 마음의 역할을 한다. 이와 같이 두 가지 역할을 성취하면서 일어난다. 그 중에서 색계의 알음알이들은 토대와 대상이 일정하고 위치와 역할은 일정하지 않다. 무색계의 알음알이들은 토대가 없고 대상은 일정하지만 위치와 역할은 일정하지 않게 일어난다.

이와 같이 32가지 알음알이가 삶의 전개과정에서 상카라들을 조건으로 일어난다. 삶의 전개과정에서 알음알이에게 그 상카라들은 업의 조건과 강하게 의지하는 조건으로 조건이 된다.

(나)-㉡ 재생연결에서

133. 그러나 위에서 말한 '나머지 19가지 알음알이 중에서 어떤 것도 자기에게 적절하게 재생연결에 일어나지 않는 것은 없다'(§130)고 한 것은 너무 간략해서 알기 어렵다. 그래서 그것에 대해 자세한 방법을 보여주기 위해 이와 같이 질문을 제기한다. ① 얼마나 많은 재생연결이 있는가? ② 얼마나 많은 재생연결식이 있는가? ③ 어떤 [마음이] 어디에 재생연결을 하는가? ④ 무엇이 재생연결의 대상인가?

134. ① 인식이 없는 중생(無想有情)의 재생연결과 너불어 20가지 재생연결이 있다.

② 앞서 설한대로 19가지 재생연결식이 있다. 해로운 과보로 나타난 원인을 갖지 않은 마노의 알음알이의 요소(56)를 통해 악도에

재생연결이 있다.

③ 유익한 과보로 나타난 원인을 갖지 않은 마노의 알음알이의 요소(41)를 통해 인간세상에서 선천적으로 눈먼 자, 선천적으로 귀 먹은 자, 선천적으로 미친 자, 중성 등에 재생연결이 있다.

원인을 가진 여덟 가지 욕계의 과보로 나타난 마음((42)-(49))을 통해 욕계의 천상에, 그리고 인간에서는 공덕을 가진 자들로 재생연결이 있다.

다섯 가지 색계의 과보로 나타난 마음을 통해 색계 범천의 세상에, 네 가지 무색계의 과보로 나타난 마음을 통해서 무색계에 재생연결이 있다.

이와 같이 어떤 마음을 통해 어떤 곳에 재생연결을 하는지에 대해서 [설명하였는데], 이런 것이 중생에게 적절한 재생연결이다.

④ 간략히 설하면 재생연결은 과거, 현재, [과거와 현재라] 설할 수 없는 것(*navattabba*), 이 세 가지 대상을 가진다. 인식이 없는 중생의 재생연결에는 대상이 없다.

135. 이 가운데서 식무변처와 비상비비상처의 재생연결[식]의 대상은 과거이다. 열 가지 욕계의 재생연결[식][83]의 대상은 과거이거나 혹은 현재이며, 나머지는[84] 설할 수 없는 것이다. 이와 같이 세 가지를 대상으로 하여 재생연결이 일어난다.

이것은 과거의 대상을 가지거나 혹은 설할 수 없는 대상을 가지

---

83) 여덟 가지 고귀한 과보로 나타난 마음과 유익한 것과 해로운 두 가지 조사하는 마노의 알음알이의 요소이다.

84) 색계에서 재생연결의 대상과 무색계에서 공무변처와 무소유처의 재생연결의 대상은 설할 수 없는 것이다.

는 죽음의 마음(*cuti-citta*, 死心) 다음에 일어난다. 죽음의 마음은 결코 현재의 대상을 가질 수 없기 때문이다.[85] 그래서 [과거와 설할 수 없는] 두 가지 대상 중에서 하나의 대상으로 일어나는 죽음의 마음 다음에 [과거와 현재와 설할 수 없는] 세 가지 대상 중에 하나의 대상으로 재생연결[식]이 선처와 악처에 일어나는 형태를 알아야 한다.

[선처에서 악처로]

136. 예를 들면, 욕계 선처 가운데서 악업을 지은 자가 임종의 자리에 누울 때 "[과거에 자기가 지은 악업이] 그때 덮친다(M.iii.164)"라고 시작하는 말씀 때문에 그가 쌓았던 그대로 악업 혹은 악업의 표상(*nimitta*)이 마노의 문(意門)을 통하여 나타난다. [악업과 악업의 표상을] 대상으로 속행의 과정이 일어나고 그것은 등록의 마음으로 끝이 난다. 그 속행의 과정의 다음에 잠재의식의 대상을 자기의 대상으로 삼아 죽음의 마음이 일어난다. 죽음의 마음이 그치면 나타난 업이나 업의 표상을 대상으로 악처에 포함된 재생연결식이 일어난다. 그 재생연결식은 끊어지지 않은 번뇌의 힘에 떠밀린 것이다. 이것이 과거의 대상을 가진 죽음의 마음 다음에 과거의 대상을 가진 재생연결이다.[86]

137. 다른 사람의 경우에 죽을 때에 앞서 설한 업으로 지옥 등의 시뻘건 불길의 형상 등의 악처의 표상이 마노의 문을 통해 나타

---

85) 왜냐하면 죽음의 마음은 이 생에서 맨 처음에 있는 재생연결 마음의 대상을 그 대상으로 삼기 때문이다.(Pm.622)

86) 『길라잡이』 5장의 <도표.5.6.죽음과 재생>을 참조할 것.

난다. 잠재의식이 두 번 일어났다가 그칠 때 그 대상을 의지하여 전향 한 번, 죽음이 가까워져 속력이 느려지기 때문에 속행 다섯 번, 등록 두 번, 이렇게 세 가지 인식과정(*vīthicitta*)의 마음이 일어난다. 그 다음에 잠재의식의 대상을 자기의 대상으로 삼고 죽음의 마음이 한 번 일어난다. 지금까지 11개 마음순간(*cittakkhaṇa*, 心刹那)이 지나갔다. 그에게 마음순간의 수명이 다섯 번 남아있는 그 대상[87]에 재생연결의 마음이 일어난다. 이것이 과거의 대상을 가진 죽음의 마음 다음에 현재의 대상을 가진 재생연결이다.

138. 다른 사람의 경우에 죽을 때에 오문(五門) 가운데 하나로 탐욕 등이 원인이 된 저열한 대상이 나타난다. 순서대로 결정(*voṭṭhapana*)까지 일어났을 때 죽음이 가까워져 속력이 느려지기 때문에 다섯 번의 속행, 두 번의 등록이 일어난다. 그 다음에 잠재의식의 대상을 자기의 대상으로 삼고 죽음의 마음이 한번 일어난다. 지금까지 잠재의식 두 번, 전향, 봄, 받아들임, 조사, 결정, 속행 다섯 번, 등록 두 번, 죽는 마음 한번, 이렇게 열다섯 마음순간이 지나갔다. 마음순간의 수명이 하나 남아있는 그 대상에 재생연결식이 일어난다. 이것도 과거의 대상을 가진 죽음의 마음 다음에 현재의 대상을 가진 재생연결이다.

이것이 과거의 대상을 가진 선처의 죽음의 마음 다음에 과거와 현재의 대상을 가진 악처에 재생연결이 일어나는 모습이다.

---

87) 대상 하나의 수명은 열여섯의 마음순간 만큼이다. 여기서는 이미 잠재의식 두 번, 전향 한 번, 속행 다섯 번, 등록 두 번, 죽음 한 번 이렇게 열한번의 마음순간이 지나갔으므로 그 대상은 다섯 번의 마음순간만큼 수명이 남아있다. 그 대상에 재생연결이 일어난다.

[악처에서 선처로]

139. 악처에서 비난할 바가 없는 업을 쌓은 자에게 앞서 설한 방법대로 비난할 바가 없는 업이나 업의 표상이 마노의 문으로 나타난다. 이와 같이 어두운 측면을 밝은 측면으로 바꾸어서 모든 것을 앞서 설한 방법대로 알아야 한다. 이것이 과거의 대상을 가진 악처의 죽음의 마음 다음에 과거와 현재의 대상을 가진 선처의 재생연결이 일어나는 모습이다.

[선처에서 선처로]

140. 선처에서 비난할 바가 없는 업을 쌓은 자가 임종의 자리에 누울 때 "[과거에 자기가 지은 선업이] 그때 덮친다(M.iii.171)"라고 시작하는 말씀 때문에 그가 쌓았던 그대로 비난할 바가 없는 업이나 비난할 바가 없는 업의 표상이 마노의 문을 통하여 나타난다. 이것은 욕계의 비난할 바가 없는 업을 쌓은 사람에게 해당된다. 고귀한 업을 쌓은 사람에게는88) 오직 업의 표상만 나타난다.

이것을 대상으로 속행의 과정이 일어나는데 그것은 등록으로 끝나는 것과 [등록을 갖지 않은] 단순한 속행의 과정89)일 수도 있다. 이 둘 중의 하나 다음에 잠재의식의 대상을 자기의 대상으로 삼아

---

88) 색계와 무색계의 禪을 닦은 자에겐 업은 나타나지 않고 오직 업의 표상만 나타난다.

89) 인식과정이 속행(*javana*)다음의 등록(*tadārammaṇa*)으로 끝나는 경우도 있고, 속행으로 끝나는 경우도 있다. 이 등록은 욕계 마음 끝에, 욕계 중생에게, 대상이 욕계일 때만 일어나기 때문에 그 대상이 색계나 무색계의 업의 표상일 경우 등록이 일어나지 않는다.

죽음의 마음이 일어난다. 죽음의 마음이 그치면 그 업이나 업의 표상을 대상으로 선처에 포함된 재생연결식이 일어난다. 그 재생연결식은 끊어지지 않은 번뇌의 힘에 떠밀린 것이다. 이것이 과거의 대상을 가진 죽음의 마음 다음에 과거의 대상이나 혹은 설할 수 없는 대상[90]을 가진 재생연결이다.

141. 다른 사람의 경우에 죽을 때에 욕계의 비난할 바가 없는 업으로 인간세상에서 모태의 형상이라 불리거나 천상에서 정원, 극락, 행운의 나무 등이라 불리는 선처의 표상이 마노의 문으로 나타난다. 악처의 표상에서 보인 순서대로 죽음의 마음 다음에 재생연결의 마음이 일어난다. 이것이 과거의 대상을 가진 죽음의 마음 다음에 현재의 대상을 가진 재생연결이다.

142. 다른 사람의 경우에 죽을 때에 친척들이 오문에 대상을 가져온다. '존경하는 분이시여, 당신을 위하여 부처님께 공양 올립니다. 마음을 청정하게 가지세요.' 라고 말하면서 화환과 깃발 등으로 형상이나 색깔을 가진 대상을, 혹은 법을 들려주고 음악을 들려주는 것으로 소리의 대상을, 혹은 향과 향수 등의 냄새로 냄새의 대상을, 혹은 '존경하는 분이시여, 이것 맛 좀 보세요. 이것은 당신을 위하여 공양 올릴 물건입니다.'라고 말하면서 꿀과 당밀 등으로 맛의 대상을, 혹은 '이것 좀 만져보세요. 이것은 당신을 위하여 공양 올릴 물건입니다.'라고 말하고서 중국 비단, 소마라 비단 등으로 감촉의 대

90) 색계의 재생연결과 무색계의 첫 번째(공무변처)와 세 번째(무소유처)는 설할 수 없는 대상을 가진다. 무색계의 두 번째와 네 번째는 과거의 대상을 가진다.

상을 가져온다.

그 형상(색깔) 등의 대상이 나타날 때 마음이 순서대로 결정까지 일어나면, 죽음이 가까워져 속력이 느려지기 때문에 속행 다섯 번, 등록 두 번이 일어난다. 그 다음에 잠재의식의 대상을 자기의 대상으로 삼고 죽음의 마음이 한번 일어난다. 그 다음에 마음순간의 수명이 하나 남아있는 그 대상에 재생연결식이 일어난다. 이것도 과거의 대상을 가진 죽음의 마음 다음에 현재의 대상을 가진 재생연결이다.

143. 다른 사람은 선처에서 흙의 명상주제를 가진 禪 등을 통해서 고귀한 마음을 얻는다. 그가 죽을 때에 욕계의 유익한 업, 업의 표상, 태어날 곳의 표상(*gati-nimitta*) 가운데 하나나, 혹은 흙의 명상주제 등의 표상이나, 혹은 고귀한 마음이 마노의 문으로 나타난다. 혹은 눈이나 귀 중에 하나로 선처에 태어날 원인인 수승한 대상이 나타난다. 그에게 마음이 순서대로 결정까지 일어나면 죽음이 가까워져 속력이 느려지기 때문에 속행이 다섯 번 일어난다.

그러나 고귀한 곳에 태어날 자에겐 등록이 없다.[91] 그래서 속행 다음에 잠재의식의 대상을 자기의 대상으로 삼고 죽음의 마음이 한 번 일어난다. 그 죽음의 마음 끝에 욕계의 선처나 고귀한 세계의 선처 중 하나에 [앞에 설명한 대상들 가운데서] 어느 것이 대상으로 나타났던 그것을 대상으로 재생연결의 마음이 일어난다. 이것이 설할 수 없는 대상을 가진 선처의 죽음의 마음 다음에 과거, 현재, 설할 수 없는 대상 가운데 하나를 가진 재생연결이다.

91) 본 장 §140번 문단의 주를 참고할 것.

144. 이 방법에 따라 무색계의 죽음의 마음 다음의 재생연결을 알아야 한다. 이것은 과거와 설할 수 없는 대상을 가진 선처의 죽음의 마음 다음에 과거의 대상과 설할 수 없는 대상과 현재의 대상을 가진 재생연결이 일어나는 모습이다.

[악처에서 악처로]

145. 악처에서 악업을 지은 자가 앞서 설한 방법대로 그 업이나 업의 표상이나 태어날 곳의 표상이 마노의 문(意門)이나 오문(五門)으로 악처에 태어날 원인인 대상이 나타난다. 그에게 순서대로 죽음의 마음까지 일어나면 그 대상들 중 하나를 대상으로 하여 악처에 포함된 재생연결의 마음이 일어난다. 이것이 과거의 대상을 가진 악처의 죽음의 마음 다음에 과거와 현재의 대상을 가진 재생연결이 일어나는 모습이다.

지금까지 19가지 알음알이가 재생연결로 일어나는 것을 밝혔다.

[업이 조건이다]

146. 이 모두는 다음과 같다.

> [19가지 마음이] 재생연결에서 일어날 때
> 업을 통해 두 가지로 일어난다.
> 섞인 것 등의 분류로
> 두 가지 등이 있다.

147. 이 19가지 과보로 나타난 마음이 재생연결에서 일어날 때 업을 통해 두 가지로 일어난다. 각각 그것을 생기게 하는 업은 그것에게 다른 순간에 작용하는 업의 조건과 강하게 의지하는 조건으로 조건이 된다. 이와 같이 설하셨기 때문이다. "유익한 업과 해로운 업은 그 과보에게 강하게 의지하는 조건으로 조건이 된다.(Pṭn.167; 169)"

148. 이와 같이 이것이 일어날 때 섞인 것 등의 분류로 두 가지 등의 분류가 있다고 알아야 한다. 예를 들면, [이 과보로 나타난 마음은] 재생연결로서는 한 번만 일어나지만 물질과 함께 섞인 것과 섞이지 않은 것의 분류로는 두 가지이다. 욕계의 존재, 색계의 존재, 무색계의 존재의 분류에 따라 세 가지이다.(M.i.50) 알에서 태어남(卵生), 태에서 태어남(胎生), 습기에서 태어남(濕生), 화현으로 태어남(化生)에 따라 네 가지이다.(M.i.73) 태어날 곳에 따라 다섯 가지이다.(M.i.73) 알음알이의 거주에 따라 일곱 가지이다.(D.iii.253) 중생의 거처에 따라 [인식이 없는 중생을 제외한] 여덟 가지이다.(D.iii.253참조)

149. 이 가운데서,

> 섞인 것은 성이 있는 것과 없는 것으로 두 가지이고
> 성을 가진 것도 두 가지이다.
> 처음 설한 [두개조는] 각각 적어도
> 두 개 혹은 세 개의 십원소를 가진다.

150. **섞인 것은 성이 있는 것과 없는 것으로 두 가지이다:** 무

색계의 존재를 제외하고 재생연결식은 물질과 섞여서 일어난다. 그것은 색계에서는 여자의 기능과 남자의 기능이라 불리는 성이 없이 일어나기 때문에, 욕계에서는 태어나면서부터 성이 없는 사람을 제외한 [다른 사람의 경우에는] 성을 갖고 태어나기 때문에, 성이 있는 것과 없는 것의 두 가지이다. **성을 가진 것도 두 가지이다:** 이 성을 가진 것에서도 여성이거나 혹은 남성 중에 하나를 갖고 태어나므로 두 가지이다.

151. **처음 설한 [두개조는] 각각 적어도 두 개 혹은 세 개의 십원소를 가진다:** 여기서 [물질과] 섞인 것과 섞이지 않은 것의 두 개조에서 처음 것인 물질과 섞인 재생연결식은 그것과 함께 심장토대와 몸의 십원소[92]로 두 개의 십원소가 나타나거나 혹은 심장토대와 몸과 성의 십원소로 세 개의 십원소가 최소치로 나타난다. 물질이 이 보다 더 적지는 않다.

152. 이 최소의 [물질이] 난생과 태생의 두 가지 모태에서 일어날 때는 양털 한 오라기에 묻은 한 방울의 버터만하게 일어난다. 이것이 깔랄라(*kalala*)라고 이름하는 것이다.(S.i.206)

---

92) '십원소'라고 옮긴 원어는 '*dasaka*'이며 이것은 '열 가지로 구성된'이란 뜻이다. 다시 말해서 열개의 최소단위의 물질로 이루어진 것을 말한다. 심장토대의 십원소는 분리할 수 없는 여덟 가지 물질, 즉 사대와 형상(색깔), 냄새, 맛, 영양분에다 두 가지, 즉 생명기능과 심장토대를 더한 열 가지 물질로 된 것이다. 몸의 십원소란 여덟 가지 분리할 수 없는 물질(순수한 팔원소)에다 생명기능과 몸을 더한 열 가지 물질로 된 것을 뜻한다. 자세한 것은 XVIII. §5이하와 『길라잡이』 6장 §7의 10번 해설과 6장 §§16-22를 참조할 것.

153. 태어날 곳에 따라 모태의 일어나는 분류를 알아야 한다. 이 가운데서,

> 지옥에는 처음 세 가지의 태가 없고[93)]
> 또한 땅에 거주하는 신들을 제외한 신들에게도
> 처음 세 가지의 태는 없다.
> 세 가지 태어날 곳[94)]에는 넷 모두 있다.

154. 여기서 **신들에게도**라는 구절에서 **또한**이라는 단어를 통해서 지옥과, 땅에 거주하는 신들을 제외한 신들에게 세 가지 모태가 없듯이 갈증으로 불타는 아귀들[95)]에게도 세 가지 모태는 없다고 알아야 한다. 왜냐하면 그들은 화생이기 때문이다. 나머지 축생과 아귀와 인간이라 불리는 세 가지 태어날 곳과 앞에서 제외되었던 땅에 거주하는 신들에게는 네 가지 모태가 있다.

155. 여기서,

> 색계 범천에게는 물질이 39개이고
> 습생과 화생에게는 최고로 70개 혹은 최저로 30개이다.

---

93) "처음 세 가지의 태를 부정함으로써 마지막인 화현으로 태어남을 인정하는 것이다.(Pm.630)"

94) "인간, 아귀, 축생이 그 세 가지 태어날 곳이다.(Pm.630)"

95) "네 종류의 아귀 가운데 하나인 갈증으로 불타는 아귀들에겐 처음 세 가지의 모태는 해당되지 않는다. 무슨 이유인가? 불가능하기 때문이다. 왜냐하면 항상 고통스럽기 때문에 감각적 욕망을 즐김이 없다. 그러므로 알 등으로 태어남이 없다.(Pm.630)"

156. 화생인 색계 범천에게 눈, 귀, 심장토대의 십원소(*dasaka*)와 생명기능의 구원소(*navaka*)라는 네 가지 깔라빠로 39개의 물질이 재생연결식과 함께 일어난다. 색계 범천들을 제외한 나머지 화생[96]과 습생에서 최고로 눈, 귀, 코, 혀, 몸, 심장토대, 성의 십원소로 70개의 물질이 일어난다. 이들은 [욕계의] 신들에게는 항상 일어난다. 여기서 형상(색깔), 냄새, 맛, 영양분과, 사대, 눈의 감성, 생명기능, 이 열 가지의 물질로 구성된 물질의 모임을 눈의 십원소(*cakkhu-dasaka*)라 한다. 나머지도 이와 같이 알아야 한다.

157. 선천적으로 눈멀고 귀먹고 냄새를 못 맡고 중성인 습생에게[97] 혀와 몸과 심장토대의 십원소로 최저로 30개의 물질이 일어난다. 최고와 최저의 중간에 적절한 분배를 알아야 한다.

158. 이와 같이 알고 다시,

무더기(蘊), 대상, 태어날 곳, 원인,
느낌, 희열, 일으킨 생각(尋), 지속적인 고찰(伺)로

---

96) Pm은 이렇게 주석한다. "원문의 '*rūpi-brahme pana ṭhapetvā, aññesu saṁsedaja-opapātikesu*'에서 '*aññesu*(다른)'라는 단어는 오직 '*opapātikesu*(화생)'의 형용사일 뿐 '*saṁsedaja*(습생)'라는 단어와는 상관이 없다. 그것은 불가능하기 때문이다.(Pm.630)"
그러나 냐나몰리 스님은 '*leaving the fine-material Brahmās aside, among the others of apparitional generation and those of the moisture-born generation*' 이라고 두 단어 모두의 형용사로 보고 영역했다.

97) 위 문단에서부터 계속되는 습생과 화생 중에서 최소로 30개의 물질이 일어나는 것은 오직 습생에게만 해당된다.(Pm.630)

죽음의 마음과 재생연결식의
비슷함과 비슷하지 않음을 알아야 한다.

159. 이 재생연결[식]은 물질과 섞인 것과 섞이지 않은 것으로 두 가지이다. 재생연결[식] 바로 이전에 죽음의 [마음]이 있었다. 무더기 등을 통해서 그들의 비슷함과 비슷하지 않은 차이점을 알아야 한다는 뜻이다.

160. 어떻게? 어떤 때는 네 가지 무더기(四蘊)를 가진 무색계 죽음의 마음 다음에 비슷한 대상을 가진 네 가지 무더기의 재생연결이 일어난다. 어떤 때는 외부의 대상을 가진 고상하지 않은 죽음의 마음 다음에 내부의 대상을 가진 고상한 재생연결이 일어난다. 이것이 무색계의 경우의 방법이다.

어떤 때는 네 가지 무더기를 가진 무색계의 죽음의 마음 다음에 다섯 무더기(五蘊)를 가진 욕계에 재생연결이 있다. 어떤 때는 다섯 무더기를 가진 욕계 죽음의 마음 다음이나 색계 죽음의 마음 다음에 네 가지 무더기를 가진 무색계 재생연결이 있다. 이와 같이 과거의 대상을 가진 죽음의 마음 다음에 현재의 대상을 가진 재생연결이 있다.

어떤 선처의 죽음의 마음 다음에 어떤 악처의 재생연결이 있고, 원인을 갖지 않은 죽음의 마음 다음에 원인을 가진 재생연결이 있으며, 두 가지 원인을 가진 죽음의 마음 다음에 세 가지 원인을 가진 재생연결이 있고, 평온이 함께한 죽음의 마음 다음에 기쁨이 함께한 재생연결이, 희열이 없는 죽음의 마음 다음에 희열을 가진 재생연결이, 일으킨 생각이 없는 죽음의 마음 다음에 일으킨 생각이 있는 재생연결이, 지속적인 고찰이 없는 죽음의 마음 다음에 지속적인 고찰이 있는 재생연결이, 일으킨 생각과 지속적인 고찰이 없는 죽음의 마음 다음에 일으킨 생각과 지속적인 고찰이 있는 재생연결이 있다.

각각 반대로도 적절하게 문장을 적용시켜야 한다.

161. 단지 조건을 얻은 그 법이
다음 생으로 갈 뿐이다.
이것은 과거로부터 윤회해온 것도 아니고
원인이 없이 생기는 것도 아니다.

162. 이와 같이 단지 조건을 얻은 이 물질과 정신의 법이 일어나면서 다음 생으로 간다고 했다. 중생도 아니고 영혼도 아니다. 이것은 과거 생으로부터 여기에 윤회해온 것이 아니고, 그것으로부터 원인 없이 여기에 나타난 것도 아니다.

163. 분명한 인간의 죽음과 재생연결의 순서를 통해서 이것을 설명해보자.

과거 생에서 자연사나 혹은 사고로 죽음에 다다른 자가 사지에 관절과 근육이 끊어지는 죽을 것 같은 참을 수 없는 느낌의 비수가 습격해 옴을 견디지 못하여, 폭염아래 버려진 푸른 종려 잎처럼 몸이 점점 쇠해지고, 눈의 기능 등이 멈추고, 몸의 기능과 마노의 기능과 생명기능이 오직 심장토대에 머물 때 심장토대를 의지하여 그 순간에 아직 남아있는 알음알이가 업이나 그 업에 의해 생긴 업의 표상이나 태어날 곳의 표상이라 불리는 대상을 의지하여 일어난다.

업[98]은 무겁거나 습관이 되었거나 임종 직전에 생각났거나 과거에 지은 것 중에서 나머지 조건을 얻은 상카라들을 말한다. 이와 같이 이것이 일어날 때 갈애와 무명이 버려지지 않았기 때문에 무명에 의해서 위험이 가려진 그 대상에 갈애는 [그 알음알이를] 밀어 넣고, 함께 생긴 상카라들은 [그 알음알이를] 그곳으로 던진다.

그 알음알이는 흐름(相續)[99]에 의해서 갈애에게 밀리고 상카라들에게 던져져서 이쪽 언덕의 나무에 매달려있던 줄을 의지하여 강을 건너려던 사람처럼 이전의 의지처를 버리고 업에서 생긴 다른 의지처를 잡던지 혹은 잡지 못하던지[100] 하면서 대상 등의 조건에 의해 일어난다.

164. 여기서 먼저 것은 떨어지기 때문에 죽음이라 하고 나중 것은 다음 생의 시작을 연결하기 때문에 재생연결이라 부른다. 그것은 과거의 생으로부터 여기에 온 것이 아니고, 그것으로부터 업, 상카라, 기울임, 대상 등의 원인이 없이 나타난 것도 아니라고 알아야 한다.

165. 여기서 메아리 등을 보기로 들 수 있나니
상속(흐름)으로 이어지기 때문에 하나도 다른 것도 아니다.

---

98) 여기서 언급되는 무거운 업 등에 대해서는 XIX §§14-16과 『길라잡이』 5장 §§18-20을 참조할 것.

99) 원문은 *santati-vasena*인데 이 단어로 '이 생에서 일어났던 바로 그 동일한 알음알이가 다음 생으로 윤회하지 다른 것이 윤회하는 것이 아니다'라는 사견을 논파한다.(Pm.632)

100) 원문의 '*āsādayamānaṁ vā anāsādayamānaṁ vā*'는 일반적으로는 '즐기거나 혹은 즐기지 않거나'의 뜻이지만 이 문맥에서는 의지처에 이르거나 이르지 못하거나 혹은 의지처를 잡든지 잡지 못하든지의 뜻이다.(Pm.632)

166. 여기서 알음알이가 과거 생으로부터 여기에 온 것이 아닌 것과, 과거 생에 포함된 원인으로부터 일어나는 것에 대해서는 메아리, 등불, 인장, 거울에 나타난 영상을 보기로 들 수 있다. 메아리, 등불, 인장, 그늘 등이 각각 소리 등을 원인으로 생겼지만 다른 곳으로 옮겨가지 않는 것처럼 이 마음도 그와 같다.

167. 상속으로 이어지기 때문에 하나도, 다른 것도 아니다. 만약 상속으로 이어질 때 절대적으로 하나라고 하면 우유로부터 커드가 만들어지지 않을 것이다. 만약 절대적으로 다르다면 커드는 우유로부터 만들어지지 않을 것이다. 이 방법은 원인으로부터 일어난 모든 것에 해당된다. 만약 이럴진댄 일체 세간의 일상적 표현이 한계에 부딪치고 말 것이다. 그것은 바람직하지 않다. 그러므로 여기서 절대적으로 하나라거나 절대적으로 다르다고 집착해서는 안된다.

168. 여기서 이렇게 말할지도 모른다. '윤회하지 않고 나타났다면 이 인간의 무더기들(五蘊)이 멸하면 결과의 조건인 업이 그[결과가 있는] 곳에 오지 않기 때문에 결과가 다른 사람에게 가게 되거나, 혹은 다른 업으로부터 결과가 생기게 될 것이다. 그리고 [업의 결과를] 경험하는 자가 없다면 그것은 누구의 결과가 되겠는가? 그러므로 [당신들의] 주장은 만족스럽지 못하다.'라고.

169. 이것이 대답이다.

> 상속에 있어 결과는
> 다른 이의 것도 아니고

다른 원인으로부터 온 것도 아니다.
씨앗들이 발아하는 과정으로 이 뜻을 성취할 수 있다.

170. 하나의 상속에서 결과가 일어날 때 절대적으로 하나라거나 절대적으로 다르다는 것은 배제되기 때문에 그것이 다른 사람의 것이거나 다른 원인으로부터 생긴 것이 아니다. 씨앗들이 발아하는 과정이 이 뜻을 성취시킨다.

망고의 씨앗 등이 발아하기 시작할 때 그 씨앗이 상속하여 조건을 얻으면 시간이 지난 후 특정한 열매가 열린다. 그것은 다른 씨앗의 것도 아니고 다른 발아의 조건으로부터 열린 것도 아니다. 그 씨앗들이 열매의 장소에 도착한 것도 아니고, 혹은 씨앗이 발아해서 성장해 가는 과정이 열매의 장소에 도착한 것도 아니다. 이와 같이 이 비유의 적용을 알아야 한다. 어릴 적에 배운 학문과 기술과 의술 등이 시간이 지난 후 성인이 되었을 때 결과를 가져오는 경우에 있어서도 이 뜻을 알아야 한다.

171. '경험하는 자가 없다면 이 결과는 누구의 것인가'라고 말했는데, [답한다].

오직 결과가 일어나기 때문에
경험하는 자라고 하는 일상적인 말이 있다.
마치 과일이 나무에 나타날 때
열매를 맺는다고 말하듯이.

172. 나무의 과일은 나무라고 하는 자연현상의 한 부분이다. 과일이 열림으로써 나무가 열매를 맺는다거나 열매가 열렸다고 한다.

행복과 고통의 결과는 신이나 인간이라고 불리는 무더기들의 한 부분이다. 이 경험이라 불리는 행복과 고통의 결과가 일어남으로써 '신이나 인간이 경험한다'거나 '그는 행복하다. 그는 괴롭다'라고 말한다. 그러므로 여기서 경험하는 자를 내세우는 것은 아무 소용이 없다.

173. 이렇게 말할 지도 모른다. '만약 그렇다면 이 상카라들이 존재할 때(*vijjamāna*) 결과에게 원인이 되거나 혹은 존재하지 않을 때 결과에게 원인이 될 것이다. 만약 존재할 때 [결과에게 원인이 된다면] 상카라들이 일어나는 순간에 그들의 결과가 나타날 것이다. 만약 존재하지 않을 때 [결과에게 원인이 된다면] 그들이 일어나기 전이나 그 후에도[101] 항상 결과를 가져올 것이다.'라고. 그에게 이렇게 대답하겠다.

> 지었기 때문에 이들은 조건들이다.
> 항상 결과를 가져오는 것이 아니다.
> 빚보증 등의 비유를 알아야 한다.

174. 이 상카라들은 자기 결과에게 조건이 된다. 왜냐하면 그들을 지었기 때문이다.(*kattatā*) 존재하기 때문이거나(*vijjamānatā*) 존재하지 않기 때문이 아니다. 그래서 "욕계 유익한 업을 지었고 쌓았기 때문에 과보인 눈의 알음알이가 일어난다.(Dhs.87)" 등으로 말씀하셨다. 능력에 맞게 자기의 결과에게 조건이 된 후 또 다시 결과를 일으키지 않는다. 이미 결과를 내었기 때문이다. 이 뜻을 설명하는데

101) "'업을 쌓기 이전이나 결과가 일어난 후에도'라는 뜻이다.(Pm.635)"

있어 빚보증 등의 비유를 알아야 한다.

세간에서 [빌린] 돈 등을 갚기 위해 보증인이 있다. 그는 대부를 받거나 상품을 산다. 그가 실제로 사업을 하는 것이 그 빌린 돈을 갚는 데 조건이 되는 것이지 사업이 존재하거나 혹은 존재하지 않는 것이 그 조건이 되는 것이 아니다. 그 돈을 갚은 뒤에는 더 이상 책임이 없다. 왜 그런가? 돈을 이미 갚았기 때문이다. 이와 같이 지은 상카라들이 자기의 결과에게 조건이 되고, 능력에 맞게 결과를 낸 뒤에는 또 다시 결과를 내지 않는다.

지금까지 재생연결식이 물질과 섞인 것과 섞이지 않은 것의 두 가지로 일어나고, 그것이 상카라들을 조건으로 일어나는 것을 밝혔다.

㈐ 어떻게 상카라들이 알음알이의 조건이 되는가

175. 이제 이 모든 32가지 과보로 나타난 알음알이에 대한 미혹을 떨쳐버리기 위해,

> 이들 [세 가지] 존재 등에서
> 재생연결과 삶의 전개과정에서
> 상카라들이 어떻게, 어느 것에게
> 조건이 되는가를 알아야 한다.

176. 이 가운데서 세 가지 존재, 네 가지 모태, 다섯 가지 태어날 곳, 일곱 가지 알음알이의 거주, 아홉 가지 중생의 서처 — 이것이 존재 등이라 부르는 것이다. 이 존재 등에서 재생연결과 삶의 전개과정에서 어떤 과보로 나타난 마음에게 이 상카라들은 조건이 되고, 또한 어떤 조건으로 조건이 되는가를 알아야 한다는 뜻이다.

177. 먼저 **공덕이 되는 행위**에 관해서 [설하면], 욕계의 여덟 가지 의도((1)-(8))로 분류되는 공덕이 되는 행위들은 차별 없이 욕계존재의 선처에서 아홉 가지 과보로 나타난 마음들((41)-(49))에게 재생연결 때에 다른 순간에 작용하는 업의 조건과 강하게 의지하는 조건, 이 두 가지로 조건이 된다. 색계의 다섯 가지 유익한 의도((9)-(13))로 분류되는 공덕이 되는 행위는 색계의 존재에서 재생연결 때에 그와 같이 다섯 가지 과보로 나타난 마음((57)-(61))에게 조건이 된다.

178. 앞에서처럼 분류되는 욕계의 공덕이 되는 행위들은 욕계존재의 선처에서 원인을 갖지 않은 평온이 함께하는 마노의 알음알이의 요소(41)를 제외하고 나머지 일곱 가지의 욕계 [유익한] 과보로 나타난 마음((34)-(40))에게 삶의 전개과정에서 앞서 설한 두 가지 조건으로 조건이 되고, 재생연결에서는 아니다. 그것은 색계존재에서 다섯 가지 과보로 나타난 마음에게[102] 삶의 전개과정에서 그와 같이 두 가지로 조건이 되고, 재생연결에서는 아니다.

욕계존재의 악처에서는 여덟 가지 욕계 과보로 나타난 마음((34)-(41))에게 삶의 전개과정에서 그와 같이 조건이 되고, 재생연결에서는 아니다. 지옥에서는 목갈라나 존자가 지옥에 설법을 간 경우 등에서처럼 원하는 대상을 만날 때 이 [공덕이 되는 행위는 식의] 조건이 된다. 축생계와 큰 신통을 가진 아귀에서도 원하는 대상

102) 여기서 다섯 가지 과보로 나타난 마음이란 눈의 알음알이, 귀의 알음알이, 받아들이는 역할을 하는 마노의 요소, 조사하는 역할을 하는 두 가지 마노의 알음알이의 요소를 말한다.(Pm.636) 왜냐하면 색계 신은 여섯 가지 감각장소 중에서 눈과 귀는 가지지만 코, 혀, 몸은 없기 때문이다.

을 만날 수 있다.

179. 이 [욕계의 공덕이 되는 행위]는 욕계존재의 선처에 16가지 유익한 과보로 나타난 마음에게 삶의 전개과정((34)-(41))과 재생연결에서((42)-(49)) 그와 같이 조건이 된다. 색계존재에서 이 공덕이 되는 행위는 구별 없이[103] 10가지 과보로 나타난 마음에게 삶의 전개과정과 재생연결에서 그와 같이 조건이 된다.

180. 12가지 해로운 의도[104]((22)-(33))로 분류되는 **공덕이 되지 않는 행위**는 욕계존재의 악처에서 하나의 마음(56)에게 재생연결에서 그와 같이 조건이 되고, 삶의 전개과정에서는 아니다. 여섯 가지 마음들((50)-(55))에게 삶의 전개과정에서 조건이 되고, 재생연결에서는 아니다. 일곱 가지 해로운 마음들에게는 삶의 전개과정과 재생연결에서 조건이 된다.

욕계존재의 선처에서는 그 일곱 가지 마음에게 삶의 전개과정에서 그와 같이 조건이 되고, 재생연결에서는 아니다. 색계에서는 네 가지 과보로 나타난 마음[105]에게 삶의 전개과정에서 그와 같이 조

---

103) "구별이 없다는 것은 두 가지 공덕이 되는 행위들을 말한다. 즉 욕계의 공덕이 되는 행위들과 색계의 공덕이 되는 행위들이다.(Pm.636)" 즉 색계 과보 마음 5 + 욕계 유익한 과보인 안식, 이식, 받아들이는 마음, 조사하는 마음 2이다.

104) 12가지 해로운 마음 가운데서 들뜸과 함께한 것은 힘이 약해서 결과를 생산할 수가 없다고 앞서 설했다. 그런데 여기서 붓다고사 스님이 이렇게 말씀하신 것은 다시 한번 생각해 볼 필요가 있다고 Pm에서 저자 담마빨라 스님은 지적을 하고 있다(*dvādasākusalacetanābhedo.ti ettha uddhaccasahagatacetanāya gahaṇe kāraṇaṁ na dissati, vicāretabbaṁ etaṁ.* — Pm.636)

105) "해로운 과보로 나타난 눈의 알음알이, 귀의 알음알이, 받아들이는 역할

건이 되고, 재생연결에서는 아니다. 이것은 욕계의 원하지 않은 형상 등을 보거나 소리를 듣는 것으로 그들에게 조건이 된다. 범천의 세계에는 원하지 않은 형상 등이 없다. 욕계의 천상세계에서도 그와 같다.106)

181. **흔들림 없는 행위**는 무색계존재에서 네 가지 과보로 나타난 마음((62)-(65))에게 삶의 전개과정과 재생연결에서 그와 같이 조건이 된다.

이와 같이 우선 존재에서 재생연결과 삶의 전개과정에 이 상카라들이 어떤 과보로 나타난 마음들에게 어떤 조건으로 조건이 되는가를 알아야 한다. 이런 방법으로 모태 등에 대해서도 알아야 한다.

182. 여기서 처음부터의 내용을 다시 요약한다.

이 [세 가지] 상카라들 가운데서 공덕이 되는 행위는 두 가지 존재에서 재생연결을 준 뒤 자기의 모든 결과를 생기게 한다. 난생 등의 네 가지 모태에서도 그와 같고, 신과 인간이라 불리는 두 가지 태어날 곳에서도 그와 같다.

그리고 몸도 다르고 인식도 다름, 몸은 다른데 인식은 하나임, 몸은 하나인데 인식이 다름, 몸도 인식도 하나라고 불리는 네 가지 알음알이의 거주에서도 그러하다.107)

을 하는 마노의 요소, 조사하는 역할을 하는 마노의 알음알이의 요소이다.(Pm.636)"

106) "이것은 일반적으로 말 한 것이다. 왜냐하면 어떤 신은 원하지 않은 대상을 만난다. 신들이 그들의 죽음을 조짐하는 다섯 가지 대상을 보고는 슬퍼한다. 즉 그들의 꽃이 시들고, 옷이 더러워지며, 겨드랑이에서 땀이 나고, 모습이 볼품없어지고, 천상에서 신이 즐거워하지 않는 것이라는 다섯 가지 원하지 않는 대상을 만나기도 한다.(Pm.636)"

인식이 없는 중생(無想有情)의 거처에서는 물질만을 형성하기 때문에 네 가지 중생의 거처에서 재생연결을 준 뒤 자기의 모든 결과를 생기게 한다.

그러므로 두 가지 존재에서, 네 가지 모태에서, 두 가지 태어날 곳에서, 네 가지 알음알이의 거주에서, 네 가지 중생의 거처에서 21개 과보로 나타난 마음에게 앞서 설한대로 적절하게 재생연결((41)-(49), (57)-(61))과 삶의 전개과정((34)-(40))에서 조건이 된다.

183. 공덕이 되지 않는 행위는 한 가지 욕계존재에서, 네 가지 모태에서, 나머지 세 가지 [지옥, 아귀, 축생의] 태어날 곳에서, 몸은 다른데 인식이 하나라 불리는 한 가지 알음알이의 거주에서, 그와 같은 한 가지 중생의 거처에서 재생연결로 과보를 익게 한다.

그러므로 이것은 한 가지 존재에서, 네 가지 모태에서, 세 가지 태어날 곳에서, 한 가지 알음알이의 거주에서, 한 가지 중생의 거처에서 일곱 가지 과보로 나타난 마음에게 재생연결(56)과 삶의 전개과정((50)-(56))에서 앞서 설한대로 조건이 된다.

184. 흔들림 없는 행위는 한 가지 무색계존재에서, 한 가지 화생의 모태에서, 한 가지 신의 태어날 곳에서, 공무변처 등의 세 가지 알음알이의 거주에서, 공무변처 등의 네 가지 중생의 거처에서 재생연결로 과보를 익게 한다.

---

107) 이 네 가지에다 공무변처를 얻음, 식무변처를 얻음, 무소유처를 얻음의 셋을 더하여 일곱 가지 알음알이의 거주(*viññāṇaṭṭhiti*)라고 한다. 그리고 여기에다 다시 인식도 없고 경험도 없는 무상유정(無想有情)과 비상비비상처 둘을 더하여서 아홉 가지 중생의 거처(*sattāvāsa*)라고 부른다.

그러므로 이것은 하나의 존재에서, 하나의 모태에서, 하나의 태어날 곳에서, 세 가지 알음알이의 거주에서, 네 가지 중생의 거처에서 네 가지 과보로 나타난 마음에게 재생연결과 삶의 전개과정에서 앞서 설한대로 조건이 된다.

185. 이와 같이,

> 이들 존재 등에서
> 재생연결과 삶의 전개과정에서
> 상카라들이 어떻게, 어느 것에게
> 조건이 되는가를 알아야 한다.(§175)

이것이 '상카라들을 조건으로 알음알이가 있다'고 한 구절에 대한 상세한 주석이다.

(3) 알음알이를 조건으로 정신·물질이 있다

viññāṇapaccayānāmarūpapadavitthārakathā

186. '알음알이를 조건으로 정신 · 물질이 있다(識緣名色)'라는 구절에서 다음과 같이 판별을 알아야 한다.

> ① 정신 · 물질을 분석하여
> ② 존재 등에서 일어나는 것으로
> ③ 포함하는 것으로
> ④ 조건의 방법으로

187. **(1) 정신 · 물질을 분석하여:** 여기서 정신(*nāma*, 名)이란 대상을 향하여 기울기 때문에(*namanato*) 느낌 등 세 가지 무더기들을 뜻한다. 물질이란 네 가지 근본물질들과 그 네 가지 근본물질에서 파생된 물질들이다. 이들의 분석은 이미 무더기의 해설에서 설했다.(XIV. §34이하와 XIV. §125이하) 이와 같이 여기서 정신 · 물질을 분석하여 판별을 알아야 한다.

188. **(2) 존재 등에서 일어나는 것으로:** 여기서 정신은 한 가지 중생의 거처[108]를 제외하고 모든 존재와 모태와 태어날 곳과 알음알이의 거주와 나머지 중생의 거처에서 일어난다. 물질은 두 가지 존재에서, 네 가지 모태에서, 다섯 가지 태어날 곳에서, 처음 네 가지 알음알이의 거주에서, 처음 다섯 가지 중생의 거처에서 일어난다.

189. 이와 같이 정신 · 물질이 일어날 때 [남녀의] 성이 없는 태생과 난생의 재생연결 순간에는 심장토대의 십원소와 몸의 십원소라는 물질인 두 가지 상속의 핵심(*santati-sīsa*, 相續要目)[109]과 세 가지 정신의 무더기가 나타난다. 그러므로 그들의 경우 상세하게 설하면 유형의 물질인 20가지 법들과 세 가지 정신의 무더기를 [합하여] 모두 23가지 법들이 알음알이를 조건한 정신 · 물질이라고 알아야 한다.

---

108) 인식은 없고 몸만 있는 무상유정(*asaññāsatta*)을 말한다.

109) 상속의 핵심(相續要目)으로 옮긴 '*santati-sīsa*'는 한 개체의 물질적인 존속을 유지시켜주는 기본이 되는 십원소의 더미(깔라빠)를 말한다. 우리 몸의 물질적인 기능들은 눈의 십원소, 귀의 십원소 … 심장토대의 십원소, 성의 십원소 등으로 모두 십원소로 되어있기 때문이다.

이미 가진 것을 제외시킴으로써 하나의 상속의 핵심에서 아홉 가지 물질을 제하면 14가지가 남는다.110) [남녀의] 성을 가진 자에게는 성의 십원소를 더하여 33가지가 된다. 그들에게도 이미 가진 것을 제외시킴으로써 두 가지 상속의 핵심에서 18가지 물질을 제하면 15가지가 된다.

190. 화생하는 중생들 가운데서 범천의 몸을 받은 자 등에게는 재생연결 순간에 눈, 귀, 심장토대의 십원소와 생명기능의 구원소로 이렇게 물질인 네 가지 상속의 핵심과 세 가지 정신의 무더기들이 나타난다. 그러므로 상세하게 말하면 유형의 물질인 39가지 법들과 세 가지 정신의 무더기들을 [합하여] 모두 42가지 법들이 알음알이를 조건으로 생긴 정신·물질이라고 알아야 한다. 이미 가진 것을 제외시킴으로써 세 가지 상속의 핵심에서 27가지 법들을 제외하면 15가지가 된다.

191. 욕계에서는 이 나머지111) 화생의 중생들과, 성과 기능(根)을 구족하게 갖춘 습생의 중생들에게 재생연결의 순간에 물질인 일곱 가지 상속의 핵심과 세 가지 정신의 무더기가 나타난다. 그러므로 상세하게 설하면 그들에게 유형의 물질인 70가지 법들과 세 가

---

110) 심장토대의 십원소와 몸의 십원소는 지·수·화·풍·형상·냄새·맛·영양소·생명기능의 아홉에다 각각 심장토대와 몸을 더하여 10개의 물질을 가져 각각의 십원소가 된다. 그러므로 첫 번째 십원소가 지·수 등의 처음 아홉을 이미 가졌기 때문에 두 번째 십원소에서는 그것을 제하면 모두 11가지의 법이 되고, 여기에 세 가지 정신적인 무더기를 더하면 14가지 법이 된다.

111) "나머지라는 단어는 네 가지의 태 가운데서 처음 두 가지인 태생과 난생을 제외한 나머지 화생과 습생이라는 뜻이다(Pm.638)."

지 정신의 무더기를 [합하여] 73가지 법들이 알음알이를 조건으로 생긴 정신·물질이라고 알아야 한다. 이미 가진 것을 제외시킴으로써 여섯 가지 상속의 핵심에서 54가지 물질을 제하면 19가지가 된다. 이것이 최대치다. 최소치로는 특정 물질의 상속의 핵심이 결핍된 자들에게는 그에 맞게 그것을 제하여 간략하게 알아야 한다. 이것이 간략하게 또한 상세하게 재생연결의 순간에 알음알이를 조건으로 생긴 정신·물질의 수치라고 알아야 한다.

192. 무색계 중생들은 세 가지 정신의 무더기만 나타난다. 무상유정들은 물질인 생명기능의 구원소만 나타난다. 이것이 재생연결에서 [정신·물질이 일어나는] 방법이다.

193. [삶의] 전개과정(*pavatti*)에서는 물질이 일어나는 모든 곳에서 재생연결의 마음이 머무는 순간에 재생연결의 마음과 함께 생긴 온도로부터 온도에서 생긴 순수한 팔원소[112]가 나타난다. 재생연결의 마음은 물질을 생기게 하지는 못한다. 마치 구렁에 빠진 사람이 다른 사람에게 도움을 줄 수 없듯이 심장토대가 힘이 없기 때문에 물질을 생기게 할 수 없다. 그래서 재생연결의 마음 다음에 첫 번째 잠재의식부터 마음에서 생긴 순수한 팔원소가 나타난다. 소리가 나타날 때에는 재생연결의 순간 다음에 일어난 온도와 마음으로부터 소리의 구원소가 생긴다.

194. "그의 어머니가 먹거리와 마실거리의 음식을 먹으면
그것으로 모태에 숨어있는 [태아]는 생명을 유지한다"

— S.i.206.

---

112) XI. §2 주해와 『길라잡이』 6장 §7의 10번 해설을 참조할 것.

이상과 같은 말씀이 있기 때문에 덩어리로 된 음식의 물질로 살아가는 태생의 중생들은 어머니가 먹은 음식의 영양소가 그들의 몸에 공급될 때, 그들의 입에 생긴 침을 처음으로 삼키는 순간에 음식에서 생긴 순수한 팔원소가 나타난다. 이와 같이 음식에서 생긴 순수한 팔원소와 최대치로 온도와 마음에서 생긴 두 가지 구원소인 26가지 물질과, 앞서 설한 각각의 [일어나고 머물고 사라지는] 마음 순간(心刹那)에 세 번씩 일어나는 업에서 생긴 70가지 물질을 [더한다.][113] 이렇게 96가지 물질에다 세 가지 정신 무더기를 합치면 모두 99가지가 나타난다.

195. 소리는 반드시 일어나는 것이 아니고 간혹 일어난다. 그러므로 그 두 가지 [온도에서 생긴 것과 마음에서 생긴 것]을 제외하고 이 97개 법은 적절하게 모든 중생들에게 알음알이를 조건으로 생긴 정신·물질이라고 알아야 한다. 왜냐하면 이들은 중생들이 자든지 게으름을 피우든지 먹든지 마시든지 할 때 밤낮으로 알음알이를 조건으로 생기기 때문이다. 그들이 알음알이를 조건한 상태는 나중에 설명하겠다.

196. 여기서 이 업에서 생긴 물질은 존재와 모태와 태어날 곳과 알음알이의 거주와 중생의 거처에서 가장 먼저 안주하고자하나 세 가지 [마음과 온도와 음식에서] 생긴 물질의 도움이 없이는 오래 지속할 수가 없다. 세 가지에서 생긴 물질도 업에서 생긴 물질의 도움 없이는 마찬가지다.

---

113) 눈, 귀, 코, 혀, 몸, 심장토대, 성의 십원소를 뜻한다.

마치 윗부분을 묶고 다리 부분은 네 방향으로 벌려 세워놓은 볏단은 바람이 강타하더라도 유지할 수 있고, 부서진 배가 파도를 피할 의지처를 얻으면 대해 가운데서 성난 파도가 휘몰아치더라도 유지할 수 있는 것처럼 서로서로 도와줄 때 넘어지지 않고 지속하여 1년, 2년, 백 년, 생명이 다하거나 혹은 공덕이 다 하는 순간까지 그들은 일어난다. 이와 같이 존재 등에서 일어나는 것으로 판별을 알아야 한다.

197. **(3) 포함하는 것으로:** 무색계에서는 [삶의] 전개과정과 재생연결의 둘 다에서 알음알이를 조건으로 오직 정신(名)이 있다. 다섯 무더기를 가진 존재에게는 [삶의] 전개과정에서 알음알이를 조건으로 오직 정신(名)이 있다.

인식이 없는 중생(無想有情)들에게는 두 가지 모두에서 알음알이를 조건으로 오직 물질(色)이 있다. 다섯 무더기를 가진 존재에게는 [삶의] 전개과정에서 알음알이를 조건으로 오직 물질(色)이 있다.

다섯 무더기를 가진 존재에게는 두 가지 모두에서 알음알이를 조건으로 정신·물질(名色)이 다 있다. 여기서 언급한 정신과 물질과 정신·물질은 하나의 부분이 전체를 포괄한다는 방법에 의해 모두 정신·물질에 포함하여 '알음알이를 조건으로 정신·물질이 있다'라고 알아야 한다.114)

198. 만약 '인식이 없는 중생들에게는 알음알이가 없기 때문

114) 즉 무색계에는 정신만 생겨나고 무상유정에게는 물질만 생겨나지만 이것들도 모두 정신·물질이라는 단어에 포함시켜 '알음알이를 조건으로 정신·물질이 있다'는 정형구를 이해해야 한다는 말이다.

에 이것은 적당하지 않다'라고 한다면 — 그렇지 않다. 이것은,

정신 · 물질의 원인인 알음알이는
과보와 과보가 아닌 것으로
두 가지라 인정된다.
그러므로 이것은 적당하다.

199. 정신 · 물질의 원인인 알음알이는 과보로 나타난 것과 과보가 아닌 것의 분류로 두 가지이다. 인식이 없는 중생의 경우에 물질은 업에서 생긴 것이기 때문에 [전생의] 다섯 무더기를 가진 존재에서 생긴 업을 짓는(*abhisaṅkhāra*) 알음알이를 조건한 것이다.[115] 이것은 다섯 무더기를 가진 존재의 [삶의] 전개과정에서 유익한 마음 등의 순간에 업에서 생긴 물질에도 적용된다. 그러므로 이것은 적당하다. 이와 같이 포함하는 것으로 해설을 알아야 한다.

200. **(4) 조건의 방법으로:**

① 과보로 나타난 마음은 정신에게
아홉 가지로 조건이 된다.
② 토대의 물질에게는 아홉 가지로
③ 나머지 물질에게는 여덟 가지로
④ 업을 형성하는 알음알이는 물질에게 한 가지로
⑤ 나머지 알음알이는 각각 적절하게 조건이 된다.

---

115) 업에서 생긴 물질은 전생이나 이전에 지은 업을 조건하기 때문이다. 그러므로 무상유정이 가지는 물질은 전생의 업을 짓는 알음알이에서 생긴 것이다. 그러므로 식연명색이 적용된다.

201. ① 재생연결의 마음이나 다른 과보로 나타난 마음은 재생연결이나 [삶의] 전개과정에서 과보로 나타난 것이라 불리는 정신(名)에게 — 물질과 섞였던 혹은 섞이지 않았던 — 함께 생긴 조건, 서로 지탱하는 조건, 의지하는 조건, 서로 관련된 조건, 과보의 조건, 음식의 조건, 기능의 조건, 존재하는 조건, 떠나가버리지 않은 조건의 아홉 가지로 조건이 된다.

② 재생연결의 순간에 이것은 토대의 물질에게 함께 생긴 조건, 서로 지탱하는 조건, 의지하는 조건, 과보의 조건, 음식의 조건, 기능의 조건, 서로 관련되지 않은 조건, 존재하는 조건, 떠나가버리지 않은 조건의 아홉 가지로 조건이 된다.

③ 토대의 물질을 제외한 나머지 물질에게 이것은 이 아홉 가지 조건 가운데서 서로 지탱하는 조건을 제외한 여덟 가지 조건으로 조건이 된다.

④ 업을 형성하는 알음알이는 인식이 없는 중생의 물질이나 다섯 무더기를 가진 존재의 업에서 생긴 물질에게 경장의 방법에 따르면 강하게 의지하는 조건의 한 가지로 조건이 된다.

⑤ 나머지 모든 알음알이는 첫 번째 잠재의식부터 각각 정신·물질에게 적절하게 조건이 된다고 알아야 한다. 상세하게 조건의 방법을 설하려면 빳타나의 설명 전부를 상세하게 설해야 하기 때문에 그것은 하지 않는다.

202. 이렇게 말할지도 모른다. '어떻게 재생연결의 정신·물질이 알음알이를 조건한 것이라고 알겠는가?'라고. [답한다.] 경과 추론으로 알 수 있다. 경에 "법들은 마음을 따라 일어난다(Dhs.5)"라는

방법으로 여러 곳에서 느낌 등이 알음알이를 조건으로 한다는 것이 밝혀졌기 때문이다. 추론으로는,

> 마음으로부터 생긴 물질을 봄으로써
> 보지 않은 물질도 알음알이를 조건한 것이라 알 수 있다.

마음이 편안하거나 편안하지 않거나 간에 그것에 적합한 물질들이 일어나는 것을 본다. 본 것을 통하여 보지 않은 것도 추론하여 알 수 있다. 이와 같이 여기서 이미 생긴 물질을 봄으로써 보지 않은 재생연결의 물질도 알음알이를 조건한 것이라고 알아야 한다. 마음에서 생긴 물질처럼 업에서 생긴 물질도 알음알이가 그 조건이라고 빳타나에서 설하셨다. 이와 같이 조건의 방법으로 판별을 알아야 한다.

이것이 '알음알이를 조건으로 정신 · 물질이 있다'라는 구절에 대한 상세한 설명이다.

(4) 정신 · 물질을 조건으로 감각장소가 있다

nāmarūpapaccayāsaḷāyatanapadavitthārakathā

203. '정신 · 물질을 조건으로 여섯 감각장소(*saḷāyatana*, 六入, 六處)가 있다'라는 구절에서,

> ① 정신은 세 가지 무더기들이고
> ② 물질은 근본물질과 토대 등이라 알려졌고
> ③ 일부분은 나머지를 포괄하나니
> ④ 이것은 그것에게 조건이 된다.

204. ① 정신·물질이 여섯 감각장소의 조건이라 했다. 여기서 정신이란 느낌 등의 세 가지 무더기들이다.

② 여기서 물질은 자기의 상속에 포함된 것인데 반드시 네 가지 근본물질, 여섯 가지 토대, 생명기능이다. 이것이 근본물질과 토대 등이라 알려졌다고 말한 것이다.

③ (ㄱ) 정신과 (ㄴ) 물질과 (ㄷ) 정신·물질이 모두 정신·물질이라고 각각이 그 나머지를 다 포함하듯이, (ㄱ) 여섯 번째 감각장소(즉 마노의 감각장소, 意入, 意處)와 (ㄴ) 여섯 감각장소가 여섯 감각장소이다. 일부분이 나머지를 포함한다.

④ 이렇게 하여 [정신·물질은] 여섯 감각장소의 조건이 된다고 알아야 한다. 왜 그런가? 무색계에서는 오직 정신만이 조건이고, 그것도 여섯 번째 감각장소에게만 조건이지 다른 것에게는 조건이 아니기 때문이다. 그래서 "정신을 조건으로 여섯 번째 감각장소가 있다(Vbh.179)"고 『위방가』에서 설하셨다.

205. 이와 같이 말할지도 모른다. '어떻게 정신·물질이 여섯 감각장소의 조건이라고 알겠는가?'라고. [답한다.] 정신·물질이 없을 때 여섯 감각장소도 없기 때문에 알 수 있다. 각각의 정신과 물질이 있을 때 그에 상응하는 여섯 감각장소가 있다. 그렇지 않고서는 없다. 그것은 '이것이 있으므로 저것이 있음(*tab-bhāva-bhāvitā*)'116)이라는 조건의 방법에서 설명될 것이다.

---

116) 비슷한 합성어가 『길라잡이』 8장 §2에 나타나고 설명되어있으므로 참조할 것.

그러므로 재생연결과 [삶의] 전개과정에서
어떤 것이 어떤 것에게 조건이 되고
어떻게 조건이 되는가를 지자는 알아야 한다.

[정신이 조건이 됨]

206. 이제 그 뜻을 밝힌다.

무색계에서는 오직 정신이
재생연결과 [삶의] 전개과정에서
일곱 가지로 조건이 되고
최소로 여섯 가지로 조건이 된다.

207. 어떻게? 우선 재생연결에서 정신은 여섯 번째 감각장소에게 최소로 일곱 가지로 조건이 된다. 함께 생긴 조건, 서로 지탱하는 조건, 의지하는 조건, 서로 관련된 조건, 과보의 조건, 존재하는 조건, 떠나가버리지 않은 조건으로 조건이 된다. 어떤 정신은 원인의 조건으로 어떤 것은 음식의 조건으로 조건이 된다. 이와 같이 다른 방법으로도 조건이 된다. 이 방법대로 최대치와 최소치를 알아야 한다.

[삶의] 전개과정에서 과보로 나타난 정신은 앞서 설한대로 조건이 된다. 과보로 나타나지 않은 정신은 최소치로는 앞서 설한 조건에서 과보의 조건을 제하고 여섯 가지로 조건이 된다. 어떤 것은 여기서 원인의 조건으로, 어떤 것은 음식의 조건으로 조건이 된다. 이와 같이 다른 방법으로도 조건이 된다. 이 방법대로 최대치와 최소치를 알아야 한다.

208. 다른 존재에서는 정신은 재생연결에서
여섯 번째 감각장소에게는 이와 같이 조건이 되고
다른 것에게는 여섯 가지로 조건이 된다.

209. 무색계와 다섯 무더기를 가진 다른 존재에서 과보로 나타난 정신은 심장토대와 함께하여 여섯 번째인 마노의 감각장소(意入)에게 무색계에서 설한 것과 같이 최소치로 일곱 가지로 조건이 된다. 네 가지 근본물질과 함께하여 눈의 감각장소(眼入) 등 나머지 다섯 가지에게 함께 생긴 조건, 의지하는 조건, 과보의 조건, 서로 관련되지 않은 조건, 존재하는 조건, 떠나가버리지 않은 조건의 여섯 가지로 조건이 된다. 어떤 것은 여기서 원인의 조건으로, 어떤 것은 음식의 조건으로, 이와 같이 다른 방법으로도 조건이 된다. 이 방법으로 최대치와 치소치를 알아야 한다.

210. [삶의] 전개과정에서도 그와 같이
과보는 과보에게 조건이 된다.
과보가 아닌 것은 과보가 아닌 여섯 번째에게
여섯 가지로 조건이 된다.

211. 다섯 무더기의 존재에서 재생연결에서와 마찬가지로 [삶의] 전개과정에서도 과보로 나타난 정신은 과보로 나타난 여섯 번째 감각장소(意入)에게 최소치로 일곱 가지로 조건이 된다. 과보가 아닌 정신은 과보가 아닌 여섯 번째 감각장소에게 과보의 조건을 제하고 최소치로 여섯 가지로 조건이 된다. 이미 설한 방법대로 최대치와 최소치를 알아야 한다.

212. [삶의] 전개과정에서 과보는
나머지 다섯에게도 네 가지로 조건이 된다.
과보가 아닌 정신도 이와 같이 이미 설명되었다.

213. [삶의] 전개과정에서 눈의 감성 등을 토대로 가지는 나머지 과보로 나타난 정신도 눈의 감각장소 등 나머지 다섯 가지에게 뒤에 생긴 조건, 서로 관련되지 않은 조건, 존재하는 조건, 떠나가버리지 않은 조건의 네 가지로 조건이 된다. 과보로 나타난 정신처럼 과보가 아닌 정신도 이와 같이 이미 설명되었다. 그러므로 유익한 것 등의 분류를 가지는 정신은 그들에게 네 가지로 조건이 된다고 알아야 한다. 이와 같이 오직 정신이 재생연결과 [삶의] 전개과정에서 우선 어떤 감각장소에게 조건이 되며, 어떻게 조건이 되는가를 알아야 한다.

[물질이 조건이 됨]

214. 무색계에서 물질은 [삶의] 전개과정에서
어느 한 감각장소에게도 조건이 되지 않는다.
그러나 다섯 무더기를 가진 존재에서는
재생연결에서 물질인 [심장]토대는
여섯 번째 감각장소에게 여섯 가지로 조건이 된다.
근본물질들은 다섯 가지 감각장소에게
차별 없이 네 가지로 조건이 된다.

215. 물질 가운데서 심장토대의 물질은 재생연결에서 여섯 번째

마노의 감각장소(意入)에게 함께 생긴 조건, 서로 지탱하는 조건, 의지하는 조건, 서로 관련되지 않은 조건, 존재하는 조건, 떠나가버리지 않은 조건의 여섯 가지로 조건이 된다. 재생연결과 [삶의] 전개과정에서 눈의 감각장소 등 다섯 가지 감각장소 가운데 어떤 것이 일어날 때[117] 근본물질들은 그것에게 차별 없이 함께 생긴 조건, 의지하는 조건, 존재하는 조건, 떠나가버리지 않은 조건으로 네 가지로 조건이 된다.

216. [삶의] 전개과정에서 생명기능과 음식은
이들에게 세 가지로
이들은 여섯 번째에게 여섯 가지로
[심장]토대는 그것에게 다섯 가지로 [조건이 된다.]

217. 재생연결과 [삶의] 전개과정에서 물질의 생명[기능]은 눈 등 이들 다섯 감각장소에게 존재하는 조건, 떠나가버리지 않은 조건, 기능의 조건의 세 가지로 조건이 된다. **음식은**이라고 한 그 음식은 존재하는 조건, 떠나가버리지 않은 조건, 음식의 조건의 세 가지로 조건이 된다. 음식으로 생명을 유지하는 중생들의 몸에 영양소가 공급되었을 때 이것은 오직 [삶의] 전개과정에서 조건이 되고, 재생연결에서는 조건이 되지 않는다.

눈 등 다섯 가지 감각장소들은 눈의 알음알이, 귀의 알음알이, 코의 알음알이, 혀의 알음알이, 몸의 알음알이를 포괄하는 여섯 번째인 마노의 감각장소에게 의지의 조건, 먼저 생긴 조건, 기능의 조건,

---

117) "재생연결에서 난생과 태생은 다섯 가지 감각장소 가운데서 오직 몸의 감각장소(身入, 身處)만 일어난다.(Pm. 641)"

서로 관련되지 않은 조건, 존재하는 조건, 떠나가버리지 않은 조건의 여섯 가지로 [삶의] 전개과정에서 조건이 된다. 재생연결에서는 아니다.

심장토대의 물질은 다섯 가지 알음알이를 제외한 나머지 마노의 감각장소에게 의지하는 조건, 먼저 생긴 조건, 서로 관련되지 않은 조건, 존재하는 조건, 떠나가버리지 않은 조건의 다섯 가지로 [삶의] 전개과정에서만 조건이 된다. 재생연결에서는 아니다.

이와 같이 오직 물질이 재생연결이나 [삶의] 전개과정에서 어떤 감각장소에게 조건이 되며, 어떻게 조건이 되는가를 알아야 한다.

[정신 · 물질이 조건이 됨]

218. 어떤 정신 · 물질의 둘 모두가
어떤 감각장소에게 조건이 되고
어떻게 조건이 되는가를
지자는 낱낱이 알아야 한다.

219. 예를 들면, 다섯 무더기를 가진 존재에서 세 가지 무더기와 토대의 물질이라 하는 정신 · 물질은 여섯 번째 감각장소에게 재생연결에서 함께 생긴 조건, 서로 지탱하는 조건, 의지하는 조건, 과보의 조건, 서로 관련된 조건, 서로 관련되지 않은 조건, 존재하는 조건, 떠나가버리지 않은 조건으로 조건이 된다고 했다. 이것은 개요일 뿐이다. 이미 설한 방법대로 모든 것을 적용할 수 있기 때문에 여기서는 상세하게 설하지 않는다.

이것이 '정신 · 물질을 조건으로 여섯 감각장소가 있다'라는 구절에 대한 상세한 주석이다.

(5) 여섯 감각장소를 조건으로 감각접촉이 있다

saḷāyatanapaccayāphassapadavitthārakathā

220. '여섯 감각장소(六入, 六處)를 조건으로 감각접촉(觸)이 있다'라는 구절에서,

> 감각접촉은 간략하게 눈의 감각접촉 등 여섯이 있고
> 상세하게 그것은 알음알이에 따라 32가지가 있다

221. 여섯 감각장소를 조건으로 감각접촉이 있다는 것에서 간략하게 [설하면] 눈의 감각접촉, 귀의 감각접촉, 코의 감각접촉, 혀의 감각접촉, 몸의 감각접촉, 마노의 감각접촉으로 이와 같이 눈의 감각접촉 등 여섯 가지가 있다.

상세하게 [설하면] 눈의 감각접촉 등 유익한 과보로 나타난 다섯 가지, 해로운 과보로 나타난 다섯 가지, 이렇게 열 가지의 감각접촉이 있다. 나머지는 세간적인 과보로 나타난 22가지 마음과 연결된 22가지((34)-(65))가 있다. 이와 같이 상카라를 조건으로 앞서 설한 알음알이처럼 모두 32가지 감각접촉이 있다.

222. 여섯 감각장소는 이 32가지 감각접촉의 조건이다. 여기서,

> 지자들은 여섯 번째와 더불어 눈 등
> 안의 것만을 여섯 감각장소라 하고
> [어떤 자는] 이들과 함께 밖의
> 여섯 가지를 합하여 여섯 감각장소라 한다.

223. 여기에 우선 이것은 업에서 생긴 무더기들의 일어남에 대한 설명이기 때문에 이 조건(즉 여섯 감각장소)과 조건 따라 생긴 것(즉 감각접촉)은 오직 자기의 상속에 포함된 것이다라고 주장하는 자들이 있다.

그들은 "여섯 번째 감각장소(意入)를 조건으로 감각접촉이 있다(Vbh.179)"라는 말씀이 있기 때문에 무색계에서는 오직 여섯 번째 감각장소가 감각접촉의 조건이고, 다른 곳에서는 전부 통틀어 여섯 가지 감각장소가 감각접촉의 조건이다. 그러므로 그들은 같은 형태를 가진 나머지 부분을 포괄하는 한 부분만 취하여 여섯 번째인 마노의 감각장소와 더불어 안의 눈 등을 여섯 감각장소라고 한다. 왜냐하면 그 여섯 번째 감각장소와 여섯 가지 감각장소를 여섯 감각장소라고 부르기 때문이다.

그러나 조건 따라 생긴 법(즉 감각접촉)만이 하나의 상속에 포함되고, 조건(즉 여섯 감각장소)은 다른 상속, [즉 과거의 상속]에 포함된다고 주장하는 자들이 있다. 그들은 감각접촉의 조건이 되는 감각장소는 무엇이든지 전부 주장하고 밖의 감각장소(外六入)도 포함시킨다. 그리하여 그 여섯 번째와 함께 안의 [다섯 가지] 감각장소와 형상의 감각장소 등 밖의 감각장소를 여섯 감각장소라 한다. 여섯 번째 감각장소와 [안의] 여섯 감각장소와 [밖의] 여섯 감각장소는 각각이 나머지를 포괄하기 때문에 여섯 감각장소라는 명칭을 가진다[라고 그들은 말한다].

224. 여기서 이와 같이 말할지도 모른다. '모든 감각장소들로부터 하나의 감각접촉이 생긴 것도 아니고 하나의 감각장소로부터 모

든 감각접촉들이 생긴 것도 아니다. 그러나 여섯 감각장소를 조건으로 감각접촉이 있다는 구절에는 감각접촉이 오직 하나로 언급되었다. 그것은 무슨 이유인가?'라고.

225. 이것이 그에 대한 대답이다. 사실이다. 모든 것으로부터 하나가 생기는 것도 혹은 하나로부터 모든 것이 생기는 것도 아니다. 그러나 여럿으로부터 하나가 생긴다. 눈의 감각접촉은 눈의 감각장소와, 형상의 감각장소와, 눈의 알음알이라고 불리는 마노의 감각장소와, 나머지 관련된 법들로 이루어진 법의 감각장소로부터 생긴다. 이와 같이 모든 경우에 적절하게 적용되어야 한다.

그러므로 여기 여여하신 분께서는
이 감각접촉을 단수로 해설하셨다.
감각접촉은 비록 하나이지만
여러 감각장소로부터 생겼음을 밝히셨다.

단수로 해설하셨다: '여섯 감각장소를 조건으로 감각접촉이 있다'라고 단수로 설하심으로써 여러 가지 감각장소로부터 하나의 감각접촉이 있다고 여여하신 분께서는 밝히셨다는 뜻이다.

어떻게 여섯 감각장소가 감각접촉의 조건이 되는가

226. 감각장소들 가운데서 다음과 같이 조건이 됨을 설명해야 한다.

다섯은 여섯 가지로
그 다음에 하나는 아홉 가지로

밖의 여섯은 이 [마노의 감각접촉]에게
적절하게 조건이 된다.

227. 이것이 설명이다.
눈 등 다섯 가지 감각장소는 눈의 감각접촉 등으로 분류되기 때문에 [다섯 가지인] 다섯 가지 감각접촉에게 의지하는 조건, 먼저 생긴 조건, 기능의 조건, 서로 관련되지 않은 조건, 존재하는 조건, 떠나가버리지 않은 조건의 여섯 가지로 조건이 된다.

그 다음에 하나인 과보로 나타난 마노의 감각장소는 여러 가지의 과보로 나타난 마노의 감각접촉에게 함께 생긴 조건, 서로 지탱하는 조건, 의지하는 조건, 과보의 조건, 음식의 조건, 기능의 조건, 서로 관련된 조건, 존재하는 조건, 떠나가버리지 않은 조건의 아홉 가지로 조건이 된다.

밖의 감각장소의 경우 형상의 감각장소는 눈의 감각접촉에게 대상의 조건, 먼저 생긴 조건, 존재하는 조건, 떠나가버리지 않은 조건의 네 가지로 조건이 된다. 소리의 장소 등도 귀의 감각접촉 등에게 그와 같이 조건이 된다.

이 [형상의 감각장소들]과 법의 감각장소는 마노의 감각접촉에게 그와 같이 [네 가지로] 조건이 되고,[118] 또한 오직 대상의 조건만으로도 조건이 된다. 이와 같이 밖의 여섯이 적절하게 이 마노의 감각접촉에게 조건이 되는 것에 대해서도 설명해야 한다.

---

118) "이것은 현존하고 있는 형상 등과 법의 감각장소에 포함된 현존하고 있는 유형의 물질과 관련하여 설했고, 대상의 조건 한 가지만으로도 조건이 된다고 함은 현존하지 않는 모든 것과 관련하여 설한 것이다. (Pm.642)"

이것이 '여섯 감각장소를 조건으로 감각접촉이 있다'는 구절에 대한 상세한 주석이다.

(6) 감각접촉을 조건으로 느낌이 있다

phassapaccayāvedanāpadavitthārakathā

228. '감각접촉(觸)을 조건으로 느낌(受)이 있다'는 구절에서,

문에 따라 느낌은 눈의 감각접촉에서 생긴 것 등
오직 여섯이라 설했는데 분류에 따라서는 89가지이다.

229. 이 구절에 대해 『위방가』에서는 "눈의 감각접촉에서 생긴 느낌, 귀 … 코 … 혀 … 몸 … 마노의 감각접촉에서 생긴 느낌(Vbh.136)"이라고 이와 같이 문에 따라 느낌은 오직 여섯 가지라고 설하셨다. 그러나 분류에 따라 그들은 89가지 마음과 관련되어있기 때문에 89가지이다.

230. 이 느낌들 가운데서 32가지는
과보로 나타난 마음과 관련되어있나니
오직 그들이 여기서 뜻하는 것이다.
오문(五門)에서 감각접촉은 다섯 가지에게 여덟 가지로
나머지에게는 한 가지로 소선이 되며
의문(意門)에서도 그와 같다.

231. 이 중에서 **오문에서** 눈의 감각접촉 등의 감각접촉은 눈의

감성 등의 토대를 가진 다섯 가지 느낌들에게 함께 생긴 조건, 서로 지탱하는 조건, 의지하는 조건, 과보의 조건, 음식의 조건, 서로 관련된 조건, 존재하는 조건, 떠나가버리지 않은 조건의 여덟 가지로 조건이 된다. 그 눈의 감각접촉 등의 감각접촉은 나머지 욕계의 과보로 나타난 느낌들에게 한 가지 강하게 의지하는 조건으로 조건이 된다. 나머지 욕계 과보로 나타난 느낌은 각각의 문에서 받아들이는 마음과 조사하는 마음과 등록하는 마음으로 일어난다.

232. **의문에서도** 그와 같다. 의문에서는 함께 생긴 마노의 감각접촉이라고 하는 감각접촉은 등록으로 일어나는 욕계 과보로 나타난 느낌들에게 그와 같이 여덟 가지로 조건이 된다. 재생연결과 잠재의식과 죽음으로 일어나는 삼계의 과보로 나타난 느낌들에게도 그와 같다. 의문에서 의문전향과 관련된 마노의 감각접촉은 등록으로 일어나는 욕계의 느낌들에게 한 가지 강하게 의지하는 조건으로 조건이 된다.

이것이 '감각접촉을 조건으로 느낌이 있다'라는 구절에 대한 상세한 주석이다.

(7) 느낌을 조건으로 갈애가 있다

vedanāpaccayātaṇhāpadavitthārakathā

233. '느낌(受)을 조건으로 갈애(愛)가 있다'라는 구절에서,

> 형상에 대한 갈애 등의 분류로
> 여섯 가지 갈애를 설했나니

일어나는 형태에 따라
각각 세 가지가 있다.

234. 이 구절에서 '장자의 아들, 바라문의 아들'이라고 아버지 따라 이름불리는 아들처럼 "색에 대한 갈애, 소리 · 냄새 · 맛 · 감촉 · 법에 대한 갈애(Vbh.136)"라고 『위방가』에서는 대상에 따라 이름하여 여섯 가지 갈애를 설하셨다. 그 갈애 가운데서 각각의 갈애가 일어나는 형태에 따라 ① 감각적 욕망에 대한 갈애(*kāma-taṇhā*, 慾愛) ② 존재에 대한 갈애(*bhava-taṇhā*, 有愛) ③ 존재하지 않음에 대한 갈애(*vibhava-taṇhā*, 無有愛)의 세 가지가 있다.

235. ① 눈의 시야에 들어온 형상의 대상을 감각적 욕망으로 즐기면서 형상에 대한 갈애가 일어날 때 그것을 감각적 욕망에 대한 갈애라 한다.

② 그 대상은 항상하고 영원한 것이라고 생각하는 상견과 함께 갈애가 일어날 때 그것을 존재에 대한 갈애라 한다. 상견과 함께한 탐욕을 존재에 대한 갈애라 하기 때문이다.

③ 그 대상은 끊어지고 멸한다고 생각하는 단견과 함께 갈애가 일어날 때 그것을 존재하지 않음에 대한 갈애라 한다. 단견과 함께한 탐욕을 존재하지 않음에 대한 갈애라 하기 때문이다.

이 방법은 소리에 대한 갈애 등에도 적용된다. 이렇게 하여 갈애는 18가지가 있다. 이것은 안의 형상 등으로 18가지이고 밖의 형상 등으로 18가지가 되어 모두 36가지가 있다. 이와 같이 과거의 갈애 36가지, 미래의 갈애 36가지, 현재의 갈애 36가지로 108가지의 갈애가 있다. 다시 그들을 요약하면 형상 등 대상으로 여섯이고, 감각적 욕망에 대한 갈애 등으로 셋이라고 알아야 한다.

236. 마치 아들을 좋아한 나머지, 아들에게 깊은 애정을 가지고 [길러준] 보모를 [크게 존중하는 것]처럼, 중생들은 형상 등의 대상에서 일어나는 느낌을 맛들인 뒤, 느낌에 깊은 애정을 가지고 [그런 느낌을 일으키는] 형상 등의 대상을 공급하는 화가, 음악가, 향수를 만드는 자, 요리사, 베 짜는 자, 연금술사, 의사 등을 크게 존중한다. 그러므로 이 갈애는 느낌을 조건한 것이라고 알아야 한다.

237. 여기서는 과보로 나타난 행복한 느낌을 의미하기 때문에
이 하나가 한 가지로 갈애에게 조건이 된다.

한 가지라고 한 것은 강하게 의지하는 조건으로 조건이 된다는 [뜻이다.]

238. 혹은,

괴로운 자는 행복을 원하고
행복한 자는 행복을 더 많이 원한다
평온은 고요하기 때문에 행복이라고 설하셨다
이 세 가지 느낌은 갈애의 조건이기 때문에
느낌을 조건으로 갈애가 있다고 대성인께서 설하셨다
느낌을 조건하지만 잠재성향이 없이는 갈애가 없다
그러므로 청정범행을 닦은 범천에게는 그것이 없다

이것이 '느낌을 조건으로 갈애가 있다'라는 구절에 대한 상세한 주석이다.

(8) 갈애를 조건으로 취착이 있다

taṇhāpaccayāupādānapadavitthārakathā

239. '갈애(愛)를 조건으로 취착(取)이 있다'는 구절에서,

취착은 넷이다. ① 뜻을 분석함으로써
② 법을 간략하고 상세하게
③ 순서에 따라 그들을 설명해야 한다.

240. 이것이 설명이다. 감각적 욕망에 대한 취착(*kāma-upādāna*, 慾取), 견해에 대한 취착(*diṭṭhi-upādāna*, 見取), 계율과 의식에 대한 취착(*sīla-bbata-upādāna*, 戒禁取), 자아의 교리에 대한 취착(*atta-vāda-upādāna*, 我語取) — 이것이 네 가지 취착이다.

241. **① 뜻을 분석함으로써:** 대상(*vatthu*)[119]이라 불리는 감각적 욕망을 취착하기 때문에 감각적 욕망에 대한 취착(慾取)이라 한다. 감각적 욕망 그 자체가 취착이기 때문에도 감각적 욕망에 대한 취착이라고 한다. 취착(*upādāna*)이라는 것은 강하게 거머쥐는 것(*daḷha-ggahaṇa*)이다. '우빠(*upa*)'라는 단어는 강하다는 뜻이 있다. 우빠야사(*upāyāsa*, 깊은 근심 즉 절망)와 우빠꿋타(*upakuṭṭha*, 강한 비난 즉 책망)의 우빠가 강하다는 뜻을 가진 것처럼.

마찬가지로 견해 그 자체가 취착이기 때문에 견해에 대한 취착(見取)이다. 혹은 견해를 취착하기 때문에 견해에 대한 취착이라고 한

119) 원문의 *vatthu*는 대개 '토대, 의지처' 등을 뜻하는데 여기서는 형상 등의 대상을 뜻한다.(Pm.645)

다. "자아와 세상은 영원하다(D.i.14)"라는 데서는 뒤의 견해가 앞의 견해를 취착한다.

마찬가지로 계와 의식을 취착하기 때문에 계율과 의식에 대한 취착(戒禁取)이라 한다. 계와 의식 그 자체가 취착이기 때문에 계율과 의식에 대한 취착이라고도 한다. 소처럼 행동하고 소처럼 사는 것이 청정이라고 국집하기 때문에 그 자체가 취착이다.

그와 마찬가지로 이것을 통해 주장하기 때문에 교리(*vāda*)라 한다. 이것을 통해 취착하기 때문에 취착이다. 무엇을 주장하거나 취착하는가? 자아이다. 자아의 교리를 취착하는 것이 자아의 교리에 대한 취착이다. 혹은 단지 자아의 교리가 자아이고 그것을 통해 취착하기 때문에 자아의 교리에 대한 취착이다.

이것이 그들의 뜻에 대한 분석이다.

242. **② 법을 간략하고 상세하게:** "무엇이 감각적 욕망에 대한 취착인가? 감각적 욕망에 대한 간절한 욕망, 탐욕, 즐거움, 갈애, 애정, 열병, 홀림, 계박이 감각적 욕망에 대한 취착이다.(Dhs.212)"라고 가르침이 전승되어 왔기 때문에 간략하게 [설하면] 우선 감각적 욕망에 대한 취착은 강하게 거머쥔 갈애를 뜻한다. 강하게 거머쥔 갈애란 이전의 갈애로 인해 더욱 강해진 그 다음의 갈애이다. 이전의 갈애는 강하게 의지하는 조건이다.

어떤 자들은 말한다. '얻지 못한 대상을 열망하는 것이 갈애이다. 마치 도둑이 어두운 곳에서 손을 뻗는 것처럼. 이미 얻은 대상을 쥐는 것이 취착이다. 마치 도둑이 목표물을 쥐는 것처럼. 이들은 소욕지족에 반대된다. 그렇게 찾고 보호하기 때문에 괴로움의 뿌리이다.[120]'라고. 나머지 세 가지 취착은 간략히 [설하면] 사견일 뿐이다.

243. 상세하게 [설하면] 앞서 설한 형상 등에 대한 108가지 갈애의 강한 상태가 감각적 욕망에 대한 취착이다.

열 가지 삿된 견해[121]가 견해에 대한 취착이다. 이와 같이 설하셨다 — "무엇이 견해에 대한 취착인가? [보시도 없고,] 공양도 없고, 제사도 없다 … 스스로 초월지로 실현하여 드러내는 바른 도닦음을 구족한 사문·바라문들도 없다고 이러한 형태의 견해 … 전도된 억설을 일러 견해에 대한 취착이라 한다.(Dhs.212)"

계와 의식으로 청정해진다라는 견에 대한 집착이 계율과 의식에 대한 취착이다. 이처럼 말씀하셨다. "무엇이 계율과 의식에 대한 취착인가? 계로 청정해지고 의식으로 청정해지고 계와 의식으로 청정해진다고 이러한 형태의 견해 … 전도된 억설을 일러 계율과 의식에 대한 취착이라 한다.(Dhs.212)"

20가지 유신견이 자아의 교리에 대한 취착이다. 이처럼 말씀하셨다. "무엇이 자아의 교리에 대한 취착인가? 여기 배우지 못한 범부는 바른 사람의 법에 교육받지 못하여 물질을 자아라고 관찰한다.(Dhs.212-13)" 이것이 여기서 법을 간략하게 설한 것과 상세하게 [설한 것이다].

---

120) "갈애는 소욕에 반대되고 취착은 지족에 반대되며, 갈애는 찾기 때문에 괴로움의 뿌리이고 취착은 보호하기 때문에 괴로움의 뿌리이다.(Pm.645)"

121) 아래 인용문처럼 여러 경(M41, 등)에는 다음의 정형구로 나타난다.
"① 보시가 없다 ② 공양이 없다 ③ 제사가 없다 ④ 선행·불선행의 업들의 결과와 과보가 없다 ⑤ 이 세상이 없다 ⑥ 저 세상이 없다 ⑦ 어머니가 없다 ⑧ 아버지가 없다 ⑨ 화생하는 중생이 없다 ⑩ 이 세상과 저 세상을 스스로 초월지로 실현하여 드러내는 바른 도닦음을 구족한 사문·바라문들도 없다."

244. **③ 순서에 따라:** 세 가지 순서가 있다. ㉠ 일어나는 순서 ㉡ 버리는 순서 ㉢ 가르침의 순서이다.

㉠ 비롯함이 없는 윤회에서 이것이 처음 일어난 것이라고 할 수 없기 때문에 오염원이 일어나는 순서는 직접적으로 말한 것이 아니다. 간접적으로 대개 한 생에서 자아를 거머쥠이 상견과 단견을 국집하도록 먼저 유도한다. 그 다음에 이 자아를 영원한 것이라고 거머쥘 때 그 자아를 청정케 하고자 그에게 계율과 의식에 대한 취착이 일어난다. 단멸한다고 거머쥘 때 내생을 무시하면서 그에게 감각적 욕망에 대한 취착이 일어난다.

이와 같이 첫 번째로 자아의 교리에 대한 취착이, 그 다음에는 견해, 계율과 의식, 감각적 욕망에 대한 취착이 일어난다. 이것이 한 생에서 이들이 일어나는 순서이다.

245. ㉡ 견해에 대한 취착 등이 첫 번째로 버려진다. 왜냐하면 이들은 예류도로 제거되기 때문이다. 감각적 욕망에 대한 취착은 맨 나중에 버려진다. 왜냐하면 이것은 아라한도로 제거되기 때문이다. 이것이 이들을 버리는 순서이다.

246. ㉢ 영역이 넓기 때문에, 그리고 분명하기 때문에 이 가운데서 감각적 욕망에 대한 취착을 첫 번째로 가르치셨다. 그것은 넓은 영역을 가졌다. 왜냐하면 여덟 가지 마음((22)-(29))과 관련되어있기 때문이다. 나머지는 영역이 좁다. 왜냐하면 네 가지 마음((22), (23), (26), (27))과 관련되어있기 때문이다. 대개 사람은 욕망(*ālaya*)을 좋아하기 때문에 감각적 욕망은 분명하지만 나머지는 그렇지 않다.

감각적 욕망을 취착하는 자는 감각적 욕망을 얻기 위해 갖가지 제전, 잔치 등을 베푼다. 이것이 그의 견해이기 때문에 감각적 욕망에 대한 취착 다음에 견해에 대한 취착이 일어난다. 그것은 계율과 의식에 대한 취착과 자아의 교리에 대한 취착, 두 가지로 나누어진다. 그 두 가지 가운데 계율과 의식에 대한 취착은 소처럼 행동하고 개처럼 행동하는 형태를 보고서 알 수 있기 때문에 거칠다. 그래서 첫 번째로 설했고, 자아의 교리에 대한 취착은 미세하기 때문에 나중에 설하셨다.

이것이 이들을 가르친 순서이다.

어떻게 갈애가 취착에게 조건이 되는가

247. 갈애는 첫 번째에게 한 가지로 조건이 되고
나머지 세 가지에게 일곱이나 여덟 가지로 조건이 된다.

248. 이와 같이 설한 네 가지 취착들 가운데서 감각적 욕망에 대한 갈애는 첫 번째인 감각적 욕망에 대한 취착에게 강하게 의지하는 조건의 한 가지로 조건이 된다. 감각적 욕망에 대한 취착은 갈애가 즐거워하는 대상에서 일어나기 때문이다.

[갈애는] 나머지 세 가지에게 함께 생긴 조건, 서로 지탱하는 조건, 의지하는 조건, 서로 관련된 조건, 존재하는 조건, 떠나가버리지 않은 조건, 원인의 조건인 일곱 가지로, 혹은 강하게 의지하는 조건과 함께 여덟 가지로 조건이 된다.

갈애가 이들 [세 가지 취착들]에게 강하게 의지하는 조건으로 조건이 될 때에는 [갈애와 견해는] 절대로 함께 생기지 않는다.

이것이 갈애를 조건으로 취착이 있다는 구절에 대한 상세한 설명이다.

(9) 취착을 조건으로 존재가 있다

upādānapaccayābhavapadavitthārakathā

249. '취착(取)을 조건으로 존재(有)가 있다'라는 구절에서,

① 뜻에 따라 ② 법들에 따라
③ 목적에 따라 ④ 분류와 종합에 따라
⑤ 어떤 것이 어떤 것에게 조건이 되는지
판별을 알아야 한다.

250. **[① 뜻에 따라]:** 이중에서, 존재하기(*bhavati*)때문에 존재(*bhava*, 有)라 한다. 이것은 업으로서의 존재(*kammabhava*, 業有)와 재생으로서의 존재(*upapatti-bhava*, 生有)로 두 가지가 있다. 이처럼 말씀하셨다. "존재는 두 가지이다. 업으로서의 존재가 있고 재생으로서의 존재가 있다.(Vbh.137)"

이 가운데서 업 그 자체가 존재이기 때문에 업으로서의 존재이다. 그와 마찬가지로 재생 그 자체가 존재이기 때문에 재생으로서의 존재이다. 여기서 재생(*upapatti*)이란 것은 존재하기(*bhavati*) 때문에 존재(*bhava*)라 한다.

그러나 업은 존재의 원인(*kāraṇa*)이기 때문에 결과라는 일상적 표현으로 존재라 한다고 알아야 한다. 마치 부처님의 출현은 [중생들에게] 행복을 줄 원인이기 때문에 "부처님의 출현은 행복이다(Dhp.

194)"라고 설한 것처럼.

이와 같이 뜻에 따라 판별을 알아야 한다.

251. ② **법들에 따라:** 업으로서의 존재는 간략하게 [설하면] 의도와, 의도와 관련된 탐욕 등, 업이라고 불리는 법들을 말한다. 이처럼 말씀하셨다. "무엇이 업으로서의 존재인가? 제한된 영역에 속하든 혹은 고귀한 영역에 속하든, 공덕이 되는 행위, 공덕이 되지 않는 행위, 흔들림 없는 행위를 일러 업으로서의 존재라 한다. 존재로 인도하는 업은 모두 업으로서의 존재이다. (Vbh.137)"

252. 여기서 **공덕이 되는 행위**는 13가지 의도이다. **공덕이 되지 않는 행위**는 12가지 의도이다. **흔들림 없는 행위**는 네 가지 의도이다. 이와 같이 **제한된 영역에 속하든 혹은 고귀한 영역에 속하든**이라고 한 것은 이 의도들의 과보가 작은 것과 큰 것을 설한 것이다. **존재로 인도하는 것은 모두**라고 한 것은 의도와 관련된 탐욕 등을 설한 것이다.

253. 재생으로서의 존재는 간략하게 [설하면] 업에서 생긴 무더기(蘊)들이다. 분류하면 아홉 가지이다. 이처럼 말씀하셨다. "무엇이 재생으로서의 존재인가? 욕계존재, 색계존재, 무색계존재, 인식을 가진 존재, 인식이 없는 존재, 비상비비상의 존재, 한 가지 무더기를 가진 존재, 네 가지 무더기를 가진 존재, 다섯 가지 무더기를 가진 존재 — 이것을 일러 재생으로서의 존재라 한다.(Vbh.137)"

254. 이 가운데서 감각적 욕망이라 부르는 존재가 **욕계존재**다. 이 방법은 색계와 무색계존재에도 적용된다. 인식을 가진 자의 존

재이기 때문에, 혹은 이 존재에 인식이 있기 때문에 **인식을 가진 존재**이다. 이와 반대되는 것이 **인식이 없는 존재**이다. 거친 인식은 없고 미세한 것은 있기 때문에 이 존재에 인식이 있는 것도 아니고 인식이 없는 것도 아닌 존재가 **비상비비상의 존재**이다. 물질 무더기 한 가지로 구성된 존재가 **한 가지 무더기를 가진 존재**이다. 혹은 그 존재는 한 가지 무더기만 가지기 때문에 한 가지 무더기를 가진 존재이다. 이 방법은 **네 가지 무더기를 가진 존재**와 **다섯 가지 무더기를 가진 존재**에도 적용된다.

255. 이 가운데서 욕계존재는 업으로 받은 다섯 가지 무더기들이다. 색계존재도 그와 같다. 무색계존재는 네 가지 무더기들이다. 인식을 가진 존재는 다섯 가지 무더기들이다. 인식이 없는 존재는 업으로 받은 한 가지 무더기이다. 비상비비상의 존재는 네 가지이다. 한 가지 무더기를 가진 존재 등은 업으로 받은 한 가지, 네 가지, 다섯 가지 무더기들이다.

이와 같이 법들에 따라 판별을 알아야 한다.

256. ③ **목적에 따라:** 존재의 해설에서처럼 상카라들의 해설에서도 공덕이 되는 행위 등은 이미 설했다. 그렇지만 앞에서는 과거의 업이 이 존재에 재생연결의 조건이 되는 상태를 설했고, 여기서는 현재의 업이 미래의 재생연결의 조건이 되는 상태를 설하기 때문에 반복해서 설하는 것도 충분히 의미가 있다.

혹은 앞에서 "무엇이 공덕이 되는 행위인가? 욕계의 선한 의도(Vbh.135)"라는 방법으로 의도가 상카라라고 설하셨다. 그러나 여기서는 "존재로 인도하는 것은 모두(Vbh.137)"라는 말씀 때문에 의도와 관련된 법들까지도 포함된다. 또 앞에서는 오직 알음알이의 조건인 업을 상카라라 했고 여기서는 인식이 없는 존재를 일으키는 것도 포함된다.

257. 무슨 말이 더 필요하랴? '무명을 조건으로 상카라들이 있다'라는 구절에서는 유익한 법들과 해로운 법들만을 공덕이 되는 행위 등이라고 설했다. 그러나 여기 '취착을 조건으로 존재가 있다'라는 구절에서는 재생으로서의 존재도 포함되기 때문에 유익한 것과 해로운 것뿐만 아니라 결정할 수 없는(無記) 법들도 설했다. 그러므로 반복하는 것은 모든 곳에서 의미가 있다.

이와 같이 목적에 따라 판별을 알아야 한다.

258. **④ 분류와 종합에 따라:** 취착을 조건한 존재(有)를 분류함과 종합함에 따라 [판별을 알아야 한다.]

[분류에 따라]: 감각적 욕망에 대한 취착을 조건하여 욕계존재를 생기게 하는 업을 행하면 그것은 업으로서의 존재이다. 그것으로부터 생긴 무더기가 재생으로서의 존재이다.

이 방법은 색계와 무색계존재에서도 적용된다.

이와 같이 감각적 욕망에 대한 취착을 조건으로 두 가지 욕계존재가[122] 있다. 인식을 가진 존재와 다섯 무더기를 가진 존재는 여기에 포함된다.

[감각적 욕망에 대한 취착을 조건으로] 두 가지 색계존재가 있다. 인식을 가진 존재, 인식이 없는 존재, 하나의 무더기를 가진 존재,

122) "두 가지 욕계존재란 업으로서의 존재와 재생으로서의 존재다. 이 방법은 색계존재와 무색계존재에도 적용된다.(Pm. 649)"

다섯 무더기를 가진 존재가 여기에 포함된다.

두 가지 무색계존재가 있다. 인식을 가진 존재, 비상비비상의 존재, 네 무더기를 가진 존재가 여기에 포함된다.

이렇게 해서 [감각적 욕망에 대한 취착을 조건한] 존재가 그들에 포함된 것과 함께 여섯 가지가 있다. 감각적 욕망에 대한 취착을 조건한 존재가 그들에 포함된 것과 함께 여섯이듯이 나머지 취착을 조건한 존재도 그들에 포함된 것과 함께 여섯이 있다.

이와 같이 분류에 따라 여기에 포함된 것과 더불어 24가지의 존재가 취착을 조건한 것이다.

259. **종합에 따라:** 업으로서의 존재와 재생으로서의 존재를 하나로 묶고 여기에 포함된 것까지 합하여 감각적 욕망에 대한 취착을 조건으로 오직 한 가지의 욕계존재가 있다. 색계존재와 무색계존재도 그와 같다. 그리하여 세 가지 존재가 있다. 나머지 취착을 조건으로 한 것도 그와 같다. 이와 같이 종합하면 그 안에 포함된 것까지 합하여 12가지의 존재가 취착을 조건으로 한 것이다.

260. 총괄하여 설하면 취착을 조건하고 욕계존재에 이르게 하는 업이 업으로서의 존재이고, 그것으로 생긴 무더기가 재생으로서의 존재이다. 이 방법은 색계존재와 무색계존재에도 적용된다. 이와 같이 그 안에 포함된 것까지 합하여 취착을 조건으로 두 가지 욕계존재, 두 가지 색계존재, 두 가지 무색계존재로 다른 방법으로 종합하면 여섯 가지 존재가 있다.

업으로서의 존재와 재생으로서의 존재를 분류하지 않고 그 안에 포함된 것까지 합하여 욕계존재 등으로 세 가지 존재가 있다.

욕계존재 등으로도 분류하지 않고 업으로서의 존재와 재생으로서의 존재로 두 가지 존재가 있다.

업으로서의 존재와 재생으로서의 존재로도 분류하지 않고 '취착을 조건으로 존재가 있다'는 그 존재로는 한 가지 존재가 있다.

이와 같이 여기서 취착을 조건한 존재를 분류함과 종합함에 따라 판별을 알아야 한다.

261. **⑤ 어떤 것이 어떤 것에게 조건이 되는지:** 어떤 취착이 어떤 [존재]에게 조건이 되는지 이것에 대해서도 판별을 알아야 한다는 뜻이다. 여기서 무엇이 무엇에게 조건이 되는가? 그것이 어떤 것이든 그것은 어떤 것에게 조건이 된다.

범부는 미친 사람과 같다. 그는 이것은 옳고 이것은 옳지 않다고 생각하지 않고 아무거나 취착하여 아무 존재라도 바라면서 아무 업이라도 짓는다. 그러므로 어떤 자들이 말하기를 '계율과 의식에 대한 취착은 색계존재와 무색계존재를 불러오지 않는다'고 하는 것을 수긍해서는 안된다. 모든 것으로부터 모든 것이 있다고 알아야 한다.

262. 예를 들면, 여기 어떤 자가 소문을 듣거나 사견에 빠져 '이 감각적 욕망은 인간계의 아주 부유한 끄샤뜨리야 가문 등이나 욕계의 여섯 신들 세상에 충만해있다'라고 생각한다. 그리고는 그들을 얻기 위해 삿된 법을 듣는 것 등으로 잘못 인도되어 이 업이 감각적 욕망을 충족시킨다고 생각하면서 감각적 욕망에 대한 취착으로 몸으로 짓는 나쁜 행위 등을 행한다. 그는 나쁜 행위를 가득 행하여 악처에 태어난다.

혹은 현세에서 감각적 욕망을 바라고 이미 얻은 것은 유지해나가면서 감각적 욕망에 대한 취착을 통하여 몸으로 짓는 나쁜 행위 등을 행한다. 그는 나쁜 행위를 가득 행하여 악처에 태어난다. 그곳에 태어날 원인이 되는 그의 업이 업으로서의 존재이고, 업으로부터 생긴 무더기들이 재생으로서의 존재이다. 인식을 가진 존재와 다섯 무더기를 가진 존재는 그 안에 포함된다.

263. 다른 사람은 정법을 들음 등으로 그의 지혜가 증장하여 이런 업이 감각적 욕망을 충족시킨다고 생각하면서 감각적 욕망에 대한 취착을 통하여 몸으로 좋은 행위 등을 행한다. 그는 좋은 행위를 가득 행하여 신이나 인간에 태어난다. 그곳에 태어날 원인이 되는 그의 업이 업으로서의 존재이고, 업으로부터 생긴 무더기들이 재생으로서의 존재이다. 인식을 가진 존재와 다섯 무더기를 가진 존재는 이 안에 포함된다.

이와 같이 감각적 욕망에 대한 취착은, 그 종류를 분석하고 또 종합하여 [설명한] 욕계존재에게 조건이 된다.

264. 다른 사람은 색계와 무색계의 존재에는 욕계존재보다 감각적 욕망이 더 충족하다고 듣거나 상상하여 감각적 욕망에 대한 취착으로 색계와 무색계의 증득을 일으켜 그런 증득의 힘으로 색계, 무색계의 범천의 세계에 태어난다. 그곳에 태어날 원인이 되는 그의 업은 업으로서의 존재이고, 업으로부터 생긴 무더기들이 재생으로서의 존재이다. 인식을 가진 존재, 인식이 없는 존재, 비상비비상의 존재, 하나의 무더기를 가진 존재, 네 무더기를 가진 존재, 다섯 무더기를 가진 존재는 이 안에 포함된다. 감각적 욕망에 대한 취착은, 그 종류를 분석하고 또 종합하여 [설명한] 색계와 무색계존재에

게 조건이 된다.

265. 다른 사람은 욕계의 행복한 존재나 색계와 무색계존재 가운데 어느 한 곳에서 이 자아라는 것이 끊어질 때 모든 것은 완전히 끊어진다는 단견을 가져 거기에 이르는 업을 짓는다. 그의 업이 업으로서의 존재이고, 업으로부터 생긴 무더기들이 재생으로서의 존재이다. 인식을 가진 존재 등은 이 안에 포함된다. 견해에 대한 취착은, 그 종류를 분석하고 또 종합하여 [설명한] 욕계, 색계, 무색계의 세 존재 모두에게 조건이 된다.

266. 다른 사람은 욕계의 행복한 존재나 색계와 무색계존재 가운데 어느 한 곳에서 이 자아가 행복하게 되거나 열병이 없어진다는 자아의 교리에 대한 취착으로 그곳에 이르는 업을 짓는다. 그의 업이 업으로서의 존재이고, 업으로부터 생긴 무더기들이 재생으로서의 존재이다. 인식을 가진 존재 등은 이 안에 포함된다. 자아의 교리에 대한 취착은, 그 종류를 분석하고 또 종합하여 [설명한] 세 존재에게 조건이 된다.

267. 다른 사람은 욕계의 행복한 존재나 색계와 무색계의 존재 가운데 어느 한 곳에서 계와 의식은 이것을 원만히 수행하는 자를 행복이 충만한 곳으로 인도한다고 생각하고 계율과 의식에 대한 취착으로 그곳에 이르는 업을 짓는다. 그의 업이 업으로서의 존재이고, 업으로부터 생긴 무더기들이 재생으로서의 존재이다. 인식을 가진 존재 등은 이 안에 포함된다. 계율과 의식에 대한 취착은, 그 종류를 분석하고 또 종합하여 [설명한] 세 존재에게 조건이 된다.

이와 같이 여기서 어떤 것이 어떤 것에게 조건이 되는 가를 통해서도 판별을 알아야 한다.

어떻게 취착이 존재에게 조건이 되는가

268. '어떤 것이 어떤 존재에게 어떻게 조건이 되는가'라고 만약 한다면 — [답한다.]

> 취착은 색계와 무색계존재에게
> 강하게 의지하는 조건으로 조건이 된다.
> 욕계존재에게는 함께 생긴 조건으로도
> 조건이 된다고 알아야 한다.

269. 네 가지 취착은 색계존재와 무색계존재에게, 그리고 욕계존재에 포함되는 업으로서의 존재에서 유익한 업과, 재생으로서의 존재에게, 강하게 의지하는 조건 한 가지로 조건이 된다. 욕계존재에서 네 가지 취착은 자기와 관련된 해로운 업으로서의 존재에게 함께 생긴 조건 등의 조건으로 조건이 된다. 즉 함께 생긴 조건, 서로 지탱하는 조건, 의지하는 조건, 서로 관련된 조건, 존재하는 조건, 떠나가버리지 않은 조건, 원인의 조건으로 조건이 된다. 그러나 자기와 관련되지 않은 [해로운 업으로서의 존재에게는] 오직 강하게 의지하는 조건으로만 조건이 된다.

이것이 '취착을 조건으로 존재가 있다'는 구절에 대한 상세한 주석이다.

⑽ 존재를 조건으로 태어남이 있다

bhavapaccayājātivitthārakathā

270. '존재(有)'를 조건으로 '태어남(生)이 있다'는 등의 구절에서 태어남 등의 판별은 진리의 해설에서 설한 방법대로 알아야 한다.(XVI. §31이하)

그러나 존재라는 것은 업으로서의 존재가 여기서 뜻하는 것이다. 왜냐하면 이것이 태어남의 조건이기 때문이다. 재생으로서의 존재가 아니다. 이 [존재는] 업의 조건과 강하게 의지하는 조건, 이 두 가지로 조건이 된다.

271. 여기에 대해서 말하기를 '어떻게 존재가 태어남의 조건이라고 알겠는가?'라고 만약 한다면 — [답한다.] 외부의 조건이 같더라도 천하고 고상한 등의 차이점을 보기 때문이다.

아버지, 어머니, 정액, 피, 음식 등의 외부 조건이 같지만 쌍둥이들에게도 천하고 고상한 등의 차별을 본다. 그 [중생들의 차별은] 원인이 없는 것이 아니다. 왜냐하면 [다른 원인을 가진, 다른 상속의 사람에게] 항상 모든 것이 함께 있는 것이 아니기 때문이다. 오직 업으로서의 존재이외에 다른 원인이 없다. 이렇게 태어난 중생들의 안의 상속에서 다른 원인이 없기 때문이다. 중생들을 천하고 고상하도록 차별 짓는 원인은 업이기 때문이다. 그래서 세존께서 말씀하셨다. "업이 중생을 천하고 고상하도록 구별짓는다(M.iii.203)"라고. 그러므로 존재(有)가 태어남의 조건이라고 알아야 한다.

⑾ 태어남을 조건으로 늙음·죽음 등이 있다

jātipaccayājarāmaraṇādivitthārakathā

272. 태어남이 없으면 늙음·죽음과 근심 등의 법도 없다. 태어남이 있을 때 늙음·죽음이 있다. 늙음·죽음이라 부르는 괴로운 법에 부딪힌 어리석은 사람에게 늙음·죽음과 연결된 근심 등의 법들이 있고, [늙음·죽음이 아닌] 다른 이런저런 괴로운 법들과 마주친 자에게는 늙음·죽음이 연결되지 않은 근심 등의 법들이 있다. 그러므로 이 태어남이 늙음·죽음과 근심 등의 조건이 된다고 알아야 한다. 이것은 강하게 의지하는 조건의 부분[123]에 의해서 한 가지로 조건이 된다.

이것이 '존재를 조건으로 태어남이 있다'는 등에 대한 상세한 주석이다.

---

123) '강하게 의지하는 조건의 부분'으로 옮긴 '*upanissaya-koṭi*'란 문자 그대로 강하게 의지함(*upanissaya*)의 부분(*koṭi*)이란 말이다. 이 강하게 의지하는 조건은 가장 넓은 범주를 가지고 있는 조건이기 때문에 여러 경우의 조건들이 여기에 포함될 수 있으므로 이런 표현법을 쓰고 있다. 이런 술어는 조건을 전문적으로 다루고 있는 빳타나에서는 언급되지 않았고, '조건이 있을 때 결과가 있고, 조건이 없을 때 결과가 없다'고 경전에서 언급된 '*upanissaya*'를 '*upanissaya-koṭi*'라고 부른다.(Pm.651)

III 존재의 바퀴

bhavacakkakathā

[1. 존재의 바퀴]

273. 여기서 근심 등은 맨 마지막에 설하셨고, '무명을 조건으로 상카라들이 있다'라고 이 존재의 바퀴의 처음에 무명을 설하셨기 때문에 무명은 마침내 근심 등으로 성취된다. 그러므로 이것은 다음과 같이 알아야 한다.

> 존재의 바퀴의 시작은 알려지지 않았고
> 그것은 만드는 자도 느끼는 자도 없다.
> 열두 가지가 공하기 때문에 공하고
> 이것은 끊임없이 항상 회전한다.

274. '① 어떻게 여기서 무명이 근심 등에 의해 성취되는가? ② 어떻게 이 존재의 바퀴의 시작이 알려지지 않았는가? ③ 어떻게 행위자도 느끼는 자도 없는가? ④ 어떻게 열두 가지가 공하기 때문에 이것이 공한가'라고 만약 한다면 —

275. ① 여기서 근심, 정신적 고통, 절망은 무명과 분리할 수 없고, 탄식은 어리석은 자에게 있기 때문에 이들이 성취될 때 무명도 성취된다. 더욱이 "번뇌가 일어나기 때문에 무명이 일어난다(M.i.54)"라고 설하셨다. 번뇌가 일어나기 때문에 근심 등도 있다.

276. 어떻게? 사물에 대한 감각적 욕망으로부터 격리될 때 일어나는 근심은 감각적 욕망의 번뇌[124]에서 비롯된 것이다. 이처럼 말씀하셨다.

> "감각적 욕망의 수레를 가지고
> [갈애의] 열의에 찬 사람에게서
> 감각적 욕망들이 사라져버릴 때
> 그는 화살에 찔린 것처럼 무너진다(Sn.767)"

다시 이처럼 말씀하셨다.

> "감각적 욕망으로부터 근심이 생긴다(Dhp.215)"

277. 견해의 번뇌가 일어나기 때문에 이 모든 것은 있다. 이처럼 말씀하셨다. "'나는 물질이다. 물질은 내 것이다.'는 [견해에] 사로잡힌 자에게 물질은 변하고 다른 상태로 되어가기 때문에 근심, 탄식, 육체적 고통, 정신적 고통, 절망이 일어난다.(S.iii.3)"

278. 마치 견해의 번뇌가 일어나기 때문에 근심 등이 있듯이, 존재의 번뇌가 일어나기 때문에도 이들은 생긴다. 이처럼 말씀하셨다. "비록 신들이 장수하고 아름답고 아주 행복하고, 높은 천상에서 오랜 시간을 머문다 하더라도 여래의 설법을 듣고서 두려워하고 불안하고 분발한다.(A.ii.33)" 이는 마치 다섯 가지 조짐[125]을 보고서 죽

---

124) 이하 네 가지 번뇌로 설명한다. 네 가지 번뇌들은 『길라잡이』 7장 §3을 참조할 것.

125) XVII §180의 주해를 참조할 것.

음을 두려워하여 초조해 하는 신들과 같다.

279. 마치 존재의 번뇌가 일어나기 때문에 근심 등이 있듯이 무명의 번뇌가 일어나기 때문에도 이들은 생긴다. 이처럼 말씀하셨다. "비구들이여, 어리석은 자는 지금 여기(現今)에서 세 가지 육체적 고통과 정신적 고통을 경험한다.(M.iii.163)" 이와 같이 번뇌가 일어나기 때문에 이 [근심 등의] 법들도 있다. 그러므로 이 근심 등이 성취될 때 무명의 원인인 번뇌가 성취된다. 번뇌가 성취될 때 무명도 성취된다. 왜냐하면 조건이 있을 때 결과가 [즉, 무명이] 있기 때문이다. 이와 같이 근심 등을 통해서 무명이 성취된다고 알아야 한다.

280. ② 이와 같이 조건이 있을 때 결과가 있기 때문에 무명이 성취되면, 다시 무명을 조건으로 상카라들이 있고, 상카라들을 조건으로 알음알이가 있다. 이와 같이 원인과 결과의 상속(흐름)은 끝이 없다. 그러므로 원인과 결과의 연결에 의해서 일어나는 12가지 구성요소를 가진 존재의 바퀴는 그 시작이 알려지지 않는 것이 성취된다.

281. "이와 같다면 ['존재의 바퀴는 그 시작이 알려지지 않았다'는 경의 말씀은] '무명을 조건으로 상카라들이 있다'라는 구절에서 무명이 첫 시발점임을 설명하는 것과 어긋나지 않는가?"라고 만일 한다면 — [답한다.] 이것은 시작을 설명하는 것이 아니다. 이것은 중요한(*padhāna*) 법을 설명하는 것이다.

[업과 오염원과 과보의] 세 가지 회전[126]은 무명을 근본으로 한

---

126) 세 가지 회전(*vaṭṭana*)에 대해서는 아래 §298과 『길라삽이』 8장 §8과 8

다. 무명을 꽉 쥠으로써 나머지 오염원의 회전과 업 등이 어리석은 자를 방해한다. 마치 뱀의 머리를 잡음으로써 뱀의 나머지 몸이 그의 팔을 감아맡듯이. 무명을 끊어버릴 때 그들로부터 벗어난다. 마치 뱀의 머리를 끊어버릴 때 감긴 팔이 해방되듯이. 이처럼 말씀하셨다. "무명이 남김없이 빛바래고 소멸할 때 상카라들이 멸한다.(S.ii.1)"

이와 같이 이것을 꽉 쥐기 때문에 묶임(*bandha*)이 있고, 놓아버리기 때문에 해탈(*mokkha*)이 있는 그 중요한 법을 설명하는 것이지 시작을 설명하는 것이 아니다. 이와 같이 이 존재의 바퀴는 그 시작이 알려지지 않았다고 알아야 한다.

282. ③ 이 [존재의 바퀴]란 무명 등에 기인한 상카라들 등의 일어남이다. 그러므로 무명 이외의 "범천, 대범천, 최승자, 창조자(D.i.18)"등으로 상상해온 범천 등 윤회를 만드는 자가 없다. 그리고 "그런 나의 이 자아가 말하고 느낀다(M.i.8참조)"라고 상상해온 행복과 고통을 경험하는 자아가 없다. 이와 같이 만드는 자와 경험하는 자가 없다고 알아야 한다.

283. ④ 무명은 일어나고 사라지는 법의 성질(*dhammakatta*)을 가졌기 때문에 영원한 성질(常性)이 공하고, 오염되었고 오염을 초래하기 때문에 아름다운 성질(淨性)이 공하고, 일어나고 사라짐으로 억압받기 때문에 행복한 성질(樂性)이 공하고, 조건을 의지하여 존재하기 때문에 자재자인 자아(我)가 공하다. 상카라들 등의 구성요소도 그와 같다. 무명이 자아도 아니고, 자아에 속한 것도 아니고, 자아 속에 있는 것도 아니고, 자아를 가진 것도 아니듯이 상카라들 등의 구

장 <도표:8.1>을 참조할 것.

성요소도 그와 같다. 그러므로 12가지가 공하기 때문에 이 존재의 바퀴가 공하다고 알아야 한다.

[2. 삼세(*taya kālā*)**]**

284. 이와 같이 알고 다시,

> 이것의 뿌리는 무명과 갈애이고 과거 등 삼세에 속하며
> 구성요소들은 유사성에 따라 둘, 여덟, 둘로 나뉘어 진다

285. 무명과 갈애, 이 두 가지 법이 존재의 바퀴의 뿌리라고 알아야 한다. 과거로부터 왔기 때문에 무명이 그 뿌리이고 느낌이 마지막이며, 미래로 상속하기 때문에 갈애가 그 뿌리이고 늙음과 죽음이 마지막이 되어 이 윤회의 바퀴는 두 가지이다.

286. 이 가운데서 먼저 것(무명)은 사견의 기질을 가진 자를 따라 설했고, 나중 것(갈애)은 갈애의 기질을 가진 자를 따라 설했다. 무명이 사견의 기질을 가진 자들을 윤회로 인도하고, 갈애가 갈애의 기질을 가진 자들을 윤회로 인도한다.

혹은 먼저 것은 단견을 뿌리 뽑기 위해서 설했다. 결과가 일어나는 것을 통해서 원인들이 끊어지지 않은 것이 증명되기 때문이다. 나중 것은 상견을 뿌리 뽑기 위해서 설했다. 일어난 것들의 늙고 죽는 것이 증명되기 때문이다.

혹은 먼저 것은 태생의 중생들에 따라 설했다. 왜냐하면 연속적으로 일어나기 때문이다. 나중 것은 화생의 중생에 따라 설했다. 왜냐하면 함께 일어나기 때문이다.

287. 이것은 과거와 현재와 미래의 삼세에 속한다. 이 가운데서 성전에서 전승되어온 가르침에 의하면 무명과 상카라들, 이 두 가지 구성요소는 과거에 속하고, 느낌부터 존재까지 8가지 구성요소는 현재에 속하며, 태어남과 늙음·죽음, 이 두 가지 구성요소는 미래에 속한다고 알아야 한다.

[3. 원인과 결과(*hetupahala*)]

288. 다시 이와 같이 알아야 한다.

(1) 원인이 앞서고, 결과가 앞서고, 원인이 앞서는
세 가지 연결이 있고 (2) 네 가지 포함이 있다
(3) 20가지 형태의 바퀴살을 가졌고
(4) 세 가지 회전을 가져 이것은 쉼 없이 굴러간다.

289. **[(1) 원인이 앞서고, 결과가 앞서고, 원인이 앞서는 세 가지 연결이 있고]:** 상카라들과 재생연결의 알음알이 사이에 원인·결과의 연결 하나가 있다. 또 느낌과 갈애 사이에 결과·원인의 연결 하나가 있다. 다시 존재와 태어남 사이에 원인·결과의 연결 하나가 있다. 이와 같이 원인이 앞서고, 결과가 앞서고, 원인이 앞서는 세 가지 연결이 있다고 알아야 한다.

290. **[(2) 네 가지 포함이 있다]:** [세 가지] 연결의 처음과 끝으로 결정된 네 가지 포함이 있다. 즉 무명과 상카라들이 하나의 포함이고, 알음알이와 정신·물질(名色)과 여섯 감각장소(六入)와 감각접촉과 느낌이 두 번째 포함이고, 갈애와 취착과 존재가 세 번째 포함

이고, 태어남과 늙음·죽음이 네 번째 포함이다. 이와 같이 네 가지 포함(*saṅgaha*)을 알아야 한다.

291. **[(3) 20가지 형태의 바퀴살을 가졌다]:**

① 과거의 원인이 다섯이고 ② 지금의 결과도 다섯이다
③ 지금의 원인이 다섯이고 ④ 미래의 결과도 다섯이다

이 스무 가지 형태라 불리는 바퀴살들로 20가지 형태의 바퀴살을 가졌다는 것을 알아야 한다.

292. **① 과거의 원인이 다섯이고:** 무명과 상카라들의 이 둘은 이미 설했다. 무지한 자가 갈증을 느끼고, 갈증을 느끼는 자가 취착하고, 취착을 조건으로 존재가 있다. 그러므로 갈애, 취착, 존재도 여기에 포함된다. 그래서 말씀하셨다.

"이전의 업으로서의 존재에서 어리석음이 무명이요, 노력이 상카라들이며, 집착이 갈애요, 접근이 취착이며, 의도가 존재다. 이와 같이 이전의 업으로서의 존재에서 [있었던] 이 다섯 가지 법들이 금생의 재생연결의 조건이 된다.(Ps.i.52)"

293. **이전의 업으로서의 존재에서**(*purimakammabhavasmin*): 이 합성어는 *purime kammabhave*라고 풀이된다. 전생에 [행했던] 업으로서의 존재에서란 뜻이다. **어리석음이 무명이요:** 괴로움 등에 대한 어리석음 때문에 어리석은 자가 업을 짓는다. 그것이 무명이다. **노력이 상카라들이며**라는 것은 업을 짓는 자의 이전의 의도를 뜻한다. 마치 보시를 하리라는 마음을 낸 자가 한 달이고 일 년이고 보

시할 물건을 준비하는 그런 이전의 의도와 같다. 받는 자의 손에 실제로 시물을 놓는 자의 의도를 일러 존재[127]라 한다. 혹은 같은 전향을 가진 여섯 번째까지의 속행(*javana*)들의 의도를 노력의 상카라들이라 하고 일곱 번째 속행을 일러 존재라 한다. 혹은 모든 종류의 의도를 존재라 하고 [의도와] 관련된 [법들을] 노력의 상카라들이라 한다.

집착이 갈애요: 업을 짓는 자가 가지는 과보인 재생으로서의 존재에 대한 집착과 열망을 갈애라 한다. **접근이 취착이다:** 업으로서의 존재의 조건이고, 이것을 짓고서는 이러이러한 생에서 욕망을 즐기리라 혹은 욕망을 끊으리라는 방법으로 일어나고, 접근하고, 꽉 쥐고, 집착함을 취착이라 한다. **의도가 존재이다:** 노력의 끝에[128] 설한 의도가 존재이다. 이와 같이 뜻을 알아야 한다.

294. **② 지금의 결과도 다섯이다:** 이것은 알음알이를 처음으로 느낌을 맨 마지막으로 성전에서 전승되어 온다. 이처럼 말씀하셨다.

"금생의 재생연결이 알음알이요, [모태에] 들어감이 정신·물질이며, 감성(*pasāda*)이 감각장소요, 닿음이 감각접촉이며, 느껴진 것이 느낌이다. 이와 같이 이 다섯 가지 법들이 금생의 재생으로서의 존재에서 이전에 지은 업을 조건한 것이다.(Ps.i.52)"

---

127) 앞의 상카라와 존재의 설명에서도 보았듯이 상카라(行)과 존재(有)는 둘 다 업을 나타내는 거의 같은 개념이다. 그래서 존재의 설명에서도 존재를 업으로서의 존재(業有)와 재생으로서의 존재(生有)를 함께 설명하고 있다.

128) 이 문단에서 노력이 상카라들이다라는 구문을 설명하면서 어떤 것이 존재인지에 대한 설명을 함께 했다는 말이다.

295. **재생연결이 알음알이요:** 그 알음알이는 다음 [생의] 존재와 연결함으로써 일어나기 때문에 재생연결이라 한다. **[모태에] 들어감이 정신 · 물질이며:** 모태 속에 물질과 정신의 법들이 들어간다. 마치 들어와서 도착한 것처럼. 이것이 정신 · 물질이다. **감성이 감각장소요:** 이것은 다섯 가지 감각장소에 따라 설했다. **닿음이 감각접촉이며:** 대상을 이미 닿았거나 닿을 때 일어난 것이 감각접촉이다. **느껴진 것이 느낌이다:** 재생연결식이나 여섯 감각장소를 조건으로 하여 감각접촉과 함께 일어난 과보로 나타난 느낌이 느낌이다. 이와 같이 뜻을 알아야 한다.

296. **③ 지금의 원인이 다섯이고:** 이것은 갈애 등이다. 갈애, 취착, 존재가 성전에 전승되어온다. 존재가 포함될 때 그 존재에 선행하는 상카라나 혹은 그와 관련된 상카라들도 포함된다. 갈애와 취착이 포함될 때 그들과 관련된 무명도 — 이것 때문에 어리석은 자는 업을 쌓는다 — 포함된다. 이와 같이하여 다섯이다. 그래서 말씀하셨다.

"금생에서 감각장소가 성숙해지기 때문에 어리석음이 무명이요, 노력이 상카라들이며, 집착이 갈애요, 접근이 취착이며, 의도가 존재다. 이와 같이 금생의 업으로서의 존재에서 다섯 가지 법들이 미래의 재생연결의 조건이 된다.(Ps.i.52)"

금생에서 **감각장소가 성숙해지기 때문에:** 감각장소가 성숙해진 사람이 업을 지을 때에 어리석음이 있음을 지적하였다. 나머지는 뜻이 분명하다.

297. **④ 미래의 결과도 다섯이다:** 알음알이 등의 다섯이다. 이들은 태어남이라는 [용어에] 의해서 표현되었다. 늙음·죽음은 [알음알이 등 다섯의] 늙음·죽음이다. 그래서 말씀하셨다.

"미래의 재생연결이 알음알이요, [모태에] 들어감이 정신·물질이며, 감성(*pasāda*)이 감각장소요, 닿음이 감각접촉이며, 느껴진 것이 느낌이다. 이와 같이 이 다섯 가지 법들이 미래의 재생으로서의 존재에서 금생에 지은 업을 조건한 것이다.(Ps.i.52)"

이것이 스무 가지 형태의 바퀴살이다.

298. **(4) 세 가지 회전을 가진 존재의 바퀴는 쉼 없이 굴러간다:** 여기서 상카라(行)들과 존재(有)는 업(*kamma*)의 회전이고, 무명과 갈애와 취착은 오염원(*kilesa*)의 회전이고, 알음알이(識)과 정신·물질(名色)과 여섯 감각장소(六入)와 감각접촉(觸)과 느낌(受)은 과보(*vipāka*)의 회전이다. 세 가지 회전을 가진 존재의 바퀴는 오염원의 회전이 끊어지지 않는 한 쉼이 없다. 왜냐하면 조건이 끊어지지 않았기 때문이다. 계속해서 회전하면서 굴러간다고 알아야 한다.

[4. 여러 가지 방법으로]

299. 이것은 이와 같이 회전한다.

① 진리의 근원에 따라 ② 역할에 따라
③ 차단함에 따라 ④ 비유를 통해서
⑤ 심오함을 통해서 ⑥ 방법의 분류를 통해서
[존재의 바퀴를] 적절하게 알아야 한다.

300. **[(1) 진리의 근원에 따라]:** 유익하거나 해로운 업은 구별 없이 일어남의 진리(集諦)라고 『위방가』의 진리의 분별에서 설하셨다. 그래서 '무명을 조건으로 상카라들이 있다'고 한 무명에 기인한 상카라들이 두 번째 진리에 근원을 둔 두 번째 진리이다. 상카라들에 기인한 알음알이는 두 번째 진리에 근원을 둔 첫 번째 진리(고제)이다. 알음알이 등에 기인한 정신·물질부터 시작해서 과보로 나타난 느낌까지의 법들은 첫 번째 진리에 근원을 둔 첫 번째 진리이다.

느낌에 기인한 갈애는 첫 번째 진리에 근원을 둔 두 번째 진리이다. 갈애에 기인한 취착은 두 번째 진리에 근원을 둔 두 번째 진리이다. 취착에 기인한 존재는 두 번째 진리에 근원을 둔 첫 번째와 두 번째의 두 진리이다. 존재에 기인한 태어남은 두 번째 진리에 근원을 둔 첫 번째 진리이다. 태어남에 기인한 늙음과 죽음은 첫 번째 진리에 근원을 둔 첫 번째 진리이다.

이와 같이 진리의 근원에 따라 이것을 적절하게 알아야 한다.

301. **[(2) 역할에 따라]:** 무명은 대상에 대해 중생을 미혹하게 만들며 상카라들을 나타나게 하는 조건이다. 그와 마찬가지로 상카라들도 형성된 것을 잘 형성하며 알음알이의 조건이다. 알음알이는 대상을 알아차리며 정신·물질의 조건이다. 정신·물질은 서로서로 지탱해주며 여섯 감각장소의 조건이다. 여섯 감각장소는 각자 자기의 대상에서 일어나며 감각접촉의 조건이다. 감각접촉은 대상을 닿으며 느낌의 조건이다. 느낌은 대상의 맛을 즐기며 갈애의 조건이다.

갈애는 탐착할만한 법들을 탐착하며 취착의 조건이다. 취착은 집착할만한 법들을 취착하며 존재의 조건이다. 존재는 여러 가지 태어날 곳으로 [중생을] 던져버리며 태어남의 조건이다. 태어남은 무더기들을 태어나게 한다. 그들을 거듭 태어나게 함(*abhinibbatti*)으로써 일어나기 때문이다. 이것은 늙음·죽음의 조건이다. 늙음·죽음은 무더기들의 성숙과 파괴를 주관한다. 다음 생이 나타나는 데 조건이 된다. 왜냐하면 이것은 근심 등의 원인이 되기 때문이다.

그러므로 모든 구성요소들에서 이처럼 두 가지로 [삶의] 전개과정의 역할에 따라 이 존재의 바퀴를 적절하게 알아야 한다.

302. [(3) **차단함에 따라**]: '무명을 조건으로 상카라들이 있다'는 구절은 짓는 자가 있다는 견해를 차단한다. '상카라들을 조건으로 알음알이가 있다'는 구절은 자아가 옮겨간다는 견해를 차단하다. '알음알이를 조건으로 정신·물질이 있다'는 구절은 덩어리라는 인식을 차단한다. 왜냐하면 이것은 자아라고 상상해온 토대가 분해됨을 보여주기 때문이다. '정신·물질을 조건으로 여섯 감각장소가 있다'는 구절은 자아가 보고 … 알고, 닿고, 느끼고, 갈망하고, 취착하고, 존재하고, 태어나고, 늙고 죽는다고 하는 그런 견해를 차단하다.

그러므로 삿된 견해를 차단함에 따라 이 존재의 바퀴를 적절하게 알아야 한다.

303. [(4) **비유를 통해서**]: 무명은 법들에 대해 개별적인 특징(自相)과 보편적인 특징(共相)을 보지 못하기 때문에 장님과 같다. '무명을 조건으로 상카라들이 있다'는 것은 장님이 비틀거리는 것과 같다. '상카라들을 조건으로 알음알이가 있다'는 것은 비틀거리는 자가 넘어지는 것과 같다. '알음알이를 조건으로 정신·물질이 있다'는 것은 넘어진 자에게 종기가 생기는 것과 같다. '정신·물질을

조건으로 여섯 감각장소가 있다'는 것은 종기에서 터진 고름과 같다. '여섯 감각장소를 조건으로 감각접촉이 있다'는 것은 곪은 종기가 부딪치는 것과 같다. '감각접촉을 조건으로 느낌이 있다'는 것은 부딪침으로 인해 생긴 고통과 같다.

'느낌을 조건으로 갈애가 있다'는 것은 고통이 치료되기를 열망함과 같다. '갈애를 조건으로 취착이 있다'는 것은 치료되기를 열망하는 자가 부적합한 [약]을 쥐는 것과 같다. '취착을 조건으로 존재가 있다'는 것은 부적합한 약을 취하여 바르는 것과 같다. '존재를 조건으로 태어남이 있다'는 것은 부적합한 약을 바름으로써 그 종기가 더 악화되어 나타나는 것과 같다. '태어남을 조건으로 늙음과 죽음이 있다'는 것은 종기가 터지는 것과 같다.

혹은 무명은 도닦지 않음과 삿된 도닦음의 상태로 중생을 뒤덮어 버린다. 마치 백내장이 두 눈을 덮듯이. 그것에 가린 어리석은 자는 다시 태어남으로 인도하는 상카라들에 자신을 말려들게 한다. 고치에 휩싸인 누에처럼. 상카라들에 의해 붙들려온 알음알이는 태어날 곳에서 잘 머문다. 마치 대신들에 의해 안내되어온 왕자가 왕좌에 앉듯이. [죽음의] 알음알이는 태어남의 표상을 상상하면서 재생연결에 여러 상태를 가진 정신·물질을 생기게 한다. 마치 요술쟁이가 요술을 부리듯이. 정신·물질에서 자리 잡은 여섯 감각장소는 자라서 성장하고 원숙해진다. 마치 좋은 땅에 자리 잡은 숲 속 덤불처럼. 감각장소들이 부딪혀 감각접촉이 생긴다. 마치 부시막대를 함께 비벼 불이 일어나듯이. 감각접촉을 닿은 자에게 느낌이 일어난다. 불에 닿은 자가 데듯이.

느끼는 자에게 갈애가 증장한다. 소금물을 마신 자가 목말라 하듯이. 갈망하는 자는 존재에 대해 열망한다. 목마른 자가 물을 열망하듯이. 이것이 그의 취착이다. 취착에 의해서 존재를 취착한다. 미끼에 대한 탐욕으로 낚시 바늘을 취착하는 물고기처럼. 존재가 있을 때 태어남이 있다. 마치 씨앗이 있을 때 새순이 트는 것처럼. 태어난 자에게 늙음과 죽음은 필연적이다. 마치 성장한 나무가 넘어지는 것처럼.

그러므로 이와 같이 비유를 통해서 존재의 바퀴를 적절하게 알아야 한다.

304. **[(5) 심오함을 통해서]:** 세존께서 "아난다여, 이 연기법은 심오하고, 또 심오하게 나타난다(D.ii.55)"(§11)라고 말씀하셨다. 그것은 ① 뜻(*attha,* 결과)으로써 ② 법(*dhamma,* 원인)으로써 ③ 가르침(*desana*)으로써 ④ 통찰(*paṭivedha*)로써 그 심오한 상태에 대하여 설하신 것이다. 그러므로 심오함의 분류를 통해서도 이 존재의 바퀴를 적절하게 알아야 한다.

305. **[① 뜻의 심오함]:** 이 가운데서 태어남이 없이는 늙음·죽음도 없다. 태어남이 없이 다른 것으로부터 이 늙음·죽음이 있는 것도 아니다. 늙음·죽음은 태어남으로부터 온다. 이와 같이 태어남을 조건으로 늙음과 죽음이 일어나는 그것이 알기 어렵기 때문에 태어남을 조건으로 늙음과 죽음이 생기고 일어나는 그 뜻(*attha,* 결과)이 심오하다. 그와 마찬가지로 존재를 조건으로 태어남이 … 무명을 조건으로 상카라들이 생기고 일어나는 그 뜻이 심오하다. 그러므로 이 존재의 바퀴는 뜻이 심오하다. 이것이 뜻의 심오함이다. 원인의 결과를 뜻(*attha*)이라 한다. 이처럼 말씀하셨다. "원인의 결과

에 대한 지혜가 뜻에 대한 무애해(義無碍解)이다.(Vbh.293)"

306. [② 법의 심오함]: 무명이 갖가지 상카라들에게 어떤 방법으로 어떤 경우에 조건이 되는가에 대해 알기 어렵기 때문에 무명이 상카라들에게 조건이 되는 뜻이 심오하다. 그와 마찬가지로 상카라들이 알음알이에게 … 태어남이 늙음·죽음에게 조건이 되는 뜻이 심오하다. 그러므로 이 존재의 바퀴는 그 법(*dhamma*, 원인)이 심오하다. 이것이 법의 심오함이다. 원인을 법(*dhamma*)이라 한다. 이처럼 말씀하셨다. "원인에 대한 지혜가 법에 대한 무애해(法無碍解)이다.(Vbh.293)"

307. [③ 가르침의 심오함]: 각각의 원인에 따라 가지가지로 생기게 하기 때문에 가르침이 심오하다. 일체지의 지혜(一切知智, *sabba-ññuta-ñāṇa*)가 아닌 다른 지혜로는 자리잡지 못한다. 어떤 경에서는 순서대로(順觀), 어떤 곳에서는 역순으로(逆觀), 어떤 곳에서는 순서와 역순 [둘 다]로, 어떤 곳에서는 중간부터 시작하여 순서대로 혹은 역순으로, 어떤 곳에서는 세 가지 연결과 네 가지 포함을 가진 것으로, 어떤 곳에서는 두 가지 연결과 세 가지 포함을 가진 것으로, 어떤 곳에서는 한 가지 연결과 두 가지 포함을 가진 것으로 가르치셨다. 그러므로 이 존재의 바퀴는 가르침이 심오하다. 이것이 가르침의 심오함이다.129)

308. [④ 통찰의 심오함]: 무명 등의 고유성질을 통찰함으로써 무명 등을 각자 자기의 특징에 따라 바르게 통찰한다. 그런 무명의

---

129) 본 장의 §34이하와 §§288-290을 참조할 것.

고유성질은 파악하기 어렵기 때문에 심오하다. 그러므로 이 존재의 바퀴는 통찰이 심오하다.

그와 마찬가지로 여기서 무명이 알지 못하고, 보지 못하고, 진리를 통찰하지 못한다는 그 뜻이 심오하다. 상카라들이 형성하고, 노력하고, 탐욕이 있고, 탐욕이 없다는 그 뜻이 심오하다. 알음알이가 공한 상태이고, 관심이 없고, 옮겨감이 없이 재생연결에 나타난다는 그 뜻이 심오하다. 정신·물질이 함께 일어남과 분리할 수 있음과 분리할 수 없음과 대상으로 기울고 무너진다는 뜻이 심오하다. 여섯 감각장소의 다스리고, 세간이고, 문이고, 밭이고, 대상을 가지는 뜻이 심오하다. 감각접촉의 닿음, 충돌, 함께 모임, 동시발생의 뜻이 심오하다. 느낌의 대상에 대한 맛을 경험함, 즐겁거나 괴롭거나 중립인 상태, 생명이 없음, 느껴진 것의 뜻이 심오하다.

갈애의 즐기고, 집착하고, 흐르고, 덩굴이고, 강이고, 갈애의 바다이고, 충족시키기 어렵다는 뜻이 심오하다. 취착의 가짐, 잡음, 고집함, 집착, 건너뛰기 어렵다는 뜻이 심오하다. 존재의 노력하고, 형성하고, 모태와 태어날 곳과 거주와 거처에 던져버리는 뜻이 심오하다. 태어남의 태어남, 태에 들어감, 태에서 나옴, 생겨남, 나타남의 뜻이 심오하다. 늙음·죽음의 파괴되고, 무너지고, 부서지고, 변하는 뜻이 심오하다.

이것이 여기서 통찰의 심오함이다.

309. **[(6) 방법**(*naya*)**의 분류를 통해서]:** 여기서 ① 단일화(*ekatta*)의 방법 ② 다양화(*nānatta*)의 방법 ③ 무관심(*abyāpāra*)의 방법 ④ 정해진 법(*evaṁdhammatā*)의 방법이 있다. 이 네 가지가 뜻을 다루는 방법이다. 그러므로 방법의 분류에 따라서 이 존재의 바퀴

를 적절하게 알아야 한다.

310. **[① 단일화의 방법]**: 마치 씨앗이 새순 등을 통해서 나무의 상태에 이르듯이 '무명을 조건으로 상카라들이 있다. 상카라들을 조건으로 알음알이가 있다'라고 이와 같이 상속이 끊어지지 않은 것을 일러 단일화의 방법이라 한다. 이것을 바르게 보는 자는 원인과 결과의 연결을 통해 상속의 끊어지지 않음을 알기 때문에 단견을 버린다. 그릇되게 보는 자는 원인과 결과의 연결로 일어나는 상속의 끊어지지 않음을 하나라고 보고 상견을 취착한다.

311. **[② 다양화의 방법]**: 무명 등 각각의 특징을 구분하는 것이 다양화의 방법이다. 이것을 바르게 보는 자는 각각이 새롭게 일어나는 것을 보고 상견을 버린다. 그릇되게 보는 자는 하나의 상속 중에 있는 것을 다른 상속이라고 다르다고 생각하기 때문에 단견을 취착한다.

312. **[③ 무관심의 방법]**: 무명이 '나에 의해서 상카라들이 일어나야만 한다'라거나 상카라들이 '나에 의해서 알음알이가 일어나야만 한다'라는 그러한 관심이 없는 것이 무관심의 방법이다. 이것을 바르게 보는 자는 만드는 자가 없음을 깨닫기 때문에 자아라는 견해를 버린다. 그들이 비록 관심이 없더라도 무명 등이 원인의 성질을 가지는 것은 각자 고유성질의 정해진 법칙에 따라 성취된 것인데 그릇되게 보는 자는 이것을 보지 못하기 때문에 [업을] 지음이 없다는 견해(*akiriya-diṭṭhi*)를 취착한다.

313. **[④ 정해진 법의 방법]:** 마치 우유 등으로부터 커드 등이 생기듯이 무명 등의 원인으로부터 상카라들 등이 생기지 다른 것으로부터 생기는 것이 아니다. 이것이 정해진 법의 방법이다. 이것을 바르게 보는 자는 조건에 맞게 결과가 있음을 보기 때문에 원인이 없다는 견해(*ahetuka-diṭṭhi*, 無因論)와 [업을] 지음이 없다는 견해를 버린다. 그릇되게 보는 자는 조건에 맞게 결과가 일어남을 보지 않고 어떤 것도 어떤 곳에서 생기는 것이 아니라고 생각하기 때문에 원인이 없다는 견해(無因論)와 운명론(*niyata-vāda*)을 취착한다.

이와 같이 이 존재의 바퀴를 다음과 같이 적절하게 알아야 한다.(§299)

> ① 진리의 근원에 따라 ② 역할에 따라
> ③ 차단함에 따라 ④ 비유를 통해서
> ⑤ 심오함을 통해서 ⑥ 방법의 분류를 통해서

314. 참으로 이 존재의 바퀴는 너무나 깊어서 발판을 얻을 수 없고, 갖가지 미로가 있어 통과하기 어렵다. 그러므로 수승한 삼매의 돌 위에서 예리하게 갈은 지혜의 칼로 이것을 끊어버리지 않고서는 벼락처럼 항상 파괴하는 이 윤회의 두려움을 꿈에서라도 건넌 사람은 단 한 사람도 없다. 세존께서 이와 같이 설하셨다.

"아난다여, 이 연기법은 심오하고, 또 심오하게 나타난다. 인류가 이 법을 알지 못하고 깨닫지 못하기 때문에 실타래에 뒤엉키고 실매듭에 얽히며, 문자 풀과 빱바자 풀처럼 서로 뒤엉켜 처참한 곳, 비참한 곳, 지옥, 윤회를 벗어나지 못한다.(D14/ii.55)"

그러므로 나와 남의 이로움과 행복을 위해서 도닦으면서 나머지 일은 제쳐두고,

현자는 갖가지 심오한 조건(*paccaya*)의 형태에 대해
발판을 얻도록 이처럼 마음챙겨 수행해야 한다.

어진 이를 기쁘게 하기 위해 지은 청정도론의
통찰지수행의 표제에서
통찰지의 토양에 관한 해설이라 불리는
제17장이 끝났다.

제18장

diṭṭhivisuddhiniddeso

견청정〔見淸淨〕

제18장 견청정(見淸淨)

diṭṭhivisuddhiniddeso

1. '먼저 토양이 되는 법들을 파악함과 질문함을 통해서 지혜를 굳건하게 한 뒤, 뿌리가 되는 두 가지 청정, 즉 계청정과 마음청정을 닦아야 한다'라고 설했다.(XIV. §32) 그 가운데서 계청정이란 지극히 청정한 계목의 단속에 관한 계 등 네 가지 계를 뜻한다. 이것은 계의 해설에서 상세히 설했다.(I-II) 마음청정이란 근접삼매를 포함한 여덟 가지 증득(等至)을 뜻한다. 이것도 이미 마음이라는 제목 아래 설한 삼매의 해설서에서 모든 형태와 더불어 상세하게 설했다.(III-XIII) 그러므로 그곳에서 상세하게 설한 방법대로 알아야 한다.

2. '견청정, 의심을 제거함에 의한 청정, 도와 도 아님에 대한 지(知)와 견(見)에 의한 청정, 도닦음에 대한 지와 견에 의한 청정, 지와 견에 의한 청정 — 이 다섯은 [통찰지의] 몸통이다.'라고(XIV. §32) 설하였다. 이 가운데서 정신·물질을 있는 그대로 보는 것이 견청정(見淸淨, *diṭṭhi-visuddhi*)이다.[130)]

---

130) "*nāmarūpānaṁ yāthāva-dassanaṁ diṭṭhivisuddhi nāma.*"

정신 · 물질을 파악함

nāmarūpapariggahakathā

(1) 근본물질(四大)을 통해서 구분함

3. 이것을 성취하고자하는 사마타 행자(*samatha-yānika*)는 이제 비상비비상처를 제외한 나머지 색계와 무색계 禪 가운데 어느 하나로부터 출정하여 일으킨 생각(尋) 등의 禪의 구성요소와 그와 관련된 법들을 특징, 역할 등으로 파악해야 한다. 그런 다음 이 모든 것은 대상을 향해 기울기 때문에 기운다는 뜻에서 정신(*nāma*, 名)이라고 구분해야 한다.

4. 마치 사람이 집 안에 있는 뱀을 보고나서 그것을 뒤쫓을 때 그것이 머무는 곳을 볼 수 있듯이 이 수행자도 이 정신을 면밀히 조사하면서 '이 정신은 무엇을 의지하여 일어났는가'라고 탐구할 때 이것의 의지처는 심장토대임을 본다. 그 다음에 심장토대의 의지처인 근본물질들(四大)과 근본물질들을 의지한 나머지 파생된 물질들을 물질이라고 파악한다. 그는 이 모든 것은 변하기 때문에 물질이라고 구분한다. 그 다음에 기우는(*namana*) 특징을 가진 것은 정신이고 변하는(*ruppana*) 특징을 가진 것은 물질이라고 간략하게 정신 · 물질을 구분한다.

5. 순수위빳사나 행자(*suddha-vipassanā-yānika*)나 사마타 행자(*samatha-yānika*)는 사대(四大)의 구분에서 설한(XI. §§27이하) 여러 가지 요소들을 파악하는 방법 가운데 어느 한 가지 방법으로 간략하

게 혹은 상세하게 네 가지 요소들을 파악한다.

이제 요소들 각각의 역할과 특징이 있는 그대로[131] 분명해지면 우선 업에서 생긴 머리카락의 경우 몸의 십원소를 통해 열 가지 물질들이 [분명해진다]. 즉 네 가지 요소들, 형상(색깔), 냄새, 맛, 영양소, 생명기능, 몸의 감성이다. 다시 성(性)이 존재하기 때문에 성의 십원소를 통해 열 가지 물질이 [분명해진다]. 음식에서 생긴 영양소를 여덟 번째로 한 물질[132]이 있고, 온도에서 생기고 마음에서 생긴 [영양소가 여덟 번째인 물질]이 있어 모두 24가지 물질이 더 [분명해진다].

이와 같이 네 가지 원인에서 생긴 24가지 몸의 부분에서 각각 44가지 물질이 있다.[133] 땀, 눈물, 침, 콧물이라는 온도와 마음에서 생긴 네 가지 물질의 경우 영양소를 여덟 번째로 한 물질이 두 가지로서 각각 16가지 물질이 있다. 위 속의 음식물, 대변, 고름, 소변이라는 이 네 가지 온도에서 생긴 물질의 경우에는 온도에서 생긴 영양소를 여덟 번째로 한 물질인데 각각 여덟 가지 물질이 분명해진다.

---

131) '각각의 역할과 특징이 있는 그대로'로 옮긴 원문 '*yāthāvasarasa-lakkhaṇato*'를 냐나몰리 스님은 *in their correct essential characteristics*라고 영역했는데 잘못이다. 이 합성어는 본서의 제17장 59번 문단에서도 나타나는데 그곳에서는 냐나몰리 스님은 역자와 같이 옮겼다.

132) '영양소를 여덟 번째로 한 [물질]'의 원어는 '*ojaṭṭhamaka*'인데 이것은 *oja*(영영소)와 *aṭṭhamaka*(여덟 번째)의 합성어이다. 즉 영양소가 여덟 번째로써 '여덟 가지 분리할 수 없는(*avinibhoga*) 물질'을 뜻한다. 그 여덟 가지는 사대, 형상(색깔), 냄새, 맛, 영양소이다. 이것은 다시 '*suddhaṭṭhaka*(순수한 팔원소)'라고도 부른다. XI. §2의 주해와 『길라잡이』 6장 §7의 10번 해설과 6장 §§16-22를 참조할 것.

133) 즉 몸의 십원소인 10가지, 성의 십원소인 10가지, 세 가지 원인 즉 온도, 마음, 음식에서 생긴 세 가지 '영양소를 여덟 번째로 하는 것' 24가지, 이렇게 해서 44가지 물질이 있다.

이것이 32가지 몸의 형태를 [파악하는] 방법이다.

6. 이 32가지 형태가 분명해질 때 다른 10가지 형태[134]가 분명해진다. 먹은 것 등을 소화시키는 업에서 생긴 불의 부분에서는 영양소를 여덟 번째로 한 물질과 생명기능의 아홉 가지 물질들이 분명해진다. 그와 마찬가지로 마음에서 생긴 들숨과 날숨으로 이루어진 바람의 요소(風界)의 부분에서도 영양소를 여덟 번째로 한 물질과 소리의 구원소가 분명해진다. 네 가지 원인에서 생긴 남은 여덟 가지 부분에서는 생명기능의 구원소[135]와 세 가지의 영양소를 여덟 번째로 한 물질, 즉 33가지 물질이 각각 분명해진다.

7. 이와 같이 이 근본물질과 파생된 물질이 42가지 형태로[136] 상세하게 분명해질 때 문과 토대로 다섯 가지 눈의 십원소 등과 심장토대의 십원소라는 이 60가지 물질이 더 분명해진다. 그는 이 모든 것을 변하는 특징 아래 하나로 만들어 물질이라고 본다.

8. 그가 물질을 파악할 때 문을 통하여 정신도 분명해진다. 즉 한 쌍의 전오식(前五識, (34)-(38), (50)-(54))[137], 세 가지 마노의 요소(意界)((39),(55),(70)), 68가지 마노의 알음알이의 요소(意識界)라는 이

134) 열 가지 형태란 네 가지 불의 요소(火界)의 형태와 여섯 가지 바람의 요소(風界)의 형태이다. XI. §§36-37을 참조할 것.

135) '생명기능의 구원소(*jīvitanavaka*)'는 영양소를 여덟 번째로 하는 여덟 가지 분리할 수 없는 물질에다 생명기능을 더한 아홉 가지 물질을 말한다.

136) 몸의 32가지 부분과 불의 네 가지 형태와 공기의 여섯 가지 형태를 뜻한다.

137) 아비담마에서 전오식은 유익한 과보로 나타난 것((34)-(38))과 해로운 과보로 나타난 것((50)-(54))으로 각각 두 가지씩이다. 그래서 이것을 '한 쌍의 전오식(*dvi-pañca-viññāṇa*)'이라는 전문용어로 표현한다. 『길라잡이』 2장 §11의 1번 해설을 참조할 것.

81가지 세간적인 마음(心)들과 이 마음들과 반드시 함께 생기는 감각접촉, 느낌, 인식, 의도, 생명기능, 마음의 안정됨[138], 마음에 잡도리함의 이 7가지 마음부수(心所)가 모두 분명해진다. 출세간의 마음들은 순수위빳사나 행자나 사마타 행자가 파악할 수 없다. 아직 이르지 못했기 때문이다. 이 모든 정신을 기운다는 특징아래 하나로 묶어 정신이라 본다.

이와 같이 어떤 자는 사대를 구분하는 방법으로 상세하게 정신·물질을 구분한다.

(2) 18가지 요소(界)들을 통해서 구분함

9. 다른 사람은 18가지 요소(界)들로 [그것을 구분한다.] 어떻게? 여기 비구가 이 몸에 눈의 요소가 있다 … 마노의 알음알이의 요소가 있다고 전향한다. 세상에서는 검고 밝은 원반으로 장식되고 길고 넓으며 눈구멍에 힘줄의 근육으로 묶여있는 고깃덩이를 눈이라 인식한다. 그는 그렇게 취하지 않고 눈의 감성을 눈의 요소라고 구분한다. 눈의 감성은 무더기의 해설의 파생된 물질에서 그 형태를 설명했다.(XIV. §47)

10. 거기에는 눈의 감성의 의지처인 사대와 그와 함께 일어나는 형상(색깔), 냄새, 맛, 영양소의 네 가지 물질, 보호하는 생명기능의 이 9가지 함께 생긴 물질들과, 거기에 머무르는 몸의 십원소와 성의 십원소로 업에서 생긴 물질 20가지, 업에서 생기지 않은 물질

138) '마음의 안정됨(*cittaṭṭhiti*)'은 마음의 하나됨(*citta-ekaggatā*)과 동의어이다. 후대로 갈수록 마음의 하나됨, 혹은 하나됨으로 정착이 되며 이것은 다시 *samādhi*(삼매)의 동의어이다.

인 세 가지의 영양소를 여덟 번째로 한 물질 24가지, 이와 같이 나머지 53가지 물질들이 있다. 그러나 그는 이들을 눈의 요소(眼界)라고 구분하지 않는다. 이 방법은 귀의 요소 등에도 적용된다. 몸의 요소의 경우 나머지 물질이 43가지이다. 어떤 자는 온도와 마음에서 생긴 소리와 함께 각각 구원소를 만들어 45가지라고 말한다.

11. 이와 같이 이 다섯 가지 감성들과 그들의 대상인 형상, 소리, 냄새, 맛, 감촉의 다섯은 열 가지 물질로 열 가지 요소이다. 나머지 물질들은 법의 요소이다. 눈을 의지하고 형상을 대상으로 일어나는 마음은 눈의 알음알이의 요소(眼識界)라고 한다. 이와 같이 한 쌍의 전오식은 다섯 가지 알음알이의 요소가 된다. 세 가지 마노의 요소의 마음((39),(55),(70))들은 한 가지 마노의 요소가 된다. 68가지 마노의 알음알이의 요소의 마음들은 마노의 알음알이의 요소가 된다. 이렇게 해서 81가지 세간적인 마음은 7가지 알음알이의 요소와 그와 관련된 감각접촉 등은 법의 요소로서 10개 반[139]의 요소들은 물질이고 7개 반의 요소들은 정신이다.[140] 이와 같이 어떤 사람은 18가지 요소를 통해서 정신·물질을 구분한다.

---

139) '열개 반'으로 옮긴 원어는 '*aḍḍhekādasa*'인데 이것은 *aḍḍha*(반)+*ekādasa*(11)이다. 얼핏 보면 11개 반이 되는 것 같지만 빠알리의 용법은 그렇지 않다. 이것은 '11에서 반이 부족한(*ūna*)'이라는 의미이다. 같이하여 아래에서 '7개 반'으로 옮긴 원어도 '*aḍḍhaṭṭhamā*'인데 같이하여 *aḍḍha*(반)+*aṭṭhamā*(8번째)이다. 『금강경』 등에 나타나는 '1250명의 비구'도 같은 방법으로 계산되어 13에서 반이 모자라는 12.5에다 100을 곱하여 1250이 된다.

140) 마음·마음부수와 18가지 요소의 상관관계는 『길라잡이』 7장의 <도표:7.4>를 참조할 것.

(3) 12가지 감각장소(處)를 통해서 구분함

12. 다른 자는 12가지 감각장소(處)를 통해서 구분한다. 어떻게? 눈의 요소에서 설한대로 53가지 물질을 제하고 오직 눈의 감성만을 눈의 감각장소라 구분한다. 거기서 설한대로 귀, 코, 혀, 몸의 요소를 구분하듯이 귀, 코, 혀, 몸의 감각장소를 구분한다. 그들의 대상인 형상, 소리, 냄새, 맛, 감촉의 감각장소도 구분한다. 세간적인 일곱 가지 알음알이의 요소는 마노의 감각장소(意處)이다. 그와 관련된 감각접촉 등과 나머지 물질들은 법의 감각장소(法處)이다. 이와 같이 여기서 10개 반의 감각장소는 물질이고 1개 반의 감각장소는 정신이다. 이와 같이 어떤 사람은 12가지 감각장소에 따라 정신·물질을 구분한다.

(4) 무더기(蘊)들을 통해서 구분함

13. 다른 사람은 무더기(蘊)를 통해서 더욱 간략하게 구분한다. 어떻게? 여기 비구는 이렇게 구분한다. 이 몸에서 [업, 마음, 온도, 음식의] 네 가지 원인에서 생긴 사대들, 그에 의지한 형상(색깔), 냄새, 맛, 영양소, 눈의 감성 등 다섯 가지 감성, 심장토대의 물질, 성, 생명기능, [온도와 마음] 두 가지 원인에서 생긴 소리 — 이 17가지 물질들은 명상하기에 적합하고, 완성된 물질이고, 유형의 물질이다.

몸을 동한 암시, 말을 통한 암시, 허공의 요소, 물질의 가벼움, 부드러움, 적합함, 생성(적집), 상속, 쇠퇴, 무상함 — 이 열 가지 물질은 명상하기에 적합지 않고, 변하고, 단지 틈을 한정짓는(*antara-pariccheda-mattaka*) 물질이며, 완성된 물질이 아니고, 유형의 물질이 아니다.

그러나 물질의 변화(*vikāra*)이고, 단지 물질의 틈을 한정짓기 때문에 물질이라 부른다.

이와 같이 27가지[141] 물질 모두를 물질의 무더기라 하고, 81가지 세간적인 마음과 함께 일어난 느낌을 느낌의 무더기, 그와 관련된 인식을 인식의 무더기, 상카라(行)들을 상카라들의 무더기, 알음알이를 알음알이의 무더기라 한다. 이렇게 해서 물질의 무더기를 물질이라 하고, 네 가지 정신의 무더기를 정신이라 한다.

이와 같이 어떤 사람은 다섯 가지 무더기를 통해서 정신·물질을 구분한다.

(5) 네 가지 근본물질을 통해서 간략하게 구분함

14. 다른 사람은 "그것이 어떤 것이든 모든 물질은 네 가지 근본물질들과 근본물질들에서 파생된 물질이다.(M.i.222-23)"라고 간략하게 그의 몸에서 물질을 파악하고, 그와 마찬가지로 마노의 감각장소와 법의 감각장소의 일부분을 정신이라 파악한다. 이와 같이 '이것은 정신이고, 이것은 물질이며, 이것은 정신·물질이다'고 간략하게 정신·물질을 구분한다.

만약 정신의 법들이 확연해지지 않으면
sace arūpaṁ na upaṭṭhāti

15. 만약 그가 이런 방법으로 물질을 파악하고 정신을 파악할 때 정신이 미세하기 때문에 확연해지지 않으면, 포기하지 말고 계속

---

141) 28가지 물질들 가운데 여성과 남성은 한 몸에 함께 있을 수 없으므로 하나만 넣어 27가지가 된다.

해서 명상하고 마음에 잡도리하고 파악하고 구분해야 한다. 차츰 물질이 분명하게 드러나고 얽힘이 풀리며 아주 선명하게 될 때 그 것을 대상으로 가진 정신의 법들도 스스로 분명하게 된다.

16. 예를 들면, 눈을 가진 자가 더러운 거울 표면에서 얼굴의 영상을 보고자하나 영상을 볼 수 없는 것과 같다. 그는 영상을 볼 수 없다 해서 거울을 던져버리지 않는다. 오히려 그것을 계속해서 문질러 닦는다. 거울이 깨끗해졌을 때 영상은 스스로 분명하게 드러난다. 참기름을 원하는 자가 깻묵을 통에 넣고 물을 뿌린 뒤 한두 번 눌러 짜서 기름이 나오지 않는다고 깻묵을 던져버리지 않는다. 오히려 계속해서 더운물을 뿌리고 짜고 누른다. 이렇게 할 때 맑은 기름이 나온다. 물을 정화하려는 자가 까따까 열매를 쥐고 병 속에 손을 넣어 한 두 번의 마찰로 물이 정화되지 않는다고 까따까 열매를 던져버리지 않는다. 오히려 계속해서 마찰한다. 이렇게 할 때 탁한 진흙은 가라앉고 물이 깨끗해지고 맑아진다. 이와 같이 비구는 포기하지 말고 오직 물질을 계속해서 명상하고 마음에 잡도리하고 파악하고 구분해야 한다.

17. 차츰 물질이 분명하게 드러나고 매듭이 풀리며 더욱 분명해질 때 그를 방해하던 오염원들이 가라앉고 진흙이 침전된 윗부분의 물처럼 그의 마음은 맑아진다. 물질을 대상으로 가진 정신은 스스로 분명해진다. 이와 같이 사탕수수 짜기, 자백을 받기 위해 도적을 매질함, 소 길들이기, 버터를 내기 위해 커드를 저음, 생선 요리 등의 다른 비유를 통해서 이 뜻은 분명해질 수 있다.

세 가지 양상으로 정신의 법들이 확연해짐

arūpadhammānaṁ upaṭṭhānākārakathā

18. 이와 같이 물질을 파악하는 것이 아주 분명해질 때 그에게 정신은 다음의 세 가지 양상으로 확연히 드러난다. 즉 ① 감각접촉을 통해서 ② 느낌을 통해서 ③ 알음알이를 통해서 드러난다.

19. 어떻게?

[① 감각접촉을 통해서]: 어떤 자는 '땅의 요소는 견고한 특징을 가진다'라는 등의 방법으로 요소들을 파악할 때 제일 먼저 [그 대상에] 닿는 감각접촉이 확연히 드러난다. 그와 관련된 느낌은 느낌의 무더기로, [그와 관련된] 인식은 인식의 무더기로, 그와 관련된 의도는 감각접촉과 함께 상카라의 무더기로, 마음은 알음알이의 무더기로 확연히 드러난다.

그와 마찬가지로 '머리카락에서 견고한 특징을 가진 것은 땅의 요소고 … 들숨날숨에서 견고한 특징을 가진 것은 땅의 요소다'라고 [파악할 때] 제일 먼저 [그 대상에] 닿는 감각접촉이 확연히 드러난다. 그와 관련된 느낌은 느낌의 무더기로, 인식은 인식의 무더기로, 감각접촉과 함께한 의도는 상카라의 무더기로, 마음은 알음알이의 무더기로 확연히 드러난다. 이와 같이 감각접촉을 통해서 정신의 법들이 확연히 드러난다.

20. **[② 느낌을 통해서]:** 어떤 자는 '땅의 요소는 견고한 특징을 가진다'라고 [요소들을 파악할 때] 그것을 대상으로 가지고 그 맛을 경험하는 느낌이 느낌의 무더기로 확연히 드러난다. [그와 관련된] 인식은 인식의 무더기로, 그와 관련된 감각접촉과 의도는 상

카라의 무더기로, 마음은 알음알이의 무더기로 확연히 드러난다.

그와 마찬가지로 '머리카락에서 견고한 특징을 가진 것은 땅의 요소고 … 들숨날숨에서 견고한 특징을 가진 것은 땅의 요소다'라고 [파악할 때] 그에게 그것을 대상으로 가지고 그 맛을 경험하는 느낌이 느낌의 무더기로 확연히 드러난다. [그와 관련된] 인식은 인식의 무더기로, 그와 관련된 감각접촉과 의도는 상카라의 무더기로, 마음은 알음알이의 무더기로 확연히 드러난다. 이와 같이 느낌을 통해서 정신의 법들이 확연히 드러난다.

21. **[③ 알음알이를 통해서]:** 어떤 자는 '땅의 요소는 견고한 특징을 가진다'라고 [요소들을 파악할 때] 대상을 아는 알음알이가 알음알이의 무더기로 확연히 드러난다. 그와 관련된 느낌은 느낌의 무더기로, [그와 관련된] 인식은 인식의 무더기로, 감각접촉과 의도는 상카라의 무더기로 확연히 드러난다.

그와 마찬가지로 '머리카락에서 견고한 특징을 가진 것은 땅의 요소고 … 들숨날숨에서 견고한 특징을 가진 것은 땅의 요소다'라고 [파악할 때] 대상을 아는 알음알이는 알음알이의 무더기로 확연히 드러난다. 그와 관련된 느낌은 느낌의 무더기로, [그와 관련된] 인식은 인식의 무더기로, 감각접촉과 의도는 상카라의 무더기로 확연히 드러난다. 이와 같이 알음알이를 통해서 정신의 법들이 확연히 드러난다.

22. 이와 같은 방법을 통해서,[142] '업에서 생긴 머리카락에서

142) 시대 등으로 물질을 파악하고, 물질을 분명하게 파악한 자가 다시 감각접촉 등으로 정신을 파악하는 방법을 말한다.

견고한 특징을 가진 것은 땅의 요소다'라는 방법으로 42가지[143]의 머리카락으로 시작하는 요소들의 부분들에서 [물질을 파악하는] 경우에는 각각 사대를 통해서, 나머지 눈의 요소 등의 물질을 파악하는 경우에는 모든 방법을 적용하여 문장구성을 만들어야 한다.[144]

23. 이와 같이 물질을 파악하는 것이 아주 분명해졌을 때 그에게 정신의 법들은 세 가지 양상으로 분명해진다. 그러므로 물질을 파악하는 것이 선명하게 된 사람만이 정신을 파악하는 수행을 해야 한다. 그렇지 않은 사람이 하면 안된다. 만약 한 가지나 두 가지의 물질의 법들이 분명해졌을 때 물질을 버리고 정신을 파악하기 시작하면 명상주제를 잃고 만다. 이것은 마치 흙의 까시나의 수행에서 설명한 산 속의 소의 비유와 같다.(IV. §130) 그러나 물질을 파악하는 것이 아주 선명하게 된 뒤에 정신을 파악하는 수행을 할 때 명상주제가 향상하고 강해지고 충만하게 된다.

정신 · 물질을 떠나 중생이라는 것이 따로 없다

24. 감각접촉을 통해 네 가지 정신의 무더기들이 정신이라고

---

143) 42가지는 몸의 32가지 부분과 불의 네 가지 양상과 바람의 여섯 가지 양상이다. §6을 참조할 것.

144) 이 §22를 냐나몰리 스님은 좀 복잡하게 영역을 했다. 다음은 냐나몰리 스님의 영역을 한글로 옮겨본 것이다.
"머리카락으로 시작하는 42가지 형태의 요소[를 구성하는 물질을 파악하는 방법]의 경우에는 앞서 설한 방법을 따르거나 혹은 '업에서 생긴 머리카락에서 견고한 특징을 가진 것은 땅의 요소이다'라는 방법으로, 나머지 눈의 요소 등의 물질을 파악하는 방법의 경우에는 각각 사대로 한다. 모든 방법의 경우에 모든 차이점을 따라 구문을 만들어야 한다."
그러나 이것은 문맥상 옳지 않다고 해야 한다.

드러났을 때 그들의 대상인 네 가지 근본물질들과 이 네 가지 근본물질들에서 파생된 물질을 물질이라고 구분한다. 이와 같이 마치 칼로 상자를 열듯이, 쌍으로 된 종려의 구근을 둘로 쪼개듯이 18가지 요소들, 12가지 감각장소들, 5가지 무더기들이라는 이 삼계에 속하는 모든 법들을 정신과 물질의 두 가지로 구분한다. 그는 정신·물질뿐인 이 너머에 달리 중생이라든지 인간이라든지 신이라든지 혹은 범천이 없다는 결론에 도달한다.

여러 경과 대조함

sambahulasuttantasaṁsandanā

25. 이와 같이 그들의 본성에 따라 정신·물질을 구분한 뒤 중생이나 인간 등 세간에 통용되는 명칭(*loka-samaññā*)을 완전히 제거하고, 중생이라는 미혹을 넘어서고, 미혹이 없는 경지에 마음을 안주하기 위하여 여러 경을 통해서 '이것은 단순히 정신·물질일 뿐이다. 중생도 없고 인간도 없다'라고 이 뜻을 대조하여 구분한다. 이와 같이 설하셨기 때문이다.

> "부품들이 모였을 때
> 수레라는 단어가 있듯이
> 무더기(蘊)들이 있을 때
> 중생이라는 일상적인 말이 있다(S.i.135)"

26. 다시 설하셨다. "도반이여, 목재와 덩굴과 진흙과 짚으로 공간을 에워쌀 때 집이라는 명칭이 있습니다. 그와 같이 뼈와 힘줄과 살과 피부로 공간을 에워쌀 때 몸뚱이(*rūpa*, 물질)라는 명칭이 있

습니다.(M.i.190)"

27. 다시 설하셨다.

"오직 괴로움이 생기고
괴로움이 머물고 사라질 뿐
괴로움과 다른 것이 생기는 것도 아니고
괴로움과 다른 것이 가라앉는 것도 아니다(S.i.135)"

비유로 정신 · 물질을 설명함
upamāhi nāmarūpavibhāvanā

28. 이와 같이 수백의 경들에서 오직 정신 · 물질을 설하셨을 뿐 중생을 설한 것도 아니고 인간을 설한 것도 아니다. 그러므로 굴대와 바퀴와 차체와 수레의 채 등의 부품들이 일정한 형태로 조립되었을 때 수레라는 인습적인 표현이 있지만 궁극적인 뜻(*paramattha*)에서 각각의 부품들을 면밀히 조사하면 수레라는 것은 없다. 그와 마찬가지로 목재 등 집을 구성하는 부분들이 일정한 형태로 공간을 에워싸고 있을 때 집이라는 통상적인 표현이 있지만 궁극적인 뜻에서 집은 없다. 손가락과 엄지손가락 등이 일정한 형태로 있을 때 주먹이라는 통상적인 표현이 있고, 류트의 판과 현 등에서 류트라는 통상적인 표현이 있고, 코끼리와 말 등에서 군대라는, 성벽과 집과 성문 등에서 도시라는, 줄기와 가지와 잎 등이 일정한 형태로 유지되어있을 때 나무라는 통상적인 표현이 있는 것과 같다.

이와 같이 ['나' 등으로] 취착하는 다섯 가지 무더기(五取蘊)들이 있을 때 중생이나 인간이라는 통상적인 표현이 있을 뿐, 궁극적인 뜻에서 하나하나 세밀히 조사하면 '내가 있다'라든가 혹은 '나'라고 거머쥐는 토대가 되는 중생이란 것은 없다. 궁극적인 뜻으로 볼 때 오직 정신・물질만 있을 뿐이다. 이렇게 보는 자의 봄(見, *dassana*)을 있는 그대로 봄(*yathābhūta-dassana*, 如實見)이라 한다.

29. 있는 그대로 봄을 버리고 중생이 있다고 거머쥐는 자는 이것이 멸절한다고 추정하거나 멸절하지 않는다고 [추정한다]. 멸절하지 않는다고 추정하면서 상견에 떨어지고, 멸절한다고 추정하면서 단견에 떨어진다. 왜 그런가? 우유에 부합하는 커드와 같이 [중생]에 부합하는 다른 그 어떤 것도 있지 않기 때문이다. 중생이 영원하다고 거머쥐면서 물러가버리고, 단멸한다고 거머쥐면서 넘어서버린다.

30. 그래서 세존께서는 말씀하셨다.

"비구들이여, 신과 인간이 두 가지 견해에 압도당할 때[145] 어떤 자는 물러가버리고 어떤 자는 넘어서버린다. 눈을 가진 자들만이 [이것을] 본다.

비구들이여, 그러면 어떻게 어떤 자는 물러가버리는가? 비구들이여, 신과 인간은 존재를 좋아하고 존재를 즐기고 존재에 탐닉한다. 그들에게 존재의 소멸에 대해 설법하면 [그 법에] 들어가지 못하고,[146] 믿지 못하고, 안정하지 못하고, 확신하지 못한다. 비구들이여, 이와 같이 어떤 자는 물러가버린다.

비구들이여, 어떻게 어떤 자는 넘어서버리는가? 어떤 자는 그런 존재를 싫어하고[147] 부끄러워하고 넌더리내고 존재하지 않음을 기

---

145) "원문의 '*pariyuṭṭhitā*'는 '압도되다(*abhibhūtā*)'의 뜻이다.(Pm.674)"
146) "원문의 '*pakkhandati*'는 '들어가다(*uppavisati*)'의 뜻이다.(Pm.674)"

뻐한다. '여보게들, 이 자아는 이 몸이 무너진 뒤에는 끊어지고 멸하여 죽은 뒤에는 아무것도 없다네. 이것이야말로 고요하고 이것이야말로 수승하고 이것이야말로 진실이라네.'라고. 비구들이여, 이와 같이 어떤 자는 넘어서버린다.

비구들이여, 어떻게 눈을 가진 자들만이 보는가? 비구들이여, 여기 비구가 있어 존재(*bhūta*)를 존재 그대로(*bhūtato*) 본다.[148] 존재를 존재 그대로 보고 존재에 대해 역겨워하고, 탐욕을 없애고 소멸을 위하여 도닦는다. 비구들이여, 이와 같이 눈을 가진 자들만이 본다. (It.43-44)"

31. 그러므로 예를 들면, 꼭두각시가 공하고, 생명이 없고, 관심이 없지만 나무와 줄의 결합으로 가기도 하고 멈추기도 하고 호기심과 관심을 가진 것처럼 보이는 것과 같다. 이와 같이 이 정신·물질도 공하고, 생명이 없고, 관심도 없지만 서로서로 결합하여 가기도 하고 멈추기도 하고 호기심과 관심을 가진 것처럼 보인다고 알아야 한다. 그래서 옛 스승들은 말씀하셨다.

> "실로 정신과 물질이 여기 있을 뿐
> 중생과 인간이 존재하는 것이 아니다.
> 이것은 공하고 인형처럼 만들어졌고
> 괴로움의 더미일 뿐이니 풀과 나무등걸처럼."

---

147) "원문의 '*aṭṭiyamānā*'는 '괴로움을 좋아하지 않는다(*dukkhāpiyamānā*)'는 뜻이다.(Pm.674)"

148) "존재(*bhūta*)란 다섯 가지 무더기들(五蘊)을 뜻한다. 그것은 각자의 조건 따라 생겼고, 또 궁극적으로 존재하는 것이기 때문에 '*bhūta*(존재)'라 부른다. '*bhūtato*(존재 그대로)'란 고유성질에 따라, 개별적인 특징에 따라, 공통적인 특징에 따라 [본다는 뜻이다].(Pm.674)"

정신 · 물질은 서로 의지한다

32. 비단 꼭두각시의 비유뿐만 아니라 볏단 등의 다른 비유로도 이것을 알아야 한다. 볏단 두 개가 서로서로 의지해서 서있을 때 한 개는 다른 것의 버팀목이 되고, 한 개가 넘어질 때 다른 것도 넘어진다. 이와 같이 다섯 무더기를 가진 존재에서 정신 · 물질은 서로서로 의지해서 일어난다. 하나가 다른 것을 지탱해준다. 죽음으로 하나가 무너질 때 다른 것도 무너진다. 그래서 옛 스승들은 말씀하셨다.

> "정신 · 물질은 쌍둥이
> 둘은 서로서로 의지한다.
> 하나가 무너지면 둘 다 무너지나니
> [서로] 조건 지워졌기 때문이다."

33. 막대기로 북을 두드리면 그 북을 의지하여 소리가 난다. 북과 소리는 서로 다르다. 북과 소리가 서로 섞이지 않는다. 북에 소리가 공하고 소리에 북이 공하다. 이와 같이 토대이고 문이고 대상이 되는 물질을 의지하여 정신이 일어날 때 정신 · 물질은 서로 다르다. 정신 · 물질은 서로 섞이지 않는다. 정신에 물질이 공하고 물질에 정신이 공하다. 그러나 북을 의지하여 소리가 있듯이 물질을 의지하여 정신이 일어난다. 그래서 옛 스승들은 말씀하셨다.

> "감각접촉을 기본으로 한 다섯 가지[149]는

---

149) 원어는 '*phassa-pañcama*(감각접촉을 다섯 번째로 한 것)'이다. 이것은 감각접촉, 느낌, 인식, 의도, 알음알이다.

눈에서 생긴 것도 아니고
형상에서 생긴 것도 아니고
그 사이에서 생긴 것도 아니다.
형성된 것들은 원인을 조건하여 생긴다.150)
마치 북을 두드리면 소리가 나는 것처럼.

감각접촉을 기본으로 한 다섯 가지는
귀에서 생긴 것도 아니고
소리에서 생긴 것도 아니고
그 사이에서 생긴 것도 아니다.
…
감각접촉을 기본으로 한 다섯 가지는
코에서 생긴 것도 아니고
냄새에서 생긴 것도 아니고
그 사이에서 생긴 것도 아니다.
…
감각접촉을 기본으로 한 다섯 가지는
혀에서 생긴 것도 아니고
맛에서 생긴 것도 아니고
그 사이에서 생긴 것도 아니다.
…

---

150) "눈과 형상과 빛과 마음에 잡도리함(作意) 등으로 분류되는 법들을 의지하여 조건이 되는 원인을 얻은 뒤 그들과 함께 만나서 지었고 형성되었기 때문에 감각접촉 등의 법이 일어난다는 뜻이다.(Pm.676)"
XV. §39와 『길라잡이』 4장 §4를 참조할 것.

감각접촉을 기본으로 한 다섯 가지는
몸에서 생긴 것도 아니고
닿음에서 생긴 것도 아니고
그 사이에서 생긴 것도 아니다.

…

형성된 것들은[151] 토대의 물질에서 생긴 것도 아니며
법의 감각장소(法處)에서 온 것도 아니다.
원인을 조건하여 생긴다.
마치 북을 두드리면 소리가 나는 것처럼."

34. 더욱이 정신은 동력이 없으므로 자기의 동력으로는 일어나지 못한다. 그것은 먹지 않고, 마시지 않고, 말하지 않고, 행동거지를 짓지 않는다. 물질도 또한 동력이 없다. 자기의 동력으로는 일어나지 못한다. 먹기를 원하지 않고, 마시기를 원하지 않으며, 말하기를 원하지 않고, 행동거지를 지으려하지 않는다. 그러나 정신을 의지하여 물질이 일어나고, 물질을 의지하여 정신이 일어난다. 정신이 먹으려하고, 마시려하고, 말하려하고, 행동거지를 지으려할 때 물질이 먹고, 마시고, 말하고, 행동거지를 짓는다.

35. 이 뜻을 설명하기 위하여 다음의 비유를 든다. 태어나면서부터 장님인 자와 절름발이가 어떤 지방으로 여행하기를 원했다. 장님이 절름발이에게 말했다. '내가 말하겠는데, 나는 두 발로 해야

151) "'*saṅkhatā*(형성된 것들)'라고 표현한 이유는 심장토대를 의지한 정신의 법들은 여러 종류가 있기 때문에 일반적인 용어로 그들을 나타내기 위해서이다.(Pm.676)"

할 일은 할 수 있다네. 그러나 평평한 길과 울퉁불퉁한 길을 볼 수 있는 눈이 내겐 없다네.' 절름발이는 장님에게 말했다. '내가 말하겠는데, 나는 눈으로 해야 할 일은 할 수 있다네. 그러나 앞으로 나아가고 뒤로 돌아올 발이 내겐 없다네.'

장님은 기뻐하며 절름발이를 어깨 위에 태웠다. 절름발이는 장님의 어깨 위에 앉아 이렇게 말했다. '왼쪽으로 가지 말고 오른쪽으로 가게. 오른쪽 말고 왼쪽으로 가게.'라고. 여기서 장님은 동력도 없고 무력하여 자기의 동력과 자기의 힘으로는 여행할 수가 없다. 절름발이도 동력도 없고 무력하여 자기의 동력과 자기의 힘으로는 여행할 수 없다. 그러나 그들은 서로서로 의지하여 충분히 여행할 수 있다.

이와 같이 정신은 동력이 없다. 자기의 동력으로 생기지도 못하고 여러 가지 행위를 하면서 일어나지도 못한다. 물질도 동력이 없다. 자기의 동력으로 생기지도 못하고 여러 가지 행위를 하면서 일어나지도 못한다. 그들은 서로서로 의지하여 생기기도 하고 일어나기도 한다.

36. 그래서 이와 같이 설하셨다.

"자기의 힘으로 생길 수 없고
자기의 힘으로 머물 수도 없다.
다른 법들의 영향 아래 존재하고
생기고 형성될 뿐 자기는 무력하다.
다른 법들의 조건으로부터 생기고
다른 법들의 대상으로부터 일어난다.
이들은 다른 법들의 대상과 조건으로부터 생긴다.

배를 의지하여 사람들이 바다를 여행하듯이.
물질을 의지하여 정신의 몸이 일어난다..
사람을 의지하여 배가 바다를 가듯이
정신을 의지하여 물질의 몸이 일어난다
사람과 배가 서로 의지하여 바다를 가듯이
정신과 물질은 둘이 서로서로 의지한다."

37. 이와 같이 여러 가지 방법으로 정신·물질을 구분하기 때문에 중생이라는 인식(衆生想)을 극복한 뒤 미혹이 없는 경지에 확립되어 정신·물질을 있는 그대로 봄을 견청정(見淸淨)이라고 알아야 한다. 그리고 이것은 정신·물질의 구분(*vavatthāna*)과 상카라(行)들의 한계를 정함(*pariccheda*)과 동의어이다.

어진 이를 기쁘게 하기 위해 지은 청정도론의
통찰지수행의 표제에서
견청정에 관한 해설이라 불리는
제18장이 끝났다.

제19장

kaṅkhāvitaraṇavisuddhiniddeso

의심을 극복함에 의한 청정

제 19장 의심을 극복함에 의한 청정

kaṅkhāvitaraṇavisuddhiniddeso

조건을 파악함

paccayapariggahakathā

1. 이 정신 · 물질에 대한 조건(*paccaya*)을 파악함으로써 삼세에 대한 의심을 극복하여 확립된 지혜를 의심을 극복함에 의한 청정(*kaṅkhā-vitaraṇa-visuddhi*, 度疑淸淨)이라 한다.

2. 이것을 성취하고자하는 비구는 이 정신 · 물질의 원인과 조건을 탐구하기 시작한다. 마치 명의가 질병과 마주치면 그것의 원인을 찾듯이, 연민을 가진 사람이 아무것도 모른 채 [아직 뒤척이지도 못하고] 반듯하게 누워만 있는 갓난아기가 길바닥에 버려진 것을 보고는 '이 아기가 누구의 아기인가'라고 그의 부모를 생각하듯이.

3. 그는 처음부터 이와 같이 숙고한다. 이 정신 · 물질은 원인을 갖지 않은 것이 아니다. [만약 원인을 가지지 않았다면] 모든 곳, 모든 경우, 모든 사람에게 이것이 동일한 상태로 일어날 것이기 때

문이다. 자재천 등의 원인을 가진 것도 아니다. 정신·물질의 배후에 자재천 등이 없기 때문이다. 어떤 자는 정신·물질이 바로 자재천이라고 한다. 자재천 등이라 부르는 그들의 정신·물질이 원인을 갖지 않은 것이 될 것이기 때문에 [틀린 말이다]. 그러므로 그들은 반드시 원인과 조건으로부터 생겼다. 그러면 무엇이 그 [원인과 조건]인가?

4. 이와 같이 정신·물질의 원인과 조건으로 전향하여 물질의 몸(*rūpa-kāya*)의 원인과 조건을 이와 같이 파악한다.

이 몸이 태어날 때에 청련, 홍련, 백련, 수련 속에서 태어나지 않았다. 보석과 진주 등의 사이에서 태어난 것도 아니다. 사실은 위장과 소장의 중간에서 위장막 뒤와 척추뼈 앞에 창자와 내장으로 둘러싸여있고 그 스스로 악취가 나고 혐오스럽고 더러우며, 악취가 나고 혐오스럽고 더럽고 극심하게 좁은 공간에서 썩은 생선과 썩은 죽과 수채와 오물 구덩이 속의 벌레처럼 태어난다.

이와 같이 그가 태어날 때 무명과 갈애와 취착과 업, 이 네 가지가 태어나게 하기 때문에 원인이다. 음식이 조건이다. 그것은 도와주기 때문이다. 그러므로 이 다섯 가지 법들이 원인과 조건이다. 이 중에서 무명 등 셋은 이 몸에게 강하게 의지하는 [조건이] 된다. 마치 어머니가 자식에게 강하게 의지하는 [조건이] 되듯이. 업이 태어나게 한다. 마치 아버지가 아들을 태어나게 하듯이. 음식이 이 몸을 지탱해준다. 마치 유모가 아기를 지탱해주듯이.

정신 · 물질은 항상 조건에서 생긴다

5. 이와 같이 물질의 몸의 조건을 파악한 뒤 다시 "눈과 형상을 조건으로 눈의 알음알이가 일어난다(S.ii.72)"라는 방법으로 정신의 몸(*nāma-kāya*)을 파악한다. 이와 같이 조건에 따라 정신 · 물질이 일어나는 것을 보고 현재에 이렇듯이 과거에도 조건으로부터 생겼고, 미래에도 조건으로부터 생길 것이라고 관찰한다.

6. 그가 이와 같이 관찰할 때 이런 모든 의심이 사라진다. 즉, 과거에 대해서 "나는 정말 과거에 존재했는가 아니면 과거에 존재하지 않았는가? 나는 과거에 무엇이었을까? 나는 과거에 어떠했을까? 나는 과거에 무엇이 되었다가 무엇이 되었을까?(M.i.8)"라고 언급하신 다섯 가지 의심과, 미래에 대해서 "나는 정말 미래에도 존재할까 아니면 미래에는 존재하지 않을까? 나는 미래에 무엇이 되어 있을까? 나는 미래에 어떠할까? 나는 미래에 무엇이 되었다가 무엇이 될까?(M.i.8)"라고 언급하신 다섯 가지 의심과, 현재에 대해서 "지금 현재의 상태에 대해서도 안으로 의심이 있다. 나는 존재하기는 하는가? 나는 존재하지 않는가? 나는 무엇인가? 나는 어떠한가? 이 중생은 어디서 왔는가? 어디로 가게 될 것인가?(M.i.8)"라고 언급하신 여섯 가지 의심이 모두 사라진다.

공통적인 것과 특별한 것의 두 가지 조건

7. 다른 사람은 정신의 조건을 공통적인 것과 특별한 것의 두 가지로 보고 물질의 조건은 업 등의 네 가지로 본다.

8. 두 가지 정신의 조건이 있으니 공통적인 것과 특별한 것이다. 눈 등의 여섯 가지 문과 형상 등의 여섯 가지 대상은 정신의 공통적인 조건이다. 유익한 것 등으로 분류되는 모든 종류의 [정신들이] 그것으로부터 일어나기 때문이다. 마음에 잡도리함 등은 특별한 조건이다. 지혜롭게 마음에 잡도리함과 정법을 들음 등[152]은 오직 유익한 [정신의] 조건이고 이와 반대되는 것은 해로운 것의 조건이다. 업 등은 과보로 나타난 [정신의 조건이고] 잠재의식(바왕가) 등[153]은 단지 작용만 하는 [정신의 조건이다].

9. 업과 마음과 온도와 음식을 뜻하는 업 등의 네 가지가 물질의 조건이다. 이중에서 오직 과거의 업이 업에서 생긴 물질에게 조건이 된다. 마음은 그것이 일어날 때 마음에서 생긴 물질에게 조건이 된다. 온도와 음식은 [이 온도와 음식이] 존재하는 순간에 온도와 음식에서 생긴 물질에게 조건이 된다. 이와 같이 어떤 사람은 정신 · 물질의 조건을 파악한다.

10. 그는 이와 같이 조건에 따라 정신 · 물질이 일어나는 것을 본 뒤 현재에 이렇듯이 과거에도 조건으로부터 생겼고, 미래에도 조

---

152) '등'이란 훌륭한 사람을 섬기는 것, 혹은 네 가지 행운을 얻는 것을 뜻한다.(Pm.681) 네 가지 행운이란 좋은 환경에 머무는 것, 훌륭한 사람을 섬기는 것, 향상심, 전생에 쌓은 덕이다.

153) '등'이란 잠재의식, 조사하는 마음, 욕계의 단지 작용만 하는 마음, 아라한 마음 등이다. 여기서 잠재의식은 단지 작용만 하는 마음인 오문전향과 의문전향의 조건이고, 조사하는 마음은 결정하는 마음의 조건이고, 욕계의 단지 작용만 하는 마음은 욕계와 색계, 무색계 마음의 단지 작용만 하는 마음의 조건이고, 아라한 마음은 전향하는 마음을 제외한 단지 작용만 하는 모든 마음의 조건이다.(Pm.681)

건으로부터 생길 것이라고 관찰한다. 이와 같이 관찰할 때 여기서 설한 방법대로 삼세에 대한 의심이 사라진다.

연기의 역관

11. 다른 사람은 정신·물질이라 하는 상카라(行)들이 늙음에 이르는 것과, 그 늙은 것들이 부서지는 것을 본 뒤 '이 상카라들의 늙음·죽음은 태어남이 있을 때 있다. 태어남은 존재가 있을 때 있다. 존재는 취착이 있을 때 있다. 취착은 갈애가 있을 때 있다. 갈애는 느낌이 있을 때 있다. 느낌은 감각접촉이 있을 때 있다. 감각접촉은 여섯 감각장소가 있을 때 있다. 여섯 감각장소는 정신·물질이 있을 때 있다. 정신·물질은 알음알이가 있을 때 있다. 알음알이는 상카라들이 있을 때 있다. 상카라들은 무명이 있을 때 있다.'라고 이와 같이 연기의 역순으로(逆觀) 정신·물질의 조건을 파악한다. 그때 그에게 이미 설한 방법대로 의심이 사라진다.

연기의 순관

12. 다른 사람은 "이와 같이 … 무명을 조건으로 상카라들이 있다(M.i.261)"라고 앞에서 상세하게 설한(XVII. §29) 연기의 순서대로(順觀) 정신·물질의 조건을 파악한다. 그때 그에게 앞서 설한 방법대로 의심이 사라진다.

업과 업의 과보

13. 다른 사람은 다음과 같이 업의 회전과 과보의 회전으로 정신·물질의 조건을 파악한다.

"이전의 업으로서의 존재에서 어리석음이 무명이요, 노력이 상카라들이며, 집착이 갈애요, 접근이 취착이며, 의도가 존재다. 이와 같이 이전의 업으로서의 존재에서 [있었던] 이 다섯 가지 법들이 금생의 재생연결의 조건이 된다.(XVII. §292)

금생의 재생연결이 알음알이고, [모태에] 들어감이 정신·물질이며, 감성(*pasāda*)이 감각장소요, 닿음이 감각접촉이며, 느껴진 것이 느낌이다. 이와 같이 이 다섯 가지 법들이 금생의 재생으로서의 존재에서 이전에 지은 업을 조건한 것이다.(XVII. §294)

금생에서 감각장소가 성숙해지기 때문에 어리석음이 무명이요, 노력이 상카라들이며, 집착이 갈애요, 접근이 취착이며, 의도가 존재다. 이와 같이 금생의 업으로서의 존재에서 다섯 가지 법들이 미래의 재생연결의 조건이 된다.(XVII. §296)(Ps.i.52)"

14. 이 가운데서 업은 네 가지이다.[154] 금생에 받는 업, 다음 생에 받는 업, 받는 시기가 확정되지 않은 업, 효력을 상실한 업이다.

이 중에서 ① 하나의 속행의 과정에서 속행의 마음 7개 중에 유익한 것이든 해로운 것이든 그 첫 번째 속행의 의도가 **금생에 받는 업**(*diṭṭhadhamma-vedanīya-kamma*)이다. 그것은 이 [생의] 몸에 과보를 준다.

② 그렇게 할 수 없을 때 '업이 있었지만, 업의 과보는 없었고, 업의 과보는 없을 것이고, 업의 과보는 없다'라고 세 개조의 방법에 따라 **효력을 상실한 업**(*ahosi-kamma*)[155]이라고 한다.

---

154) 여기 설명되는 12가지 업은 다시 16가지 업으로『길라잡이』 5장 §§18-20에 상세하게 정리되어있으니 참조할 것.

155) 여기서 '*ahosi*'는 '√*bhū*(*to become*)'의 *Aorist* 과거형이다. 그러므로

③ 행위를 성취한 일곱 번째 속행의 의도가 **다음 생에 받는 업**(*upapajja-vedanīya-kamma*)이다. 이것은 [다음 생의] 몸에 과보를 준다. 그렇게 할 수 없을 때 이미 설한 방법대로 효력을 상실한 업이라고 한다.

④ [첫 번째와 마지막의] 둘 사이에 다섯 개 속행의 의도가 **받는 시기가 확정되지 않은 업**(*aparāpariya*[156]*-vedanīya-kamma*)이다. 그것은 미래에 기회를 얻을 때 과보를 준다. 윤회가 계속 되는 한 이것은 효력을 상실한 업이 되지 않는다.

15. 다른 네 가지 업이 있다. 무거운 업, 습관적인 업, [임종에] 다다라 지은 업, 이미 지은 업이다.

① 유익한 것이든 해로운 것이든 무겁거나 가벼운 업 중에서 어머니를 살해하는 등의 업이나 혹은 고귀한 경지(즉 禪의 증득)의 업이 **무거운**(*garuka*) **업**이고, 이것이 먼저 과보를 준다.

② 그와 마찬가지로 습관적인 것과 습관적이지 않은 것 중에서 좋은 행위든 나쁜 행위든 **습관적인**(*bahula*) **것**이 먼저 과보를 준다.

'있었던' 정도의 의미라 하겠다. 업이 있었지만 그 과보를 가져올 기간을 넘겨버린 업이라는 뜻이다. 그래서 효력을 상실한 업이다.
혹시 효력을 상실한 업이라 하니 지은 업이 효력이 없을 수도 있구나하고 오해할지 모르지만 업인 이상 반드시 과보는 있다는 업의 법칙을 잊어서는 안된다. 그러므로 실제적으로 특별히 이 효력을 상실한 업에 해당되는 업이 있는 것은 아니며 금생이나 내생에 익게 되어있는 위 첫 번째와 두 번째에 해당하는 업이 조건을 만나지 못해서 익지 못한 업을 나타낸다.

156) 아빠라빠리야(*aparāpariya*)는 '또 다른'을 뜻하는 *apara*가 두 번 겹쳐져서 *apara-apara*가 되고 여기에 '-*iya*'어미가 붙어서 만들어진 단어로서 '그 다음부터 계속해서'라는 의미로 쓰인다. 전체적으로는 '다음 생의 다음부터'라는 뜻에서 세 번째 생부터 받는 업이라는 의미이다.

③ **[임종에] 다다라 지은**(*āsanna*) **업**이란 임종시에 기억나는 업이다. 임종에 가까운 사람이 그 업을 기억할 수 있다. 그것에 따라 태어난다.

④ 이 셋에 포함되어있지 않고 자주 반복하여 지었기 때문에 **이미 지은**(*kaṭatta*) **업**이라 한다. 앞의 세 가지 업이 없을 때 이것이 재생연결을 일으킨다.

16. 또 다른 네 가지 업이 있다. 생산업, 돕는 업, 방해업, 파괴업이다.

① **생산**(*janaka*)**업**은 유익한 것이든 해로운 것이든 재생연결과 삶의 전개과정에서 물질과 정신의 과보의 무더기를 생기게 한다. ② **돕는**(*upatthambhaka*) **업**은 과보를 생기게 할 수 없다. 다른 업에 의해서 재생연결이 주어지고 과보가 생길 때 즐거움과 고통이 생기면 그것을 지지하고 지속되게 한다.

③ **방해**(*upapīḷaka*)**업**은 다른 업에 의해서 재생연결이 주어지고 과보가 생길 때 즐거움과 괴로움이 생기면 그것을 방해하고 막으며 지속되지 못하게 한다.

④ 파괴(*upaghātaka*)**업**은 그 스스로 유익한 것이기도 하고, 해로운 것이기도 하며, 힘이 약한 다른 업을 파괴하고 그 업이 그것의 과보를 낼 수 있는 기회를 빼앗아버리고 자기의 과보를 낼 기회를 만든다. 이와 같이 [파괴하는] 업에 의해서 기회가 주어질 때 [파괴하는] 업의 과보가 일어났다고 한다.

17. 이와 같은 12가지 업들에 대한 업의 차이와 과보의 차이[157]는 부처님들의 업과 과보에 대한 지혜에 의해서만이 있는 그

대로의 성질에 따라 분명하게 드러난다. 이런 지혜는 제자들과도 공유하지 않는 부처님들께만 있는 것이다. 그러나 위빳사나를 수행하는 자는 업의 차이와 과보의 차이를 일부분이나마 알아야 한다. 그래서 이러한 업의 차이점을 표제만 보여줌으로써 설했다. 이와 같이 이 12가지 업을 업의 회전에 포함시키고서 어떤 사람은 업의 회전과 과보의 회전을 통해서 정신·물질의 조건을 파악한다.

18. 그가 이와 같이 업의 회전과 과보의 회전을 통해서 조건으로부터 정신·물질이 일어나는 것을 보고는 현재에 이렇듯이 과거에도 업의 회전과 과보의 회전을 통해서 조건으로부터 생겼고, 미래에도 업의 회전과 과보의 회전을 통해서 조건으로부터 생길 것이라고 관찰한다. 이와 같이 업과 업의 과보, 업의 회전과 과보의 회전, 업의 일어남과 과보의 일어남, 업의 상속과 과보의 상속, 행위와 행위의 과보가 계속된다.

> 업으로부터 과보가 생기며
> 과보는 업이 그것의 근원이다.
> 업으로부터 다시 태어남이 있고
> 이렇게 해서 세상은 계속된다.

그는 이와 같이 관찰한다.

---

157) "'업의 차이'로 옮긴 원문의 '*kammantara*'는 힘이 강한 업과 힘이 약한 업으로 분류되는 업의 차이(*kammavisesa*)이고 '과보의 차이'로 옮긴 '*vipākantara*'는 저열한 과보, 수승한 과보 등으로 분류되는 과보의 차이(*vipākavisesa*)이다.(Pm.687)"

19. 그가 이와 같이 관찰할 때 과거 등에 대해 "나는 정말 과거에 존재했는가?(M.i.8)" 등의 방법으로 설한(§6) 16가지 의심이 모두 사라진다.

업과 업의 과보 이외에는 달리 행위자가 없다

이제 그에게는 모든 존재와 모태와 태어날 곳과 거주와 거처에서 오직 원인과 결과의 연결로 일어나는 정신·물질만이 드러난다. 그는 원인(*kāraṇa*)의 배후에 다른 짓는 자(*kāraka*)가 있다고 보지 않는다.[158] 과보가 일어나는 것 이외에 과보를 경험하는 자가 있다고 보지 않는다. 원인이 있을 때 '짓는 자'라 하고 과보가 일어날 때 '경험하는 자'라고 [세간에서] 통용되는 명칭으로 현자들이 인습적으로 표현할 뿐이라고 바른 통찰지로 바르게 본다.

20. 그래서 옛 스승들께서 말씀하셨다.

> "업을 짓는 자도 없고 과보를 경험하는 자도 없고
> 순수한 법들만이 일어날 뿐이니 이것이 바르게 봄(見)이다.
> 이와 같이 업과 과보가 원인과 함께 나아갈 때
> 씨앗과 나무 등처럼 그 시작을 알 수 없다.[159]

---

158) 냐나몰리 스님은 '*He sees no doer over and above the doing*'이라고 영역했다. 원문의 '*kāraṇa*'를 '*karaṇa(doing)*'로 본 것이다. 그러나 여기서는 원인이라는 뜻이다. 단지 원인이 있을 때 결과가 일어나는 것이 있을 뿐 어느 누구를 지칭하여 짓는 자라고 이름할 것이 없다. 그러나 세간에서 통용되는 어법에 따라 원인이 있을 때 '짓는 자'라 하고, 결과가 일어날 때 '경험하는 자'라고 할 뿐이라고 바르게 안다는 뜻이다.

159) "씨앗으로부터 나무가 있고 다시 나무로부터 씨앗이 있기 때문에 그것이

미래의 윤회에서도 [업과 과보가]
일어나지 않는다고 보지 않는다.
외도들은 이 뜻을 알지 못하여
그들의 견해에서 자유롭지 못하고
중생이라는 인식(衆生想)을 가져
영원하거나 허무하다고 보아
서로서로 모순되는 62가지 견해를 가진다.
견해의 올가미에 묶인 그들은
갈애의 흐름에 떠밀려가고
갈애의 흐름에 떠밀려간 그들은
괴로움으로부터 벗어나지 못한다.

부처님의 제자인 비구는 초월지로 이 심심하고
미묘하고 공한 조건을 통찰한다.
과보에 업이 없고, 업에 과보가 없어
그 둘은 각각 공하지만
업이 없이는 과보가 없다.
마치 태양과 보석과 소똥 속에
불이 있는 것은 아니지만
그들 밖에 불이 따로 있는 것도 아니요
연료들로부터 생기듯이.

시작된 시간이 없다. 그러므로 씨앗과 나무의 상속에서 그 시작이 알려지지 않은 것처럼 업으로부터 과보가, 다시 과보로부터 업이 있어 업과 과보의 상속에서 그 시작이 알려지지 않았다.(Pm.689)"

그와 마찬가지로 업 속에 과보가 없고
업을 떠나서도 없고
업이 과보 속에 있는 것도 아니다.
업은 과보가 공하고
업에 과보가 존재하지도 않는다.
업을 의지하여 업으로부터 과보가 생길 뿐
신도 없고 범천도 없고 윤회를 만드는 자도 없다.
원인과 조건 따라 순수한 법들이 일어날 뿐이다."

안 것의 통달지(*ñātapariññā*)

21. 그가 이와 같이 업의 회전과 과보의 회전으로 정신·물질을 파악한 뒤 삼세에 대한 의심을 버릴 때 모든 과거·미래·현재의 법들을 죽음과 재생연결을 통하여 알게 된다. 이것이 안 것의 통달지(*ñātapariññā*, 知遍知)이다.(XX. §3참조)

22. 그는 이와 같이 꿰뚫어 안다. 과거에 업을 조건하여(*kamma-paccaya*) 생겨난 무더기들은 그곳에서 소멸된다. 그러나 과거의 업을 조건하여 이생에서는 다른 무더기들이 생겨난다. 단 하나의 법도 과거의 생으로부터 이생에 건너온 것은 없다. 이생에서도 업의 조건으로부터 생겨난 무더기들은 소멸할 것이다. 미래생에는 다른 [무더기가] 생겨날 것이다. 단 하나의 법도 이생에서 미래생으로 가지 않을 것이다.

스승의 입에서 나온 암송이 제자의 입에 들어가지 않지만 제자의 입에 들어가지 않았다는 이유로 제자의 입에서 암송되지 않는 것은 아니다. 환자의 대리인이 마신 마법의 약이 환자의 배에 들어가지 않지만 환자의 배에 들어가지 않았다는 이유로 병이 낫지 않는 것은 아니다. 화장을 잘 한 얼굴이 거울 표면 등에 얼굴의 영상으로 옮겨가지 않지만 옮겨가지 않았다는 이유로 화장이 나타나지 않는 것은 아니다. 등불이 하나의 심지로부터 다른 심지로 옮겨가지 않지만 그렇다고 해서 등불이 생겨나지 않는 것이 아니다.

이와 같이 어느 한 법도 과거생에서 이생으로, 혹은 이생에서 내생으로 옮겨가지 않는다. 그렇지만 과거생의 무더기(*khandha*, 蘊), 감각장소(*āyatana*, 處), 요소(*dhātu*, 界)를 조건으로 이 생의 무더기, 감각장소, 요소가, 혹은 이 생의 무더기, 감각장소, 요소를 조건으로 내생의 무더기, 감각장소, 요소가 생겨나지 않는 것이 아니다.

23. 눈의 알음알이는 마노의 요소 다음에 [일어나지만][160] 그것으로부터 온 것도 아니고

그것 다음에 생기지 않는 것도 아니다.
그와 마찬가지로 재생연결에서
알음알이의 상속은 계속된다.
앞의 알음알이는 부서지고
뒤의 알음알이는 그것으로부터 생긴다.
그들에겐 틈이 없고 사이가 없다.
이로부터 간 것이 하나도 없지만
재생연결은 생겨난다.

---

160) 오문인식과정에서 대상으로 전향하는 마음(*āvajjana*), 즉 오문전향의 마음이 바로 마노의 요소(意界)이다. 이 오문전향의 마음 바로 다음에 눈의 알음알이(眼識)가 일어난다. 『길라잡이』 3장 §8의 4-8번 해설 참조.

24. 이와 같이 그는 죽음과 재생연결을 통해 모든 법을 안다. 모든 측면에서 정신 · 물질의 원인을 파악하는 그의 지혜는 깊어지고, 16가지 의심은 말끔히 제거된다. 이뿐만 아니라 "스승에 대해서 의심한다(Dhs.183)"라는 방법으로 일어나는 8가지 의심161)도 버리고 62가지 견해도 억누른다.

25. 이와 같이 여러 가지 방법으로 정신 · 물질의 조건을 파악함으로써 삼세에 대한 의심을 버리고 얻은 지혜를 의심을 극복함에 의한 청정이라 한다. 법들의 조건에 대한 지혜(*dhammaṭṭhiti-ñāṇa*, 法住智), 있는 그대로의 지혜(*yathā-bhūta-ñāṇa*, 如實智), 바르게 봄(*sammā-dassana*, 正見)이 이것의 동의어이다.

26. 이와 같이 설하셨기 때문이다.
"무명은 조건이고 상카라들은 조건에서 생긴 결과이다. 이 두 법은 조건 따라 생겼다라고 조건을 파악함에 대한 통찰지가 법들의 조건에 대한 지혜이다.(Ps.i.50)"

"무상을 마음에 잡도리할 때 그는 어떤 법들을 있는 그대로 알고 보는가? 어떻게 바르게 봄(*sammā-dassana*)이 있는가? 어떻게 이 [바르게 봄을] 따라 모든 상카라들을 무상이라 잘 보는가? 어디서 의심을 버리는가? 괴로움을 … 무아를 마음에 잡도리할 때 그는 어떤 법들을 있는 그대로 알고 보는가? … 어디서 의심을 버리는가?

무상을 마음에 잡도리할 때 그는 표상(*nimitta*)을 있는 그대로 알고 본다. 그래서 정견이라 한다. 이와 같이 그것에 따라 모든 행들

161) 『담마상가니』에는 불, 법, 승, 학습[계], 과거, 미래, 과거 · 미래, 연기법을 의심하는 8가지 의심(*kaṅkhā*)을 들고 있다.(Dhs.183)

을 무상이라 잘 본다. 여기서 의심을 버린다. 괴로움을 마음에 잡도리할 때 그는 진행(*pavatta*)을 있는 그대로 알고 본다. … 무아를 마음에 잡도리할 때 그는 표상과 진행을 있는 그대로 알고 본다. … 그래서 정견이라 한다. 이와 같이 모든 상카라들을 무아라고 잘 본다. 여기서 의심을 버린다.

그러면 있는 그대로의 지혜, 바른 견(正見), 의심을 여읜 것이라는 이 법들은 뜻도 다르고 문자도 다른가? 아니면 뜻은 하나이고 문자만 다른가? 있는 그대로의 지혜, 바른 견, 의심을 여읜 것이라는 이 법들은 뜻은 하나이고 문자만 다르다.(Ps.ii.62-63)"

27. 위빳사나를 수행하는 자가 이 지혜를 갖출 때 부처님의 교법에서 안식(安息, *assāsa*)을 얻은 자, 발판(*patiṭṭha*)을 얻은 자, 태어날 곳(行處, *gati*)이 정해진 자라고 하며, '작은 수다원(*cūḷa-sotāpanna*)'이라 부른다.

그러므로 항상 마음챙기면서
의심을 여의고자하는 비구는
정신 · 물질, 둘 모두의
원인을 파악해야 한다.

어진 이를 기쁘게 하기 위해 지은 청정도론의
통찰지수행의 표제에서
의심을 극복함에 의한 청정에 관한 해설이라 불리는
제19장이 끝났다.

제20장

maggāmaggañāṇadassanavisuddhiniddeso

도와 도 아님에 대한 지와 견에 의한 청정

제20장 도와 도 아님에 대한 지와 견에 의한 청정

maggāmaggañāṇadassanavisuddhiniddeso

명상의 지혜

sammasanañāṇakathā

1. 이것은 도고 이것은 도가 아니라고 이와 같이 도와 도 아님을 알고서 확립된 지혜를 '도와 도 아님에 대한 지(知)와 견(見)에 의한 청정(*maggāmagga-ñāṇadassana-visuddhi*)'이라 한다.

2. 이것을 성취하고자하는 비구는 깔라빠에 대한 명상이라 부르는 조직적인 위빳사나[162] 수행을 해야 한다. 무슨 이유인가? 위

162) "조직적인 위빳사나(*naya-vipassana*)라는 것은 과거・미래・현재로 분리된 법들을 깔라빠로 함께 모아서 명상(*sammasana*)하는 것인데 잠부디빠(Jambudīpa, 인도)에 사는 자들은 '깔라빠에 대한 명상(*kalāpa-sammasana*)'이라고 부른다. 한편 "물질은 그 어떠한 것이든, 그것이 과거의 것이든 …(M.iii.16)"이라는 방법으로 법들을 위빳사나하는 것을 '조직적인 위빳사나'라 한다. 이것은 땀바빤니(스리랑카)에 거주하는 자들이 사용하는 말이다. (Pm.692)"

빳사나를 시작한 자에게 광명 등이 나타날 때 도와 도 아님에 대한 지혜가 생기기 때문이다.(§105이하 참조) 광명 등이 나타날 때 위빳사나를 시작한 자에게 도와 도 아님에 대한 지혜가 생기기 때문이다.

그리고 깔라빠에 대한 명상이 위빳사나의 시작이다. 그래서 의심을 극복한 다음에 이것을 제시하였다. '조사의 통달지(*tīraṇa-pariññā*, 審察遍知)'163)가 생길 때 도와 도 아님에 대한 지혜가 생긴다. '조사의 통달지'는 '안 것의 통달지(*ñāta-pariññā*, 知遍知)' 다음에 생긴다. 그러므로 이 도와 도 아님에 대한 지와 견에 의한 청정을 성취하고자하는 자는 이제 깔라빠에 대한 명상을 수행해야 한다.

세 가지 통달지(*pariññā*)

3. 이것이 판별이다. 세간적인 통달지는 세 가지이다. ① 안 것의 통달지(*ñātapariññā*, 知遍知) ② 조사의 통달지(*tīraṇapariññā*, 審察遍知) ③ 버림의 통달지(*pahānapariññā*, 斷遍知)이다. 이것을 두고 설하셨다.

"초월지라는 통찰지는 알았다는 뜻에서 지혜이고, 통달지라는 통찰지는 조사하는 뜻에서 지혜이고, 버림이라는 통찰지는 제거하는 뜻에서 지혜이다.(Ps.i.87)"

이 가운데서 ① 물질은 변하는 특징을 가지고, 느낌은 느껴진 특징을 가진다고 이와 같이 그 법들의 개별적인 특징을 조사함으로써 생기는 통찰지가 안 것의 통달지이다.

② 물질은 무상하고 느낌은 무상하다는 방법으로 그 법들에게서

---

163) '조사의 통달지'로 옮긴 '*tīraṇa-pariññā*'는 세 가지 통달지(*pariññā*, 遍知) 가운데 하나이다. 자세한 것은 아래 §3을 참조할 것.

보편적인 특징을 제기한 뒤 생기는 보편적인 특징을 대상으로 가지는 위빳사나의 통찰지가 조사의 통달지이다.

③ 이런 법들에서 영원하다는 인식 등을 버림으로써 생긴 특징을 대상으로 가진 위빳사나의 통찰지가 버림의 통달지이다.

4. ① 여기서 상카라들의 한계를 정함(XVIII)으로부터 조건의 파악(XIX)까지가 안 것의 통달지의 범주이다. 이 부분에서는 법들의 개별적인 특징을 통찰하는 것이 주가 된다.

② 깔라빠를 명상하는 것부터 생멸의 관찰(XXI. §3이하)까지가 조사의 통달지의 범주이다. 이 부분에서는 보편적인 특징을 통찰하는 것이 주가 된다.

③ 무너짐의 관찰(XXI. §10)이후부터가 버림의 통달지의 범주이다. 여기서부터는 다음과 같이 영원하다는 인식 등을 버림을 성취하는 일곱 가지 관찰이 주가 된다. 즉 "그는 [행들을] 무상이라 관찰하면서 영원하다는 인식을 버린다. 괴로움이라고 관찰하면서 행복이라는 인식을 버린다. 무아라고 관찰하면서 자아라는 인식을, 역겨워하면서 즐김을, 탐욕을 빛바래게 하면서 탐욕을, 소멸로써 일어남을, 놓아버림으로써 취함을 버린다.(Ps.i.178)"

5. 이와 같이 세 가지 통달지들 가운데서 상카라들의 한계를 정하는 것과 조건을 파악하는 것을 성취했기 때문에 이 수행자는 안 것의 통달지를 얻었고, 나머지는 이제 얻어야 한다. 그래서 다음과 같이 설하였다.

'조사의 통달지(*tīraṇa-pariññā*, 審察遍知)가 생길 때 도와 도 아님에 대한 지혜가 생긴다. 조사의 통달지는 안 것의 통달지(*ñāta-pariññā*,

知遍知) 다음에 생긴다. 그러므로 도와 도 아님에 대한 지와 견에 의한 청정을 성취하고자하는 자는 이제 깔라빠의 명상에 대한 수행을 해야 한다.'라고(§2)

깔라빠에 대한 명상(*kalāpa-sammasana*)

6. 여기서 이것이 성전이다. "어떻게 과거, 미래, 현재의 법들을 요약해서 구분하는 통찰지가 명상의 지혜인가? 물질이 어떠한 것이든, 그것이 과거의 것이든 미래의 것이든 현재의 것이든, 안의 것이든 … 멀리 있는 것이든, 가까이 있는 것이든, 그 모든 물질을 무상하다고 구분하는 것이 한 가지 명상이다. 그 물질을 괴로움이라고 구분하는 것이 한 가지 명상이다. 무아라고 구분하는 것이 한 가지 명상이다. 느낌이 그 어떤 것이든 … 알음알이가 그 어떠한 것이든 … 무아라고 구분하는 것이 한 가지 명상이다. 눈은 … 늙음·죽음은 그것이 과거의 것이든 미래의 것이든 현재의 것이든, 그것을 무상하다고 구분하는 것이 한 가지 명상이다. 괴로움이라고 … 무아라고 구분하는 것이 한 가지 명상이다."

7. "물질은 그것이 과거의 것이든 미래의 것이든 현재의 것이든, 부서진다는 뜻에서 무상하고, 두렵다는 뜻에서 괴로움이며, 고갱이가 없다는 뜻에서 무아라고 요약해서 구분하는 통찰지가 명상의 지혜다. 느낌은 … 알음알이는 … 눈은 … 늙음·죽음은 부서진다는 뜻에서 무상하고, 두렵다는 뜻에서 괴로움이며, 고갱이가 없다는 뜻에서 무아라고 요약해서 구분하는 통찰지가 명상의 지혜다.

물질은 그것이 과거의 것이든 미래의 것이든 현재의 것이든, 무상하고, 형성되었고, 조건 따라 일어났고, 부서지기 마련인 법이고, 사라지기 마련인 법이고, 빛바래기 마련인 법이고 소멸하기 마련인 법이라고 요약해서 구분하는 통찰지가 명상의 지혜다. 느낌은 … 알음알이는 … 눈은 … 늙음·죽음은 과거의 것이든 미래의 것이든 현재의 것이든, 무상하고, 형성되었고, 조건 따라 일어났고, 부서지기 마련인 법이고, 사라지기 마련인 법이고, 빛바래기 마련인 법이고 소멸하기 마련인 법이라고 요약해서 구분하는 통찰지가 명상의 지혜다."

8. "'태어남을 조건으로 늙음·죽음이 있다. 태어남이 없으면 늙음·죽음도 없다.'고 요약해서 구분하는 통찰지가 명상의 지혜다. '과거에도 미래에도 태어남을 조건으로 늙음·죽음이 있다. 태어남이 없으면 늙음·죽음도 없다'고 요약해서 구분하는 통찰지가 명상의 지혜다. '존재를 조건으로 태어남이 있다. … 무명을 조건으로 상카라들이 있다. 무명이 없으면 상카라들도 없다'고 요약해서 구분하는 통찰지가 명상의 지혜다. '과거에도 미래에도 무명을 조건으로 상카라들이 있다. 무명이 없으면 상카라들도 없다'고 요약해서 구분하는 통찰지가 명상의 지혜다. 알았다는 뜻에서 지혜이고, 꿰뚫어 안다는 뜻에서 통찰지이다. 그러므로 과거, 미래, 현재의 법들을 요약해서 구분하는 통찰지가 명상의 지혜다.(Ps.i.53-54)"

9. 여기서 '눈 … 늙음·죽음'이라고 생략한 것은 다음과 같은 법의 무더기들이 생략되었다고 알아야 한다.

(1) 문과 대상과 함께 문에서 일어나는 법들

(2) 다섯 가지 무더기

(3) 여섯 가지 문
(4) 여섯 가지 대상
(5) 여섯 가지 알음알이
(6) 여섯 가지 감각접촉
(7) 여섯 가지 느낌
(8) 여섯 가지 인식
(9) 여섯 가지 의도
(10) 여섯 가지 갈애
(11) 여섯 가지 일으킨 생각
(12) 여섯 가지 지속적인 고찰
(13) 여섯 가지 요소
(14) 열 가지 명상주제
(15) 서른두 가지 몸의 부분
(16) 열두 가지 감각장소
(17) 열여덟 가지 요소
(18) 스물두 가지 기능
(19) 삼계
(20) 아홉 가지 존재
(21) 네 가지 禪
(22) 네 가지 무량
(23) 네 가지 무색계 증득(等至)
(24) 열두 가지 연기의 구성요소

10. 『무애해도』의 초월지의 해설에서 이렇게 설했기 때문이다. "비구들이여, 모든 것을 완전히 알아야 한다. 비구들이여, 무엇

을 완전히 알아야 하는가? 비구들이여, (1) 눈을 완전히 알아야 한다. 형상을 … 눈의 알음알이를 … 눈의 감각접촉을 … 눈의 감각접촉을 조건으로 즐겁거나 괴롭거나 괴롭지도 즐겁지도 않은 느낌이 일어난다. 그것을 완전히 알아야 한다. 귀를 … 마노의 감각접촉을 조건으로 즐겁거나 괴롭거나 괴롭지도 즐겁지도 않은 느낌이 일어난다. 그것을 완전히 알아야 한다."

11. "(2) 물질을 … 알음알이를 … (3) 눈을 … 마노를 … (4) 형상을 … 법을 … (5) 눈의 알음알이를 … 마노의 알음알이를 … (6) 눈의 감각접촉을 … 마노의 감각접촉을 … (7) 눈의 감각접촉에서 생긴 느낌을 … 마노의 감각접촉에서 생긴 느낌을 … (8) 형상이라는 인식 … 법이라는 인식 … (9) 형상에 대한 의도 … 법에 대한 의도 … (10) 형상에 대한 갈애 … 법에 대한 갈애 … (11) 형상에 대한 일으킨 생각 … 법에 대한 일으킨 생각 … (12) 형상에 대한 지속적인 고찰 … 법에 대한 지속적인 고찰 …

(13) 땅의 요소 … 알음알이의 요소 … (14) 흙의 명상주제 … 알음알이의 명상주제 … (15) 머리카락 … 뇌 … (16) 눈의 감각장소 … 법의 감각장소 … (17) 눈의 요소 … 마노의 알음알이의 요소 … (18) 눈의 기능 … 구경의 지혜를 구족한 기능(具知根) … (19) 욕계 … 색계 … 무색계 … (20) 욕계 존재 … 색계 존재 … 무색계 존재 … 인식을 가진 존재 … 인식이 없는 존재 … 인식이 있는 것도 없는 것도 아닌 존재 … 하나의 무더기를 가진 존재 … 네 무더기를 가진 존재 … 다섯 무더기를 가진 존재 … (21) 초선 … 제4선 … (22) 자애의 심해탈 … 평온의 심해탈 … (23) 공무변처의 증득 … 비상비비상처의 증득 … (24) 무명을 완전히 알아야 한다. … 늙음·죽음

을 완전히 알아야 한다.(Ps.i.5-8)"

12. 이것은 그곳에서 상세하게 설했기 때문에 여기서는 모든 것을 생략하여 요약했다. 이와 같이 요약할 때 출세간법도 여기에 포함되었다. 그러나 그들은 명상하기에 적합하지 않으므로 여기서 취해서는 안된다. 명상하기에 적합하며 분명하고 쉽게 파악할 수 있는 것들 가운데서 어떤 것으로 명상을 시작해야 한다.

깔라빠에 대한 명상 — 성전의 적용

13. 여기서 다음의 설명은 무더기(蘊)로부터 시작해서 그 절차를 적용하는 것이다.

"물질은 그것이 어떤 것이든, 그것이 과거의 것이든 미래의 것이든 현재의 것이든, 안의 것이든 … 멀리 있는 것이든, 가까이 있는 것이든, 그 모든 물질을 무상하다고 구분하는 것이 한 가지 명상이다. 그 물질을 괴로움이라고 구분하는 것이 한 가지 명상이다. 무아라고 구분하는 것이 한 가지 명상이다."(§6)

여기서 이 비구는 물질을 일일이 열거하지 않고 **물질은 그것이 어떤 것이**든이라고 앞서 설한 모든 물질을 과거 등 3개조와 안 등 2개조로 시작하는 네 개조의 11개 부분으로 한계를 정한 뒤 모든 물질을 무상하다고 구분하고, 무상하다고 명상한다. 어떻게? 다음에(§14) 설할 방법대로 [명상한다]. 이와 같이 설하셨기 때문이다. "물질은 그것이 과거의 것이든 미래의 것이든 현재의 것이든 무너진다는 뜻에서 무상하다"라고.(§7)

14. 그러므로 '과거의 물질은 오직 과거에 부서졌을 뿐 그것이 이 생에 이른 것이 아니기 때문에 **부서진다는 뜻에서 무상하다**. 미래의 물질은 다음 생에 생길 것이고 그곳에서 부서질 것이다. 그것이 다음 생으로 가지 않을 것이기 때문에 부서진다는 뜻에서 무상하다. 현재의 물질은 여기서 부서질 것이고 이곳으로부터 옮겨가지 않을 것이기 때문에 부서진다는 뜻에서 무상하다.

안의 물질은 안에서 부서지고 밖의 상태에 이르지 않기 때문에 부서진다는 뜻에서 무상하다. 밖의 물질은 … 거친 물질은 … 미세한 물질은 … 저열한 물질은 … 수승한 물질은 … 먼 물질은 … 가까운 물질은 그곳에서 부서지고 먼 상태에 이르지 않기 때문에 부서진다는 뜻에서 무상하다.'라고 명상한다.

이 모든 것 역시 부서진다는 뜻에서 무상하다는 것으로 하나의 명상이다. 분류하면 11가지가 있다.

15. 이 모든 [물질]은 **두렵다는 뜻에서 괴로움이다**. 두렵다는 뜻에서란 공포를 주기 때문이다. 무상한 것은 두려움을 가져온다. 「사자비유경」(Sīhopama Sutta, S.iii.84)에서 신들에게 [설하셨던 것처럼]. 이와 같이 두렵다는 뜻에서 괴로움이라고 하는 것이 하나의 명상이다. [같은 방법으로] 분류하면 11가지가 있다.

16. 모든 물질이 괴로움이듯 **고갱이가 없다는 뜻에서 무아이다**. 고갱이가 없다는 뜻에서란 자아, 거주자, 짓는 자, 경험하는 자, 자재자라고 상상해온 자아라는 고갱이가 없기 때문이다. 무상한 것은 괴로움이다. 자기의 무상한 성질이나 혹은 일어나고 사라짐에 의한

압박[164]을 피할 수 없는데 어떻게 짓는 자 등의 상태를 갖겠는가? 그래서 말씀하셨다. "비구들이여, 이 물질이 자아라면 물질은 병들지 않을 것이다.(S.iii.66)" 이와 같이 [물질은] 고갱이가 없다는 뜻에서 무아라고 하는 것이 하나의 명상이다. 이 방법은 느낌 등에도 적용된다.

17. 무상한 것은 반드시 형성된 것 등으로 분류된다. 그것의 동의어를 보이기 위해서 혹은 갖가지로 마음에 잡도리함이 일어나는 것을 보이기 위해서 "물질은 그것이 과거의 것이든 미래의 것이든 현재의 것이든, 그것은 무상하고, 형성되었고, 조건 따라 일어나고, 부서지기 마련인 법이고, 사라지기 마련인 법이고, 빛바래기 마련인 법이고 소멸하기 마련인 법이다."라고(§7) 다시 성전에서 설하셨다. 이 방법은 느낌 등에도 적용된다.

40가지 관찰
cattārīsākārānupassanā

18. 다섯 가지 무더기들에 대해서 무상하고 괴로움이고 무아라고 명상함을 굳건히 하기 위해서 세존께서는, "어떤 40가지 방식으로 적합한 인내[165]를 얻는가? 어떤 40가지 방식으로 올바름과 확실

164) 합성어 '*udayabbaya-pīḷanaṁ*'은 괴로움의 상태를 설명하는 것으로 '일어남과 멸함에 의한 압박'으로 풀이된다. 냐나몰리 스님은 *the rise and fall and oppression*으로 드완드와(병열) 합성어로 이해해서 영역했는데 정확한 뜻을 드러내지 못했다.

165) '적합한 인내(*anulomika khanti*)'란 성스러운 도를 얻는 데 적합한 지혜를 뜻한다. *khanti*라는 단어는 인내라는 뜻으로 주로 사용되는데 여기서는 지혜를 나타내는 뜻으로 사용되었다. 지혜가 대상의 고유성질에 들어

함[166]에 들어가는가?(Ps.ii.238)"라고 질문하시고 다음과 같이 대답하셨다.

"다섯 가지 무더기들을 무상으로, 괴로움으로, 병으로, 종기로, 화살로, 재난으로, 질병으로, 타인으로, 붕괴하는 것으로, 전염병으로, 재앙으로, 두려움으로, 협박으로, 떨림으로, 무너지기 쉬운 것으로, 지속되지 않는 것으로, 보호가 없는 것으로, 피난처가 없는 것으로, 귀의처가 없는 것으로, 비었음으로, 허함으로, 공함으로, 자아가 없음으로, 위험으로, 변하기 마련인 법으로, 고갱이가 없는 것으로, 재난의 뿌리인 것으로, 살인자로, 복리가 없음으로, 번뇌에 물들기 쉬운 것으로, 형성된 것으로, 마라의 미끼로, 태어나기 마련인 법으로, 늙기 마련인 법으로, 병들기 마련인 법으로, 죽기 마련인 법으로, 근심하기 마련인 법으로, 탄식하기 마련인 법으로, 절망하기 마련인 법으로, 오염되기 마련인 법으로 — 이런 40가지 방식으로 다섯 가지 무더기들을 무상하다고 보면서 그는 적합한 인내를 얻는다. 다섯 가지 무더기들이 멸하는 것이 영원한 열반이라고 보면서 그는 올바름과 확실함에 들어간다.(Ps.ii.238)"

이러한 방법으로 수순하는 지혜(*anuloma-ñāṇa*, 隨順智)[167]를 설명

가서 그것을 구분하는 것을 참고, 견딜만하기 때문에 *khanti*라 한다.(Pm.697)

166) '*sammatta-niyāma*(올바름과 확실함)'는 성스러운 도를 가리킨다. 팔정도의 바른 견해(正見) 등은 바른 것이고 또 물러남이 없기 때문에 확실하다.(Pm.697) 냐나몰리 스님은 이 단어를 *the certainty of rightness*라고 영역했는데 문맥상 옳지 않다. 성스러운 도는 고유성질로서는 바른 것이고, 또 절대로 물러남이 없이 확실하게 열반에 든다는 뜻이기 때문이다.

167) 수순하는 지혜에 대해서는 XXI. §128이하, 특히 §133을 참조할 것.

하시면서 분류에 따라 무상 등의 명상을 설하셨다. 수행자는 이 방법대로 이 다섯 가지 무더기들을 명상한다.

19. 어떻게?

(1) 낱낱의 무더기가 영원하지 않고 처음과 끝을 가졌기 때문에 무상하다고 명상한다.

(2) 일어나고 사라짐에 의해 압박받고 고통의 기초이기 때문에 괴로움이라고 명상한다.

(3) 조건에 의존하고 병의 뿌리이기 때문에 병이라고 명상한다.

(4) 고통의 창과 연결되어있고, 오염의 더러움이 넘쳐 나오며, 일어남에 의해 붓고, 늙음에 의해 여물고, 무너짐에 의해 터지기 때문에 종기라고 명상한다.

(5) 압박을 일으키고, 안을 관통하며, 뽑기 어렵기 때문에 화살이라고 명상한다.

(6) 비난받고, 손실을 가져오며, 재난의 기지이기 때문에 재난이라고 명상한다.

(7) 자유롭지 못하게 만들고, 질병의 가까운 원인이기 때문에 질병이라고 명상한다.

(8) 지배할 힘이 없고, 다루기 힘들기 때문에 타인이라고 명상한다.

(9) 병과 늙음과 죽음으로 무너지기 때문에 붕괴하는 것이라고 명상한다.

(10) 여러 가지 피해를 가져오기 때문에 전염병이라고 명상한다.

(11) 예측치 않은 커다란 불이익을 가져오고 모든 재앙의 기지이기 때문에 재앙이라고 명상한다.

(12) 모든 두려움의 광산이고 괴로움의 가라앉음이라 불리는 최상

의 안식(安息)과 반대되기 때문에 두려움이라고 명상한다.

(13) 여러 가지 불이익이 따라오고, 잘못으로 위협받고, 협박처럼 참을만한 것이 아니기 때문에 협박이라고 명상한다.

(14) 병, 늙음, 죽음 등과 획득과 손실 등 세간적인 법으로 동요되기 때문에 떨리는 것으로 명상한다.

(15) 공격에 의해서, 자연적으로, 습관적으로 무너지기 때문에 무너지기 쉬운 것으로 명상한다.

(16) 모든 순간에 무너지고 굳건함이 없기 때문에 지속되지 않는 것으로 명상한다.

(17) 보호하지 못하고 안전을 주지 못하기 때문에 보호가 없는 것으로 명상한다.

(18) 피난하기에 적당치 않고 피난처를 찾는 사람에게 피난할 수 있는 역할을 하지 않기 때문에 피난처가 없는 것으로 명상한다.

(19) 귀의하는 사람의 두려움을 흩어버리지 못하기 때문에 귀의처가 없는 것으로 명상한다.

(20) 영원하고 아름답고 행복하고 자아가 있다고 그렇게 상상해온 그것이 비었기 때문에 비었다고 명상한다.

(21) 비었기 때문에 허하다고, 혹은 세간에서 하찮은 것은 허하다고 하기 때문에 하찮기 때문에 허하다고 명상한다.

(22) 주인, 거주자, 짓는 자, 경험하는 자, 뜻을 결정하는 자가 없기 때문에 공하다고 명상한다.

(23) 그 스스로 주인 등이 아니기 때문에 자아가 없다고 명상한다.

(24) [존재의] 진행이 괴로움이고 또 괴로움은 위험한 것이기 때문에 위험하다고 명상한다. 혹은 고통으로 향하여 움직이고, 가고,

나아가기 때문에 위험하다고 명상한다. 이것은 비참한 자의 동의어이다. 무더기들도 비참한 자들이다. 위험과 비슷하기 때문에 위험한 것이라고 명상한다.

(25) 늙음과 죽음이라는 이 두 가지로 변하는 성질을 가졌기 때문에 변하기 마련인 법이라고 명상한다.

(26) 힘이 없고 백목질처럼 쉽게 부수어지기 때문에 고갱이가 없다고 명상한다.

(27) 재난의 원인이기 때문에 재난의 뿌리라고 명상한다.

(28) 친구인척 가장한 적처럼 신의를 저버리기 때문에 살인자라고 명상한다.

(29) 복리는 없고, 파괴하는 것으로 일어나기 때문에 복리가 없는 것으로 명상한다.

(30) 번뇌의 가까운 원인이기 때문에 번뇌에 물들기 쉬운 것으로 명상한다.

(31) 원인과 조건으로 형성되었기 때문에 형성된 것으로 명상한다.

(32) 죽음의 마라와 오염원의 마라가 던져놓은 미끼이기 때문에 마라의 미끼라고 명상한다.

(33) - (36) 태어나고 늙고 병들고 죽는 성질을 가졌기 때문에 태어나기 마련인 법이고 늙기 마련인 법이고 병들기 마련인 법이고 죽기 마련인 법이라고 명상한다.

(37) - (39) 근심, 탄식, 절망의 원인이기 때문에 근심, 탄식, 절망하기 마련인 법이라고 명상한다.

(40) 갈애와 사견과 나쁜 행위라는 오염의 대상이기 때문에 오염되기 마련인 법이라고 명상한다.

이와 같이 분류하여 설한 무상 등의 명상을 통해서 명상한다.

20. 각각의 무더기에 대해 무상으로, 붕괴로, 떨림으로, 무너짐으로, 확실하지 않음으로, 변하기 마련인 법으로, 고갱이가 없음으로, 복리가 없음으로, 형성된 것으로, 죽기 마련인 법으로 — 이 열 가지를 통해서 50가지 무상의 관찰이 있다. 각각의 무더기에 대해 타인으로, 비었음으로, 허함으로, 공함으로, 자아가 없음으로 — 이 다섯 가지를 통해서 25가지 무아의 관찰이 있다. 각각의 무더기에 대해 괴로움으로, 병으로 등, 나머지 25가지를 통해서 125가지 괴로움의 관찰이 있다.

이와 같이 그가 다섯 가지 무더기들에 대해 무상 등의 명상을 200가지로 명상할 때 조직적인 위빳사나라 불리는 무상, 괴로움, 무아에 대한 명상이 굳건해진다.

이것은 성전의 방법에 따라 명상을 시작하는 규칙이다.

기능들(五根)을 맑히는 아홉 가지 방법

21. 비록 이와 같이 조직적인 위빳사나를 수행하더라도 이것을 성취하지 못할 때에는 다음과 같이 설한 아홉 가지 방법으로 기능들을 맑게 한다.

"아홉 가지 방법으로 기능들(五根)을 맑게 한다. ① 계속적으로 일어난 상카라들이 부서짐을 본다. ② 그때에 신중하게 수행해서 성취한다. ③ 지속적으로 수행하여 성취한다. ④ 적절하게 수행하여 성취한다. ⑤ 삼매의 표상을 잡아 성취한다. ⑥ 깨달음의 구성요소들을 적절하게 생기게 함으로써[168] ⑦ 몸과 생명에 무관심을 확립시킨다. ⑧ 출리로 극복해야 하고[169] ⑨ 중간에 그만두지 않는다."

흙의 명상주제에 대한 해설에서 설명한(IV. §55) 일곱 가지 부적당한 것을 버리고 일곱 가지 적당한 것을 반복하여 어떤 때는 물질을 명상해야 하고 어떤 때는 정신을 명상해야 한다.

물질의 생겨남을 봄

rūpanibbattipassanākārakathā

22. 물질에 대해 명상하면서 물질이 생겨나는 것을 보아야 한다. 예를 들면, 이 물질은 업 등 네 가지 원인에서 생겼다. 이 가운데서 모든 중생들의 물질은 생길 때 첫 번째로 업에서 생긴다. 재생연결의 순간에 태생에게는 세 가지 상속[170]을 통해서 토대, 몸, 성의 십원소라 하는 30가지 물질이 생긴다. 이들은 재생연결의 마음이 일어나는 순간에 생긴다. 일어나는 순간처럼 머무는 순간과 멸하는 순간에도 생긴다.

23. 이 가운데서 물질은 천천히 멸하고 무겁게 일어난다. 마음

---

168) "수행하는 자의 마음이 처질 때는 희열, 정진, 택법의 깨달음의 구성요소를 일으키고, 마음이 들뜰 때는 경안, 삼매, 평온(捨)의 깨달음의 구성요소를 일으킨다.(Pm.699)"

169) "일어난 괴로움을 정진으로 극복한다.(Pm.699)"

170) 모든 심찰나(*citta-kkhaṇa*)에는 일어나고 머물고 멸하는 세 아찰나(亞刹那, *sub-moment*)가 있다. 여기서 '세 가지 상속(*tisantati*)'은 재생연결식이 일어나고 머물고 멸하는 세 아찰나를 말한다. XIV. §190주해와 『길라잡이』 4장 §6의 해설을 참조할 것.

은 신속하게 멸하고 가볍게 일어난다. 그래서 말씀하셨다. "비구들이여, 마음처럼 그렇게 가볍게 일어나는 것은 그 어떤 법도 보지 못한다.(A.i.10)"라고.

24. 하나의 물질이 머물 때 열여섯 번의 잠재의식이 일어나고 멸한다.171) 마음은 일어나는 순간과 머무는 순간과 멸하는 순간이 모두 같다. 물질은 일어나는 순간과 멸하는 순간에만 빠른 것이 [마음의 순간들과] 같다. 머무는 순간은 길어서 열여섯 개의 마음들이 일어나고 멸하는 만큼 머문다.

25. 심장 토대는 재생연결의 마음이 일어나는 순간에 일어나서 머무름에 이른다. 이 먼저 생긴 심장 토대를 의지하여 두 번째 잠재의식이 일어난다. 두 번째 잠재의식과 함께 일어나서 존재해있던 먼저 생긴 심장 토대를 의지하여 세 번째 잠재의식이 일어난다. 이러한 방법으로 생명이 다하는 순간까지 마음이 일어남을 알아야 한다. 임종에 다다른 자에게는 머무름에 이른 먼저 생긴 단 하나의 [심장]토대만을 의지하여 열여섯 개의 마음들이 일어난다.

---

171) "*rūpe dharante yeva hi soḷasavāre bhavaṅgacittaṁ uppajjitvā nirujjhati.*"
이 구절은 상좌부 특유의 인식과정(*vīthicitta*)을 전개해가는 기본 명제가 되는 중요한 문장으로서 꼭 기억해야 하기 때문에 원어를 밝혔다. 여기서 '*rūpe dharante*'는 물질이 머무는 순간을 뜻한다. 이 문단의 맨 마지막 문장에서도 '[물질의] 머무는 순간(*ṭhitikkhaṇa*)은 길어서 열여섯의 마음들이 생기고 멸하는 만큼 머문다.'라고 하고 있다. 이것도 아비담마에서 정신과 물질의 복잡한 관계를 설명하는데 기본 전제가 된다. 여기서 보듯이 물질은 머무는 순간이 마음보다 16배 길다고 설명하기 때문에 물질의 일어나고 머물고 멸하는 전 과정은 마음보다 17배 더 길다고 후대 아비담마에서는 정착되었다.

26. 재생연결의 마음이 일어나는 순간에 일어난 물질은 재생연결의 마음 다음에 열여섯 번째의 마음과 함께 멸한다. 재생연결의 마음이 머무는 순간에 일어난 물질은 열일곱 번째의 마음이 일어남과 함께 멸한다. 재생연결이 멸하는 순간에 일어난 물질은 열일곱 번째의 마음이 머무는 순간에 이르러서 멸한다. 이것은 윤회의 진행이 계속되는 한 계속된다. 화생에게는 일곱 가지 상속[172]으로 70가지 물질이 이와 같이 일어난다.

(1) 업에서 생긴 물질

27. 여기서 ① 업 ② 업에서 생긴 것 ③ 업을 조건한 것 ④ 업을 조건한 마음에서 생긴 것 ⑤ 업을 조건한 음식에서 생긴 것 ⑥ 업을 조건한 온도에서 생긴 것의 분석을 알아야 한다.

28. 이 가운데서 **① 업**(*kamma*)이란 유익하거나 해로운 의도(*cetanā*)이다. **② 업에서 생긴 것**이란 과보로 나타난 무더기들과 눈의 십원소 등의 70가지 물질을 말한다. **③ 업을 조건한 것**도 이것과 같다. 업은 업에서 생긴 것에게 돕는 [업][173]으로 조건이 된다.

29. **④ 업을 조건한 마음에서 생긴 것**이란 과보로 나타난 마음에서 생긴 물질이다. **⑤ 업을 조건한 음식에서 생긴 것**은 업에서 생긴 물질들 가운데서 머무름에 이른 영양소가 다른 [여덟 가지의] 영양소가 여덟 번째인 물질을 생기게 한다. 그곳에서도 영양소

172) 일곱 가지 상속(*satta-santati*)에 대해서는 XVII §190 참조할 것.
173) 돕는 업(*upatthambhaka-kamma*)에 대해서는 XIX. §19와 『길라잡이』 5장 §18의 2번 주해를 참조할 것.

는 머무름에 이르러, 다른 [여덟 가지의 영양소가 여덟 번째인 물질을 생기게 한다.] 이와 같이 네 번이나 다섯 번 일어나도록 연결한다.

⑥ **업을 조건한 온도에서 생긴 것**은 업에서 생긴 불의 요소가 머무름에 이르러, 온도에서 생긴 영양소가 여덟 번째인 다른 [여덟 가지 물질들을] 생기게 한다. 그곳에서 온도는 또 영양소가 여덟 번째인 다른 [여덟 가지 물질들을] 생기게 한다. 이와 같이 네 번이나 다섯 번 일어나도록 연결한다.

이와 같이 업에서 생긴 물질의 생겨남을 보아야 한다.

(2) 마음에서 생긴 물질

30. 마음에서 생긴 물질들에 대해서 ① 마음 ② 마음에서 생긴 것 ③ 마음을 조건한 것 ④ 마음을 조건한 음식에서 생긴 것 ⑤ 마음을 조건한 온도에서 생긴 것의 분석을 알아야 한다.

31. 여기서 ① **마음**이란 89가지 마음들이다. 그 가운데서,

> 32가지 마음들과 26가지와 19가지는
> 물질과 자세(威儀)와 암시를 생기게 하며
> 16가지는 이들 중의 아무것도
> 생기게 하지 못한다.

욕계에서 여덟 가지 유익한 마음((1)-(8)), 열두 가지 해로운 마음((22)-(33)), 마노의 요소를 제외한 열 가지 단지 작용만 하는 마음((71)-(80)), 유익하고 단지 작용만 하는 두 가지 초월지의 마음 — 이 32가지 마음은 물질과 자세(威儀)와 암시를 생기게 한다.

과보로 나타난 마음을 제외한 나머지 색계의 열 가지와 무색계의 여덟 가지와 출세간의 여덟 가지 마음들은 물질과 자세를 생기게 하고 암시는 생기게 하지 않는다.

욕계의 열 가지 잠재의식, 색계의 다섯 가지, 마노의 요소 세 가지((39), (55), (70)), 원인을 갖지 않고 기쁨이 함께한 과보로 나타난 마노의 알음알이의 요소 한 가지(40) — 이 19가지 물질은 물질을 생기게 한다. 자세(威儀)와 암시는 생기게 하지 않는다.

한 쌍의 전오식, 모든 중생의 재생연결의 마음, 번뇌가 다한 자의 죽음의 마음, 네 가지 무색계 과보로 나타난 마음 — 이 16가지 마음들은 물질도 자세도 암시도 생기게 하지 않는다.

물질을 생기게 하는 마음들은 그들이 머무는 순간과 멸하는 순간에는 생기게 하지 못한다. 그때는 마음이 힘이 없기 때문이다. 일어나는 순간에는 힘이 있기 때문에 먼저 생긴 심장토대를 의지하여 물질을 생기게 한다.

32. ② **마음에서 생긴 것**이란 세 가지 정신적인 무더기들과 물질 가운데서는 소리의 구원소, 몸의 암시, 말의 암시, 허공, 가벼움, 부드러움, 적합함, 생성, 상속의 열일곱 가지를 뜻한다.

③ **마음을 조건한 것**이란 "뒤에 생긴 마음과 마음부수의 법들은 먼저 생긴 몸에게 뒤에 생긴 조건으로 조건이 된다(Pṭn.5)"라고 설한 네 가지 [원인으로부터] 생긴 물질을 뜻한다.

33. ④ **마음을 조건한 음식에서 생긴 것**은 마음에서 생긴 물질들 가운데서 머무름에 이른 영양소가 다른 [여덟 가지의] 영양소가 여덟 번째인 물질을 생기게 한다. 이와 같이 두 번이나 세 번 일

어나도록 연결한다.

34. **⑤ 마음을 조건한 온도에서 생긴 것**은 마음에서 생긴 온도가 머무름에 이르러, 다른 [여덟 가지의] 영양소를 여덟 번째로 한 물질들을 생기게 한다. 이와 같이 두 번이나 세 번 일어나도록 연결한다.

이와 같이 마음에서 생긴 물질의 생겨남을 보아야 한다.

(3) 음식에서 생긴 물질

35. 음식에서 생긴 물질들에 대해서 ① 음식 ② 음식에서 생긴 것 ③ 음식을 조건한 것 ④ 음식을 조건한 음식에서 생긴 것 ⑤ 음식을 조건한 온도에서 생긴 것의 분석을 알아야 한다.

36. 이 가운데서 **① 음식**이란 먹는 음식을 뜻한다. **② 음식에서 생긴 것**이란 열네 가지 물질을 뜻한다. 즉 업에서 생긴 물질을 조건으로 얻은 뒤 그것에 의존하여 머무름에 이른 영양소에서 생긴 영양소를 여덟 번째로 하는 [여덟 가지 물질들], 허공의 요소, 가벼움, 부드러움, 적합함, 생성, 상속이다. **③ 음식을 조건한 것**이란 "먹는 음식은 이 몸에게 음식의 조건으로 조건이 된다.(Ptn.5)"라고 설한 네 가지에서 생긴 물질이다.

37. **④ 음식을 조건한 음식에서 생긴 것**은 음식에서 생긴 물질들 가운데서 머무름에 이른 영양소가 영양소를 여덟 번째로 하는 다른 [여덟 가지 물질을] 생기게 한다. 그곳에서도 영양소는 다른 [영양소가 여덟 번째인 물질들을 생기게 한다]. 이와 같이 열 번이

나 열두 번 일어나도록 연결한다. 하루 먹은 음식물은 7일 동안 유지된다. 신들의 음식은 한 달 내지 두 달 유지된다. 어머니가 먹은 음식물은 태아의 몸에 공급되어 물질을 생기게 한다. 몸에 바른 음식도 물질을 생기게 한다. 업에서 생긴 음식이 업을 조건한 음식이다. 그것도 머무름에 이르러 물질을 생기게 한다. 그곳에서도 영양소는 영양소를 여덟 번째로 하는 다른 [여덟 가지 물질을] 생기게 한다. 이와 같이 네 번이나 다섯 번 일어나도록 연결한다.

38. ⑤ **음식을 조건한 온도에서 생긴 것**은 음식에서 생긴 불의 요소가 머무름에 이르러 온도에서 생긴 영양소를 여덟 번째로 하는 [여덟 가지 물질들을] 생기게 한다. 그곳에서 음식은 음식에서 생긴 물질들에게 생산[업][174]이 되어 조건이 된다. 나머지들에게는 의지하는 조건, 음식의 조건, 존재하는 조건, 떠나가버리지 않은 조건으로 조건이 된다.

이와 같이 음식에서 생긴 물질의 생겨남을 보아야 한다.

(4) 온도에서 생긴 물질

39. 온도에서 생긴 물질에 대해서도 ① 온도 ② 온도에서 생긴 것 ③ 온도를 조건한 것 ④ 온도를 조건한 온도에서 생긴 것 ⑤ 온도를 조건한 음식에서 생긴 것의 분석을 알아야 한다.

40. 여기서 ① **온도**란 네 가지 [원인으로부터] 생긴 불의 요소를 말한다. 더운 온도, 추운 온도로 이것은 두 가지이다. ② **온도에**

---

174) 생산업은 XIX. §16과 『길라잡이』 5장 §18의 1번 해설을 참조할 것.

서 생긴 것이란 네 가지 [원인으로부터] 생긴 온도가 업을 조건으로 얻은 뒤 머무름에 이르러 몸에 물질을 생기게 한다. 그것은 소리의 구원소, 허공의 요소, 가벼움, 부드러움, 적합함, 생성, 상속으로 15가지이다. ③ **온도를 조건한 것**이란 온도는 네 가지 [원인으로부터] 생긴 물질들이 일어나고 멸하는 조건이 된다는 것이다.

41. ④ **온도를 조건한 온도에서 생긴 것**이란 온도에서 생긴 불의 요소가 머무름에 이르러 영양소를 여덟 번째로 하는 다른 [물질들을] 생기게 한다. 그곳에서도 온도는 다른 [여덟 가지 물질들을 생기게 한다]. 온도에서 생긴 물질은 오랜 기간에 걸쳐 생겨나며 업에서 생기지 않은 무정물[175]의 경우에도 생겨난다.

42. ⑤ **온도를 조건한 음식에서 생긴 것**이란 온도에서 생겨서 머무름에 이른 영양소가 영양소를 여덟 번째로 하는 다른 [여덟 가지 물질들을] 생기게 한다. 그곳에서도 영양소는 다른 [여덟 가지 물질들을 생기게 한다]. 이와 같이 열 번이나 열두 번 일어나도록 연결한다. 그곳에서 온도는 온도에서 생긴 물질들에게 생산[업]으로 조건이 된다. 나머지들에게는 의지하는 조건, 존재하는 조건, 떠나가버리지 않은 조건으로 조건이 된다.

이와 같이 온도에서 생긴 물질의 생겨남을 보아야 한다.

이와 같이 물질의 생겨남을 보는 것을 '어떤 때에는 물질을 명상한다.(§21)'라고 한다.

---

175) 업에서 생기지 않은 무정물(*anupādiṇṇa*)은 머리털, 몸털, 손・발톱, 이빨, 피부, 사마귀 등 살아있는 몸의 무감각한 부분을 뜻하기도 하고 시체 등을 뜻하기도 한다.

정신의 생겨남을 봄

arūpanibbattipassanākārakathā

43. 물질을 명상하는 자가 물질의 생겨남을 보듯이 정신을 명상하는 자는 정신의 생겨남을 보아야 한다. 그는 81가지 세간적인 마음이 일어남을 통해서 보아야 한다. 예를 들면 이 정신은 전생에 쌓은 업에 의해서 19가지 마음[176] 가운데 [하나가] 재생연결로 태어난다.(XVII. §130) 태어나는 형태는 연기의 해설에서 설한대로 알아야 한다.(XVII. §134이하) 그 [19가지 가운데 하나는] 재생연결식의 다음부터 시작하여 잠재의식(바왕가)으로, 생명이 다할 때는 죽음의 마음으로 일어난다. 그 마음은 만일 그것이 욕계에 속하고 여섯 가지 문에서 대상이 선명할 때는 등록의 마음으로도 일어난다.

44. 그런데 [삶의] 전개과정(*pavatti*)에서는 눈이 손상되지 않고, 형상이 시야에 들어오고, 빛을 의지하고, 마음에 잡도리함을 원인으로 하여, 눈의 알음알이가 그와 관련된 법들과 함께 생겨난다. 물질은 눈의 감성이 머무는 순간에 머물러 눈에 부딪친다. 그것이 부딪칠 때 잠재의식이 두 번 일어났다가 멸한다. 그 다음에 단지 작용만 하는 마노의 요소가 전향하는 역할을 성취하면서 그 대상에 일어난다. 그 다음에 그 형상을 보면서 유익한 과보이거나 해로운 과보로 나타난 눈의 알음알이가 일어난다.

그 다음에 그 형상을 받아들이는 과보로 나타난 마노의 요소가

---

176) 재생연결식과 잠재의식과 죽음의 마음이 되는 19가지 과보로 나타난 마음에 대해서는 XIV. §§111-113과 『길라잡이』 3장 §9의 1번 해설을 참조할 것.

일어난다. 그 다음에 그 형상을 조사하는 원인을 갖지 않은 과보로 나타난 마노의 알음알이의 요소가 일어난다. 그 다음에는 그 형상을 결정하는 원인을 갖지 않고 평온이 함께한 단지 작용만 하는 마노의 알음알이의 요소가 일어난다.

그 다음에 욕계의 유익한 마음, 해로운 마음, 단지 작용만 하는 마음 가운데서 한 가지 마음이 다섯 번 혹은 일곱 번 속행으로 일어난다. 혹은 원인을 갖지 않고 평온이 함께한 마음이 일어난다.177) 그 다음에 욕계 중생들에게 열한 가지 등록하는 마음들 가운데서 속행의 대상에 일치하는 어떤 것이 등록으로 일어난다.178)

---

177) "평온이 함께하고 원인을 갖지 않은 마음(71)은 결정하는 마음인데 대상이 선명치 않아 속행이 일어나지 않을 때 이것이 계속해서 두세 번 일어나기도 한다. 이것은 '*voṭṭhabbanavāra*(결정의 마음에서 인식과정이 끝나버리는 마음순간)라 부른다.(Pm.705)"
그런데 냐나몰리 스님은 이 문장을 다음과 같이 영역했는데 옳지 않다.
"*Next, [it is generated either] as one from among the profitable* ((1)-(8)), *unprofitable* ((22)-(33)), *or functional* ((71), (73)-(80)), *kinds of consciousness belonging to the sense sphere, either as consciousness accompanied by equanimity and without root-cause* (71), *or as five or seven impulsions.*"
왜냐하면 평온이 함께하고 원인을 갖지 않은 마음(71)인 결정하는 마음은 속행의 역할을 하지 않는다. 이 문장에서는 인식과정을 설명하면서 결정하는 마음 다음에 욕계의 유익한 마음 8가지, 해로운 마음 12가지, 단지 작용만 하는 마음 9가지 가운데서 한 가지 마음이 다섯 번 혹은 일곱 번 속행으로 일어나거나 혹시 대상이 선명치 않을 경우 방금 일어났던 그 결정하는 마음이 두세 번 일어남으로써 그 인식과정은 끝나버리는 것을 설명하고 있기 때문이다. Pm에서는 이 문장의 구조를 다음과 같이 명확하게 설명하고 있다.
"*kāmāvacarakusalākusalakiriyacittesu ekaṁ vā pañca, satta vā javanāni hutvā uppajjatīti sambandho. upekkhāsahagatāhetukaṁ cittaṁ vāti vā-saddaṁ ānetvā sambandhitabbaṁ.*(Pm.705)"

178) 이러한 오문인식과정은 『길라잡이』 4장 §6이하에서 잘 정리되어있고 도

이 방법은 나머지 문에도 적용된다. 의문에서는 [색계나 무색계의] 고귀한 마음들도 일어난다. 이와 같이 여섯 가지 문에서 정신이 생기는 것을 보아야 한다. 이와 같이 정신이 생기는 것을 보는 것을 '어떤 때에는 정신을 명상한다.'고 한다.

45. 이와 같이 어떤 때는 물질을 어떤 때는 정신을 명상한 뒤 [무상, 고, 무아의] 세 가지 특상을 제기하고서 차례대로 수행하여 어떤 수행자는 통찰지수행을 성취한다. 다른 자는 물질의 칠개조와 정신의 칠개조로 세 가지 특상을 제기 한 뒤 상카라들을 명상한다.

물질의 칠개조를 통한 명상

rūpasattakasammasanakathā

46. 여기서 ① 취하고 버림으로써 ② 각 단계에서 늙은 것이 사라지는 것에 따라[179] ③ 음식에서 생긴 것에 따라 ④ 온도에서 생긴 것에 대해 ⑤ 업에서 생긴 것에 대해 ⑥ 마음에서 생긴 것에 대해 ⑦ 자연적으로 생긴 물질에 대해 — 이러한 상태를 제기하고 명상하는 자를 '물질의 칠개조를 제기하고 명상한다.'고 부른다. 그래서 옛 스승들은 말씀하셨다.

표로도 잘 나타나있으니 참조하기 바람.

179) 냐나몰리 스님은 '*vayovuddhatthagamato*'를 '*as growth and decline in every stage*'라고 영역했는데 여기서 합성어 '*vuddhatthagamato*'를 드완드와(병열 합성어)로 간주하였다. 그러나 '늙은 것의 사라짐'이라고 Śaṣṭhi Tatpuruṣa(소유격 땃뿌루샤 합성어)로 해석해야 타당하다. 바로 다음 문단에서 '*vayavasena*(각 단계에 의해서) *vuddhassa*(늙고) *vaḍḍhitassa*(오래된) *rūpassa*(물질의) *atthagamo*(사라짐)'라고 설명하기 때문이다.

"① 취하고 버림으로써 ② 늙은 것이 사라지는 것에 따라
③-⑥ 음식과 온도와 업과 마음에 따라
⑦ 자연적으로 생긴 물질에 대해
이 일곱 가지로 상세하게 위빳사나를 한다."

47. **[(1) 취하고 버림으로써]:** 이 가운데서 취한다는 것은 재생연결이고 버린다는 것은 죽음이다. 이와 같이 수행자는 취하고 버림으로써 백 년을 한정한 뒤 상카라들에 대해 세 가지 특상을 제기한다. 어떻게?

이생에 속하는 모든 상카라들은 무상하다. 무슨 이유인가? 일어나고 사라짐이 있기 때문이고, 변하기 때문이고, 잠시뿐이고, 항상함과 반대되기 때문이다. 일어난 상카라들은 머묾을 얻고, 머무는 상카라들은 늙음으로 고통 받고 늙음에 이르러서는 반드시 무너진다. 그러므로 끊임없이 핍박받고, 견디기 어렵고, 괴로움의 기지이고 행복과 반대되기 때문에 괴로움이다.

'일어난 상카라들은 머묾에 이르지 말고, 머묾에 이른 것은 늙지 말고, 늙음에 이른 것은 무너지지 말라'고 이 세 단계에 대해서 어느 누구도 지배력을 행사하지 못한다. 지배력을 행사하지 못하므로 공하다. 그러므로 공하고, 주인이 없고, 지배력을 행사하지 못하고 자아와 반대되기 때문에 무아다.

48. **[(2) 각 단계에서 늙은 것이 사라지는 것에 따라]:** 이와 같이 수행자는 취하고 버림으로써 백 년을 한정하여 물질에 대해 세 가지 특상을 제기한 뒤 그 다음에는 각 단계에서 늙은 것이 사라지는 것을 제기한다. 여기서 늙은 것이 사라지는 것은 단계에 따라

늙은(쇠퇴한) 물질이 사라지는 것이다. 그것을 통해서 세 가지 특상을 제기한다는 뜻이다.

49. 어떻게? ① 백 년을 첫 번째 단계, 중간 단계, 마지막 단계의 셋으로 한정한다. 여기서 처음의 33년을 첫 번째 단계라 하고, 그 다음 34년을 중간 단계라 하고, 그 다음 33년을 마지막 단계라 한다.

이와 같이 이 세 단계로 한정하여 '첫 번째 단계에서 일어난 물질은 오직 그곳에서 멸한다. 그것이 두 번째 단계에 이르는 것이 아니다. 그러므로 그것은 무상하다. 무상한 것은 괴로움이다. 괴로움에 속하는 것은 자아가 아니다. 중간 단계에서 일어난 물질은 오직 그곳에서 멸한다. 그것이 마지막 단계에 이르는 것이 아니다. 그러므로 그것은 무상하다. 무상한 것은 괴로움이다. 괴로움에 속하는 것은 자아가 아니다. 마지막 단계인 33년 사이에 일어난 물질도 죽음을 지나갈 수 없다. 그러므로 그것은 무상하고, 괴로움이고, 자아가 없다.'라고 세 가지 특상을 제기한다.

50. ② 이와 같이 첫 번째 단계 등으로 각 단계에서 늙은 것이 사라지는 것으로 세 가지 특상을 제기한 뒤 다시 여린 십개조, 뛰노는 십개조, 아름다운 십개조, 힘찬 십개조, 지혜로운 십개조, 줄어드는 십개조, 앞으로 구부정한 십개조, 굽은 십개조, 노망의 십개조, 누워있는 십개조를 통해 늙은 것이 사라지는 것으로 세 가지 특상을 제기한다.

51. 여기 십개조들 가운데서 백년의 수명을 가진 사람의 처음 10년을 여린 십개조라 한다. 그때 그는 여리고 불안정한 어린이다.

그 다음 10년을 뛰노는 십개조라 한다. 그때 그는 뛰노는 것을 무척 좋아한다. 그 다음 10년을 아름다운 십개조라 한다. 그때 그는 아름다움이 충만해진다. 그 다음 10년을 힘찬 십개조라 한다. 그때 그는 힘과 기운이 충만해진다. 그 다음 10년을 통찰지의 십개조라 한다. 그때 그의 통찰지가 굳게 확립된다. 천성적으로 통찰지가 부족한 사람도 이 시기에 통찰지가 조금이나마 생긴다.

그 다음 10년을 줄어드는 십개조라 한다. 그때 그는 놀이를 좋아하는 것과 아름다움과 힘과 통찰지가 줄어든다. 그 다음 10년을 앞으로 구부정한 십개조라 한다. 그때 그는 몸이 앞으로 구부정해진다. 그 다음 10년을 굽은 십개조라 한다. 그때 그의 몸이 쟁기처럼 굽어버린다. 그 다음 10년을 노망의 십개조라 한다. 그때 그는 노망이 든다. 한 것마다 잊어버린다. 그 다음 10년을 누워있는 십개조라 한다. 백 살 먹은 사람은 대부분 누워 지낸다.

52. 여기 이 수행자가 이러한 십개조들을 통해 각 단계에서 늙은 것이 사라지는 것으로 세 가지 특상을 제기하기 위해 이와 같이 숙고한다. '첫 번째 십개조에서 생긴 물질은 오직 그곳에서 멸한다. 그것이 두 번째 십개조에 이르는 것이 아니다. 그러므로 이것은 무상하고, 괴로움이고, 무아다. 두 번째 십개조에서 … 아홉 번째 십개조에서 생긴 물질은 오직 그곳에서 멸한다. 그것이 열 번째 십개조에 이르는 것이 아니다. 열 번째 십개조에서 생긴 물질은 오직 여기서 멸한다. 그것이 다음 생에 이르는 것이 아니다. 그러므로 이것은 무상하고, 괴로움이고, 무아다.'라고. 이와 같이 세 가지 특상을 제기한다.

53. ③ 이와 같이 열 가지 십개조를 통해 늙은 것이 사라지는 것으로 세 가지 특상을 제기한 뒤 다시 이러한 백년을 5년씩 20부분으로 만들어 각 단계에서 늙은 것이 사라지는 것으로 세 가지 특상을 제기한다.

54. 어떻게? 그는 이와 같이 숙고한다. '첫 번째 5년 사이에 생긴 물질은 오직 그곳에서 멸한다. 그것이 두 번째 5년에 이르는 것이 아니다. 그러므로 그것은 무상하고, 괴로움이고, 무아다. 두 번째 5년 사이에 생긴 물질은 오직 그곳에서 멸한다. 그것이 세 번째 5년에 이르는 것이 아니다. … 19번째 5년 사이에 생긴 물질은 오직 그곳에서 멸한다. 그것이 20번째 5년에 이르는 것이 아니다. 20번째 5년 사이에 생긴 물질은 죽음을 지나갈 수 없다. 그러므로 그것은 무상하고, 괴로움이고, 무아다.'라고.

55. ④ 이와 같이 20부분으로 늙은 것이 사라지는 것으로 세 가지 특상을 제기한 뒤 다시 4년씩 25부분을 만들어 제기한다. ⑤ 그 다음에는 3년씩 33부분을 만들고 ⑥ 2년씩 50부분을 만들고 ⑦ 1년씩 백 부분을 만들어 제기한다. ⑧ 그 다음에 1년을 세 부분으로 만들어 우기, 겨울, 여름 이 세 계절에서 각 계절을 통해 늙은 것이 사라지는 것에 따라 물질에 대해 세 가지 특상을 제기한다.

56. 어떻게? 우기철(*vassa*)의 넉 달 동안 생긴 물질은 오직 그곳에서 멸한다. 그것이 겨울철(*hemanta*)에 이르는 것이 아니다. 겨울철에 생긴 물질은 오직 그곳에서 멸한다. 그것이 여름철(*gimha*)에 이르는 것이 아니다. 여름철에 생긴 물질은 오직 그곳에서 멸한다. 그

것이 우기철에 이르는 것이 아니다. 그러므로 그것은 무상하고, 괴로움이고, 무아다.

57. ⑨ 이와 같이 제기하고 1년을 여섯 부분으로 만들어 우기철(*vassa*)의 두 달 동안 생긴 물질은 오직 그곳에서 멸한다. 그것이 가을(*sarada*)에 이르는 것이 아니다. 가을에 생긴 물질은 겨울(*hemanta*)에 … 겨울에 생긴 물질은 추운 계절(*sisira*)에 … 추운 계절에 생긴 물질은 봄(*vasanta*)에 … 봄에 생긴 물질은 여름(*gimha*)에, 여름에 생긴 물질은 오직 그곳에서 멸한다. 그것이 우기철에 이르는 것이 아니다. 그러므로 그것은 무상하고, 괴로움이고, 무아다. 이와 같이 늙은 것이 사라지는 것으로 세 가지 특상을 제기한다.

58. ⑩ 이와 같이 제기한 뒤 그 다음에 상현(*kāḷa*)과 하현(*juṇha*)으로 제기한다. 하현의 보름동안에 생긴 물질은 오직 그곳에서 멸한다. 그것이 상현에 이르는 것이 아니다. 상현의 보름동안에 생긴 물질은 오직 그곳에서 멸한다. 그것이 하현에 이르는 것이 아니다. 그러므로 무상하고, 괴로움이고, 무아라고 세 가지 특상을 제기한다.

59. ⑪ 그 다음에는 밤과 낮으로 [제기한다]. 밤에 생긴 물질은 오직 그곳에서 멸한다. 그것이 낮에 이르는 것이 아니다. 낮에 생긴 물질도 오직 그곳에서 멸한다. 그것이 밤에 이르는 것이 아니다. 그러므로 무상하고, 괴로움이고, 무아라고 세 가지 특상을 제기한다.

60. ⑫ 그 다음에 그 밤과 낮을 아침 등 여섯 부분으로 만들고 아침나절(*pubbaṇha*)에 생긴 물질은 한나절(*majjhanha*)에, 한나절에 생긴 물질은 저녁나절(*sāyanha*)에, 저녁나절에 생긴 물질은 초경

(*paṭhama-yāma*)에, 초경에 생긴 물질은 이경(*majjhima-yāma*)에, 이경에 생긴 물질은 삼경(*pacchima-yāma*)에 이르는 것이 아니라 오직 그곳에서 멸한다. 삼경에 생긴 물질은 오직 그곳에서 멸한다. 그것이 아침나절에 이르는 것이 아니다. 그러므로 무상하고, 괴로움이고, 무아라고 세 가지 특상을 제기한다.

61. ⑬ 이와 같이 제기한 뒤 그는 다시 앞으로 나아가고, 물러나고, 앞을 보고 돌아보고, 구부리고 펴는 것을 통해 그 물질에 대해 무상하고, 괴로움이요, 무아라고 세 가지 특상을 제기한다. 즉 앞으로 나아갈 때 생긴 물질은 오직 그곳에서 멸할 뿐 그것이 물러남에 이르는 것이 아니다. 물러날 때 생긴 물질은 오직 그곳에서 멸할 뿐 그것이 앞으로 나아감에 이르는 것이 아니다. 앞을 볼 때 생긴 물질은 오직 그곳에서 멸할 뿐 그것이 돌아봄에 이르는 것이 아니다. 돌아볼 때 생긴 물질은 오직 그곳에서 멸할 뿐 그것이 앞을 봄에 이르는 것이 아니다. 구부릴 때 생긴 물질은 오직 그곳에서 멸할 뿐 그것이 폄에 이르는 것이 아니다. 펼 때 생긴 물질은 오직 그곳에서 멸할 뿐 그것이 구부림에 이르는 것이 아니다라고.

62. ⑭ 그 다음에는 한 걸음 내딛는 것을 ㉠ 들어올리고 ㉡ 앞으로 옮기고 ㉢ 옆으로 피하고 ㉣ 내리고 ㉤ 딛고 ㉥ 눌리는 여섯 부분으로 만든다.

63. 여기서 ㉠ 들어 올린다는 것은 땅으로부터 발을 들어올리는 것이다. ㉡ 앞으로 옮긴다는 것은 앞으로 가져가는 것이다. ㉢ 옆으로 피한다는 것은 말뚝이나 가시나 뱀들을 보고 이리저리 발을 움직이는 것이다. ㉣ 내리는 것은 발을 아래로 내리는 것이다. ㉤

딛는 것은 땅위에 놓는 것이다. ⓑ 눌리는 것은 다른 한 발을 들어 올리는 순간에 발을 땅에 내리눌리는 것이다.

64. 여기서 들어올릴 때는 땅의 요소(견고성)와 물의 요소(점착성)의 두 가지는 부수적이고 약하며 나머지 두 [요소는] 주가 되고 강하다. 그와 같이 발을 앞으로 옮기고 옆으로 피할 때에도 마찬가지이다. 그러나 내릴 때에는 불의 요소(뜨거움)와 바람의 요소(팽창성)는 부수적이고 약하며 나머지 둘은 주가 되고 강하다. 딛고 눌릴 때도 마찬가지이다. 이와 같이 여섯 부분을 만든 뒤 그에 따라 각 단계에서 늙은 것이 사라지는 것으로 물질에 대해 세 가지 특상을 제기한다.

65. 어떻게? 그는 이와 같이 숙고한다. '들어올릴 때 생긴 근본 물질들과 그로부터 파생된 물질들인 법들은 모두 오직 그곳에서 멸한다. 앞으로 옮김에 이르지 않는다. 그러므로 무상하고, 괴로움이고, 무아이다. 앞으로 옮길 때 생긴 물질들은 옆으로 피함에, 옆으로 피할 때 생긴 물질들은 내림에, 내릴 때 생긴 물질들은 디딤에, 디딜 때 생긴 물질들은 눌림에 이르지 않고 오직 그곳에서 멸한다.

이와 같이 다른 부분에 이르지 않고 오직 생긴 그곳에서, 바로 그 마디에서, 바로 그 부분에서, 바로 그 무리에서, 마치 달군 냄비에 놓인 깨처럼 톡톡 소리를 내면서 상카라들은 부서진다. 그러므로 무상하고, 괴로움이고, 무아다.'라고. 그가 이와 같이 단계마다 상카라들을 위빳사나할 때 물질에 대한 명상은 미세하게 된다.

66. 이것이 미세함에 대한 비유이다. 벽지촌에 사는 어떤 사람이 있었다. 그는 나무와 풀 다발로 만든 횃불 등에 대해서는 익숙하

지만 등불은 일찍이 본적이 없다. 그는 도시로 가서 상점에 밝게 켜져있는 등불을 보고 어떤 사람에게 물었다. '여보시오, 이렇게 예쁜 이것의 이름이 무엇입니까?' '이것이 뭐 그렇게 예뻐요? 이것은 등불이라 하오. 그러나 기름이 다하고 심지가 다하면 그것이 어딜 갔는지 알지 못한다오.'

다른 사람이 그에게 말했다. '그것은 대략적인 [설명이오]. 이 심지가 서서히 탈 때 각각 삼분의 일 가운데서 어느 한 부분의 불꽃도 다른 부분으로 이르지 않고 오직 그곳에서 사라진다오.' 또 다른 사람이 그에게 말했다. '이것도 역시 대략적인 [설명일 뿐이오]. 각 1인치, 각 반 인치, 각 실, 각 실의 가닥의 불꽃이 다른 실 가닥으로 이르지 않고 오직 그곳에서 사라진다오. 그러나 실 가닥이 없이는 불꽃을 피울 수 없다오.'

67. 여기서 수행자가 취하고 버림으로써 물질을 백년으로 한정하여 세 가지 특상을 제기하는 것은 기름이 다하고 심지가 다할 때 불꽃이 어딜 갔는지 알지 못한다고 말한 사람의 지혜와 같다.

수행자가 백년을 세 부분으로 한정하여 각 단계에서 늙은 것이 사라지는 것으로 물질에 대해 세 가지 특상을 제기하는 것은 심지의 3분의 일 가운데서 어느 한 부분의 불꽃도 다른 부분으로 이르지 않고 오직 그곳에서 사라진다고 말한 사람의 지혜와 같다.

수행자가 10년, 5년, 4년, 3년, 2년, 1년으로 한정한 뒤 물질에 대해 세 가지 특상을 제기하는 것은 각각 1인치의 불꽃이 다른 부분에 이르지 않고 오직 그곳에서 사라진다고 말한 사람의 지혜와 같다.

수행자가 각각의 계절로 1년을 세 부분과 여섯 부분으로 나눈 뒤 넉 달과 두 달로 한정하여 물질에 대해 세 가지 특상을 제기하는 것은 각각 반 인치의 불꽃이 다른 부분에 이르지 않고 오직 그곳에서 사라진다고 말한 사람의 지혜와 같다.

수행자가 하현과 상현의 보름으로, 밤과 낮으로, 하루의 밤과 낮을 여섯 부분으로 만든 뒤 아침나절 등으로 한정된 물질에 대해 세 가지 특상을 제기하는 것은 각각 실의 불꽃이 다른 부분에 이르지 않고 오직 그곳에서 사라진다고 말한 사람의 지혜와 같다.

수행자가 앞으로 나아가는 등이나 들어 올리는 등에서 각 부분으로 한정된 물질에 대해 세 가지 특상을 제기하는 것은 각각 실 가닥의 불꽃이 다른 부분에 이르지 않고 오직 그곳에서 사라진다고 말한 사람의 지혜와 같다.

68. 그가 이와 같이 여러 가지 방법으로 각 단계에서 늙은 것이 사라지는 것으로 물질에 세 가지 특상을 제기한 뒤 다시 그 물질을 분석하여 음식에서 생긴 물질 등으로 네 부분을 만들어 각각의 부분에 대해 세 가지 특상을 제기한다. 이 가운데서,

(3) **음식에서 생긴 물질**은 굶주림과 포만을 통해서 분명해진다. 굶주린 때에 생긴 물질은 마르고 생기가 없다. 바싹 마른 그루터기와 같고 숯 바구니에 앉아있는 까마귀처럼 윤기가 없고 꼴이 사납다. 포만할 때 생긴 물질은 포동포동하고, 활기차고, 연하고, 윤기가 있고, 촉감이 좋다. 그는 이것을 파악한 뒤 굶주린 때 생긴 물질은 포만할 시점에 이르지 않고 오직 그곳에서 멸한다. 포만할 때에 생긴 물질은 굶주린 시점에 이르지 않고 오직 그곳에서 멸한다. 그러므로 이것은 무상하고, 괴로움이고, 무아라고 세 가지 특상을 제기한다.

69. (4) **온도에서 생긴 물질**은 차고 더움을 통해서 분명해진다. 더운 때에 생긴 물질은 마르고, 생기가 없고, 추하다. 차가운 온도에서 생긴 물질은 포동포동하고, 활기차고, 윤기가 있다. 그는 이것을 파악한 뒤 더운 온도에서 생긴 물질이 차가운 시점에 이르지 않고 여기서 멸한다. 차가운 때에 생긴 물질은 더운 시점에 이르지 않고 여기서 멸한다. 그러므로 이것은 무상이요, 괴로움이며, 무아라고 세 가지 특상을 제기한다.

70. (5) **업에서 생긴 물질**은 감각장소라 불리는 문을 통해서 분명해진다. 눈의 문에는 눈과 몸과 성의 십원소로 30가지의 업에서 생긴 물질들이 있고, 그들을 지탱해 주는 온도와 마음과 음식에서 생긴 24가지 물질들이 있어 모두 54가지 물질들이 있다. 귀와 코와 혀의 문에도 그와 같다. 몸의 문에는 몸과 성의 십원소로 [20가지의 물질과] 온도 등에서 생긴 [24가지 물질로] 모두 44가지의 물질이 있다. 마노의 문(意門)에는 심장토대, 몸, 성의 십원소로 [30가지의 물질과] 온도 등에서 생긴 [24가지 물질로] 54가지 물질이 있다.

그는 이 모든 물질을 파악한 뒤 눈의 문에서 생긴 물질은 귀의 문에 이르지 않고 오직 그곳에서 멸한다, 귀의 문에서 생긴 물질은 코의 문에, 코의 문에서 생긴 물질은 혀의 문에, 혀의 문에서 생긴 물질은 몸의 문에, 몸의 문에서 생긴 물질은 마노의 문에 이르지 않고 오직 그곳에서 멸한다. 그러므로 이것은 무상하고, 괴로움이고, 무아라고 세 가지 특상을 제기한다.

71. (6) **마음에서 생긴 물질**은 기뻐하는 사람과 슬퍼하는 사

람을 통해서[180] 분명해진다. 기뻐할 때에 생긴 물질은 윤기가 있고, 연하고, 활기차고, 촉감이 좋다. 슬퍼할 때 생긴 물질은 마르고 생기가 없고 추하다. 그는 이것을 파악한 뒤 기뻐할 때 생긴 물질은 슬퍼하는 시점에 이르지 않고 오직 여기서 멸한다. 슬퍼할 때에 생긴 물질은 기뻐하는 시점에 이르지 않고 오직 여기서 멸한다. 그러므로 이것은 무상하고, 괴로움이고, 무아라고 세 가지 특상을 제기한다.

72. 그가 이와 같이 마음에서 생긴 물질을 파악한 뒤 세 가지 특상을 제기할 때 다음의 뜻이 분명해진다.

> "생명, 신체(*attabhāva*), 즐거움, 괴로움은 단지
> 신속하고 순간만 머무는 하나의 마음과 연관되어있다.
> 8만 4천겁을 사는 신일지라도
> 두 마음과 함께 연결되어 살지 못한다.
> 죽은 자나 살아 있는 자의 멸한 무더기들은 모두 같다.
> 간 것은 돌아오지 않는다.
> 이미 무너졌거나 미래에 무너질 [무더기들은]
> 그 중간(즉, 현재)에 멸한 무더기들과
> 특징으로 다름이 없다.
> [마음이] 생기지 않으면 [세상은] 생기지 않는다.
> [마음이] 있기 때문에 [세상이] 생존한다.
> 마음이 무너지면 세상은 끝난다.

---

180) 원문의 '*somanassita-domanassita-vasena*'라는 단어는 *somanassa*에다 *ita*라는 접미어를 붙여서 만든 형용사다. 마음에서 생긴 물질은 기뻐하거나 슬퍼하는 사람을 통해 혹은 기뻐하거나 슬퍼하는 시기를 통해 분명해진다는 뜻이다.(Pm. 715)

이것은 궁극적인 뜻에서의 개념이다.
무너진 [무더기들은] 어디에도 축적되지 않는다.
미래에도 축적은 없다.
[현재에] 생긴 [무더기들] 역시
바늘 끝의 겨자씨처럼 머문다.
생긴 법들이 무너지는 것은 예정된 것이다.
붕괴하는 법들은 과거의 것과 섞이지 않고 머문다.
[무더기들은] 볼 수 없는 곳으로부터 와서는
무너진 후에는 볼 수 없는 곳으로 간다.
허공의 번개처럼 생겼다가 멸할 뿐이다.(Nd1.42-43)"

73. **[(7) 자연적으로 생긴 물질에 대해]:** 이와 같이 음식 등에서 생긴 물질에 세 가지 특상을 제기하고 다시 자연적으로 생긴 물질에 대해 세 가지 특상을 제기한다. 자연적으로 생긴 물질은 감각기능을 가지지 않은 외부의 무정물이다. 철, 동, 주석, 납, 금, 은, 진주, 보석, 녹주석, 조가비, 대리석, 산호, 홍옥, 단백석, 흙, 돌, 바위, 풀, 나무, 덩굴 등 겁이 이루어질 때부터 생긴 물질이다. 이것은 그에게 아소까 나무의 새싹 등을 통해서 분명해진다.

74. 아소까 나무의 새싹의 물질은 처음엔 연분홍색이다. 2~3일이 지나면 진한 분홍색이 된다. 그로부터 2~3일이 더 지나면 어두운 분홍색이 된다. 그 다음엔 연한 새순의 색, 그 다음엔 자란 새순의 색, 그 다음엔 녹엽의 색, 그 다음엔 청엽의 색, 청엽의 색이 된 후로는 비슷한 물질의 상속이 계속되면서 1년이 되면 황엽이 되어 줄기로부터 끊어져 떨어진다.

75. 그는 이것을 파악하여 연분홍색일 때 생긴 물질은 진한 분홍색이 되는 시점에 이르지 않고서 멸한다. 진한 분홍색일 때 생긴 물질은 어두운 분홍색의 시점에, 어두운 분홍색일 때 생긴 물질은 연한 새순의 색의 시점에, 연한 새순의 색일 때에 생긴 물질은 자란 새순의 색의 시점에, 자란 새순의 색일 때 생긴 물질은 녹엽의 색의 시점에, 녹엽의 색일 때 생긴 물질은 청엽의 색의 시점에, 청엽의 색일 때 생긴 물질은 황엽의 시점에, 황엽일 때 생긴 물질은 줄기로부터 끊어져서 떨어지는 시점에 이르지 않고서 멸한다. 그러므로 그것은 무상하고, 괴로움이고, 무아라고 세 가지 특상을 제기한다. 이와 같이 그곳에 세 가지 특상을 제기하고는 이 방법으로 자연적으로 생긴 모든 물질을 명상한다.

이와 같이 물질에 대해 일곱 가지 방법으로 세 가지 특상을 제기한 뒤 상카라들을 명상한다.

정신의 칠개조를 통한 명상

arūpasattakasammasanakathā

76. '정신의 칠개조로'라고 위에서 설한(§45) 논의의 제목(*mātikā*, 論母)은 다음과 같다. — ① 깔라빠(*kalāpa*)로 ② 쌍으로 ③ 순간으로 ④ 차제로 ⑤ 사견을 버림으로써 ⑥ 자만을 제거함으로써 ⑦ 집착을 종식시킴으로써 [그는 세 가지 특상을 제기한 뒤 상카라들을 명상한다.]

77. **(1) 깔라빠로:** 감각접촉을 기본으로 하는 다섯 가지[181] 등

의 [다섯 가지] 법들이다. 어떻게? 깔라빠로 명상한다는 것은 여기 비구가 이와 같이 숙고하는 것을 [뜻한다]. '이 머리털들이 무상하고, 괴로움이고, 무아라고 명상할 때 일어난 감각접촉을 기본으로 하는 다섯 가지 법들이 있다. 몸털들이 … 뇌가 무상하고, 괴로움이고, 무아라고 명상할 때 일어난 감각접촉을 기본으로 하는 다섯 가지 법들이 있다. 이들 모두는 다른 부분에 이르지 않고, 바로 그 단계에서, 바로 그 무리에서 마치 달군 냄비에 놓인 깨처럼 톡톡 소리를 내면서 무너진다. 그러므로 무상하고, 괴로움이고, 무아다. 이것은 청정의 주석(*visuddhi-kathā*)[182)]에 따른 방법이다.

78. 그러나 성자의 계보에 관한 주석(*ariyavaṁsakathā*)에서는 앞서 설한 물질의 칠개조로 물질을 무상하고, 괴로움이고, 무아라고 하면서 일어난 마음에 대해 그 다음의 마음으로 그것도 무상하고, 괴로움이고, 무아라고 명상하면 이것이 그가 깔라빠로 명상하는 것이라고 설했다. 이것이 더 적합하다. 그러므로 나머지도 이 방법대로 설명하겠다.

79. **[(2) 쌍으로]:** 비구가 [앞(§47)에서 설명한] 취하고 버린 물질에 대해서 무상하고, 괴로움이고, 무아라고 명상한 뒤 그 마음도 다음의 마음으로 무상하고, 괴로움이고, 무아라고 명상한다. 각 단계에서 늙은 것이 사라지는 물질에 대해 … 음식에서 생긴 물질에

181) 감각접촉, 느낌, 인식, 의도, 알음알이의 다섯을 말한다. 자세한 것은 『네 가지 마음챙기는 공부』 106 주23을 참조할 것.

182) '청정의 주석'으로 옮긴 '*visuddhi-kathā*'와 다음 문단에 나타나는 '*ariyavaṁsa-kathā*(성자의 혈통에 관한 주석)'는 각각 싱할리어로 된 주석서 가운데 하나였을 것으로 추정될 뿐 현존하지는 않는다.

대해, 온도에서 생긴 물질에 대해, 업에서 생긴 물질에 대해, 마음에서 생긴 물질에 대해, 자연적으로 생긴 물질에 대해 무상하고, 괴로움이고, 무아라고 명상한 뒤 그 마음에 대해서도 다음의 마음으로 무상하고, 괴로움이고, 무아라고 명상한다. 이것을 쌍으로 명상한다고 한다.

80. **[(3) 순간으로]:** 비구가 취하고 버린 물질에 대해서 무상하고, 괴로움이고, 무아라고 명상한 뒤 그 첫 번째 마음에 대해서도 두 번째 마음으로, 두 번째 마음을 세 번째 마음으로, 세 번째를 네 번째로, 네 번째를 다섯 번째로, 이것도 무상하고, 괴로움이고, 무아라고 명상한다.

각 단계에서 늙은 것이 사라지는 물질에 대해, 음식에서 생긴 물질에 대해, 온도에서 생긴 물질에 대해, 업에서 생긴 물질에 대해, 마음에서 생긴 물질에 대해, 자연적으로 생긴 물질에 대해 무상하고, 괴로움이고, 무아라고 명상한 뒤, 그 첫 번째 마음에 대해서도 두 번째 마음으로, 두 번째 마음을 세 번째 마음으로, 세 번째를 네 번째로, 네 번째를 다섯 번째로, 이것도 무상하고, 괴로움이고, 무아라고 명상한다. 이와 같이 물질을 파악하는 것으로부터 네 가지 마음들을 명상할 때 그가 순간으로 명상한다고 한다.

81. **[(4) 차제로]:** 취하고 버린 물질에 대해서 무상하고, 괴로움이고, 무아라고 명상한 뒤 그 첫 번째 마음에 대해서도 두 번째 마음으로, 두 번째 마음을 세 번째 마음으로, 세 번째를 네 번째로 … 열 번째를 열한 번째로, 이것도 무상하고, 괴로움이고, 무아라고 명상한다.

각 단계에서 늙은 것이 사라지는 물질에 대해, 음식에서 생긴 물질에 대해, 온도에서 생긴 물질에 대해, 업에서 생긴 물질에 대해, 마음에서 생긴 물질에 대해, 자연적으로 생긴 물질에 대해 무상하고, 괴로움이고, 무아라고 명상한 뒤, 그 첫 번째 마음에 대해서도 두 번째 마음으로, 두 번째 마음을 세 번째 마음으로 … 열 번째를 열한 번째로, 이것도 무상하고, 괴로움이고, 무아라고 명상한다.

이와 같이 차제의 위빳사나로 온 종일 명상할 수 있다. '열 번째 마음까지 명상하면 물질의 명상주제와 정신의 명상주제에 숙달하게 된다. 그러므로 열 번째에서 멈추어야 한다.'라고 설했다. 이와 같이 명상할 때 차제로 명상한다고 한다.

82. **(5) 사견을 버림으로써 (6) 자만을 제거함으로써 (7) 집착을 종식시킴으로써:** 이 세 가지는 따로 명상하는 방법이 없다. 앞서 설한 물질과 여기서 설한 정신을 이와 같이 파악했기 때문에 이것을 보면서 물질과 정신 이외에 중생이 있다고 보지 않는다. 중생이라고 보지 않기 때문에 중생이라는 인식을 버린다. 중생이라는 인식을 버린 마음으로 상카라들을 파악할 때 사견이 일어나지 않는다. 사견이 일어나지 않을 때 사견을 버렸다고 한다. 사견을 버린 마음으로 상카라들을 파악할 때 자만이 일어나지 않는다. 자만이 일어나지 않을 때 자만이 제거되었다고 한다. 자만이 제거된 마음으로 상카라들을 파악할 때 갈애가 일어나지 않는다. 갈애가 일어나지 않을 때 집착이 끝장났다고 한다. 이것이 청정의 주석(*visuddhi-kathā*)에서 설한 것이다.

83. 그러나 성자의 계보에 대한 주석(*ariyavaṁsa-kathā*)에서는

'사견을 버림으로써, 자만을 제거함으로써, 집착을 종식시킴으로써' 라는 마띠까(논의의 제목)를 제쳐두고 이 방법을 제시하였다.

"'나는 위빳사나를 한다. 이것이 나의 위빳사나이다.'라고 여기는 사람에게 사견이 제거되었다고 하지 않는다. '상카라들이 상카라들을 위빳사나하고, 명상하고, 구분하고, 파악하고 한정짓는다.'라고 여기는 사람에게 사견은 제거되었다고 한다.

'나는 위빳사나를 잘한다. 나는 즐겁게 위빳사나를 한다.'라고 여기는 사람에게 자만이 제거되었다고 하지 않는다. '상카라들이 상카라들을 위빳사나하고, 명상하고, 구분하고, 파악하고 한정짓는다.'라고 여기는 사람에게 자만은 제거되었다고 한다.

'나는 위빳사나를 할 수있어.'라고 위빳사나를 즐기는 자에게 집착을 종식시켰다고 하지 않는다. '상카라들이 상카라들을 위빳사나하고, 명상하고, 구분하고, 파악하고 한정짓는다.'라고 여기는 사람에게 집착을 종식시켰다고 한다."

84. "만약 상카라들이 자아라면 자아라고 여김이 옳을 것이다. 그러나 자아가 아닌데도 자아라고 여긴다. 그러므로 '그들은 자재자가 아니라는 뜻에서 무아다. 생겼다가 없어지는 뜻에서 무상하다. 일어나고 사라짐에 의해 압박받는다는 뜻에서 괴로움이다.'라고 보는 자에게 사견은 제거되었다고 한다."

85. "만약 상카라들이 항상하다면 항상하다고 여김이 옳을 것이다. 그러나 항상하지 않은데도 항상하다고 여긴다. 그러므로 '그들은 생겼다가 없어지는 뜻에서 무상하다. 일어나고 사라짐에 의해 압박받는다는 뜻에서 괴로움이다. 자재자가 아니라는 뜻에서 무아

다.'라고 보는 자에게 자만은 제거되었다고 한다."

86. "만약 상카라들이 즐거움이라면, 즐겁다고 여김이 옳을 것이다. 그러나 괴로움인 것을 즐겁다고 여긴다. 그러므로 '그들은 생겼다가 없어지는 뜻에서 무상하다. 일어나고 사라짐에 의해 압박받는다는 뜻에서 괴로움이다. 자재자가 아니라는 뜻에서 무아다.'라고 보는 자에게 집착을 종식시켰다고 한다."

87. "이와 같이 상카라들을 무아라고 보는 자를 두고 사견을 제거했다고 한다. 무상하다고 보는 자를 두고 자만을 제거했다고 한다. 괴로움이라고 보는 자를 두고 집착을 종식시켰다고 한다. 이와 같이 이 위빳사나는 각각 경우에 확실한 근거를 가지게 된다."

88. 이와 같이 정신의 칠개조로 세 가지 특상을 제기한 뒤 상카라들을 명상한다. 이렇게 하여 그는 물질의 명상주제와 정신의 명상주제에 대해 숙달하게 된다.

18가지 중요한 위빳사나(*mahāvipassana*)

89. 이와 같이 그는 물질과 정신의 명상주제에 숙달하게 된다. 이제 그는 무너짐의 관찰부터 시작하여 버림의 통달지를 통해 모든 측면에서 얻게 될 18가지 중요한 위빳사나(*mahāvipassana*)의 일부분을 통찰하면서 그와 반대되는 법들을 버린다.

90. 열여덟 가지 중요한 위빳사나란 무상의 관찰로부터 시작되는 통찰지이다.

(1) 무상의 관찰을 닦으면서 영원하다는 인식을 버린다.

(2) 괴로움의 관찰을 닦으면서 행복이라는 인식을 버린다.

(3) 무아의 관찰을 닦으면서 자아라는 인식을 버린다.

(4) 염오(厭惡)의 관찰을 닦으면서 즐거움을 버린다.

(5) 탐욕이 빛바램에 대한 관찰을 닦으면서 탐욕을 버린다.

(6) 소멸에 대한 관찰을 닦으면서 일어남을 버린다.

(7) 놓아버림에 대한 관찰을 닦으면서 가짐을 버린다.

(8) 부서짐에 대한 관찰을 닦으면서 견고하다는 인식을 버린다.

(9) 사라짐에 대한 관찰을 닦으면서 축적을 버린다.

(10) 변함에 대한 관찰을 닦으면서 항상하다는 인식을 버린다.

(11) 표상이 없음(無相)에 대한 관찰을 닦으면서 표상을 버린다.

(12) 원함 없음에 대한 관찰을 닦으면서 원함을 버린다.

(13) 공함에 대한 관찰을 닦으면서 고집을 버린다.

(14) 수승한 통찰지에 관한 법의 관찰을 닦으면서 실재를 인정하는 고집을 버린다.

(15) 여실지견(如實知見)을 닦으면서 미혹에서 생긴 고집을 버린다.

(16) 위험에 대한 관찰을 닦으면서 애착으로 인한 고집을 버린다.

(17) 깊이 숙고함에 대한 관찰을 닦으면서 깊이 숙고하지 않음을 버린다.

(18) 물러섬에 대한 관찰을 닦으면서 속박으로 인한 고집을 버린다.(*Cf.* Ps.i.32-33)

91. 이 가운데서 수행자는 이미 [앞에서] 무상 등 세 가지 특상을 통해 상카라들을 살펴보았다. 그러므로 [이 18가지 통찰지 가운데] 무상, 고, 무아에 대한 관찰은 이미 통찰하였다.

"① 무상의 관찰과 ⑪ 표상 없음에 대한 관찰, 이 두 법은 뜻은 같고 단어만 다를 뿐이다." 그와 마찬가지로 "② 괴로움의 관찰과 ⑫ 원함 없음에 대한 관찰, 이 두 법도 뜻은 같고 단어만 다를 뿐이다." "③ 무아의 관찰과 ⑬ 공함에 대한 관찰, 이 두 법도 역시 뜻은 같고 단어만 다를 뿐이다(Ps.ii.63)"라고 설하셨기 때문에 이들도 이미 통찰하였다.

⑭ 수승한 통찰지에 관한 법의 위빳사나는 모든 종류의 위빳사나이다. ⑮ 여실지견은 의심을 극복함에 의한 청정(XIX)에 이미 포함되었다. 이와 같이 이 둘도 이미 통찰하였다.

나머지 위빳사나의 지혜 가운데서 어떤 것은 통찰하였고 어떤 것은 통찰하지 못했다. 그들은 나중에 설명할 것이다.(XXI)

92. 왜냐하면 통찰한 것에 관해서 이와 같이 설하셨기 때문이다. '이와 같이 그는 물질과 정신의 명상주제에 숙달하게 된다. 이제 그는 무너짐의 관찰부터 시작하여 버림의 통달지를 통해 모든 측면에서 얻게 될 열여덟 가지 중요한 위빳사나(*mahāvipassana*)의 일부분을 통찰하면서 그와 반대되는 법들을 버린다.'라고.(§89)

일어나고 사라짐을 관찰하는 지혜(전반부)

udayabbayañāṇakathā

93. 이와 같이 무상의 관찰 등과 반대되는 영원하다는 인식 등을 버림으로써 지혜가 청정해지면 그의 명상의 지혜는 절정에 이르게 된다. 이 명상의 지혜 다음에는 '일어나고 사라짐을 관찰하는 지

혜'를 얻기 위해 수행을 시작한다. 그 일어나고 사라짐의 관찰에 대해서는 다음과 같이 설하셨다 "현재의 법들이 변하는 것을 관찰하는 통찰지가 '일어나고 사라짐을 관찰하는 지혜'이다.(Ps.i.1)" 이것을 시작할 때에는 간략하게 시작한다.

94. 이것이 여기에 대한 성전이다. "어떻게 현재의 법들이 변하는 것을 관찰하는 통찰지가 '일어나고 사라짐을 관찰하는 지혜'인가? 현재의 생겨난 물질; 그것의 생기는 특징이 생이고, 변하는 특징이 멸이고, 관찰이 지혜다. 생겨난 느낌은 … 인식은 … 상카라들은 … 알음알이는 … 생겨난 눈은 … 생겨난 존재; 그것의 생기는 특징이 생이고, 변하는 특징이 멸이고, 관찰이 지혜다.(Ps.i.54)"

95. 그는 이 성전에서 설한 방법대로, 생겨난 정신과 물질의 생기는 특징, 태어남, 일어남, 새로 생기는 모습을 '생(生, *udaya*)'이라고 관찰하고, 변하는 특징, 부서짐, 무너짐을 '멸(滅, *vaya*)'이라고 관찰한다.

96. 그는 이와 같이 꿰뚫어 안다. '이 정신 · 물질이 일어나기 전에 일어나지 않은 정신 · 물질의 더미나 축적이 있었던 것이 아니다. 일어날 때에도 더미나 축적으로부터 오는 것이 아니다. 멸할 때에도 다른 지방으로 가는 것이 아니다. 멸한 것도 어느 한 곳에 더미나 축적이나 저장으로 머무는 곳이 없다.

예를 들면, 류트를 켤 때 소리가 일어나지만 그것이 일어나기 전에 축적되어있었던 것은 아니다. 일어날 때도 축적된 것으로부터 온 것이 아니다. 멸할 때도 다른 지방으로 가는 것이 아니다. 멸한 것은 어느 곳에도 축적되지 않는다. 사실은 류트와 류트의 목과 사람의 적절한 노력을 조건으로 없었던 것이 생긴다. 생겼다가는 사라진다. 이와 같이 모든 물질과 정신도 없었던 것이 생기고 생겼다가는 사라진다.'라고.

97. 이와 같이 간략하게 일어나고 사라짐을 마음에 잡도리한 뒤, 다시 그 일어나고 사라짐에 대한 지혜의 분석에서 [이와 같이 상세하게 마음에 잡도리하는 것을 설하셨다.]

"① 무명이 일어나기 때문에 물질이 일어난다고 조건 따라 일어나는 뜻에서 물질의 무더기가 일어남을 본다. ② 갈애가 일어나기 때문에 … ③ 업이 일어나기 때문에 … ④ 음식이 일어나기 때문에 물질이 일어난다고 조건 따라 일어난다는 뜻에서 물질의 무더기가 일어남을 본다. ⑤ 생기는 특징을 보면서도 물질의 무더기가 일어남을 본다. 물질의 무더기가 일어남을 보면서 이런 다섯 가지 특징을 본다.

무명이 멸하기 때문에 물질이 멸한다고 조건 따라 멸한다는 뜻에서 물질의 무더기가 멸함을 본다. 갈애가 멸하기 때문에 … 업이 멸하기 때문에 … 음식이 멸하기 때문에 물질이 멸한다고 조건 따라 멸한다는 뜻에서 물질의 무더기가 멸함을 본다. 변하는 특징을 보면서도 물질의 무더기가 멸함을 본다. 물질의 무더기가 멸함을 보면서 이런 다섯 가지 특징을 본다."

그와 마찬가지로 "①무명이 일어나기 때문에 느낌이 일어난다고 조건 따라 일어난다는 뜻에서 느낌의 무더기가 일어남을 본다. ② 갈애가 일어나기 때문에 … ③ 업이 일어나기 때문에 … ④ 감각접촉이 일어나기 때문에 느낌이 일어난다고 조건 따라 일어난다는 뜻에서 느낌의 무더기가 일어남을 본다. ⑤ 생기는 특징을 보면서도 느낌의 무더기가 일어남을 본다. 느낌의 무더기가 일어남을 보면서 이런 다섯 가지 특징을 본다.

무명이 멸하기 때문에 … 갈애가 멸하기 때문에 … 업이 멸하기 때문에 … 감각접촉이 멸하기 때문에 느낌이 멸한다고 조건 따라 멸한다는 뜻에서 느낌의 무더기가 멸함을 본다. 변하는 특징을 보면서도 느낌의 무더기가 멸함을 본다. 느낌의 무더기가 멸함을 보면서 이런 다섯 가지 특징을 본다."

이와 같이 인식의 무더기, 상카라들의 무더기, 알음알이의 무더기도 느낌의 무더기와 마찬가지다. 이것이 차이점이다. 알음알이의 무더기에서는 감각접촉 대신에 "정신·물질이 일어나기 때문에 … 정신·물질이 멸하기 때문에(Ps.i.55-57)"라고 해야 한다.

이와 같이 각각의 무더기가 일어나고 사라짐을 봄으로써 열 가지씩 50가지 특징을 설했다. 이들 특징에 따라 물질의 일어남은 이와 같고, 물질의 멸은 이와 같고, 이와 같이 물질이 일어나고, 이와 같이 물질이 멸한다고 조건과 순간을 통해 상세하게 마음에 잡도리한다.

98. 그가 이와 같이 마음에 잡도리할 때 '참으로 이 법들은 없었는데 생기고, 생겼다가는 멸한다'라고 그의 지혜는 더욱 선명해진다. 이와 같이 조건과 순간의 두 가지로 일어나고 사라짐을 볼 때 ① 진리 ② 연기 ③ 방법 ④ 특징이 분명해진다.

99. 그가 무명 등이 일어나기 때문에 무더기들의 일어남을 보고, 무명 등이 소멸하기 때문에 무더기들이 소멸하는 것을 보는 것이 **조건을 통해** 일어나고 사라짐을 보는 것이다. 그러나 생기는 특

징과 변하는 특징을 보면서 무더기들의 일어나고 사라짐을 볼 때 그것은 **순간을 통해** 일어나고 사라짐을 보는 것이다. 오직 일어나는 순간에 생기는 특징이 있고, 무너지는 순간에 변하는 특징이 있기 때문이다.

100. **[① 진리가 분명해짐]:** 이와 같이 그가 조건과 순간의 두 가지로 일어나고 사라짐을 볼 때 조건을 통해 일어남을 보기 때문에 일어남의 진리(集諦)가 분명해진다. 출생지를 알았기 때문이다. 순간을 통해 일어나고 사라짐을 보기 때문에 괴로움의 진리(苦諦)가 분명해진다. 태어남이 괴로움이라는 것을 알았기 때문이다. 조건을 통해 멸함을 보기 때문에 소멸의 진리(滅諦)가 분명해진다. 조건이 일어나지 않으면 조건을 가진 결과도 일어나지 않음을 알았기 때문이다. 순간을 통해 멸함을 보기 때문에 오직 괴로움의 진리가 분명해진다. 죽음이 괴로움이라는 것을 알았기 때문이다. 그가 일어나고 사라짐을 보는 것은 세간적인 도다. 그러므로 도의 진리(道諦)가 분명해진다. 세간적인 도에 대한 미혹을 버렸기 때문이다.[183)]

101. **② [연기가 분명해짐]:** 조건을 통해 일어남을 보기 때문에

---

183) 즉 도의 진리(*maggasacca*)는 세간적인 것과 출세간적인 것으로 두 가지가 있다. 여기서 수행자가 조건에 따라 순간에 따라 일어나고 멸함을 보는 것은 벗어남에 수순하는 세간적인 도라고 할 때 세간적인 도의 고유성질을 알았기 때문에 도의 진리가 분명해진다는 뜻이 되겠다.
그러나 냐나몰리 스님은 '*And his seeing of rise and fall becomes evident to him as the Truth of the Path thus: 'This is the mundane path' owing to abolition of confusion about it*'라고 영역했는데 문법의 구조와 문맥을 정확하게 파악하지 않고 단순히 문장을 순서대로 직역하여 전혀 다른 뜻을 전달하고 있다 하겠다.

순행하는(順觀) 연기가 분명해진다. "이것이 있을 때 저것이 있다.(M.ii.32)"고 알았기 때문이다. 조건을 통해 멸함을 보기 때문에 역행하는(逆觀) 연기가 분명해진다. "이것이 멸하기 때문에 저것이 멸한다.(M.ii.32)"고 알았기 때문이다. 순간을 통해 일어나고 사라짐을 보기 때문에 조건을 통해 생긴 법들이 분명해진다. 형성된 것의 특징을 알았기 때문이다. 일어나고 사라짐을 가진 것은 형성된 것이고 그들은 조건을 통해 생긴 것이기 때문이다.

102. **[③ 방법이 분명해짐]:** 조건을 통해 일어남을 보기 때문에 단일화의 방법(*ekatta-naya*)[184]이 분명해진다. 원인과 조건이 연결되어 상속이 끊어지지 않음을 알았기 때문이다. 이때 더욱 철저하게 단견을 버린다. 순간을 통해 일어남을 보기 때문에 다양화의 방법(*nānatta-naya*)이 분명해진다. 항상 새로운 것이 일어남을 알았기 때문이다. 이때 더욱 철저하게 상견을 버린다. 조건을 통해 일어나고 사라짐을 보기 때문에 무관심의 방법(*abyāpāra-naya*)이 분명해진다. 법들이 지배력을 행사할 수 없음을 알았기 때문이다. 이때 더욱 철저하게 자아에 대한 견해(我見)를 버린다. 조건을 통해 일어남을 보기 때문에 정해진 법의 방법(*evaṁdhammatā-naya*)이 분명해진다. 조건에 따라 결과가 일어남을 알았기 때문이다. 이때 더욱 철저하게 [업]지음이 없다는 견해를 버린다.

103. **[④ 특징이 분명해짐]:** 조건을 통해 일어남을 보기 때문에 무아의 특상이 분명해진다. 법들은 호기심이 없고 조건에 의지하여 머무는 것을 알았기 때문이다. 순간을 통해 일어나고 사라짐을 보

184) 이하 단일화의 방법 등의 네 가지는 XVII. §309이하를 참조할 것.

기 때문에서 무상의 특상이 분명해진다. 생겼다가 없어짐을 알았고 또 과거와 미래에는 존재하지 않음을 알았기 때문이다. 괴로움의 특상도 분명해진다. 일어나고 사라짐에 의해 압박받음을 알았기 때문이다. 고유성질의 특징도 분명해진다. [법들은] 일어나고 사라짐에 의해서 한정되어있음을 알았기 때문이다. 고유성질의 특징 아래 형성된 것의 특징은 순간적임(*tāvakālikatta*)이 분명해진다. 일어나는 순간에는 멸함이 없고, 멸하는 순간에는 일어남이 없음을 알았기 때문이다.

104. 이와 같이 진리, 연기, 방법, 특징이 분명해졌을 때, '전에 일어나지 않았던 법들이 일어나는구나. 일어난 것은 소멸하는구나.' 라고 상카라들이 항상 새롭게 되어 그에게 나타난다, 항상 새로울 뿐만 아니라 잠시만 머문다. 마치 태양이 떠오를 때 이슬방울처럼(A.iv.137), 물거품처럼(S.iii.147), 물위에 그은 선처럼(A.iv.137), 송곳 끝에 놓인 겨자씨처럼(Nd1.42) 번갯불처럼.(Nd1.42) 그들은 또 고갱이가 없이 나타난다. 마치 마술과 같고, 환과 같고(Dhp.46), 꿈과 같고(Sn.807), 돌리는 횃불의 바퀴와 같고, 간답바(간다르와, 건달바)의 성과 같고, 포말과 같고(Dhp.46), 파초(S.iii.142) 등과 같이.

이와 같이하여 '일어나고 사라짐의 관찰'이라 부르는 초보적인 위빳사나의 지혜를 얻는다. 일어나고 사라짐의 관찰은 '멸하기 마련인 법이 일어난다. 일어난 것은 멸에 이른다.'라는 형태로 50가지 특징을 통찰한 뒤 확립된다. 이것을 얻었기 때문에 위빳사나를 시작한 자(*āraddha-vipassaka*)라는 명칭을 얻는다.

위빳사나의 경계

vipassanupakkilesakathā

105. 이 초보적인 위빳사나로 위빳사나를 시작한 자에게 열 가지 경계(결함, *upakkilesa*)[185]들이 일어난다. 위빳사나의 경계는 진리를 통찰함에 이른 성스러운 제자와 그릇되게 수행하는 자와 명상주제를 놓아버린 게으른 사람에게는 일어나지 않는다.[186] 오직 바르게 수행하고 지속적으로 명상주제와 함께하는 위빳사나를 시작한 선남자에게 일어난다. 무엇이 그 열 가지 경계들인가? ① 광명 ② 희열 ③ 경안 ④ 결심 ⑤ 분발 ⑥ 행복 ⑦ 지혜 ⑧ 확립 ⑨ 평온 ⑩ 욕구이다.

106. 이와 같이 설하셨기 때문이다.

"어떻게 [성스러운] 법이라고 생각하면서 일어난 들뜸에 의해서 마

185) 여기서 '경계'로 옮긴 빠알리어는 '*upakkilesa*'인데 오염원으로 옮기는 *kilesa*에다가 '위로'를 뜻하는 접두어 '*upa-*'를 첨가하여 만들어진 단어이다. 이것이 해로운 마음부수법들과 연결이 되면 '오염원'이나 '더러움' 등으로 옮겨야 하겠지만 여기서는 열심히 위빳사나를 닦는 자에게 나타나는 현상이므로 수행 중에 일어나는 경계라는 의미에서 '경계'로 옮겼다.

186) 문장 구조상 위빳사나의 경계가 일어나지 않는 경우는 셋이다. 즉 이미 진리를 통찰한 성스러운 제자와 그릇되게 위빳사나를 수행하는 자와 명상주제를 놓아버린 게으른 사람의 경우다.
그러나 냐나몰리 스님은 '*For imperfections of insight do not arise either in a noble disciple who has reached penetration [of the truths] or in persons erring in virtue, neglectful of their meditation subject and idlers*'라고 영역하여 두 가지 경우로 보았다. 그리고 원문의 '*vippatipannakassa*(그릇되게 수행하는 자)'를 '*in persons erring in virtue*'라고 옮겼는데 옳지 않다.

음이 붙들리게 되는가?[187] 그가 [상카라들을] 무상이라고 마음에 잡도리할 때 광명이 일어난다. 광명이 법이라고 생각하고 광명으로 전향한다. 그것으로 인한 산만함이 들뜸이다. 그 들뜸에 마음이 붙들려 그들이 일어남을 무상하다고 있는 그대로 꿰뚫어 알지 못한다. 그들이 일어남을 괴로움이라고 … 일어남을 무아라고 있는 그대로 꿰뚫어 알지 못한다.

그와 마찬가지로 무상이라고 마음에 잡도리할 때 지혜가 일어난다. … 희열이 … 경안이 … 행복이 … 결심이 … 분발이 … 확립이 … 평온이 … 욕구가 일어난다. 욕구가 법이라고 생각하고 욕구로 전향한다. 그것으로 인한 산만함이 들뜸이다. 그 들뜸에 마음이 붙들려 그들이 일어남을 무상하다고 있는 그대로 꿰뚫어 알지 못한다. 그들이 일어남을 괴로움이라고 … 일어남을 무아라고 있는 그대로 꿰뚫어 알지 못한다.(Ps.ii.100-1)"

107. 여기서 **(1) 광명**(*obhāsa*)이란 위빳사나로 인해 생긴 광명이다. 그것이 일어날 때 수행자가 '이전에 나에게 이와 같은 광명이 일어난 적이 없다. 확실히 나는 도에 이르렀고, 과에 이르렀다'고 생각하여 도가 아닌 것을 도라고, 과가 아닌 것을 과라고 여긴다. 그가 도가 아닌 것을 도라고, 과가 아닌 것을 과라고 여길 때 위빳사나의 과정에서 벗어났다고 한다. 그는 자기의 근본 명상주제를 놓

---

187) "광명 등에 대해 성스러운 법(*ariyadhamma*)이라고 생각하면서 일어난 들뜸, 산만함이 법에 의한 들뜸(*dhamma-uddhacca*)이다. 이 법에 의한 들뜸으로 인해 위빳사나의 바른 과정으로부터 벗어나서 다른 형태를 취하여 일어난 마음을 '[성스러운] 법이라고 생각하면서 일어난 들뜸에 의해서 마음이 붙들림(*dhammuddhacca-viggahita-mānasa*)'이라 한다.(Pm.732)"

아버리고 광명을 즐기면서 앉아있다.

108. 이 광명은 어떤 비구에게는 그가 가부좌한 자리만큼만 비추면서 일어난다. 어떤 자에게는 실내를, 어떤 자에게는 실외를, 어떤 자에게는 절 전체를, 1유순의 4분의 1을, 1유순의 반을, 1유순을, 2유순을, 3유순을 … 어떤 자에게는 땅의 표면부터 색구경천(色究竟天)의 세계까지 하나의 광명을 만들면서 일어난다. 그러나 세존께는 일만 가지 세계를 비추면서 일어났다.

109. 이와 같이 다르기 때문에 여기 일화 하나를 소개한다. 찟딸라(Cittala) 산에 이중 담장을 한 방안에 두 분의 장로가 앉아있었다. 그 날이 그믐의 포살일이었다. 사방은 구름으로 덮여있었고, 그 밤은 네 가지 조건[188]을 갖춘 어둠으로 짙게 깔려있었다. 그때 장로 한 분이 말하였다. '존자시여, 지금 제게는 탑전의 사자좌에 다섯 색깔을 가진 꽃들이 놓여있는 것이 보입니다.' 다른 한 분이 말하였다. '도반이여, 별로 경이롭지도 않은 것을 말씀하셨소, 내겐 지금 바다 한가운데 1유순이나 되는 장소의 물고기와 거북이가 보인다오.'

110. 이러한 위빳사나의 경계는 주로 사마타와 위빳사나 [둘 다를] 얻은 자에게 나타난다. 그에게는 삼매의 증득을 통해서 잠복된 경계(결함)들이 일어나지 않기 때문에 '나는 아라한이다'라는 마음을 일으킨다. 웃짜왈리까에 주석하던 마하니가 장로처럼, 항까나(Haṁkana)에 주석하던 마하닷따(Mahā-Datta) 장로처럼, 찟딸라 산의

---

188) 네 가지 조건을 갖춘 암흑이란 ① 그믐의 포살일 ② 사방이 구름에 덮여있음 ③ 밤 ④ 산중이다.

니까뻰나까의 정진원에 주석하던 쭐라수마나(Cūḷa-Sumana) 장로처럼.

111. 여기 일화 하나를 소개한다. 딸랑가라(Talaṅgara)에 주하던 담마딘나(Dhammadinna) 장로는 무애해를 증득하였고, 번뇌가 다한 대인이었고, 큰 비구대중의 지도자였다고 한다. 그분은 어느 날 자신이 낮 동안에 머무는 장소에 앉아서 '웃짜왈리까(Uccavālika)에 주하시는 우리의 스승이신 마하나가(Mahā-Nāga) 장로께서 사문의 할 일을 해 마치셨을까 아닐까'라고 생각하다가 그가 아직 범부임을 보고 '내가 가지 않으면 범부로서 일생을 마치실 것이다'라고 알고는 신통으로 허공을 날아 낮 동안에 머무는 장소에 앉아계시는 스승의 곁에 내려앉았다. 절을 올리고 의무를 행한 뒤 한 옆에 앉았다. '담마딘나여, 어떻게 이렇게 때 아닌 때에 왔는가?' '스승님이시여, 질문을 드리려 왔습니다.' '물어보게. 아는 대로 대답하겠네.'라고 스승이 대답하자 그는 천 가지나 되는 질문을 하였다.

112. 장로는 묻는 것마다 걸림 없이 대답했다. '스승님이시여, 스승님의 지혜는 매우 깊습니다. 언제 이 법을 증득하셨습니까?' '60년 전에 증득하였네.' '스승님이시여, 삼매를 닦습니까?' '그것은 어려운 것이 아니라네.' '스승님이시여, 그렇다면 한 마리의 코끼리를 만들어 주시길 청합니다.' 스승은 흰 코끼리를 만들었다. '스승님이시여, 이제 이 코끼리가 귀를 치켜세우고, 꼬리를 뻗쳐서, 코를 입에다 박고, 무서운 소리로 울부짖으면서 스승님을 향하여 달려오도록 만들어 주실 것을 청합니다.' 스승은 그렇게 만든 뒤 힘껏 달려오는 코끼리의 무서운 모습을 보고 자리에서 일어나 도망가려 하였다. 번뇌 다한 장로는 손을 펴서 스승의 가사 자락을 붙잡고서 '스승님

이시여, 번뇌 다한 자에게도 두려움이 있습니까?'라고 했다.

113. 스승은 그때 자신이 범부임을 알고서 '담마딘나여, 나를 좀 도와주시게.'라고 말하고서 그의 발아래 무릎을 꿇었다. '스승님이시여, 스승님을 도와드려야지 하고 왔습니다. 걱정하지 마십시오.'라고 하면서 명상주제를 설했다. 장로는 명상주제를 듣고 경행처에 올라 세 번째 발걸음에 이르러 최상의 아라한과를 증득했다. 스승은 성을 잘 내는 성미였다고 한다. 이러한 비구들은 광명 때문에 흔들린다.

114. (2) **지혜**(*ñāṇa*)란 위빳사나의 지혜이다. 그가 물질과 정신을 고찰하고 조사할 때 인드라의 벼락과 같은 활기차고, 예리하고, 빛나고, 아주 맑은 지혜가 일어난다.

115. (3) **희열**(*pīti*)이란 위빳사나 마음과 함께한 희열이다. 그때 그에게 작은 희열, 순간의 희열, 넘치는 희열, 격앙된 희열, 충만한 희열이라는 이 다섯 가지 희열이 온 몸을 가득 채우면서 일어난다.[189]

116. (4) **경안**(輕安, *passaddhi*)이란 위빳사나의 경안이다. 그가 밤에 머무는 장소나 혹은 낮 동안에 머무는 장소에 앉아있을 때 몸과 마음에 불안함이 없고, 무거움이 없고, 뻣뻣함이 없고, 일에 적합하지 않음이 없고, 병이 없고, 구부러짐이 없다. 오히려 그의 몸과 마음이 안정되고, 가볍고, 부드럽고, 일에 적합하고, 아주 활동적이고, 곧게 된다. 이러한 경안 등으로 몸과 마음이 도움을 받아 인간을 넘어선 즐거움을 누린다. 이것을 두고 설하셨다.

189) 다섯 가지 희열은 IV. §§94-99를 참조할 것.

"빈집에 들어갔고, 마음이 안정되었고
바르게 법을 관하는 비구에게
인간을 넘어선 즐거움이 있다.
무더기들의 일어나고 사라짐을 명상하기 때문에
희열과 기쁨을 얻고
그것이 불사인줄 안다.(Dhp.373-4)"

이와 같이 이 인간을 넘어선 즐거움을 성취하면서 가벼움 등과 연관된 경안이 그에게 일어난다.

117. (5) **행복**(*sukha*)이란 위빳사나와 [함께한 마음부수들의] 행복이다. 그때 그에게 온 몸에 넘쳐흐르는 아주 수승한 행복이 일어난다.

118. (6) **결심**(*adhimokkha*, 信解)이란 믿음이다. 위빳사나와 함께한 것으로 마음과 마음부수들이 확신에 가득하여 깊은 믿음이 그에게 일어난다.

119. (7) **분발**(*paggaha*)이란 정진이다. 위빳사나와 함께한 것으로 너무 느슨하지도 너무 무리하지도 않게 열심히 분발하는 정진이 그에게 일어난다.

120. (8) **확립**(*upaṭṭhāna*)이란 마음챙김이다. 위빳사나와 함께한 것으로 잘 확립되었고, 기초가 튼튼하며, 고정되고, 동요가 없는 산의 왕과 같은 마음챙김이 그에게 일어난다. [물질이든 정신이든] 그것이 어떤 것이든 수행자가 그곳으로 전향하고, 의식적으로 반응하고, 마음에 잡도리하고, 반조하면 그것은 마음챙김 때문에 그에게

들어오고 나타나서 확립된다. 마치 천안통을 가진 자에게 다른 세상이 나타나는 것처럼.

121. **(9) 평온**(*upekkhā*)이란 위빳사나의 평온과 전향의 평온이다. 그때 그에게 모든 상카라들에 대해 중립적인 강한 위빳사나의 평온이 일어나고, 의문(意門)에는 전향의 평온이 일어난다. 그가 어느 곳이든 그곳으로 전향할 때 전향의 평온은 빛나고 예리하게 작용한다. 마치 인드라의 벼락처럼, 낙엽이 담긴 자루를 향해 던진 시뻘겋게 달구어진 창처럼 [바로 대상을 취한다].

122. **(10) 욕구**(*nikanti*)란 위빳사나에 대한 욕구이다. 이와 같이 광명 등으로 그의 위빳사나가 장엄될 때 그것에 집착하면서 미세하고 고요한 형태의 욕구가 일어난다. 그는 그 욕구가 경계인지 파악할 수가 없다.

123. 광명의 경우와 마찬가지로 다른 경계들이 일어날 때 수행자는 '이전에 나에게 이와 같은 지혜가 일어난 적이 없다 … 이와 같은 희열이, 경안이, 행복이, 결심이, 분발이, 확립이, 평온이, 욕구가 이전에 일어난 적이 없다. 확실히 나는 도에 이르렀고, 과에 이르렀다'고 생각하고 도가 아닌 것을 도라고, 과가 아닌 것을 과라고 여긴다. 그가 도가 아닌 것을 도라고, 과가 아닌 것을 과라고 여길 때 위빳사나의 과정에서 벗어났다고 한다. 자기의 근본 명상주제를 놓아버리고 욕구를 즐기면서 앉아있다.(*Cf.* §107)

124. 여기서 광명 등은 경계(결함)의 바탕이 되기 때문에 경계(결함)라고 했을 뿐 그것이 해로운 것(不善)이기 때문에 경계(결함)라 한

것은 아니다. 그러나 욕구는 경계(결함)이면서 동시에 경계(결함)의 바탕이다. 바탕으로 볼 때 이들은 열 가지이고, 움켜쥐는 것으로 볼 때 서른 가지이다.

125. 어떻게? '나에게 광명이 일어났다'고 여길 때 이 움켜쥠은 사견으로 인한 것이다. '사랑스런 광명이 일어났다'고 여길 때 이 움켜쥠은 자만으로 인한 것이다. 그가 광명을 누릴 때 이 움켜쥠은 갈애로 인한 것이다. 이와 같이 광명에 대해 사견과 자만과 갈애에 의해 세 가지 움켜쥠이 있다. 나머지 경우에도 마찬가지이다. 이와 같이 움켜쥠을 통해서 서른 가지 경계(결함)가 있다. 이 때문에 숙련되지 않고 경험이 없는 수행자는 광명 등에 대해 흔들리고 산만해진다. 광명 등의 각각에 "이것은 내 것이고, 이것이 나고, 이것이 나의 자아다.(M.i.135)"라고 관찰한다. 그래서 옛 스승들은 말씀하셨다.

> "광명과 지혜와 희열에 대해 흔들리고
> 경안과 행복으로 인해 마음이 동요된다.
> 결의와 분발과 확립에 대해 흔들리나니
> 전향의 평온과 [위빳사나의] 평온과
> 욕구에 대해서도 그러하다.(Ps.ii.102)"

도와 도 아님의 구분

maggāmaggavavatthānakathā

126. 숙련되고 슬기롭고 경륜이 있고 지성을 갖춘 수행자는 광명 등이 일어날 때 '나에게 이런 광명이 일어났구나. 그러나 이것은

무상하고, 형성된 것이고, 조건 따라 일어났고, 부서지기 마련인 법이고, 사라지기 마련인 법이고, 빛바래기 마련인 법이고, 소멸하기 마련인 법이다'라고 이와 같이 그는 통찰지로 한계를 정한 뒤 면밀히 조사한다. 혹은 그는 이와 같이 생각한다. '만약 광명이 자아라면 자아라고 여김이 옳을 것이다. 그러나 자아가 아닌데도 자아라고 여긴다. 그러므로 그것은 지배력을 행사할 수 없다는 뜻에서 무아다. 생겼다가 없어지는 뜻에서 무상하다. 일어나고 사라짐에 의해 압박받는다는 뜻에서 괴로움이다.'라고. 이 모든 것은 정신의 일곱 가지에서 설한 방법대로 상세하게 알아야 한다. 광명의 경우와 마찬가지로 나머지도 그와 같다.

127. 그는 이런 광명을 "이것은 내 것이 아니고, 이것은 내가 아니며, 이것은 나의 자아가 아니다.(M.i.136)"라고 면밀히 관찰한다. 지혜를 … 욕구를 "이것은 내 것이 아니고, 이것은 내가 아니며, 이것은 나의 자아가 아니다."라고 면밀히 관찰한다. 이와 같이 면밀히 관찰할 때 광명 등에 대해 흔들리지 않고 동요하지 않는다. 그래서 옛 스승들은 말씀하셨다.

> "통찰지를 가진 그는
> 이 열 가지 경우를 결택하여
> 법이라고 [여기면서] 일어난 들뜸에 대해 능숙해지고
> 더 이상 산만하지 않게 된다.(Ps.ii.102)"

128. 그가 이와 같이 산만함이 없이 이 30가지 경계(결함)의 얽힘을 푼다. 그리고는 다음과 같이 도와 도 아님을 구분한다. '광명

등의 법들이 도가 아니라, 경계에서 벗어난 [일어나고 사라짐의 관찰 등으로 위빳사나의] 과정에 들어있는 위빳사나의 지혜가 도다'라고.

129. '이것은 도고, 이것은 도가 아니다'라고 이와 같이 그가 도와 도 아님을 알고서 얻은 지혜를 도와 도 아님에 대한 지와 견에 의한 청정이라고 알아야 한다. 이와 같이 하여 세 가지 진리들을 구분하였다.

130. 어떻게? 견의 청정에서는 정신·물질을 구분함으로써 괴로움의 진리(苦諦)를 구분하였다. 의심을 극복함에 의한 청정에서는 조건을 파악함으로써 일어남의 진리(集諦)를 구분하였다. 도와 도 아님에 대한 지와 견에 의한 청정에서는 바른 도를 강조함으로써 도의 진리(道諦)를 구분하였다. 이와 같이 세간적인 지혜로 세 가지 진리들을 구분하였다.

어진 이를 기쁘게 하기 위해 지은 청정도론의
통찰지수행의 표제에서
도와 도 아님에 대한 지와 견에 의한 청정에 관한 해설이라 불리는
제20장이 끝났다.

제21장

paṭipadāñāṇadassanavisuddhiniddeso

도닦음에 대한 지와 견에 의한 청정

제21장 도닦음에 대한 지와 견에 의한 청정

paṭipadāñāṇadassanavisuddhiniddeso

경계에서 벗어난 일어나고 사라짐의 지혜

upakkilesavimuttaudayabbayañāṇakathā

1. 여덟 가지 지혜를 통해서 위빳사나는 정점에 이르렀다. 그 아홉 번째는 진리에 수순(隨順)하는 지혜인데 이 [아홉 가지를] 도닦음에 대한 지와 견에 의한 청정(*paṭipadā-ñāṇadassana-visuddhi*, 行道智見清淨)이라 한다.

① 경계(결함)에서 벗어났고 과정에 들어있는 위빳사나라고 불리는 일어나고 사라짐을 관찰하는 지혜(*udayabbayānupassanāñāṇa*)

② 무너짐을 관찰하는 지혜(*bhaṅgānupassanāñāṇa*)

③ 공포로 나타나는 지혜(*bhayatupaṭṭhānañāṇa*)

④ 위험함을 관찰하는 지혜(*ādīnavānupassanāñāṇa*)

⑤ 역겨움을 관찰하는 지혜(*nibbidānupassanāñāṇa*)

⑥ 해탈하고자하는 지혜(*muñcitukamyatāñāṇa*)

⑦ 깊이 숙고하여 관찰하는 지혜(*paṭisaṅkhānupassanāñāṇa*)

⑧ 상카라에 대한 평온의 지혜(*saṅkhārupekkhāñāṇa*)

— 이들을 여덟 가지 지혜라 한다고 알아야 한다.

아홉 번째인 진리에 수순하는 지혜(*saccānulomikañāṇa*)란 수순(隨順, *anuloma*)과 동의어이다. 그러므로 이것을 성취하고자하는 자는 경계(결함)에서 벗어난 '일어나고 사라짐을 관찰하는 지혜'부터 시작하여 이 지혜들에 대한 수행을 해야 한다.

2. '그런데 무슨 목적으로 생멸의 지혜를 다시 수행해야 하는가?'라고 만약 묻는다면 — [답한다.] [세 가지] 특상을 관찰하기 위해서이다. 이전의 도와 도 아님에 대한 지와 견에 의한 청정에서는 열 가지 [위빳사나의] 경계들로 인해 오염되어 각자의 성품에 따라 세 가지 특상을 관찰할 수가 없었기 때문이다. 경계로부터 벗어날 때 그것은 가능하다. 그러므로 그 특상을 관찰하기 위하여 여기서 다시 수행을 해야 한다.

(1) 일어나고 사라짐을 관찰하는 지혜(후반부)

udayabbayānupassanāñāṇa

3. 무엇을 마음에 잡도리하지 않아서 특상들이 나타나지 않으며, 무엇이 그들을 가려서 특상들이 나타나지 않은가? 무상의 특상은 일어나고 사라짐을 마음에 잡도리하지 않고, 상속(*santati*)에 의해 가려졌기 때문에 나타나지 않는다. 괴로움의 특상은 계속되는 압박을 마음에 잡도리하지 않고, 행동거지(*iriyāpatha*, 자세)에 가려졌기 때

문에 나타나지 않는다. 무아의 특상은 여러 요소(界)로 분해됨을 마음에 잡도리하지 않고, 견고함(*ghana*)에 가려졌기 때문에 나타나지 않는다.

4. 일어나고 사라짐을 파악하여 상속이 분열될 때 무상의 특상이 자기의 성품에 따라 나타난다. 계속되는 압박을 마음에 잡도리하여 행동거지가 드러날 때 괴로움의 특상이 자기의 성품에 따라 나타난다. 여러 요소로 분해하여 견고함이 분해될 때 무아의 특상이 자기의 성품에 따라 나타난다.

5. 여기서 ① 무상과 무상의 특상 ② 괴로움과 괴로움의 특상 ③ 무아와 무아의 특상 — 이 분석을 알아야 한다.

6. 이 가운데서 ① **무상**이란 무더기 다섯 가지(五蘊)가 무상한 것이다. 왜 그런가? 일어나고 사라지고 변하는 성질을 가졌기 때문이다. 혹은 있다가 없어지기 때문이다. 일어나고 사라지고 변하는 것이 **무상의 특상**이다. 혹은 있다가 없어짐이라 불리는 형태의 변화(*ākāra-vikāra*)가 [무상의 특상이다].

7. ② "무상한 것은 괴로움이다.(S.iii.22 등)"라는 말씀 때문에 그 무더기 다섯 가지가 **괴로움**이다. 왜 그런가? 끊임없이 압박받기 때문이다. 끊임없이 압박받는 형태가 **괴로움의 특상**이다.

8. ③ "괴로운 것은 무아다.(S.iii.22 등)"라는 말씀 때문에 그 무더기 다섯은 **무아**다. 왜 그런가? 지배력을 행사할 수 없기 때문이다. 지배력을 행사할 수 없는 형태가 **무아의 특상**이다.

9. 수행자는 경계에서 벗어났고 과정에 들어있는 위빳사나라 불리는 '일어나고 사라짐을 관찰하는 지혜'로 이 모두를 각자의 성품에 따라 고찰한다.

(2) 무너짐을 관찰하는 지혜
bhaṅgānupassanāñāṇa

10. 수행자가 이와 같이 고찰한 뒤 반복해서 무상·고·무아라고 물질과 정신의 법들을 비교하고 재어볼 때 그의 지혜가 예리하게 작용하면[190] 상카라들이 빨리 나타난다. 지혜가 예리하게 작용하고 상카라들이 빨리 나타날 때 일어남이나 머묾이나, [업에서 생긴 물질의] 진행이나 혹은 상카라들의 표상을 취하지 않는다. 오직 부서짐, 사라짐, 무너짐, 소멸에 그의 마음챙김을 확립한다.

11. 그가 '상카라들은 이와 같이 생겼다가 이와 같이 소멸한다'라고 볼 때 바로 이곳에서 무너짐을 관찰하는 지혜라 불리는 위빳사나의 지혜가 일어난다. 이것을 두고 설하셨다.

"어떻게 해서 대상을 깊이 숙고하여 무너짐을 관찰하는 통찰지가 위빳사나의 지혜인가? 물질을 대상으로 가졌기 때문에 마음은 생겼다가 소멸한다. 그 대상을 깊이 숙고한 다음 그 마음이 무너짐을 관찰한다. 관찰한다는 것은 어떻게 하는 것인가? 영원한 것이 아니라 무상이라고 관찰한다. 행복이 아니라 괴로움이라고 관찰한다. 자아가 아니라 무아라고 관찰한다.

---

190) "원문의 '*vahati*'는 '*pavattati*(작용하다)'의 뜻이다.(Pm.741)"

그는 역겨워하고 즐기지 않으며 탐욕을 빛바래게 하고 탐하지 않는다. 소멸하게 하고 일어나지 않게 하며 놓아버리고 가지지 않는다. 무상이라고 관찰하면서 영원하다는 인식을 버린다. 괴로움이라고 관찰하면서 행복이라는 인식을 … 무아라고 관찰하면서 자아라는 인식을 … 역겨워하면서 즐김을 … 탐욕을 여의면서 탐욕을 … 소멸하게 하면서 일어남을 … 놓아버리면서 취함을 버린다.

느낌을 대상으로 가졌기 때문에 마음은 … 인식을 대상으로 가졌기 때문에 마음은 … 상카라를 대상으로 가졌기 때문에 마음은 … 알음알이를 대상으로 가졌기 때문에 마음은 … 눈을 대상으로 가졌기 때문에 마음은 … 늙음·죽음을 대상으로 가졌기 때문에 마음은 생겼다가 소멸한다.(XX. §9) … 놓아버리면서 취함을 버린다.

대상을 바꿈, 통찰지의 전이,[191] 전향하는 힘
이 셋이 깊이 숙고하는 위빳사나이다.
[현재의] 대상으로부터 추론하여
[과거와 미래의] 둘도 같다고 구분함과
소멸에 대해서 열중함이
사라지는 특징에 대한 위빳사나이다.
대상을 깊이 숙고한 다음 무너짐을 관찰한다.
공으로 나타남이 수승한 통찰지를 갖춘 위빳사나이다.

---

191) '전이'로 옮긴 '*vivaṭṭana*'는 주로 '물러섬, 돌아감, 수축'의 뜻으로 사용되는데 여기서는 내용상 물러서다는 뜻보다는 '*āvaṭṭana*(회전)'의 뜻으로 이해하면 되겠다. 이것은 무너짐을 관찰하는 지혜에 관한 것으로 수행자의 마음챙김이 대상의 일어남을 버리고 대상의 소멸에 와 있으므로 통찰지가 대상의 다른 양상으로 옮겨간 것이라는 의미다.

세 가지 관찰과 네 가지 위빳사나에 능숙한 자는
세 가지 나타남에 능숙하여
여러 가지 견해에 흔들리지 않는다.

그것을 알았다는 뜻에서 지혜고, 꿰뚫어 안다는 뜻에서 통찰지이다. 그래서 말하기를 대상을 깊이 숙고하여 무너짐을 관찰하는 통찰지가 위빳사나의 지혜라고 한다.(Ps.i.57-58)"

12. **대상을 깊이 숙고하여:** 어떤 대상이든지 그것을 깊이 숙고하여. 안 다음에 부서지는 것으로 사라지는 것으로 보고서라는 뜻이다. **무너짐을 관찰하는 통찰지:** 그 대상을 부서지는 것으로 사라지는 것으로 깊이 숙고하여 일어난 그 지혜의 무너짐을 관찰하는 통찰지가 위빳사나의 지혜라고 설명했다. **어떻게 해서:** 설명하기 위해서 던지는 질문의 뜻이다.

13. 그 다음에 어떻게 해서 그것이 있는가를 보여주기 위하여 **물질을 대상으로 가졌기 때문에**로 시작하는 문단이 있다. **물질을 대상으로 가졌기 때문에 마음은 일어났다가 부서진다**(*rūpārammaṇatā cittaṁ uppajjitvā bhijjati*)라는 것은 물질을 대상으로 가진 마음은 일어났다가 부서진다(*rūpārammaṇañ cittaṁ uppajjitvā bhijjati*). 혹은 물질을 대상으로 한 상태에서 마음은 일어났다가 부서진다(*rūpārammaṇabhāve cittaṁ uppajjitvā bhijjati*)라는 뜻이다.

그 대상을 깊이 숙고한 다음: 그 물질인 대상을 깊이 숙고한 뒤. 알고서 부서지는 것으로 사라지는 것으로 보고서라는 뜻이다. **그 마음이 무너짐을 관찰한다:** 물질인 대상을 부서지는 것으로 사라지는 것으로 본 그 마음이 무너짐을 다른 마음으로 관찰한다는 뜻이다. 그래서 옛 스승들이 말씀하셨다. "알아진 [대상과] 지혜, 둘 다를 위빳사나한다."

14. **관찰한다:** 계속해서 따라서 본다. 여러 측면에서 거듭거듭 본다는 뜻이다. 그래서 말씀하셨다. "**관찰한다는 것은 어떻게 관찰한다는 것인가? 무상이라 관찰한다.**"

15. 여기서 무너짐은 무상의 극치이다. 그러므로 그 무너짐을 관찰하는 수행자는 모든 형성된 것을 항상한 것이 아니라 **무상한 것이라고 관찰한다**. 그 다음 무상한 것은 괴로움이기 때문에, 괴로움은 자아가 아니기 때문에 그 상카라들을 **행복이 아니라 괴로움이라고 관찰하고, 자아가 아니라 무아라고 관찰한다**.

16. 무상하고 괴로움이요 무아인 것은 즐길만한 것이 아니고, 즐길만한 것이 아닌 것은 탐할 것이 아니다. 그러므로 무너짐에 대한 관찰을 하면서 이 상카라들을 무상하고 괴로움이요 무아라고 보았을 때 이들을 **역겨워하고 즐기지 않으며 탐욕을 빛바래게 하고 탐하지 않는다**. 그가 이와 같이 탐하지 않을 때 우선 세간적인 지혜로 탐욕을 **소멸하게 하고 일어나지 않게 한다**. 즉 일어나게 하지 않는다는 뜻이다.

17. 혹은 그가 이와 같이 탐욕을 빛바래게 하여 직접 본 상카라들을 소멸하게 하듯이 직접 보지 않은 상카라들도 추론지(*anvaya-ñāṇa*)로 소멸하게 하고, 일어나지 않게 한다. 오직 소멸을 마음에 잡도리하고 소멸만을 본다. 즉 일어남을 보지 않는다는 뜻이다.

18. 그가 이와 같이 수행할 때 **놓아버리고 가지지 않는다**. 무엇을 말씀하신 것인가? 이 무상 등의 관찰은 반대되는 [특징으로] 대체함으로써 [과보로 나타난] 무더기들과, 업형성력들(*abhisaṅkhāra*)과 함께 오염원들을 버리기 때문에,192) 형성된 것의 결점을 봄으로써 그와 반대되는 열반을 향하여 들어가기 때문에 버림을 통한 놓아버림(*pariccāga-paṭinissagga*)과 들어감을 통한 놓아버림(*pakkhandana-paṭinissagga*)이라 부른다. 그러므로 이것을 갖춘 비구는 이미 설한 방법대로 오염원들을 버리고 열반으로 들어간다. 다시 태어남을 일으켜 오염원을 취하지도 않고, 결점을 보는 것을 놓쳐버려193) 형성된 것을 대상으로 취하지 않는다. 그러므로 놓아버리고 가지지 않는다고 한 것이다.

19. 이제 이 세 가지 지혜로 어떤 법들이 버려졌는지 그것을 보여주기 위하여 **무상이라고 관찰할 때 영원하다는 인식을 버린다**는 등을 설하셨다. 여기서 **즐김**(*nandi*)이란 희열과 함께한 갈애이다. 나머지는 이미 설한 방법대로 알아야 한다.

20. 게송에서 **대상을 바꿈**(*vatthu-saṅkamana*)이란 물질이 무너짐을 보고, 물질이 무너짐을 본 그 마음도 무너짐을 봄으로써 첫 번째 대상으로부터 다른 대상으로 옮겨감이다. **통찰지의 전이**(*vi-vaṭṭana*)란 일어남을 버리고 소멸에 머묾이다. **전향하는 힘**(*āvajjanā-*

---

192) 여기서도 냐나몰리 스님은 *khandhābhisaṅkhārehi*라는 합성어를 잘못 해석하고 있다. 이것은 병렬합성어이다. VIII §236을 참고할 것.
193) "형성된 법들에 대해 무상, 고 등의 위험을 보는 것을 놓친다는 뜻이다. (Pm.742)"

bala)이란 물질이 무너짐을 보고, 무너짐을 대상으로 가졌던 그 마음도 무너지는 것을 보기 위해 즉시에 전향하는 능력이다. **깊이 숙고하는 위빳사나**란 대상을 깊이 숙고하여 무너짐을 관찰하는 것을 말한다.

21. **[현재의] 대상으로부터 추론하여 [과거와 미래의] 둘도 같다고 구분함**이란 실제 경험으로 직접 본 대상을 의지하여 추론함으로써 현재의 [형성된 것]처럼, 과거의 형성된 것도 무너졌고, 미래의 [형성된 것]도 무너질 것이라고 둘 모두 같은 고유성질이라고 구분한다는 뜻이다. 옛 스승들도 이와 같이 설하셨다.

> "현재의 [무너짐에 대해] 견이 청정해진 자는
> 과거와 미래의 [상카라들에] 대해서도 같은 추론을 한다.
> 모든 형성된 것은 사라지나니
> 마치 태양이 떠오를 때 이슬방울처럼."

22. **소멸에 대해서 열중함:** 이와 같이 둘 모두 무너지는 것으로 동일하다고 구분한 뒤 그 무너짐이라고 불리는 소멸에 대해 열중한다. 그것을 존중히 여기고, 그곳으로 기울고, 그곳으로 향하고, 그곳으로 기댄다는 뜻이다. **사라지는 특징에 대한 위빳사나:** '이것이 사라지는 특징에 대한 위빳사나라 한다'고 설한 것이다.

23. **대상을 깊이 숙고한 다음:** 첫 번째로 물질 등 대상을 알고. **무너짐을 관찰한다:** 그 대상이 무너지는 것을 보고서 그것을 자기의 대상으로 가졌던 그 마음도 무너지는 것을 관찰한다.

24. **공으로 나타남:** 그가 이와 같이 무너짐을 관찰할 때 '오직 상카라들이 부서지고, 그들의 부서짐이 죽음일 뿐 다시 다른 한 물건도 없다'고 공으로 나타남을 성취한다. 그래서 옛 스승들이 말씀하셨다.

> "무더기들이 소멸할 뿐 다른 것이 있지 않나니
> 무더기들의 부서짐을 죽음이라 한다.
> 방일하지 않고 지혜롭게 그들의 부서짐을 본다.
> 마치 금강으로 보석을 갈 듯이"

25. **수승한 통찰지의 위빳사나:** 대상을 깊이 숙고하는 것, 무너짐에 대한 관찰, 공으로 나타남 — 이것을 수승한 통찰지의 위빳사나라 한다고 설한 것이다.

26. **세 가지 관찰에 능숙한 자:** 무상 등 세 가지 관찰에 숙련된 비구. **네 가지 위빳사나에:** 역겨움 등 네 가지 위빳사나에 대해. **세 가지 나타남에 능숙하여:** 부서짐으로, 사라짐으로, 공으로 — 이 세 가지 나타남에 능숙하기 때문에. **여러 가지 견해에서 흔들리지 않는다:** 상견 등 여러 가지 견해들에 대해서 동요하지 않는다.

27. 그가 이와 같이 동요하지 않고, 소멸하지 않은 것은 소멸할 것이고 무너지지 않은 것은 무너질 것이라고 마음에 잡도리할 때 모든 상카라(行)들의 일어남과 머묾과 진행과 표상을 내려놓고 오직 무너짐을 본다. 마치 깨지기 쉬운 도자기가 깨지는 것을 보는 것처럼, 가는 먼지가 흩어지는 것을 보는 것처럼, 볶인 깨가 터지는 것

을 보는 것처럼.194)

이는 마치 눈을 가진 자가 억수 같이 비가 내릴 때 호수가나 강둑에 서서 물 표면에 커다란 수포 덩어리가 계속해서 생겼다가 곧바로 무너짐을 보는 것과 같다. 이와 같이 수행자는 모든 상카라들이 계속해서 무너지는 것을 본다. 이러한 수행자를 두고 세존께서 말씀하셨다.

"마치 물거품을 보고
마치 신기루를 보듯
이와 같이 세상을 뚫어 보는 자
그를 죽음의 왕은 보지 못한다.(Dhp.170)"

28. 이와 같이 모든 상카라들이 계속해서 무너진다고 끊임없이 볼 때 여덟 가지 이익을 가져오는 무너짐을 관찰하는 지혜가 힘을 받는다. 이것이 여덟 가지 이익이다. 존재에 대한 사견을 버림, 생명에 대한 욕망을 버림, 항상 명상주제와 함께함, 생계가 청정해짐, 근심을 제거함, 두려움이 없어짐, 인욕과 온화함을 얻음, 지루함과 기쁨을 극복함이다. 그래서 옛 스승들이 말씀하셨다.

"이 여덟 가지 최상의 덕을 보고
무너짐을 관찰하는 성자는 불사를 얻기 위하여
거기에 대해 거듭거듭 명상하나니

---

194) 여기서 깨지기 쉬운 도자기 등의 세 가지 비유는 그것이 깨지는 것을 보고 터지는 것을 보는 것과 연결지어 문장을 구성해야 한다. Pm에서도 이렇게 설명하고 있다.(*dubbalabhājanassa viyāti tintāmamattikā-bhājanassa viya bhedameva passatīti sambandho*. Pm.748)

마치 옷과 머리가 불타는 자처럼.”

무너짐을 관찰하는 지혜가 끝났다.

(3) 공포로 나타나는 지혜

bhayatupaṭṭhānañāṇa

29. 그가 이와 같이 모든 상카라(行)들의 부서짐과 사라짐과 무너짐인 소멸(*nirodha*)을 대상으로 가진 무너짐에 대한 관찰을 반복하고, 닦고, 많이 [공부]지을 때 모든 존재, 모태, 태어날 곳, 거주, 거처 등으로 분류되는 상카라들이 마치 행복하게 살려는 겁쟁이에게 사자, 호랑이, 표범, 곰, 하이에나, 유령, 도깨비, 사나운 소, 들개, 발정할 때의 사나운 코끼리, 소름끼치는 독사, 천둥번개, 묘지, 전쟁터, 시뻘겋게 타는 숯불 구덩이 등이 나타나듯이 무시무시한 공포로 나타난다. '과거의 상카라들은 소멸하였고, 현재의 상카라들도 소멸하고, 미래에 생길 상카라들도 역시 이와 같이 소멸할 것이다'라고 볼 때 이곳에서 그에게 공포로 나타나는 지혜가 일어난다.

30. 이것에 대한 비유가 있다. 한 여인에게 세 명의 아들이 있었는데 그들은 왕에게 죄를 지었다고 한다. 왕은 그들의 목을 베라고 명하였다. 그녀는 아들과 함께 형장으로 갔다. 그때 망나니가 그녀의 큰아들의 머리를 베고는 둘째 아들의 머리를 베려고 했다. 그녀는 큰아들의 머리는 이미 베었고 둘째 아들의 머리를 베려는 것을 보고 '이 아이도 역시 저들과 같은 운명이 될 것이다'라 여기며 막내아들에 대한 집착을 버렸다.

수행자가 과거의 상카라들이 소멸함을 보는 것은 마치 그 여인이 큰아들의 머리가 잘림을 보는 것과 같고, 현재의 상카라들이 소멸함을 보는 것은 둘째 아들의 머리가 잘리는 것을 보는 것과 같고, '미래에 생길 상카라들도 소멸할 것이다'라고 미래의 상카라들이 소멸함을 보는 것은 '이 아이도 역시 저들과 같은 운명이 될 것이다'라고 여기며 막내아들에 대한 집착을 버리는 것과 같다. 이와 같이 볼 때 이곳에서 그에게 공포로 나타나는 지혜가 일어난다.

31. 이것은 다른 비유이다. 자궁이 감염된 어떤 여인이 열 명의 아들을 낳았다고 한다. 그 중에서 아홉 명은 이미 죽었고, 한 명은 그녀의 손에서 죽어가고 있었고, 다른 한 아이는 뱃속에 있었다. 그녀는 아홉 명은 이미 죽었고 열 번째가 죽어가고 있는 것을 보고 '이 아이도 역시 저들과 같은 운명이 될 것이다'라고 여기며 뱃속에 있는 아이에 대한 집착을 버렸다.

수행자가 과거의 상카라들이 소멸함을 보는 것은 마치 그 여인이 아홉 명의 아들의 죽음을 기억하는 것과 같고, 현재의 상카라들이 소멸함을 보는 것은 그녀가 자기 손에서 한 아들이 죽어가는 모습을 보는 것과 같고, 미래의 상카라들의 소멸함을 보는 것은 뱃속에 있는 아이에 대한 집착을 버리는 것과 같다. 이와 같이 볼 때 이 순간에 그에게 공포로 나타나는 지혜가 일어난다.

32. 공포로 나타나는 지혜 [그 자체는] 무서운가 무섭지 않은가? 무섭지 않다. 그것은 '과거의 상카라들이 소멸했고, 현재의 상카라들도 소멸하고, 미래의 상카라들도 소멸할 것이다'라고 조사(*tīraṇa*)할뿐이기 때문이다. 눈을 가진 자가 성문에 있는 세 개의 불

구덩이를 보면서도 그 자신은 두려워하지 않는다. 다만 '여기에 빠진 자들은 큰 고통을 감수할 것이다'라고 조사할 뿐이다. 다시 눈을 가진 자가 아카시아로 만든 창, 철로 만든 창, 금으로 만든 창, 이렇게 나란히 놓여진 세 개의 창을 보면서도 그 자신은 두려워하지 않는다. 다만 '여기에 찔린 자들은 적잖은 고통을 감수할 것이다'라고 조사할 뿐이다.

이와 같이 공포로 나타나는 지혜 [그 자체는] 무서운 것이 아니다. 이것은 다만 세 개의 불구덩이와 같고 세 개의 창과 같은 삼계의 존재들에 대해서 '과거의 상카라들은 소멸했고, 현재의 상카라들도 소멸하고, 미래의 상카라들도 소멸할 것이다'라고 조사할 뿐이다.

33. 다만 그에게 모든 존재, 모태, 태어날 곳, 거주, 거처에 속하는 상카라들이 파멸(*byasana*)에 이르렀고, 무섭고, 공포로 나타나기 때문에 공포로 나타남이라 한다. 이것이 공포로 나타남에 대한 성전의 [말씀이다].

"무상이라고 마음에 잡도리할 때 무엇이 공포로 나타나는가? 괴로움이라고 … 무아라고 마음에 잡도리할 때 무엇이 공포로 나타나는가? 무상이라고 마음에 잡도리할 때 표상(*nimitta*)이 공포로 나타난다. 괴로움이라고 마음에 잡도리할 때 [삶의] 진행(*pavatta*)이 공포로 나타난다. 무아라고 마음에 잡도리할 때 표상과 진행이 공포로 나타난다.(Ps.ii.63)"

34. 여기서 **표상**이란 상카라들의 표상이다. 이것은 바로 과거와 미래와 현재의 상카라들과 동의어이다. 무상이라고 마음에 잡도리할 때 오직 상카라들의 죽음을 본다. 그러므로 그에게 표상이 공

포로 나타난다. **진행**이란 색계와 무색계 존재의 삶의 진행(*pavatti*)이다. 괴로움이라고 마음에 잡도리할 때 행복이라 여겼던 [삶의] 진행을 오직 계속되는 압박의 상태라 본다. 그러므로 그에게 진행이 공포로 나타난다. 무아라고 마음에 잡도리할 때 이 둘 모두 인적 없는 마을처럼, 신기루처럼, 도깨비 마을처럼 비었고, 허하고, 공하고, 주인이 없고, 인도자가 없다고 본다. 그러므로 그에게 표상과 진행 모두 공포로 나타난다.

공포로 나타나는 지혜가 끝났다.

(4) 위험함을 관찰하는 지혜

ādīnavānupassanāñāṇa

35. 그가 이와 같이 공포로 나타나는 지혜를 반복하고, 닦고, 많이 [공부]지을 때 모든 존재, 모태, 태어날 곳, 거주, 거처 등에서 피난처가 아니라고, 의지처가 아니라고, 갈 곳이 아니라고, 귀의처가 아니라고 꿰뚫어 안다. 모든 존재, 모태, 태어날 곳, 거주, 거처에 속하는 상카라(行)들 가운데 단 하나의 상카라에 대해서도 바라거나 집착하지 않는다.

삼계의 존재들은 시뻘겋게 불타는 숯이 가득한 불구덩이처럼, 네 가지 근본물질(四大)들은 소름끼치는 독사처럼, 다섯 가지 무더기(五蘊)들은 칼을 빼든 살인자처럼, 여섯 가지 안의 감각장소(六內入)들은 인적 없는 마을처럼, 여섯 가지 밖의 감각장소(六外入)들은 마을을 약탈하는 강도처럼, 일곱 가지 알음알이(識)의 거주와 아홉 가지 중생의 거처는 11가지[195] 불로 타고 시뻘겋게 타오르고 활활 타는 것처럼, 모든 상카라(行)들은 종기처럼 질병처럼 화살처럼 통증처럼 고통처럼, 이처럼 만족도 없고 영화도 없는 커다란 위험 덩어리가 되어 나타난다.

36. 어떻게? 행복하게 살려는 겁쟁이에게 상카라들은 외관상 아름답게 보이지만 맹수들이 들끓는 숲처럼, 표범들의 동굴처럼, 괴물과 도깨비들이 출몰하는 저수지처럼, 칼을 빼든 원수처럼, 독이 든 음식처럼, 도적에게 포위당한 길처럼, 시뻘겋게 타는 숯처럼, 싸우는 군대들의 전쟁터처럼 나타난다. 맹수들이 들끓는 숲 속에 이르렀을 때 사람이 소스라치게 놀라고, 겁에 질리고, 머리칼이 쭈뼛 일어서는 등 전적으로 위험만 보는 것처럼, 수행자도 무너짐을 관찰함으로써 모든 상카라들이 공포로 나타날 때 전적으로 영화도 없고 만족도 없는 위험만 본다.

37. 그가 이와 같이 볼 때 위험함에 대한 지혜가 일어났다고 한다. 이것을 두고 이와 같이 설하셨다.

"어떻게 공포로 나타남에 대한 통찰지가 위험함에 대한 지혜인가? 일어남이 공포라고 공포로 나타남에 대한 통찰지가 위험함에 대한 지혜이다. 진행이 공포라고 … 표상이 공포라고 … 쌓음이 공포라고 … 재생연결이 공포라고 … 태어날 곳이 공포라고 … 생겨남이 공포라고 … 재생이 공포라고 … 태어남이 공포라고 … 늙음이 공포라고 … 병듦이 공포라고 … 죽음이 공포라고 … 근심이 공포라고 … 탄식이 공포라고 … 절망이 공포라고 공포로 나타남에 대한 통찰지가 위험함에 대한 지혜다.

---

195) 11가지 불이란 ① 탐 ② 진 ③ 치 ④ 태어남 ⑤ 늙음 ⑥ 죽음 ⑦ 근심 ⑧ 탄식 ⑨ 육체적 고통 ⑩ 정신적 고통 ⑪ 절망을 말한다.

일어나지 않음이 안은(安穩, *khema*)이라는 평화로운 경지(*santi-pada*)에 대한 지혜가 있다. 진행하지 않음이 … 절망 없음이 안은이라는 평화로운 경지에 대한 지혜가 있다. 일어남은 공포이고 일어나지 않음은 안은이라는 평화로운 경지에 대한 지혜가 있다. 진행이 … 절망이 공포이고 절망 없음이 안은이라는 평화로운 경지에 대한 지혜가 있다.

일어남이 괴로움이라고 공포로 나타남에 대한 통찰지가 위험함에 대한 지혜다. 진행이 … 절망이 괴로움이라고 공포로 나타남에 대한 통찰지가 위험함에 대한 지혜다. 일어나지 않음이 행복이라는 평화로운 경지에 대한 지혜가 있다. 진행하지 않음이 … 절망 없음이 행복이라는 평화로운 경지에 대한 지혜가 있다.

일어남은 괴로움이고 일어나지 않음은 행복이라는 평화로운 경지에 대한 지혜가 있다. 진행이 … 절망은 괴로움이고 절망 없음이 행복이라는 평화로운 경지에 대한 지혜가 있다.

일어남은 세속적이라고 공포로 나타남에 대한 통찰지가 위험함에 대한 지혜다. 진행이 … 절망이 세속적이라고 공포로 나타남에 대한 통찰지가 위험함에 대한 지혜다. 일어나지 않음이 세속적인 것이 아니라는 평화로운 경지에 대한 지혜가 있다. 진행하지 않음이 … 절망 없음이 세속적인 것이 아니라는 평화로운 경지에 대한 지혜가 있다.

일어남은 세속적이고 일어나지 않음은 세속적인 것이 아니라는 평화로운 경지에 대한 지혜가 있다. 진행이 … 절망이 세속적이고 절망 없음이 세속적인 것이 아니라는 평화로운 경지에 대한 지혜가 있다.

일어남은 상카라라고 공포로 나타남에 대한 통찰지가 위험함에 대한 지혜다. 진행이 … 절망이 상카라라고 공포로 나타남에 대한 통찰지가 위험함에 대한 지혜다. 일어나지 않음이 열반이라는 평화로운 경지에 대한 지혜가 있다. 진행하지 않음이 … 절망 없음이 열반이라는 평화로운 경지에 대한 지혜가 있다.

일어남은 상카라이고 일어나지 않음은 열반이라는 평화로운 경지에 대한 지혜가 있다. 진행이 … 절망이 상카라이고 절망 없음이 열반이라는 평화로운 경지에 대한 지혜가 있다.

> 일어남, 진행, 표상, 쌓음, 재생연결을
> 그는 괴로움이라 보나니 이것이 위험함에 대한 지혜다.
> 일어나지 않음, 진행하지 않음, 표상 없음,
> 쌓음 없음, 재생연결 없음을 행복이라 보나니
> 이것이 평화로운 경지에 대한 지혜다.
> 다섯 가지 경우에서 위험함의 지혜가 생기고
> 다섯 가지 경우에서 고요한 경지[의 지혜]가 생기나니
> 이 열 가지 지혜를 꿰뚫어 안다.
> 두 가지 지혜에 능숙하기 때문에
> 여러 가지 견해들 가운데서 동요하지 않는다.

그것을 알았다는 뜻에서 지혜고 꿰뚫어 안다는 뜻에서 통찰지이다. 그러므로 공포로 나타남에 대한 통찰지가 위험함에 대한 지혜라고 한다.(Ps.i.59-60)"

38. 여기서 **일어남**이란 이전의 업을 조건으로 여기에 태어남이다. **진행**이란 그렇게 일어난 것이 진행하는 것이다. **표상**이란 모든

상카라들의 표상이다. **쌓음**이란 미래에 재생연결의 원인이 될 업이다. **재생연결**이란 미래의 태어남이다. **태어날 곳**이란 재생연결이 일어날 곳이다. **생겨남**은 무더기들이 태어남이다. **재생**이란 "[그것을] 얻은 자나 [그곳에] 다시 태어난 자에게(Dhs.224)"라고 설한 과보로 나타난 진행이다. **태어남**이란 늙음 등의 조건이고 [업으로서의] 존재를 조건한 태어남이다. 늙음과 병듦과 죽음 등은 분명하다.

39. 여기서 일어남 등의 오직 다섯 가지만 위험함에 대한 지혜의 대상으로 설했다. 나머지는 이들의 동의어이다. 생겨남과 태어남이 둘은 일어남과 재생연결의 동의어이다. 태어날 곳과 재생의 둘은 진행의 동의어이고, 늙음 등은 표상의 동의어이다. 그래서 이와 같이 설하셨다.

> "일어남, 진행, 표상, 쌓음, 재생연결
> 이들을 괴로움이라 보나니
> 이것이 위험함에 대한 지혜이다."
> "다섯 가지 경우에서 위험함의 지혜가 생긴다.(§37)"

40. **'일어나지 않음이 안은이다'는 평화로운 경지에 대한 지혜가 있다:** 이것은 위험함에 대한 지혜와 반대되는 지혜를 보여주기 위하여 설하셨다고 알아야 한다. 공포로 나타난 것을 통해서 위험을 보고서 당황하는 자들에게 '공포도 없고 위험도 없는 안은이 있다'라고 그들을 위로하기 위해서 설했다고 알아야 한다. 혹은 일어남 등이 공포라고 분명하게 나타났을 때 그의 마음은 그것의 반대편으로 기운다. 그러므로 공포로 나타남을 통하여 성취된 위험함

에 대한 지혜의 이익을 보여주기 위해서 설했다고 알아야 한다.

41. 여기서 공포라는 것은 반드시 괴로움이고, 괴로움이라는 것은 오직 세속적인 것이다. 왜냐하면 [세 가지] 회전을 가진 세속적인 것, 세간의 세속적인 것, 오염원의 세속적인 것[196]으로부터 벗어나지 못했기 때문이다. 그리고 세속적인 것은 상카라들로 구성되어있기 때문에 **일어남이 괴로움이라고 공포로 나타남에 대한 통찰지가 위험함에 대한 지혜다**라고 설했다. 비록 이렇게 설했더라도 공포의 형태로, 괴로움의 형태로, 세속적인 형태로 이와 같이 형태가 다르기 때문에 그들의 진행을 통해서 차이점을 알아야 한다.

42. **열 가지 지혜를 꿰뚫어 안다:** 위험함에 대한 지혜를 꿰뚫어 아는 자는 일어남 등을 대상으로 한 다섯 가지, 일어나지 않음 등을 대상으로 한 다섯 가지, 이 열 가지 지혜를 꿰뚫어 알고, 통찰하고, 실현한다. **두 가지 지혜에 능숙하기 때문에:** 위험함에 대한 지혜와 평화로운 경지에 대한 지혜, 이 두 가지에 능숙하기 때문에. **여러 가지 견해들 가운데서 동요하지 않는다:** '궁극적인 열반은 지금 여기다'라는 등으로 일어나는 견해들 가운데서 동요하지 않는다. 나머지는 명확하다.

위험함을 관찰하는 지혜가 끝났다.

---

196) '회전을 가진 세속적인 것(*vaṭṭāmisa*)'은 업으로 받은 무더기들을 말한다. 세 가지 회전과 그것을 의지한 것이다. '세간의 세속적인 것(*lokāmisa*)'은 다섯 가닥의 감각적 욕망이다. 오염원 그 자체가 바로 '오염원의 세속적인 것(*kilesāmisa*)'이다.(Pm.753)

(5) 역겨움을 관찰하는 지혜

nibbidānupassanāñāṇa

43. 그가 이와 같이 모든 상카라들을 위험이라고 볼 때 모든 존재, 모태, 태어날 곳, 알음알이의 거주, 중생의 거처에서 부서지는[197] 모든 상카라들을 역겨워하고, 불만스러워하고, 즐거워하지 않는다. 마치 찟따꾸따 산의 기슭에 머물기를 즐거워하는 황금 백조의 왕이 천민촌의 입구에 있는 더러운 웅덩이에 머물기를 즐거워하지 않고 일곱 개의 큰 호수에 머물기를 즐거워하는 것처럼, 수행자 백조도 위험이라고 분명히 본 여러 가지의 상카라들에 대해 즐거워하지 않는다.

수행하기를 즐거워하여 수행 즐거워함을 갖추었기 때문에 오직 일곱 가지 관찰을 즐거워한다. 마치 짐승의 왕인 사자를 황금 옥사에 가두었을 때 즐거워하지 않고, 그 범위가 3천 요자나 되는 히말라야를 즐거워하듯이, 수행자 사자도 세 가지 선처의 존재를 즐거워하지 않고 오직 세 가지 관찰을 즐거워한다. 전신이 희고 일곱 군데로 서고,[198] 신통변화를 가졌고, 하늘을 나는 찻단따라는 코끼리의

---

197) '부서지는'으로 옮긴 원문의 '*sabhedake*'를 뻬 마웅 틴(Pe Maung Tin)은 '*breakable*(부서지는)'이라고 영역했는데 아마도 지금 문맥이 상카라들의 부서짐이라서 그렇게 번역한 것으로 보인다. 미얀마의 수웨져리 사야도께서도 미얀마어의 번역에 그렇게 번역했다고 한다.
그러나 냐나몰리 스님은 '*belonging to any kind of*'로 옮겨서 '모든 존재, 태, 운명 등으로 분류되는 상카라에서'로 해석하고 있다. 이것도 무리 없는 해석이지만 미얀마 전통을 따라서 '부서지는'으로 옮겼다. 아래 §45, §47 등에서도 마찬가지이다.

198) "코와 네 발과 꼬리와 성기, 이 일곱 군데가 땅에 닿아 선다.(Pm.754)"

왕이 도시 가운데 머물기를 즐거워하지 않고, 히말라야의 찻단따 숲의 못에 머물기를 즐거워하듯이, 그와 같이 수행자 코끼리 왕도 모든 상카라들을 즐거워하지 않고, '일어나지 않음이 안은(安穩)이다'라는 등의 방법으로 본 평화로운 경지를 즐거워하며, 그곳으로 기울고 향하고 기댄다.

역겨움을 관찰하는 지혜가 끝났다.

44. 이 역겨움을 관찰하는 지혜는 이전의 두 가지 지혜 [즉, 공포로 나타나는 지혜와 위험함을 관찰하는 지혜]와 뜻으로는 같다. 그래서 옛 스승들이 말씀하셨다.

"공포로 나타남은 하나지만 세 가지 이름을 가진다. 이것은 모든 상카라들을 공포로 보기 때문에 공포로 나타남이라는 이름을 얻는다. 그 상카라들에 대해 위험을 일으키기 때문에 위험함을 관찰하는 지혜라는 이름을 얻는다. 그 상카라들에 대해 역겨워하는 마음을 일으키기 때문에 역겨움을 관찰하는 지혜라는 이름을 얻는다."

성전에서도 역시 이와 같이 설하셨다. "공포로 나타남에 대한 통찰지, 위험함에 대한 지혜, 역겨움 — 이 법들은 뜻으로는 같고 문자만 다르다.(Ps.ii.63)"

(6) 해탈하기를 원하는 지혜

muñcitukamyatāñāṇa

45. 이 역겨움의 지혜로써 선남자가 역겨워하고, 만족하지 않고, 즐거워하지 않을 때, 모든 존재, 모태, 태어날 곳, 알음알이의 거주, 중생의 거처에서 부서지는 상카라들 가운데 어느 하나의 상카라

에도 그의 마음이 집착하지 않고, 묶이지 않고, 고착되지 않는다. 모든 형성된 것으로부터 해탈하기를 원하고, 벗어나고자 원한다.

46. 무엇처럼? 그물에 걸린 물고기처럼, 독사의 입에 들어간 개구리처럼, 우리에 갇힌 숲 속의 수탉처럼, 견고한 덫에 걸린 사슴처럼, 뱀 장수의 손아귀에 붙잡힌 뱀처럼, 커다란 습지대에 빠진 코끼리처럼, 금시조(金翅鳥)의 입에 들어간 용왕처럼, 월식에 들어간 달처럼, 적에게 포위된 사람처럼.

이들이 각각 해탈하기를 원하고, 벗어나고자하는 것처럼 이 수행자의 마음도 이 모든 상카라들로부터 해탈하기를 원하며, 벗어나고자 원한다. 이와 같이 그가 모든 상카라들에 집착하지 않고, 모든 상카라들로부터 해탈하기를 원할 때 해탈하기를 원하는 지혜가 일어난다.

해탈하기를 원하는 지혜가 끝났다.

(7) 깊이 숙고하여 관찰하는 지혜

paṭisaṅkhānupassanāñāṇa

47. 그가 이와 같이 모든 존재, 모태, 태어날 곳, 거주, 거처에서 부서지는 모든 상카라들로부터 해탈하기를 원하고 모든 상카라들로부터 해탈하기 위해 깊이 숙고하여 관찰하는 지혜로 세 가지 특상을 제기한 뒤 상카라들을 파악한다.

48. 상카라들은 영원하지 않고, 일시적인 것이고, 일어나고 사라짐에 제한된 것이고, 붕괴하는 것이고, 떨리는 것이고, 부서지기

쉬운 것이고, 지속되지 않는 것이고, 변하는 것이고, 실체가 없는 것이고, 복리가 없는 것이고, 형성된 것이고, 죽기 마련인 법이기 때문에, 이와 같은 이유로 무상이라고 본다.

이 상카라들은 계속해서 압박받고, 견디기 어렵고, 괴로움의 토대이고, 병이고, 종기이고, 화살이고, 재난이고, 질병이고, 전염병이고, 재앙이고, 두려움이고, 협박이고, 보호가 없고, 피난처가 없고, 귀의처가 없고, 위험이고, 재난의 뿌리이고, 살인자이고, 번뇌에 물들기 쉽고, 마라의 미끼이고, 태어나기 마련인 법이고, 늙기 마련인 법이고, 병들기 마련인 법이고, 근심하기 마련인 법이고, 탄식하기 마련인 법이고, 절망하기 마련인 법이고, 오염되기 마련인 법이기 때문에, 이와 같은 이유로 괴로움이라고 본다.

이 상카라들은 아름답지 않고, 악취가 나고, 불쾌하고, 혐오스럽고, 장식으로 가장할 수 없고, 보기 흉하고, 매스껍기 때문에, 또한 괴로운 특징으로 둘러싸여 있기 때문에, 이와 같은 이유로 더러움(不淨)으로 본다.

이 상카라들은 남이고, 비었고, 허하고, 공하고, 주인이 없고, 지배력을 행사할 수 없고, 자유스럽지 않기 때문에, 이와 같은 이유로 무아라고 본다.

이와 같이 볼 때 그는 세 가지 특상을 제기한 뒤 상카라들을 파악했다고 한다.

49. 무슨 이유로 이 상카라들을 이와 같이 파악하는가? 해탈하는 방편(*upāya*)을 성취하기 위해서다. 여기에 대한 비유가 있다.

어떤 사람이 낚시를 하리라 생각하고 물 속에 그물을 쳤다고 한다. 그는 물밑의 그물코에다 손을 넣어 뱀의 목덜미를 잡고는 '와,

물고기를 잡았어'라며 기뻐했다. 커다란 물고기를 잡았다고 생각하고 위로 들어올려 보았을 때 세 가지 특징을 보고 뱀이라는 인식이 들었다. 겁에 질려 위험을 보고는 잡은 것을 역겨워하며 놓아버리기를 원했다. 그는 벗어나는 방편을 꾀하면서 뱀이 똘똘 감고 있는 손을 꼬리의 끝 부분부터 풀었다. 다시 팔을 치켜 올려 뱀의 머리를 두세 번 빙빙 돌려 무력하게 만들어 '이 못된 놈의 뱀아, 꺼져라'하면서 던져버리고는 급히 호수의 둑으로 올라가 '이제야 정말 큰 뱀의 아가리로부터 벗어났구나'라 하면서 온 길을 바라보면서 서있었다.

50. 여기서 수행자가 처음에 몸을 받아 기뻐하는 때가 그 사람이 물고기라고 생각하고 뱀의 목덜미를 잡고 기뻐한 것과 같다. 이 수행자가 덩어리 등 견고하다는 [인식을] 부수어[199] 상카라들에서 세 가지 특상을 보는 것은 그 사람이 그물코로부터 뱀의 머리를 끄집어내어 세 가지 특징을 보는 것과 같다.

수행자의 공포로 나타나는 지혜는 그 사람이 겁에 질린 때와 같다. 그 다음에 위험의 관찰에 대한 지혜는 위험을 보는 것과 같고, 역겨움을 관찰하는 지혜는 뱀을 잡은 것을 역겨워하는 것과 같고, 해탈하기를 원하는 지혜는 뱀으로부터 벗어나기를 원하는 것과 같다.

깊이 숙고하여 관찰하는 지혜로써 상카라들에 대해 세 가지 특상을 제기하는 것은 벗어나는 방편을 꾀하는 것과 같다. 그 사람이 뱀을 빙빙 돌려 무력하게 만든 다음 멀리 던져버려 물지 못하도록 만든 뒤 잘 벗어나는 것처럼 이 수행자도 세 가지 특상을 제기함으로써 상카라들을 빙빙 돌려 무력하게 만들어 다시는 항상하고, 행복하

199) "원문의 '*ghanavinibbhogaṁ katvā*'는 명상주제를 잡고서라는 뜻과 덩어리 등 견고하다고 이해하는 것을 부수고서란 뜻이다.(Pm.758)"

고, 깨끗하고, 자아라는 형태로 나타나지 못하도록 만든 뒤 잘 벗어난다. 그래서 설하였다. '해탈하는 방편을 성취하기 위해서 이와 같이 파악한다'라고.

51. 이 시점에서 그에게 깊이 숙고하는 지혜가 일어난다. 이것을 두고 이와 같이 설하셨다. "무상이라고 마음에 잡도리할 때 무엇을 깊이 숙고하여 지혜가 일어나는가? 괴로움이라고 … 무아라고 마음에 잡도리할 때 무엇을 깊이 숙고하여 지혜가 일어나는가? 무상이라고 마음에 잡도리할 때 표상을 깊이 숙고하여 지혜가 일어난다. 괴로움이라고 마음에 잡도리할 때 진행을 깊이 숙고하여 지혜가 일어난다. 무아라고 마음에 잡도리할 때 표상과 진행을 깊이 숙고하여 지혜가 일어난다.(Ps.ii.63-64)"

52. **표상을 깊이 숙고하여:** 상카라들의 표상을 지속적인 것이 아니라 일시적인 것이라고 무상의 특상을 통하여 알고 나서. 물론 먼저 안 다음 지혜가 일어나는 것은 아니다. 인습적 표현에 따라서 이렇게 말했다. 마치 "마음과 법을 의지하여 마노의 알음알이가 일어난다.(S.ii.72 등)"는 것처럼. 혹은 단일화의 방법(*ekatta-naya*)에 의해서 앞의 것과 뒤의 것을 하나로 만들어 이와 같이 설했다고 알아야 한다. 남은 두 구절 [즉 진행, 표상과 진행]에도 이 방법을 적용하여 그 뜻을 알아야 한다.

깊이 숙고하여 관찰하는 지혜가 끝났다.

(8) 상카라에 대한 평온의 지혜

saṅkhārupekkhāñāṇa

53. 그가 이와 같이 깊이 숙고하여 관찰하는 지혜로써 모든 상카라들이 공하다고 파악하고 다시 "이것은 자아가 공하고 혹은 자아에 속하는 것이 [공하다](M.ii.263)"라고 두 가지 측면에서 공을 파악한다. 그가 이와 같이 자아와, 자아의 소지품이라고 할만한 그 어떤 것도 보지 않고, 다시 "나는 어디에도 누구에게도 결코 속하지 않는다. 어느 곳에서든 누구에게 있어서든 내 것은 결코 없다.(M106/ii.263-64)"라고 네 가지 측면에서 설한 공함을 파악한다.

54. 어떻게? **나는 어디에도 없다:** 어느 곳에서도 자아를 보지 않는다. **누구에게도 결코 속하지 않는다:** 자기의 자아를 어떤 다른 사람의 소유물에서 추론할 수 있다고 보지 않는다. 형제의 경우 형제가 그것을 소유하고 있다고, 친구의 경우 친구가 그것을 소유하고 있다고, 필수품의 경우 필수품이 그것을 소유하고 있다고 생각하면서 그것을 추론할만한 것이라고 보지 않는다는 뜻이다.

어느 곳에서든 결코 없다 나의: 여기서 우선 '나의'라는 단어를 당분간 제외시켜, 어디에서도 남의 자아를 보지 않는다는 뜻이다. 이제 '나의'라는 단어를 가져와 **그것은 나의 소유물로 누구에게도 없다**라는 뜻은 즉 그는 다른 사람의 자아가 어딘가에 나의 소유물로 있다고 보지 않는다. 형제의 경우 자기 형제라고, 친구의 경우 자기 친구라고, 필수품인 경우 자기 필수품이라고, 이와 같이 어떤 경우에도 다른 사람의 자아를 이런 상태로 추론할만한 것으로 보지 않는다. 이와 같이 그가 어디서도 자아를 보지 않고, 자아가 다른 사람의 어느 상태에 속한다고 보지 않고, 다른 사람의 자아를 보지 않고, 다른 사람의 자아를 나의 어느 상태에 있다고 보지 않기 때문에 네 가지 측면에서 공을 파악한다고 한다.

55. 이와 같이 네 가지 측면에서 공을 파악하고는 다시 여섯 가지 형태로 공을 파악한다. 어떻게? "눈은 자아가 공하거나, 혹은 자아에 속하는 것이 공하거나, 항상함이 공하거나, 지속함이 공하거나, 영원함이 공하거나, 혹은 변하지 않기 마련인 법이 공하다. … 마노는 공하다. … 형상은 공하다. … 법은 공하다. … 눈의 알음알이는 공하다. … 마노의 알음알이는 공하다. … 눈의 감각접촉은 공하다. …(Nd2.187)"라고 이와 같이 늙음·죽음까지 이 방법은 계속된다.

56. 이와 같이 여섯 가지 형태로 공을 파악한 다음 다시 여덟 가지 형태로 파악한다.

"① 항상함의 고갱이 ② 견고함의 고갱이 ③ 행복의 고갱이 ④ 자아의 고갱이 ⑤ 항상함 ⑥ 견고함 ⑦ 영원함 혹은 ⑧ 변하지 않기 마련인 법에 관한 물질은 고갱이가 없고, 고갱이가 아니고, 고갱이를 떠났다. 느낌은 … 인식은 … 상카라들은 … 알음알이는 … 눈은 … 항상함의 고갱이, 견고함의 고갱이, 행복의 고갱이, 자아의 고갱이, 항상함, 견고함, 영원함, 혹은 변하지 않기 마련인 법에 관한 늙음·죽음은 고갱이가 없고, 고갱이가 아니고, 고갱이를 떠났다. 마치 갈대가 고갱이가 없고, 고갱이가 아니고, 고갱이를 떠난 것과 같고, 마치 아주까리처럼, 무화과나무처럼, 세따왓초 나무처럼, 빨리받다까 나무처럼, 포말(泡沫)처럼, 수포(水泡)처럼, 신기루처럼,

파초의 줄기처럼, 환처럼 고갱이가 없고, 고갱이가 아니고, 고갱이를 떠났다. 그와 같이 물질도 … 늙음 · 죽음도 항상함의 고갱이, 견고함의 고갱이, 행복의 고갱이, 자아의 고갱이, 항상함, 견고함, 영원함, 변하지 않기 마련인 법에 관한한 고갱이가 없고, 고갱이가 아니고, 고갱이를 떠났다.(Nd2.184-85)"

57. 그는 이와 같이 여덟 가지 형태로 공을 파악한 뒤 다시 열 가지 형태로 파악한다. "물질을 비었다고, 허하다고, 공이라고, 자아가 아니라고, 지배자를 가지지 않았다고, 원하는 대로 만들 수 없다고, 얻을 수 없다고, 지배력을 행사할 수 없다고, 타인이라고, [과거와 미래로부터] 분리되었다고 본다. 느낌을 … 알음알이를 비었다고 … 분리되었다고 본다.(Nd2.279)"

58. 이와 같이 열 가지 형태로 공을 파악하고는 다시 열두 가지 형태로 파악한다. "물질은 중생이 아니고, 영혼도 아니고, 사람도 아니고, 청년도 아니고, 여자도 아니고, 남자도 아니고, 자아도 아니고, 자아에 속한 것도 아니고, 내가 아니고, 내 것도 아니고, 다른 사람의 것도 아니고, 어느 누구의 것도 아니다. 느낌은 … 알음알이는 … 어느 누구의 것도 아니다.(Nd2.186)"라고.

59. 이와 같이 열두 가지 형태로 공을 파악한 뒤 다시 조사의 통달지(*tīraṇa-pariññā*)를 통하여 마흔두 가지 형태로 파악한다.

물질을 무상으로, 괴로움으로, 병으로, 종기로, 화살로, 재난으로, 질병으로, 타인으로, 붕괴하는 것으로, 전염병으로, 재앙으로, 두려움으로, 협박으로, 떨림으로, 무너지기 쉬운 것으로, 지속되지 않는 것으로, 보호가 없는 것으로, 피난처가 없는 것으로, 귀의처가 없는 것으로, 비었음으로, 허함으로, 공함으로, 자아가 없음으로, 달콤하지 않음으로, 위험으로, 변하기 마련인 법으로, 고갱이가 없는 것으로, 재난의 뿌리인 것으로, 살인자로, 복리가 없음으로, 번뇌에 물들기 쉬운 것으로, 형성된 것으로, 마라의 미끼로, 태어나기 마련인 법으로, 늙기 마련인 법으로, 병들기 마련인 법으로, 죽기 마련인 법으로, 근심하기 마련인 법으로, 근심 · 탄식 · 육체적 고통 · 정신적 고통 · 절망하기 마련인 법으로, 일어남으로, 사라짐으로, 달콤하지 않음으로, 위험으로, 출구로 본다. 느낌을 … 알음알이를 무상이라고 … 출구로 본다.

60. 이와 같이 설하셨다. "물질을 무상이라고 … 출구로 보면서 세상을 공하다고 뚫어 본다. 느낌을 … 알음알이를 무상이라고 … 출구로 보면서 세상을 공하다고 뚫어 본다."

> "모가라자여, 항상 마음챙기면서
> 자아에 대한 사견을 버리고
> 세상을 공하다고 뚫어 보라.
> 그러면 죽음을 건널 것이다.
> 이와 같이 세상을 뚫어 보는 자
> 죽음의 왕도 그를 보지 못하리.(Nd2.190)"

61. 이와 같이 공하다고 보면서 세 가지 특상을 제기하고 상카라들을 파악할 때 공포와 즐거워함을 버리고 상카라들에 대해 무관심하게 되고 중립적이 되고, '나'라거나 '내 것'이라고 취하지 않는

다. 아내와 이혼한 남자처럼.

62. 어떤 남자에게 매력적이고 사랑스럽고 예쁜 아내가 있었다 하자. 그 남자는 그녀 없이는 단 한 순간도 지낼 수 없을 것이다. 너무나도 그녀를 사랑했기에 그녀가 다른 남자와 함께 서있거나 앉아 있거나 얘기하거나 웃는 것을 보면, 화가 나고 상심하여 극도의 슬픔을 경험할 것이다. 세월이 흘러 그가 그녀의 부정을 보고는 헤어지려는 마음에 이혼할 것이다. 그는 그녀를 더 이상 '내 아내'라고 움켜쥐지 않을 것이다. 그 이후로는 그녀가 어느 누구와 함께 무슨 짓을 하건, 그것을 보게 되더라도 화내지 않을 것이고 슬퍼하지 않을 것이다. 오히려 무관심하게 되고 중립적이 될 것이다.

이와 같이 수행자가 모든 상카라들로부터 해탈하기를 원하여 깊이 숙고하는 지혜로써 상카라들을 파악할 때 '나'라거나 '내 것'이라고 취할만한 것을 아무것도 보지 못하여, 공포와 즐거워함을 버리고는 모든 상카라들에 대해 무관심하게 되고, 중립적이 된다.

63. 이와 같이 알고, 이와 같이 볼 때 세 가지 존재, 네 가지 모태, 다섯 가지 태어날 곳, 일곱 가지 알음알이의 거주, 아홉 가지 중생의 거처에 대해 그의 마음은 물러나고, 움츠리고, 되돌아오고, 펴지지 않는다. 평온이나 혐오스러움이 확립된다. 마치 약간 경사진 연잎 위의 물방울이 물러나고, 움츠리고, 굴러 떨어지고, 퍼지지 않듯이. 이와 같이 … 마치 닭털이나 근육을 불에다 올려놓으면 물러나고, 움츠리고, 굴러 떨어지고, 퍼지지 않듯이. 이와 같이 세 가지 존재에 대해 그의 마음은 물러나고, 움츠리고, 되돌아오고, 퍼지지 않는다. 평온이나 혐오스러움이 확립된다. 이와 같이 그에게 상카라

에 대한 평온의 지혜가 나타난다.

64. 만약 이 지혜가 평화로운 경지인 열반을 평화롭다고 보면 모든 상카라들의 진행을 버리고 오직 열반으로 들어간다. 만약 열반을 평화롭다고 보지 못하면 반복해서 오직 상카라들을 대상으로 하면서 일어난다. 항해하는 선원의 까마귀처럼.

65. 항해하는 상인들이 배에 올라타면서 육지를 발견하는 까마귀를 싣는다. 배가 강풍에 휩쓸려 엉뚱한 방향을 향하여 떠밀려가 해안을 찾지 못할 때, 그들은 육지를 발견하는 까마귀를 날려 보낸다. 까마귀는 돛의 꼭대기로부터 하늘을 날아 사방팔방을 조사하여 만약 해안을 발견하면 그 방향으로 나아가고, 발견하지 못하면 거듭 거듭 돌아와서 돛의 꼭대기에 앉는다.

이와 같이 만약 상카라들에 대한 평온의 지혜가 평화로운 경지인 열반을 평화롭다고 보면 모든 상카라들의 진행을 버리고 오직 열반으로 들어간다. 만약 열반을 평화롭다고 보지 못하면 반복해서 오직 상카라들을 대상으로 하면서 일어난다.

66. 키의 끝에서 밀가루를 키질하는 것처럼, 목화씨를 빼낸 다음 솜을 타는 것처럼 여러 방법으로 상카라들을 파악한 뒤 공포와 즐거워함을 버리고 상카라들을 조사함에 대해 중립적이 되어 [무상, 고, 무아의] 세 가지 관찰로 머문다. 이와 같이 머물 때 이 [상카라에 대한 평온의 지혜]는 세 가지 해탈의 관문이 되어 일곱 분 성자들의 분류를 위한 조건이 된다.

세 가지 해탈의 관문

tividhavimokkhamukha

이 지혜가 [무상, 고, 무아의] 세 가지 가운데 하나의 관찰로 일어날 때 세 가지 기능(根)들[200] 가운데 하나의 지배력으로써 세 가지 해탈의 관문이 된다.

67. 세 가지 관찰을 세 가지 해탈의 관문(*vimokkha-mukha*)들이라 부른다. 이처럼 말씀하셨다. "이 세 가지 해탈의 관문들은 세상으로부터 벗어나도록 인도한다. ① 모든 상카라들이 한정되어있고 둘러싸여있는 것으로 보게 하고, 마음이 표상이 없는(無相) 경지(*dhātu*, 界)[201]로 들어가게 한다. ② 모든 상카라들에 대해 마노를 분발시키고, 마음이 원함이 없는(無願) 경지(界)로 들어가게 한다. ③ 모든 법들을 타인으로 보게 하고, 마음이 공(空)한 경지(界)로 들어가게 한다.[202] 이 세 가지 해탈의 관문들은 세상으로부터 벗어나도

---

200) 세 가지는 다섯 가지 기능들(五根) 가운데 믿음의 기능(信根), 삼매의 기능(定根), 통찰지의 기능(慧根)이다.

201) 여기서 경지로 옮긴 원어는 *dhātu*(界)이다. 본서에서 *dhātu*는 모두 요소로 옮겼는데 여기서만 경지로 옮긴다. 열반의 경지를 요소라고 표현하고 이해하기에는 아직 이른 감이 있다고 생각해서이다.
『장부』「긴 열반경」(D16)을 위시한 몇몇 경들과 주석서에서는 열반을 모두 '*nibbāna-dhātu*(열반계)'로 표현하고 있다. '*dhātu*'는 '*dhamma*(법)'와 같은 어원에서 파생된 단어이며 그래서 이 두 술어의 정의도 '고유성질(*sabhāvaṃ*)를 가진 것(*dhāreti*)'으로 같이 나타난다. 그러므로 열반을 72가지 구경법(*dhamma*)에 포함시키는 것이나 열반을 요소(*dhātu*, 界)로 표현하는 것은 일맥상통하는 것이다.

202) 해탈을 공, 무상, 무원으로 이해하는 것은 초기대승에서도 아주 보편화되어있었다. 예를 들면『화엄경』「정행품」에서도 공, 무상, 무원은 거듭

록 인도한다.(Ps.ii.48)"

68. **한정되어있고 둘러싸여있는 것으로:** 일어나고 사라짐으로 한정되어있고 일어나고 사라짐에 의해 둘러싸여있다. 무상에 대한 관찰은 '상카라들이 일어나기 전에는 존재하지 않았다'고 한정짓고 그들의 행처를 찾아보면 그들은 결코 멸을 넘어가지 못한다, '그들은 바로 여기서 사라지는구나'라고 그들이 [일어나고 사라짐에 의해서] 둘러싸여있는 것으로 본다. **마노를 분발시키고:** 마음이 절박감을 내게 하고, 괴로움을 관찰함으로써 마음은 상카라들에 대해 분발한다. **타인으로 보게 하고:** '나'가 아니고, '내 것'이 아니라고 이와 같이 자아가 없는 것으로 보게 한다.

69. 이처럼 이 세 가지 구절은 무상에 대한 관찰 등으로 설하셨다고 알아야 한다. 그래서 바로 다음에 질문에 대답하시면서 이렇게 설하셨다. "무상이라고 [상카라들을] 마음에 잡도리할 때 상카라들은 부서짐으로 나타난다. 괴로움이라고 마음에 잡도리할 때 상카라들은 공포로 나타난다. 무아라고 마음에 잡도리할 때 상카라들은 공으로 나타난다.(Ps.ii.48)"

70. 그러면 이런 관찰들은 어떤 해탈의 관문들이 되는가? 그들은 표상 없음, 원함 없음, 공함이라는 세 가지 해탈의 관문이 된다. 이와 같이 설하셨기 때문이다. "① 확신(信解, *adhimokkha*)이 큰 자는 무상(無常)이라고 마음에 잡도리하면서 표상 없는(無相) 해탈을 얻는다. ② 편안함(輕安, *passaddhi*)이 큰 자는 괴로움이라고 마음에 잡도리하면서 잡도

강조되어서 나타난다.

리하면서 원함 없는(無願) 해탈을 얻는다. ③ 영지(靈知, *veda*)가 큰 자는 무아라고 마음에 잡도리하면서 공한 해탈을 얻는다.(Ps.ii.58)"

71. 여기서 **표상이 없는 해탈**이란 표상이 없는 형태로 열반을 대상으로 하여 일어난 성스러운 도다. 표상이 없는 경지(요소, 界, *dhātu*)가 일어났기 때문에 이 성스러운 도는 표상이 없고, 번뇌로부터 벗어났기 때문에 해탈이다. 이와 같은 방법으로 원함이 없는 형태로 열반을 대상으로 하여 일어난 [성스러운 도가] 원함 없는 [해탈이고], 공한 형태로 열반을 대상으로 하여 일어난 [성스러운 도가] 공한 [해탈이다]라고 알아야 한다.

72. 그런데 논장(Abhidhamma)에서는 "사견을 버리고서 초지(初地, *paṭhama-bhūmi* = 예류도)를 얻기 위하여, 세간으로부터 벗어나도록 인도하고 그것의 소멸에 이르는 출세간 禪을 닦을 때 감각적 욕망을 멀리 떨쳐버린 뒤 원함이 없는 초선을 구족하여 머문다. … 공한 초선을 구족하여 머문다.(Dhs.71; 70)"라고 오직 두 가지 해탈을[203] 설하셨다. 이것은 아무런 방편 없이 위빳사나가 [도에] 이르는 [방법에] 관해서 설하신 것이다.[204]

73. 그러나 『무애해도』에서는 위빳사나의 지혜를 두고 ① "무상이라고 관찰하는 지혜는 항상하다는 고집을 벗어버리기 때문에 공한 해탈이다. 괴로움으로 관찰하는 지혜는 행복이라는 고집을 벗

---

203) 표상이 없는 해탈을 제외한 원함이 없는 해탈과 공한 해탈 두 가지만을 설했다는 뜻이다.

204) 위빳사나가 원함이 없는 것이면 도도 원함이 없는 도이고, 위빳사나가 공한 것이면 도도 공한 도라고 한다는 것을 설하셨다는 뜻이다.

어버리기 때문에 공한 해탈이다. 무아라고 관찰하는 지혜는 자아라는 고집을 벗어버리기 때문에 공한 해탈이다.(Ps.ii.67)"라고 고집을 벗어버림으로써 공한 해탈을 설하셨다.

② 그리고 "무상이라고 관찰하는 지혜는 항상하다는 표상을 벗어버리기 때문에 표상 없는 해탈이다. 괴로움이라고 관찰하는 지혜는 행복이라는 표상을 벗어버리기 때문에 표상 없는 해탈이다. 무아라고 관찰하는 지혜는 자아라는 표상을 벗어버리기 때문에 표상 없는 해탈이다.(Ps.ii.68)"라고 표상을 벗어버림으로써 표상 없는 해탈을 설하셨다.

③ 그리고 "무상이라고 관찰하는 지혜는 영원하다는 희망을 벗어버리기 때문에 원함 없는 해탈이다. 괴로움이라고 관찰하는 지혜는 행복이라는 희망을 벗어버리기 때문에 원함 없는 해탈이다. 무아라고 관찰하는 지혜는 자아라는 희망을 벗어버리기 때문에 원함 없는 해탈이다.(Ps.ii.68)"라고 희망(원함)을 벗어버림으로써 원함 없는 해탈을 설하셨다.

비록 이렇게 설하셨지만 위빳사나의 지혜가 상카라들의 표상을 버리지 않았기 때문에 직접적으로 표상이 없음을 설한 것은 아니고, 공과 원함 없음은 방편 없이 직접적으로 설하신 것이다. 위빳사나의 지혜가 [도에] 이르는 [방법에] 따라, 성스러운 도가 나타나는 순간에 해탈이라 부른다. 그러므로 원함 없는 해탈과 공한 해탈 두 가지만 [아비담마에서] 설했다고 알아야 한다.

이것이 우선 해탈에 대한 설명이다.

일곱 분의 성자들의 분류

satta-ariyapuggala-vibhāga

74. 앞에서 '이것은 일곱 분 성자들의 분류를 위한 조건이 된다'라고 설했다.(§66) 여기서 ① 믿음을 따르는 자 ② 믿음으로 해탈한 자 ③ 체험한 자 ④ 양면으로 해탈한 자 ⑤ 법을 따르는 자 ⑥ 견해를 얻은 자 ⑦ 통찰지로 해탈한 자 — 이들이 일곱 분의 성자들이다. 상카라에 대한 평온의 지혜가 그들의 분류를 위한 조건이 된다.

75. 확신(결심, *adhimokkha*)이 큰 자는 무상이라고 마음에 잡도리하면서 믿음의 기능(信根)을 얻는다. 그는 예류도의 순간에 ① 믿음을 따르는 자가 된다. 나머지 일곱 경지(즉, 세 가지 도와 네 가지 과)에서 ② 믿음으로 해탈한 자가 된다.

편안함(輕安)이 큰 자는 괴로움이라고 마음에 잡도리하면서 삼매의 기능(定根)을 얻는다. 그는 모든 곳에서[205] ③ 체험한 자가 된다. 무색계 禪을 얻고 최상의 [아라한]과를 얻은 자를 ④ 양면으로 해탈한 자라 한다.

영지(靈知)가 큰 자는 무아라고 마음에 잡도리할 때 통찰지의 기능(慧根)을 얻는다. 그는 예류도의 순간에 ⑤ 법을 따라 행하는 자가 된다. [그 다음의] 여섯 곳에서 ⑥ 견해를 얻은 자가 되고, 최상의 과에서 ⑦ 통찰지로 해탈한 자가 된다.

---

205) 여기서 모든 곳이란 네 가지 도와 네 가지 과 즉 예류도, 예류과에서부터 아라한도 아라한과까지의 여덟 가지를 말한다.

76. 이와 같이 설하셨기 때문이다. "무상이라고 마음에 잡도리할 때 믿음의 기능이 강해진다. 믿음의 기능이 강해지기 때문에 예류도를 얻는다. 그러므로 ① 믿음을 따르는 자라 한다.(Ps.ii.53)"

다시 설하셨다. "무상이라고 마음에 잡도리할 때 믿음의 기능이 강해진다. 믿음의 기능이 강해지기 때문에 예류과를 실현한다. 그러므로 ② 믿음으로 해탈한 자라 한다.(Ps.ii.53)"

77. 다시 설하셨다. "[첫 번째 도의 순간에] 믿음을 가지고 해탈했기 때문에 ② 믿음으로 해탈한 자라 한다. [무색계 禪을] 체득하고 증득했기 때문에 ③ 체험한 자라 한다. 견해[라고 불리는 첫 번째 도의 지혜]를 얻기 때문에 ⑥ 견해를 얻은 자라 한다. [나머지 세 가지 도의 순간에] 믿음을 가지고 해탈하기 때문에 ② 믿음으로 해탈한 자라 한다. 먼저 禪을 체득하고 다음에 소멸인 열반을 증득하기 때문에 ③ 체험한 자라 한다. 상카라들은 괴로움이요 소멸은 행복이라고 통찰지로 알고, 보고, 확인하고, 실현하고, 체득했기 때문에 ⑥ 견해를 얻은 자라 한다.(Ps.ii.52)"

78. 나머지 네 가지 경우에, 믿음을 따르기 때문에 혹은 믿음으로써 따라 가기 때문에 ① 믿음을 따르는 자라 한다. 마찬가지로 통찰지라 불리는 법을 따르기 때문에 혹은 법으로써 따르기 때문에 ⑤ 법을 따르는 자라 한다. 무색계 禪과 성스러운 도의 두 가지로 해탈한 자를 ④ 양면으로 해탈한 자라 한다. 꿰뚫어 알면서 해탈했기 때문에 ⑦ 통찰지로 해탈한 자라 한다. 이와 같이 단어의 뜻을 알아야 한다.

상카라에 대한 평온의 지혜였다.

상카라에 대한 평온의 지혜는 앞의 두 지혜와 같다

79. 상카라에 대한 평온의 지혜는 앞의 두 가지 지혜와 뜻으로는 하나이다. 그래서 옛 스승들이 말씀하셨다. "상카라에 대한 평온의 지혜는 하나지만 그 이름은 세 가지다. 처음에는 해탈하기를 원하는 지혜라는 이름이 생겼고, 중간에는 깊이 숙고하여 관찰하는 지혜라 이름하고, 마지막 정점에 이르렀을 때는 상카라에 대한 평온의 지혜라 한다."

80. 성전에서도 역시 이와 같이 설하셨다. "어떻게 해탈하기를 원함과 깊이 숙고함과 평정에 대한 통찰지가 상카라에 대한 평온의 지혜인가? 일어남(*uppāda*)으로부터 해탈하기를 원함과 깊이 숙고함과 평정에 대한 통찰지가 상카라에 대한 평온의 지혜다. 진행 … 표상 … 절망으로부터 해탈하기를 원함과 깊이 숙고함과 평정에 대한 통찰지가 상카라에 대한 평온의 지혜다. 일어남이 괴로움이라고 … 공포라고 … 세속적이라고 … 일어남이 상카라라고 … 절망이 상카라라고 이것으로부터 해탈하기를 원함과 깊이 숙고함과 평정에 대한 통찰지가 상카라에 대한 평온의 지혜다.(Ps.i.60-61)"

81. 여기서 합성어인 '*muñcitukamyatā*(해탈하기를 원함)-*paṭisaṅkhā*(깊이 숙고함)-*santiṭṭhanā*(평정)'는 [드완드와(병렬) 합성어로] '*muñcitu-kamyatā*(해탈하기를 원함)'와 '*paṭisaṅkhā*(깊이 숙고함)'와 '*santiṭṭhanā*(평정)'로 분해된다.

처음 단계에서 역겨움의 지혜로써 역겨워하는 자가 일어남 등을 버리기를 원함이 **해탈하기를 원함**이고, 벗어나는 방편을 찾기 위해 중간에 깊이 숙고하는 것이 **깊이 숙고함**이고, 해탈한 뒤 마지막에 침착함이 **평정**이다. 이것에 대해서 "일어남이 상카라이다. 그 상카라들에 대해 침착함이 상카라에 대한 평온이다.(Ps.ii.64)"라고 설하셨다. 이와 같이 이 [세 가지] 지혜는 오직 하나이다.

82. 더욱이 성전을 통해서도 이 지혜는 오직 하나라고 알아야 한다. 이와 같이 설하셨기 때문이다. "해탈하기를 원함과 깊이 숙고하여 관찰함과 상카라에 대한 평온이라는 이 법들은 뜻으로는 같고 문자만 다르다.(Ps.ii.64)"

도의 출현으로 인도하는 위빳사나
vuṭṭhānagāminīvipassanā

83. 이와 같이 상카라에 대해 평온을 얻은 선남자의 위빳사나는 정점에 이르렀고 [도의] 출현으로 인도한다. '정점에 이른(*sikhāppattā*)' 위빳사나 혹은 '[도의] 출현으로 인도하는(*vuṭṭhāna-gāminī*) 위빳사나'는 상카라들에 대한 평온 등 세 가지 지혜의 이름이다. 이것은 정점인 최상의 상태에 이르렀기 때문에 '정점에 이르렀다'하고, 출현으로 향해가기 때문에 '출현으로 인도한다'고 한다. 밖으로는 표상(*nimitta*)이라는 집착의 대상으로부터, 안으로는 [오염원들과 무더기들의] 일어남으로부터 출현했기 때문에 도를 출현(*vuṭṭhāna*)이라 부른다. 그곳으로 가기 때문에 출현으로 인도한다고 한다. 도와 함께 결합한다는 뜻이다.

84. 여기서 천착(*abhinivesa*)과 출현의 설명을 위하여 마띠까(*mātika*, 論母)가 있다.

① 안을 천착한 뒤 안으로부터 출현한다.
② 안을 천착한 뒤 밖으로부터 출현한다.
③ 밖을 천착한 뒤 밖으로부터 출현한다.
④ 밖을 천착한 뒤 안으로부터 출현한다.
⑤ 물질을 천착한 뒤 물질로부터 출현한다.
⑥ 물질을 천착한 뒤 정신으로부터 출현한다.
⑦ 정신을 천착한 뒤 정신으로부터 출현한다.
⑧ 정신을 천착한 뒤 물질로부터 출현한다.
⑨ 한 번에 다섯 무더기들로부터 출현한다.
⑩ 무상이라고 천착한 뒤 무상으로부터 출현한다.
⑪ 무상이라고 천착한 뒤 괴로움으로부터 출현한다.
⑫ 무상이라고 천착한 뒤 무아로부터 출현한다.
⑬ 괴로움이라고 천착한 뒤 괴로움으로부터 출현한다.
⑭ 괴로움이라고 천착한 뒤 무상으로부터 출현한다.
⑮ 괴로움이라고 천착한 뒤 무아로부터 출현한다.
⑯ 무아라고 천착한 뒤 무아로부터 출현한다.
⑰ 무아라고 천착한 뒤 무상으로부터 출현한다.
⑱ 무아라고 천착한 뒤 괴로움으로부터 출현한다.

85. 어떻게?

(1) 여기 어떤 자는 먼저 자신의 상카라들에 대해 천착한다. 천착한 뒤 그들을 본다. 단순히 안을 보는 것으로는 도의 출현에 이르지 못한다. 밖의 법도 보아야 한다. 그래서 다른 사람의 무더기들과 무생물의 상카라들에 대해서도 무상, 고, 무아라고 본다. 그는 어떤 때는 안을 명상하고 어떤 때는 밖을 명상한다. 그가 이와 같이 명상하

여 안을 명상할 때 위빳사나가 도와 결합한다. 이를 일러 '안을 천착한 뒤 안으로부터 출현한다'고 한다.

(2) 만약 그가 밖을 명상할 때 위빳사나가 도와 결합하면 이것을 '안을 천착한 뒤 밖으로부터 출현한다고' 한다.

(3) 이 방법은 밖을 천착한 뒤 밖으로부터 출현함과

(4) 밖을 천착한 뒤 안으로부터 출현함에도 적용된다.

86. (5) 다른 자는 먼저 물질을 천착한다. 천착한 뒤 근본물질과 파생된 물질을 덩어리로 만들어서 본다. 단순히 물질을 보는 것으로는 도의 출현에 이르지 못한다. 정신도 보아야 한다. 그래서 그 물질을 대상으로 하여 일어난 느낌, 인식, 상카라들, 알음알이는 정신이라고 정신을 본다. 그는 어떤 때는 물질을 명상하고 어떤 때는 정신을 명상한다. 그가 이와 같이 명상하여 물질을 명상할 때 위빳사나가 도와 결합한다. 이를 일러 '물질을 천착한 뒤 물질로부터 출현한다'고 한다.

(6) 만약 그가 정신을 명상할 때 위빳사나가 도와 결합하면 이것은 '물질을 천착한 뒤 정신으로부터 출현한다고' 한다.

(7) 이 방법은 정신을 천착한 뒤 정신으로부터 출현함과

(8) 정신을 천착한 뒤 물질로부터 출현함에도 적용된다.

87. (9) "무엇이든 일어나는 법은 모두가 멸하기 마련인 법이다.(M.i.380)"라고 천착한 뒤 이와 같이 출현할 때 '한 번에 다섯 무더기들로부터 출현한다'라고 한다.

88. (10) 어떤 자는 먼저 상카라들을 무상이라고 명상한다. 무상

이라고 명상하는 것만으로는 출현에 이르지 못한다. 괴로움이라고도, 무아라고도 명상해야 한다. 그러므로 괴로움이라고, 무아라고 명상한다. 그가 이와 같이 수행하여 무상이라고 명상할 때 출현에 이른다. 이것을 일러 '무상이라고 천착한 뒤 무상으로부터 출현한다'고 한다.

(11)-(12) 만약 괴로움이라고, 무아라고 명상할 때에 출현이 있으면 이것을 일러 '무상이라고 천착한 뒤 괴로움으로부터, 무아로부터 출현한다'고 한다.

(13)-(15) 이 방법은 괴로움이라고 천착한 뒤 괴로움으로부터, 무상으로부터, 무아로부터 출현함과

(16)-(18) 무아라고 천착한 뒤 무아로부터, 무상으로부터, 괴로움으로부터 출현함에도 적용된다.

89. 여기서 무상이라고 천착한 자든, 괴로움이라고 천착한 자든, 무아라고 천착한 자든 출현할 때에 무상으로부터 출현함이 있으면 이 세 사람은 믿음이 강한 자들이다. 그들은 믿음의 기능(信根)을 얻는다. 표상 없는 해탈로 해탈한다. 첫 번째 도의 순간에 믿음을 따르는 자들이 된다. 일곱 곳에서 믿음으로 해탈한 자들이 된다.

만약 괴로움으로부터 출현함이 있으면 이 세 사람은 편안함(輕安)이 큰 자들이다. 삼매의 기능(定根)을 얻는다. 원함 없는 해탈로 해탈한다. 모든 곳에서 체험한 자들이 된다. 무색계 禪을 의지처로 한 자는 최상의 과의 경우 양면으로 해탈한 자가 된다.

무아로부터 출현함이 있으면 이 세 사람들은 영지가 크다. 통찰지의 기능(慧根)을 얻는다. 공한 해탈로 해탈한다. 첫 번째 도의 순간에 법을 따르는 자들이 된다. 여섯 곳의 경우 견해를 얻은 자가

된다. 최상의 과의 경우 통찰지로 해탈한 자가 된다.

12가지 비유

90. 이제 이 출현에 이르는 위빳사나를, 그 이전의 지혜와 나중의 지혜와 함께 설명하기 위하여 12가지 비유를 알아야 한다. 이것이 그들의 표제(*uddāna*)이다.

> ① 박쥐 ② 검은 뱀 ③ 집 ④ 소 ⑤ 야차녀 ⑥ 어린아이
> ⑦ 배고픔 ⑧ 목마름 ⑨ 추위 ⑩ 더위 ⑪ 어두움 ⑫ 독

이 비유는 공포로 나타나는 지혜 이후부터 어떤 지혜에도 모두 적용할 수 있다. 이곳에서 적용할 경우 공포로 나타나는 지혜 이후부터 과의 지혜까지 모두가 분명해진다. 그러므로 여기서 적용해야 한다고 설했다.[206]

91. **(1) 박쥐:** 박쥐 한 마리가 있었다고 한다. 그는 여기서 열매나 꽃을 얻을 수 있으리라 생각하고 다섯 개의 큰 가지가 뻗어있는 마두까 나무에 내려앉아 가지 하나를 조사했지만 그곳에서 취할만한 꽃이나 열매라곤 아무것도 발견하지 못했다. 첫 번째 가지마냥 두 번째 가지, 세 번째, 네 번째, 다섯 번째 가지를 조사했지만 아무것도 발견하지 못했다. 박쥐는 '이 나무엔 열매가 없구나. 취할만한 것이라곤 아무것도 없구나.'라고 생각한 뒤 그 나무에 대한 집착을 놓아버렸다. 그는 위로 쭉 뻗은 가지에 올라 나뭇가지 틈새로 머리

---

206) 이것은 '청정의 주석'에서 설했다고 한다(Pm.789). 청정의 주석은 XX. §77을 참조할 것.

를 내밀고 위를 올려다본 뒤 허공을 날아올라 열매가 달린 다른 나무에 내려앉았다.

92. 여기서 수행자는 박쥐와 같다고 보아야 한다. 집착의 대상인 다섯 가지 무더기들(五蘊)은 다섯 개의 가지가 뻗어있는 마두까 나무처럼 보아야 한다. 수행자가 다섯 가지 무더기들에 대해 천착하는 것은 박쥐가 나무에 내려앉는 것처럼 보아야 한다. 수행자가 물질의 무더기를 명상한 뒤 그곳에서 취할만한 것이라곤 아무것도 보지 못하고 나머지 무더기들을 명상하는 것은 박쥐가 각각의 가지를 조사한 뒤 가질만한 것이라곤 아무것도 보지 못하는 것처럼 보아야 한다.

수행자가 다섯 가지 무더기들에 대해 무상 등의 특상을 통해 봄으로써 역겨워하여 해탈하기를 원하는 등의 세 가지 지혜는 그 박쥐가 '이 나무에는 열매가 없구나'라고 생각하여 나무에 대한 집착을 놓아버리는 것처럼 보아야 한다.

수행자의 수순하는 지혜[207]는 박쥐가 쭉 뻗은 가지 위로 올라가는 것처럼 보아야 한다. 고뜨라부(種姓)의 지혜는 머리를 내밀고 위를 올려다보는 것처럼 보아야 한다. 도의 지혜는 허공으로 날아가는 것처럼, 과의 지혜는 열매가 달린 다른 나무에 내려앉는 것처럼 보아야 한다.

93. **(2) 검은 뱀:** 검은 뱀의 비유는 깊이 숙고하는 지혜에서 설했다.(§49) 그러나 여기서는 비유의 적용이 조금 다르다. 고뜨라부의 지혜는 뱀을 놓아버리는 것처럼, 도의 지혜는 놓아버리고 왔던 길을

207) 수순하는 지혜와 고뜨라부의 지혜는 아래 §128이하를 참조할 것.

돌아보면서 머무는 것처럼, 과의 지혜는 달려가서 두려움이 없는 곳에 서는 것처럼 보아야 한다.

94. **(3) 집:** 집주인이 저녁을 먹고 잠자리에 들어 잠에 빠졌을 때 집에 불이 났다고 한다. 그는 잠에서 깨어 불을 보고 두려워하여 '만약 불에 데지 않고 빠져나갈 수 있다면 얼마나 좋을까'라고 두리번거리다가 길을 발견하고는 뛰쳐나와 급히 안전한 곳으로 가서 섰다.

95. 여기서 어리석은 범부가 다섯 가지 무더기들을 '나'라거나 '내 것'이라고 거머쥐는 것은 집 주인이 저녁을 먹은 뒤 잠자리에 들어 곤히 잠든 것과 같다. 바른 도를 닦아 세 가지 특상을 보고 일어난 공포로 나타나는 지혜는 잠에서 깨어 불을 보고 두려워하는 것과 같다. 해탈하기를 원하는 지혜는 빠져나갈 길을 찾는 것과 같고, 수순하는 지혜는 길을 발견함과 같고, 고뜨라부의 지혜는 뛰쳐나오는 것과 같고, 도의 지혜는 급히 가는 것과 같고, 과의 지혜는 안전한 곳에 머무는 것과 같다. 이처럼 적용해서 보아야 한다.

96. **(4) 소:** 어떤 농부가 밤에 잠이 들었을 때 소들이 외양간을 부수고 도망을 갔다고 한다. 그가 꼭두새벽에 외양간에 가서 그들이 도망간 사실을 알고는 발자취를 따라가다가 국왕의 소들을 보았다. 나의 소겠거니 생각하고 그들을 끌고 왔다. 동이 텄을 때 '이들은 나의 소가 아니라 국왕의 소로구나'라고 인식하였다. '왕의 사람들이 '이 놈이 도둑이로군'하고 나를 잡아서 형벌에 처하기 전에 도망가리라'고 두려워하며 소들을 버리고 급히 도망가서 두려움이 없는 곳에 섰다.

97. 여기서도 어리석은 범부가 '나'라거나 '내 것'이라고 무더기(蘊)들을 거머쥐는 것은 '나의 소겠지'하면서 왕의 소들을 취하는 것과 같다. 수행자가 세 가지 특상으로 무더기들을 무상, 고, 무아라고 인식하는 것은 동이 텄을 때 국왕의 소라고 인식하는 것과 같다.

공포로 나타나는 지혜는 두려워하는 것과 같고, 해탈하기를 원하는 지혜는 놓아버리고 가기를 원하는 것과 같고, 고뜨라부의 지혜는 놓아버림과 같고, 도의 지혜는 도망가는 것과 같고, 과의 지혜는 도망가서 두려움이 없는 곳에 머무는 것과 같다. 이처럼 적용해서 보아야 한다.

98. **(5) 야차녀:** 한 남자가 야차녀(*yakkhī*)와 함께 살고 있었다 한다. 그녀는 밤에 '이 남자가 잠들었겠지' 생각하고 시체가 흩어져 있는 묘지로 가서 사람의 살을 뜯어먹었다. 그는 '이 여인이 어딜 가지'라고 궁금해 하면서 따라가다 사람의 살을 뜯어먹는 것을 보고 그녀가 사람이 아니라는 사실을 알았다. '나를 잡아먹기 전에 도망가야지'라고 두려워하면서 급히 도망가서 안전한 곳에 섰다.

99. 여기서도 [범부가] 무더기(蘊)들을 '나'라거나 '내 것'이라고 거머쥐는 것은 야차녀와 함께 사는 것과 같다. 무더기들의 세 가지 특상을 보고 무상 등의 성질을 아는 것은 공동묘지에서 인간의 살점을 뜯어먹는 것을 보고 '야차녀로구나'라고 아는 것과 같다.

공포로 나타나는 지혜는 두려워하는 것과 같고, 해탈하기를 원하는 지혜는 도망가기를 원하는 것과 같고, 고뜨라부의 지혜는 묘지를 떠나는 것과 같고, 도의 지혜는 급히 도망가는 것과 같고, 과의 지혜는 두려움이 없는 곳에 머무는 것과 같다. 이처럼 적용해서 보아야 한다.

100. **(6) 어린아이:** 아들을 끔찍이 사랑하는 여인이 있었다고 한다. 그녀는 누각 위에 앉아있다가 길에서 들려오는 어린아이의 소리를 듣고 '누가 내 아들에게 해코지를 하는구나'라고 생각하여 황급히 달려갔다. 자기 아들이라 인식하면서 남의 아들을 안고 돌아왔다. 그녀가 다른 사람의 아들인줄 인식했을 때 부끄러워하면서 여기저기를 두리번거리고는 '어느 누구도 나에게 이 여자가 아이를 훔쳤다고 하지 말아야할 텐데'하면서 본래 장소에다 내려놓고는 잽싸게 누각으로 올라가 앉았다.

101. 여기서도 [범부가] '나'라거나 '내 것'이라고 다섯 가지 무더기들을 취하는 것은 자기 아들인줄 잘못 인식하여 남의 아들을 껴안는 것과 같다. 세 가지 특상을 통해 '나'가 아니고 '내 것'이 아니라고 인식하는 것은 이 아이는 남의 아들이라고 인식하는 것과 같다.

공포로 나타나는 지혜는 부끄러워함과 같고, 해탈하기를 원하는 지혜는 여기저기를 두리번거림과 같고, 수순하는 지혜는 본래 장소에다 아이를 내려놓음과 같고, 고뜨라부의 지혜는 아이를 내려놓고 길가에 서있을 때와 같고, 도의 지혜는 누각으로 올라감과 같고, 과의 지혜는 올라가서 앉는 것과 같다. 이처럼 적용해서 알아야 한다.

102. **(7) 굶주림 (8) 목마름 (9) 추위 (10) 더위 (11) 어둠 (12) 독:** 이 여섯 가지 비유는 출현에 이르는 위빳사나를 수행하는 자가 출세간법으로 기울고 향하고 기대는 상태를 보여주기 위해서 설했다.

103. **[(7) 굶주림]:** 배고픔에 압도되고 굶주림에 내몰린 사람이 맛있는 음식을 갈망하듯이 윤회의 굶주림에 내몰린 수행자는 불사를 맛보는 몸에 대한 마음챙김이란 음식을 열망한다.

104. **[(8) 목마름]:** 목마른 사람이 목과 입이 타 들어가서 갖가지 재료로 만든 마실 거리를 갈망하듯이 윤회의 목마름으로 타는 수행자는 성스러운 팔정도라는 마실 거리를 열망한다.

105. **[(9) 추위]:** 추위에 벌벌 떠는 자가 뜨거움을 갈망하듯이 윤회에서 갈애와 애정이라는 추위에 벌벌 떠는 수행자는 오염원을 태워버릴 도의 온기를 열망한다.

106. **[(10) 더위]:** 더위에 녹초가 된 자가 차가움을 갈망하듯이 윤회에서 11가지 불[208](S.iv.19참조)에 의해 기진맥진한 수행자는 11가지 불이 꺼진 열반을 열망한다.

107. **[(11) 어둠]:** 어두움에 둘러싸여있는 사람이 빛을 갈망하듯이 무명의 어두움에 둘러싸인 수행자는 도를 닦아서 생긴 지혜의 빛을 열망한다.

108. **[(12) 독]:** 독으로 괴로워하는 사람이 독을 제거할 약을 갈망하듯이 오염원의 독으로 괴로워하는 수행자는 오염원의 독을 제거할 불사의 약인 열반을 열망한다.

---

208) 본장 §35 참조할 것.

109. 그래서 설하셨다. "이와 같이 알고 이와 같이 볼 때 삼계의 존재에 대해 … 아홉 가지 중생의 거처에 대해 그의 마음은 물러나고, 움츠리고, 되돌아오고, 퍼지지 않는다. 평온이나 혐오스러움이 확립된다. 마치 약간 경사진 연잎 위의 물방울이 물러나고, 움츠리고, 굴러 떨어지고, 퍼지지 않듯이."라고.(§63) 모든 것은 앞서 설한 방법대로 알아야 한다.

110. 이렇게 하여 그는 초연한 자(*patilīna-cara*)라 불린다. 이것을 두고 설하셨다.

"비구가 초연하고
멀리 여읜 마음을 닦을 때
그를 두고 사람들이 적절하게 말하기를
존재에서 자신을 드러내지 않는다고 한다.(Sn.810)"

이것은 깨달음의 구성요소 등의 차이를 결정한다

111. 이와 같이 이 상카라들에 대한 평온의 지혜는 수행자의 초연한 상태를 결정하고 나아가서 ① 성스러운 도에 있는 깨달음의 구성요소, 도의 구성요소, 禪의 구성요소 ② 도닦음 ③ 해탈의 차이를 결정한다.

그런데 어떤 장로는 기초가 되는 禪(*pādakajjhāna*)[209]이 깨달음의 구성요소와 도의 구성요소와 禪의 구성요소의 차이를 결정한다고

---

209) "'기초가 되는 禪(*pādakajjhāna*)'이란 도와 가까운 출현으로 인도하는 위빳사나의 기초가 되는 禪이다.(Pm.797)"

한다. 어떤 자는 위빳사나의 대상이 되는 무더기들이 결정한다고 하고 어떤 자는 개인의 성향이 결정한다고 한다.210) 그들의 견해 가운데서 오직 이 준비의 위빳사나와 출현으로 인도하는 위빳사나가 결정한다고 알아야 한다.

112. **[① 구성요소의 차이]:** 이제 순서에 따라 설명한다.

㉠ 위빳사나에 의한 결정에 따르면 마른 위빳사나를 하는 자(*sukkhavipassaka*, 乾觀者)211)에게 일어난 도와, 증득(等至)을 얻은 자에게 禪을 기초로 하지 않고 일어난 도와, 초선을 기초로 하고 기초가 되는 禪이외의 다른 상카라들을 명상하여 일으킨 도는 초선의 도가 된다. 모든 경우에 일곱 가지 깨달음의 구성요소들, 여덟 가지 도의 구성요소들, 다섯 가지 禪의 구성요소들이 있다. 그들의 준비의 위빳사나는 기쁨과 함께하기도 하고 평온과 함께하기도 하며 출현할 때에는 상카라들에 대해 평온한 상태에 이른 뒤 기쁨과 함께 한다.

---

210) "첫 번째 '어떤 장로'는 삼장법사 쭐라나가 장로를 지칭하고, 두 번째 '어떤 [장로]'는 모라와삐에 거주하던 마하닷따 장로를 지칭하고, 세 번째 '어떤 [장로]'는 삼장법사 쭐라아바야 장로를 지칭한다.(Pm.797)"

211) 조금 냉소적인 표현인 듯한 '마른 위빳사나를 하는 자'는 원어 '*sukkha-vipassaka*'를 직역한 것이다. 이는 禪의 '습기'가 없이 위빳사나를 닦기 때문에 붙인 이름이라 한다.(CMA.349) 빠알리 주석서와 복주서 전반에서 禪 혹은 삼매를 닦지 않고 바로 위빳사나를 닦는 '마른 위빳사나를 하는 자(*sukkha-vipassaka*)'의 언급이 무수히 등장한다. 그리고 본서에서는 이런 사람을 '순수 위빳사나를 닦는 자(*suddhavipassaka*, XVIII. §8)'라고 표현하기도 한다. 그리고 주석서와 복주서들에서는 이렇게 해서 아라한이 된 자를 '*sukkhavipassaka-khīṇāsava*(DA.i.4)'라 표현하기도 한다.

113. ㉡ 오종선(五種禪)에서 두 번째, 세 번째, 네 번째 禪을 기초로 하여 일어난 도와 함께하는 禪은 순서대로 네 가지, 세 가지, 두 가지의 구성요소들을 가진다.[212] 모든 경우에 일곱 가지 도의 구성요소들이 있다.[213] 네 번째 경우에는 여섯 가지 깨달음의 구성요소들이 있다.[214] 이 차이는 기초가 되는 禪에 의한 결정과 위빳사나에 의한 결정에 기인한 것이다. 이들 이전의 위빳사나는 기쁨과 함께하기도 하고 평온과 함께하기도 한다. 출현에 이르는 위빳사나는 오직 기쁨과 함께한다.

114. ㉢ 제5선을 기초로 하여 도가 생겼을 때 평온과 마음의 하나됨(心一境性)이라는 두 가지 禪의 구성요소들을 가지며, 깨달음의 구성요소와 도의 구성요소는 각각 여섯 가지와 일곱 가지이다. 이 차이도 두 방법의 결정에 기인한 것이다. 이 경우 준비의 위빳사나는 기쁨과 함께하거나 평온과 함께한다. 출현함에 이르는 위빳사나는 오직 평온과 함께한다. 무색계 禪을 기초로 하여 일어난 도에도 이 방법이 적용된다.

이와 같이 [위빳사나의] 기초가 되는 禪으로부터 일어나 어떤 상카라들을 명상한 뒤 도가 생겼다면, 이 도와 가까운 지점에서 출현한 증득이 그 도를 자기와 같은 상태로 만든다. 마치 땅의 색깔이

---

212) 즉 두 번째 禪은 지속적인 고찰, 희열, 행복, 하나됨(一境性)의 네 구성요소를 가지고, 세 번째는 희열, 행복, 하나됨의 세 가지를, 네 번째 禪은 행복, 하나됨의 두 가지 구성요소를 가진다.

213) 즉 여덟 가지 도의 구성요소들 가운데 바른 천착을 제외한 나머지이다. 바른 천착은 일으킨 생각(尋)에 속하기 때문이다.

214) 즉 일곱 가지 깨달음의 구성요소들 가운데 희열의 깨달음의 구성요소(喜覺支)를 제외한 나머지이다. 제4선에는 희열이 없기 때문이다.

도마뱀에게 자기의 색깔을 갖게 하는 것처럼.

115. ㉣ 두 번째 장로의 이론에 따르면 어떤 증득이든 그것으로부터 일어나 그 증득에 속하는 법들을 명상한 뒤 도가 생기면 그 도는 그 증득과 같다. 여기서도 위빳사나에 의한 결정은 앞서 설한대로 알아야 한다.

116. ㉤ 세 번째 장로의 이론에 따르면 자기의 성향에 맞게 禪을 기초로 하여 그 禪에 속하는 법들을 명상한 뒤 도가 생기면 그 도는 그 禪과 같다. 이것은 禪을 위빳사나의 기초로 하지 않았거나 혹은 禪에 속하는 법들을 명상하지 않고 성향만으로는 성취할 수 없다. 이 뜻은 「난다꼬와다 경」(Nandakovāda Sutta, 난다들을 교계하는 경. M.iii.277)에서 설하신 것과 같다. 여기서도 위빳사나에 의한 결정은 앞서 설한대로 알아야 한다. 이와 같이 상카라들에 대한 평온이 깨달음과 도와 禪의 구성요소들을 결정한다고 알아야 한다.

117. **[② 도닦음의 차이]:** 만약 이 [상카라들에 대한 평온이] 처음에 어렵게 노력과 자극을 통해 오염원들을 억압할 때 이것을 어려운 도닦음(*dukkhāpaṭipadā*)이라 부른다. 그와 반대되는 것을 쉬운 도닦음(*sukhāpaṭipadā*)이라 한다. 오염원들을 억압한 뒤 위빳사나의 목표인 도의 출현이 천천히 생기면 둔한 초월지(*dandhābhiññā*)라고 부르고, 그 반대를 빠른 초월지(*khippābhiññā*)라 한다. 이와 같이 이 상카라들에 대한 평온은 [도가] 오는 곳에 서서 그 도에게 각각의 이름을 준다. 그러므로 이 도는 네 가지 이름들을 얻는다.[215]

215) 도의 네 가지 이름이란 ① 어려운 도닦음과 느린 초월지를 가진 도 ②

118. 그런데 어떤 비구에게는 이 도닦음이 [예류도부터 아라한도까지가] 서로 다르고 어떤 자에게는 네 가지 도에서 한결같다. 부처님들의 경우 네 가지 도 모두에서 쉬운 도닦음과 빠른 초월지를 가지셨다. 법의 사령관인 [사리뿟따 존자]도 그와 같았다. 그러나 목갈라나 존자는 첫 번째 도는 쉬운 도닦음과 빠른 초월지를 가졌지만 나머지 세 가지 도의 경우 어려운 도닦음과 둔한 초월지였다.

119. 도닦음처럼 지배(*adhipati*)[216]도 어떤 비구에게는 네 가지 도에서 다르고 어떤 자에게는 네 가지 모두에서 한결같다. 이와 같이 상카라들에 대한 평온이 도닦음의 차이를 결정한다.

[③ 해탈의 차이]: 어떻게 이것이 해탈의 차이를 결정하는가에 대해서는 앞에서 이미 설했다.

120. 나아가서 도는 다섯 가지 원인(*kāraṇa*)에 따라 그 이름을 얻는다. 그것은 ① 자기 성품에 따라 ② 반대되는 것에 따라 ③ 자기의 덕에 따라 ④ 대상에 따라 ⑤ 오는 곳에 따라 이름을 얻는다.

121. **[① 자기 성품에 따라]:** 만약 상카라들에 대한 평온이 상카라들을 무상이라고 명상한 뒤 출현하면 표상 없는 해탈로 해탈한다. 만약 상카라들을 괴로움이라고 명상한 뒤 출현하면 원함 없는 해탈로 해탈한다. 만약 무아라고 명상한 뒤 출현하면 공한 해탈로

어려운 도닦음과 빠른 초월지를 가진 도 ③ 쉬운 도닦음과 느린 초월지를 가진 도 ④ 쉬운 도닦음과 빠른 초월지를 가진 도이다.

216) 네 가지 지배(*adhipati*)는 열의(*chanda*), 정진(*viriya*), 마음(*citta*), 검증(*vimaṁsana*)이다. XVII. §72와 『길라잡이』 7장 §20을 참조할 것.

해탈한다. 이것이 자기 성품에 따라 이름한 것이다.

122. **[② 반대되는 것에 따라]:** 무상의 관찰을 통하여 상카라들의 덩어리를 분해한 뒤 영원하다는 표상, 지속된다는 표상, 항상하다는 표상을 버리고 왔기 때문에 표상이 없다고 한다. 괴로움의 관찰을 통하여 행복이라는 인식을 버린 뒤 원함과 열망함을 말려버리고 왔기 때문에 원함이 없다고 한다. 무아의 관찰을 통하여 자아, 중생, 인간이라는 인식을 버린 뒤 상카라들을 공하다고 보았기 때문에 공하다고 한다. 이것이 반대되는 것에 따라 이름한 것이다.

123. **[③ 자기의 덕에 따라]:** 탐욕 등이 공하기 때문에 공하고, 물질의 표상 등이 없기 때문에 혹은 탐욕의 표상 등이 없기 때문에 표상이 없고, 탐욕을 원함 등이 없기 때문에 원함이 없다. 이것이 자기의 덕에 따라 이름한 것이다.

124. **[④ 대상에 따라]:** 이 도는 공하고, 표상이 없고, 원함이 없는 열반을 [자기의] 대상으로 삼기 때문에 각각 공하고, 표상이 없고, 원함이 없다고 한다. 이것이 대상에 따라 이름한 것이다.

125. **[⑤ 오는 곳에 따라]:** 오는 곳은 두 가지이다. 즉 위빳사나가 오는 곳과 도가 오는 곳이다. 도의 경우에는 위빳사나가 그 오는 곳이고 과의 경우에는 도가 그 오는 곳이다. 무아의 관찰을 공함이라 한다. 공함의 위빳사나로 [도달한] 도는 공하다. 무상의 관찰을 표상 없음이라 한다. 표상 없음의 위빳사나로 [도달한] 도는 표상이 없다.

126. 그런데 이런 용어는 논장(Abhidhamma)의 가르침에서는 나타나지 않고 경장(Suttanta)의 가르침에 발견된다. [경장]에서는 '고뜨라부의 지혜는 표상이 없는 열반을 자기의 대상으로 삼아서 표상이 없다는 이름을 가진 뒤 스스로 [도가] 오는 곳에 서서 도에게 이름을 준다'고 설명한다. 그러므로 도는 표상이 없다고 설했다. 도가 오는 곳에 따라 그것의 과도 표상이 없다고 하는 것은 적절하다.

127. 그리고 괴로움의 관찰은 상카라들에 대한 원함을 말려버리고 오기 때문에 원함이 없다고 이름 한다. 원함 없는 위빳사나를 통해 생긴 도도 원함이 없다고 한다. 원함 없는 도의 과도 원함이 없다고 한다.

이와 같이 위빳사나는 도에게 자기의 이름을 준다. 도는 과에게 준다. 이것이 오는 곳을 따라 이름한 것이다. 이와 같이 상카라들에 대한 평온이 해탈의 차이를 결정한다.

상카라들에 대한 평온의 지혜가 끝났다.

(9) 수순(隨順)하는 지혜

anulomañāṇa

128. 그가 상카라들에 대한 평온의 지혜를 반복하고, 닦고, 많이 [공부]지을 때 확신에 바탕한 믿음은 더 깊어지고, 정진은 더욱 탄력을 받고, 마음챙김은 잘 확립되고, 마음은 잘 안정되고, 상카라들에 대한 평온은 더욱 예리하게 일어난다.

129. 이제 도가 막 생기려는 그 순간에 있는 [수행자의] 상카라에 대한 평온은 상카라들을 무상이나 괴로움이나 무아로 명상하고는 잠재의식에 들어간다.217) 잠재의식 다음에 상카라들에 대한 평온이 했던 방법대로 상카라들을 대상으로 삼아 이것은 무상이라거나 괴로움이라거나 혹은 무아라고 하면서 의문전향이 일어난다.

잠재의식을 막고서 생긴 단지 작용만 하는 마음 (즉, 의문전향) 다음에는 간단없이 상속을 연결하면서 같은 방법으로 상카라들을 대상으로 삼아 첫 번째 속행의 마음이 일어난다. 이것을 준비(*parikamma*)의 마음이라 부른다.

그 다음에 같은 방법으로 상카라들을 대상으로 삼아 두 번째 속행의 마음이 일어난다. 이것을 근접(*upacāra*)의 마음이라 부른다.

그 다음에 같은 방법으로 상카라들을 대상으로 삼아 세 번째 속행의 마음이 일어난다. 이것을 수순(*anuloma*)의 마음이라 부른다.

이것은 그들 각각의 이름이다.

---

217) 이 문단의 시작인 '*tassa, idāni maggo uppajjissatī ti saṅkhārupekkhā*'를 냐나몰리 스님은 '*He thinks 'Now the path will arise'. Equanimity about formations* …'라고 영역했는데, 그렇게 되면 하나는 수행자가 주어이고 뒤의 것은 앞에 것과 달리 '*saṅkhārupekkhā*(상카라들에 대한 평온)'가 주어인 것처럼 되어버린다. 그러나 여기서는 '*saṅkhārupekkhā*(상카라에 대한 평온)'만이 주어이고 그것도 '도가 일어날 그 순간의 상카라에 대한 평온'이라는 뜻이다.
그리고 거듭 말하지만 수행자는 '이제 도가 일어날 것이다'라고 <u>생각할 수가 없다</u>. 만약 수행자가 그렇게 생각한다면 이미 그는 *saṅkhārupekkhā*로부터 벗어나고 말기 때문이다. 그래서 역자는 '도가 막 생기려는 <u>그 순간에 있는</u> [수행자의] 상카라들에 대한 평온'으로 옮겼다. 물론 여러 순간의 상카라에 대한 평온들이 있지만 여기서는 특별히 도가 일어나기 직전의 상카라에 대한 평온(*saṅkhārupekkhā*)을 언급하는 것이다.

130. 차별 없이 이 세 가지 마음 모두를 반복(*āsevana*)이라고, 준비라고, 근접이라고, 수순이라고 불러도 된다. 무엇에 수순하는가? 앞의 것과 뒤의 것에 수순한다. 왜냐하면 이것은 앞의 여덟 가지 위빳사나의 지혜가 [세 가지 특상을 명상하는] 그 진실한 역할(*kicca*)[218]에 수순하고, 뒤의 [도의 순간에] 37가지 깨달음의 편에 속하는 법(菩提分法)들의 진실한 역할을 수순하기 때문이다.

131. ① 일어나고 사라짐의 지혜는 일어나고 사라짐을 가진 법들의 일어남과 사라짐을 보았다고 ② 무너짐을 관찰하는 지혜는 무너짐을 가진 [법]들의 무너짐을 보았다라고 ③ 공포를 주는 것은 공포로 나타나는 지혜에게 공포로 나타났다고 ④ 위험의 관찰에 대한 지혜는 위험한 것에 대해 위험이라 보았다고 ⑤ 역겨움의 지혜는 역겨워해야 할 것에 역겨워했다고 ⑥ 해탈하기를 원하는 지혜는 해탈해야 할 것으로부터 해탈하는 원을 일으켰다고 ⑦ 깊이 숙고하는 지혜는 깊이 숙고해야할 것을 깊이 숙고했다고 ⑧ 상카라들에 대한 평온의 지혜로 평온해져야 할 것은 평온해졌다고 — 이처럼 여덟 가지 지혜는 각각 그 뜻을 통해서 [그 명칭을] 가지고 있다.

이와 마찬가지로 이 수순(隨順, *anuloma*)의 지혜도 [수순이라는 뜻을 통해서 수순이라는 명칭을 가진다]. 왜냐하면 수순의 지혜는 무상 등의 특상을 명상함으로써 상카라들을 대상으로 하여 일어나므로, 앞의 여덟 가지 지혜가 [세 가지 특상을 명상하는] 그 진실한

---

218) '진실한 역할'로 옮긴 '*tathakiccatāya*'를 냐나몰리 스님은 '*the functions of truth*'라고 영역했는데 여기서는 진리 즉, 네 가지 진리(四聖諦)의 역할을 뜻하는 것이 아니고 8종류의 위빳사나가 각각 세 가지 특상을 명상하는 그 진실한 역할을 뜻한다. 그래서 역자는 '진실한 역할'로 옮겼다.

역할에 수순하기 때문이다. 그리고 다시 수순의 지혜를 닦음으로써 이 37가지 깨달음의 편에 있는 법들을 얻기 때문에, 뒤의 [도의 순간에] 37가지 깨달음의 편에 있는 법(菩提分法)들의 진실한 역할을 수순하기 때문이다.

132. 이는 마치 공정한 국왕이 재판소에 앉아서 재판관의 판결을 듣고는 편견을 버리고 공정함을 취하여 '그렇게 시행하라'고 기쁜 마음으로 판결을 수순함과 더불어 또한 고대의 왕법을 수순하는 것과 같다. 이와 같이 비유를 적용해서 알아야 한다.

133. 수순하는 지혜는 왕과 같다. 여덟 가지 지혜는 여덟 명의 재판관과 같다. 37가지 깨달음의 편에 있는 법들은 고대 왕법과 같다. 마치 왕이 '그렇게 시행하라'고 말하면서 재판관들의 판결을 수순하고 또한 왕법을 수순하는 것처럼 이 수순하는 지혜도 무상 등의 관찰을 통해서 상카라들을 의지하여 일어난 여덟 가지 지혜가 [세 가지 특상을 명상하는] 그 역할에 수순하고, 뒤의 [도의 순간에] 37가지 깨달음의 편에 있는 법들의 역할을 수순한다. 그래서 진리에 수순하는 지혜라고도 부른다.

수순하는 지혜가 끝났다.

134. 이 수순하는 지혜는 상카라들을 대상으로 가진 출현으로 인도하는 위빳사나의 마지막이 되지만 전체적으로 볼 때 고뜨라부의 지혜(XXII. §1)가 출현으로 인도하는 모든 위빳사나의 마지막이다.

경의 적용

135. 이제 이 출현으로 인도하는 위빳사나에 대한 미혹을 없애기 위해 경의 적용을 알아야 한다. 출현으로 인도하는 위빳사나는 「육처분별경」(六處分別經, Saḷāyatanavibhaṅga Sutta)에서는 다음과 같이 '무관심(*atammayatā*)'이라 설했다. "무관심을 의지하고, 무관심에 도착하여 동일한 성질을 가지고 동일한 대상을 가진 평온을 버리고 극복하라.(M.i.139)"219)

「뱀의 경」(Alagadda Sutta)에서는 다음과 같이 '역겨움(*nibbidā*)'이라 설했다. "역겨워하여 탐욕을 버리고, 탐욕을 버리기 때문에 해탈한다.(M.i.139)"

「수시마 경」(Susima Sutta)에서는 다음과 같이 '법의 조건에 대한(*dhammaṭṭhiti*) 지혜'라 설했다. "수시마여, 법들의 조건에 대한 지혜가 먼저 생기고, 그 다음에 열반에 대한 지혜가 생긴다(S.ii.124)"

「뽓타빠다 경」(Poṭṭhapāda Sutta)에서는 "뽓타빠다여, 인식이 먼저 일어나고, 그 다음에 지혜가 일어난다.(D.i.185)"라고 이와 같이

---

219) "'무관심'으로 옮긴 '*atammayatā*'는 도의 출현으로 인도하는 위빳사나를 뜻한다. 세간적인 상카라들을 대상으로 삼아 수순하는 지혜로 끝나는 도의 출현으로 인도하는 위빳사나가 일어난다. 그 상카라들을 기초로 했고 그 상카라들과 함께 묶여있는 갈애는 그 상카라들이 없이는 일어나지 않는다. 그러므로 그것을 '땀마야(*tammaya*, 그것으로 이루어진)'라 이름한다. 문법적으로 땀마야는 땀마야따(그것으로 이루어짐)와 다름이 없다. 혹은 땀마야란 갈애와 함께한 무더기를 뜻한다. 그들의 상태를 땀마야따라 한다. 그것은 단지 갈애일 뿐이다. 그것과 반대되는 출현으로 인도하는 위빳사나가 아-땀마야(*a-tammaya*)이다. 평온을 버리고 극복하라는 것은 평온에 대한 집착, 오염을 버리고 극복하라는 뜻이다.(Pm.805)" 이런 Pm의 설명을 따라서 역자는 '무관심'으로 의역을 했다.

'인식의 정점(*saññā-agga*)'이라 설했다.

「다숫따라 경」(Dasuttara Sutta)에서는 "도닦음에 대한 지와 견에 의한 청정이 청정의 주요한 원인이 된다.(D.iii.288)"[220] 라고 이와 같이 '청정의 주요한 원인(*pārisuddhi-padhāniya-aṅga*)'이라고 설했다.

『무애해도』에서는 "해탈하기를 원함, 깊이 숙고하여 관찰함, 상카라에 대한 평온, 이 법들은 뜻으로는 하나이고 문자만 다르다.(Ps.ii.64)"라고 이와 같이 세 가지 이름으로 설했다.

『빳타나』(발취론)에서는 "고뜨라부를 수순함, 청백의 경지를 수순함(Pṭn.159)"이라고 이와 같이 세 가지[221] 이름으로 설했다.

「역마차 경」(Rathavinīta Sutta)에서는 "도반이여, 도닦음에 대한 지와 견에 의한 청정을 위하여 부처님 문하에서 청정범행을 닦습니까?(M.i.147)"라고 이와 같이 '도닦음에 대한 지와 견에 의한 청정'이라고 설했다.

136. 이와 같이 대성인께서는 여러 가지 이름으로

고요하고 청정한 출현에 이르는 위빳사나를 칭송하셨다
광활하고 두렵고 괴로움의 늪인 윤회에서

---

220) 원문의 '*pārisuddhi-padhāniya-aṅgaṁ*'을 냐나몰리 스님은 '*is the principal factor of purity*'라고 '*aṅga*'의 뜻을 *factor*(구성요소)라고 영역했다. 본서에서 *aṅga*는 대부분 구성요소라는 뜻으로 사용되지만 여기서 도닦음에 의한 지와 견의 청정은 '*pārisuddhi*(청정)'의 주요한 원인이라는 뜻이지 주요한 구성요소라는 뜻은 아니다. Pm에서도 그렇게 밝혔다.(Pm.805)

221) 세 가지 이름이란 수순, 고뜨라부(種性), 청백의 경지(*vodana*)이다.(Pm. 805) 청백의 경지에 대해서는 XVII. §81의 주해를 참조할 것. 그러나 냐나몰리 스님은 본문에 분명히 '*tīhi nāmehi*(세 가지 이름으로)'라고 나타나 있는데도 '*it is called by two names*'라고 영역하였다.

벗어나고자하는 현자는
항상 여기에 따라 수행해야 한다.

어진 이를 기쁘게 하기 위해 지은 청정도론의
통찰지수행의 표제에서
도닦음에 대한 지와 견에 의한 청정에 관한 해설이라 불리는
제21장이 끝났다.

제22장

ñāṇadassanavisuddhiniddeso

지와 견에 의한 청정

제22장 지와 견에 의한 청정

ñāṇadassanavisuddhiniddeso

1. 고뜨라부, 네 가지 도, 네 가지 과

paṭhamamaggañāṇakathā

1. 이 [수순하는 지혜] 다음에 고뜨라부(*gotrabhū*, 種姓)의 지혜가 생긴다. 이것은 도로 전향하는 곳에 자리하고 있기 때문에 '도닦음의 지와 견에 의한 청정'에 속하는 것도 아니고 '지와 견에 의한 청정'에 속하는 것도 아니다. 중간에 처해있기 때문에 뭐라 이름 붙일 수 없다. 그러나 위빳사나의 흐름에 들어있기 때문에 위빳사나라는 명칭을 가진다.[222)]

---

222) "고뜨라부(種姓)의 마음은 무상 등으로 상카라들을 파악하지 않기 때문에 도닦음의 지와 견에 의한 청정에 속하지 않고, 비록 열반을 대상으로 삼지만 오염원들을 버리지 않기 때문에 지와 견에 의한 청정에도 속하지 않는다. 식에게 대상을 보여주면서 전향하는 역할을 하는 단지 작용만 하는 마노의 요소(즉 전향의 마음)처럼 도로 전향하는 곳에 머문다.(Pm. 806)"
이 설명에서 담마빨라 스님은 '식에게 대상을 보여주면서 보는 역할을 하는 단지 작용만 하는 마노의 요소처럼 도로 전향하는 곳에 머문다고 한

2. 예류도, 일래도, 불환도, 아라한도, 이 네 가지 도에 대한 지혜를 지와 견에 의한 청정(*ñāṇadassanavisuddhi*, 知見淸淨)이라 한다.

고뜨라부의 지혜와 첫 번째 도의 지혜

3. 여기서 첫 번째 도의 지혜를 성취하고자하는 자는 달리 해야 할 것이 따로 없다. 해야 할 일이 있다면 그것은 수순하는 지혜로 종결되는 위빳사나를 일으킴으로써 이미 다 해 마쳤다.

4. 이와 같이 수순하는 지혜가 일어나고, 진리를 뒤덮는 칠흑 같은 암흑이 [준비, 근접, 수순의] 세 가지 수순하는 지혜 각각의 힘에 의해 사라질 때(XXI. §129이하) 수행자의 마음은 모든 상카라들에 들어가지 않고, 머물지 않고, 확신하지 않고, 집착하지 않고, 고수하지 않고, 묶이지 않는다. 마치 연잎으로부터 물방울이 물러나고, 움츠리고, 굴러 떨어지듯이 모든 표상이라는 대상과 진행이라는 대상은 방해(*palibodha*)로 나타난다.223)

5. 모든 표상이라는 대상과 진행이라는 대상이 방해로 나타나

다.'라고 했지만 마하시 스님이 미얀마어로 번역한 빠라맛타만주사(Pm)에서는 전향의 마음은 보는 역할이 아닌 전향하는 역할을 하기 때문에 이와 같이 수정할 것을 제안했다. 역자도 마하시 스님의 뜻에 동감하기 때문에 그 뜻을 따랐다.

"중간이란 여섯 번째와 일곱 번째 청정의 중간이다. 이 두 가지 청정의 특징을 하나도 갖지 않기 때문에 이름 붙일 수 없다. 그렇지만 출현으로 인도하는 위빳사나의 마지막이기 때문에 위빳사나에 속한다.(Pm.806)"

223) "방해물의 상태를 뒤덮고 있는 암흑(*tama*)이 사라졌기 때문에 방해로 나타난다.(Pm.806)"

고, 수순하는 지혜를 반복해서 일으키는 것이 끝날 때 표상이 없고, 진행이 없고, 형성됨을 여의었고, 소멸인 열반을 대상으로 고뜨라부의 지혜가 일어난다. 이것은 범부(*puthujjana*)의 종성, 범부의 이름, 범부의 경지를 초월하고 성자(*ariya*)의 종성, 성자의 이름, 성자의 경지에 들어가는 것이다. 이것은 자신의 대상인 열반으로 처음 들어가고, 처음 전념하고, 처음 집중하는 것이다.

고뜨라부의 지혜는 도에게 틈 없이 뒤따르는 조건, 더욱 틈 없이 뒤따르는 조건, 반복하는 조건, 강하게 의지하는 조건, 존재하지 않는 조건, 떠나가버린 조건 — 이 여섯 가지 형태로 조건을 성취한다. 이것은 위빳사나의 정점에 이른 것이고 다시는 물러섬이 없다. 이를 두고 설하셨다.

"어떻게 밖으로부터 출현함과 물러섬[224]에 대한 통찰지가 고뜨라부의 지혜인가? 일어남을 극복하기 때문에 고뜨라부이다. 진행을

---

224) 『무애해도』의 본문으로 보면 '출현(*vuṭṭhāna*)'과 '물러섬(*vivaṭṭana*)'은 각각 별개의 두 단어로 보는 것이 타당한 것 같다. 즉 본문을 '어떻게 상카라들로부터의 출현과 상카라들로부터의 물러섬에 대한 통찰지가 고뜨라부의 지혜가 되는가'라고 해석하는 것이 문맥상 옳다고 본다.
그러나 Pm에서는 '*vuṭṭhānabhūte vivaṭṭane*(출현인 물러섬)'이라고 설명하여 출현함과 물러섬을 하나로 보고 있다. 그래서 Pm에서는 이 문장을 이렇게 주석한다. "형성되지 않은 요소(열반)의 밖이기 때문에 밖(*bahiddhā*)이라고 불리는 상카라들로부터의 출현인 물러섬에 대한 통찰지가 고뜨라부의 지혜이다(Pm.806)"
역자는 출현함과 물러섬을 둘로 봐서 '출현함과 물러섬'으로 옮겼다. 냐나몰리 스님도 '*emergence and turning*'의 둘로 옮겼다.
그리고 또 하나 주목할 점은 『무애해도』의 본 인용문에서는 상카라들을 '*bahiddhā*(밖)'라 표현하고 있다. 그러나 일반적으로는 열반을 '*bahiddhā*(밖)'라고 표현한다. 『담마상가니』의 마띠까(논모)에 나타나는 '*ajjhattika*(안의 삼개조)'에서도 열반을 '*bahiddhā*'라고 표현하고 있다.

… 절망을 극복하기 때문에 고뜨라부이다. … 밖으로 상카라들의 표상을 극복하기 때문에 고뜨라부이다. 일어나지 않음에 들어가기 때문에 고뜨라부이다. 진행하지 않음에 … 절망이 없고 소멸인 열반에 들어가기 때문에 고뜨라부이다. 일어남을 극복하고 일어나지 않음에 들어가기 때문에 고뜨라부이다.(Ps.i.66)"

이와 같이 모든 것을 상세하게 알아야 한다.

6. 여기서 수순하는 지혜와 고뜨라부가 비록 하나의 전향을 가진 하나의 인식과정에서 일어나지만 이들이 다른 대상을 가지고 일어나는 모습을 보여주는 좋은 비유가 있다. 그것은 이러하다.

어떤 사람이 큰 개울을 건너뛰어 저쪽 기슭에 머물고자하였다. 그는 속력을 다해 달려와서 이쪽 기슭의 나무 가지에 묶여 매달려 있는 밧줄이나 혹은 장대를 잡고 껑충 뛰어넘어 반대쪽 기슭으로 몸을 향하고 기울이고 기대어서 반대쪽 기슭의 위쪽에 이르렀을 때 그것을 놓아버리고 반대쪽 기슭에 떨어져서는 처음엔 그 몸이 비틀거리다가 서서히 안주하였다.

이와 같이 존재, 모태, 태어날 곳, 거주, 거처의 반대쪽 기슭인 열반에 머물기를 원하는 수행자도, 일어나고 사라짐의 관찰 등으로 속력을 다해 달려와 자기 몸이라는 나뭇가지에 묶여 매달려있는 물질의 밧줄이나 느낌 등의 장대 가운데 하나를 무상, 고, 무아라고 수순의 전향으로 잡고는 그것을 놓지 않고 첫 번째 수순의 마음[225]으로 껑충 뛰어넘어 두 번째 [수순의 마음 = 근접의 속행]으로 열반을 향하고 기울이고 기대어, 저쪽 기슭의 위에 이른다. 마치 몸을

225) 즉 준비・근접・수순의 속행 가운데서 준비의 속행임.

저쪽 기슭으로 향하고 기울이고 기대듯이.

마찬가지로 세 번째 [수순의 마음 = 수순의 속행]으로 곧 얻게 될 열반에 가까이 가서 그 마음이 소멸함으로써 그 마음의 대상이었던 상카라들을 놓아버리고 종성의 마음으로 상카라들을 여읜 피안의 열반에 이른다. 반복함을 얻지 못해 비틀거리는 사람처럼 하나의 대상에 단박에 잘 안주하지는 못한다. 그러나 그 다음에 도의 지혜로써 안주한다.

7. 여기서 수순은 진리를 가려버리는 오염원의 어둠을 흩어버릴 수는 있지만 열반을 대상으로 삼지는 못한다. 종성은 오직 열반을 대상으로 삼지만 진리를 가려버리는 어둠을 흩어 버리지는 못한다.

8. 이것이 비유다. 눈을 가진 어떤 사람이 별자리의 합궁을 관찰하리라 생각하고 밤에 밖으로 나가서 달을 보기 위해 위로 올려다보았지만 먹구름에 덮여 있었기 때문에 달은 보이지 않았다. 그때 한 가닥 바람이 일어 짙은 구름을 쓸었고, 다시 바람이 일어 중간의 구름을 쓸었고, 또 다시 바람이 일어 옅은 구름까지도 모두 쓸어버렸다. 그리하여 그 사람은 구름 없는 하늘에서 달을 보면서 별자리의 합궁을 원만하게 알 수 있었다.

9. 진리를 가려버리는 짙고, 보통이고, 옅은 오염원의 어둠은 세 가지 구름과 같다. 세 가지 수순하는 마음은 세 가지 바람과 같다. 고뜨라부의 지혜는 눈을 가진 사람과 같다. 열반은 달과 같다. 각각의 수순하는 마음이 진리를 가려버리는 어둠을 흩어버리는 것은 각각의 바람이 순서대로 구름을 흩어버리는 것과 같다. 진리를

가려버리는 어둠이 사라졌을 때 고뜨라부의 지혜가 청정한 열반을 보는 것은 구름 없는 하늘에서 그 사람이 청명한 달을 보는 것과 같다.

10. 세 가지 바람은 달을 가린 먹구름을 흩어버릴 수는 있지만 달을 보지는 못하는 것처럼 수순하는 마음도 진리를 가리는 어둠을 흩어버릴 수는 있지만 열반을 보지는 못한다. 마치 그 사람이 달을 보기는 하지만 구름을 흩어버릴 수는 없듯이 이 고뜨라부의 지혜도 열반을 보지만 오염원의 어둠을 흩어버리지는 못한다. 그러므로 이것을 도의 전향(*āvajjana*)이라 부른다.

11. 비록 이 고뜨라부의 지혜가 전향의 마음은 아니지만 전향하는 곳에 머물러서 '이와 같이 생겨라'하고 도에게 신호(*saññā*)를 보내는 것처럼 하고서 소멸한다. 도의 지혜도 고뜨라부의 지혜가 준 신호를 놓지 않고 간단없는 상속으로 그 지혜를 따라 전에 미처 부수지 못하고 전에 미처 쪼개버리지 못했던 탐욕의 무더기, 성냄의 무더기, 어리석음의 무더기를 부수고 쪼개버리면서 생긴다.

12. 이것이 비유다. 어떤 궁수가 여덟 우사바[226]의 거리만큼 떨어진 곳에 백 장의 판자를 놓게 하고 천으로 얼굴을 가린 뒤 활을 쏠 채비를 하고 회전하는 기계 위에 섰다. 다른 사람이 그 기계를 돌린 뒤 목표물인 판자가 궁수를 향할 때 막대기로 신호를 주었다. 궁수는 그 막대기의 신호를 놓치지 않고 활을 쏘아 백장의 판자를 관통하였다.

---

226) 1우사바(*usabha*)는 약 140큐빗(*cubit*, 완척)의 길이라고 한다. 1완척은 대략 46-56㎝이다.

13. 여기서 고뜨라부의 지혜는 막대기의 신호와 같다. 도의 지혜는 궁수와 같다. 고뜨라부의 지혜가 준 신호를 놓치지 않고 도의 지혜가 열반을 대상으로 하여 전에 미처 부수지 못하고 전에 미처 쪼개버리지 못했던 탐욕의 무더기, 성냄의 무더기, 어리석음의 무더기를 부수고 쪼개버리는 것은 궁수가 막대기의 신호를 놓치지 않고 백장의 판자를 관통하는 것과 같다.

14. 도는 탐욕의 무더기 등을 부술 뿐만 아니라 시작이 없는[227] 윤회에 전전하는 괴로움의 바다를 말려버린다. 모든 악처의 문을 닫아버린다. 일곱 개의 성스러운 보물[228]과 대면하게 한다. 여덟 가지 삿된 도를 버린다. 모든 증오(*vera*)와 두려움(*bhaya*)[229]을 가라앉게 한다. 정등각자의 가슴으로부터 태어난 아들이 되게 인도한다. 다른 수백 가지의 이익을 얻게 한다. 이와 같이 여러 가지 이익을 주는 예류도와 함께한 지혜가 예류도의 지혜다.

첫 번째의 지혜가 끝났다.

---

227) '시작이 없는'으로 옮긴 합성어 '*anamatagga*'는 문법적으로 두 가지로 해석할 수 있다. 첫째는 *anu+amata-agga*(시작이 알려지지 않은 [윤회]를 따르는)이고, 또 하나는 부정 접두어인 *an+amata-agga*(시작이 알려지지 않은 [윤회])로서 이 때 *amata-agga*는 *mata-agga*와 차이가 없다. *mataṁ eva amataṁ*이다.

228) 일곱 가지 성스러운 보물이란 믿음(*saddhā*), 계(*sīla*), 양심(*hiri*), 수치심(*ottappa*), 배움(*suta*), 관대함(*cāga*), 통찰지(*paññā*)이다.(Pm.810)

229) 살생 등 다섯 가지 증오와 25가지 큰 두려움들이다.(Pm.810)

첫 번째 과의 지혜 — 두 번째 성자

15. 이 지혜 바로 다음에 그것의 결과로 둘 혹은 셋의 과의 마음들이 일어난다. 출세간의 유익한 마음들은 즉시에 과보를 주기 때문에 "즉시에 [과보를 주는] 禪을 설했다.(Sn.226)"고 하셨고 "그는 번뇌를 멸하기 위하여 즉시에 과보를 주는 [성스러운 도에] 천천히 도달한다.(A.ii.149)"고 설하셨다.

16. 어떤 자들은 과의 마음이 한 개나, 두 개나, 세 개나, 네 개가 있다고 한다. 그것은 받아들일 수 없다. 왜냐하면 고뜨라부의 지혜가 수순하는 지혜를 반복한 후에 일어나기 때문이다. 그러므로 수순하는 마음은 최소한 두 개가 있어야 한다. 왜냐하면 단 하나로는 반복하는 조건이 될 수 없기 때문이다.

그리고 하나의 전향을 가진 인식과정은 최대로 일곱 개의 속행의 마음을 가진다. 그러므로 [예리한 자는],

①-② 두 개의 수순을 가지고

③ 그것의 세 번째가 고뜨라부이고

④ 네 번째가 도의 마음인 그 과정은

⑤-⑦ 세 개의 과의 마음을 가진다.

그리고 [둔한 자의 경우]

①-③ 세 개의 수순을 가지고

④ 그것의 네 번째가 고뜨라부이고

⑤ 다섯 번째가 도의 마음인 과정은

⑥-⑦ 두 개의 과의 마음을 가진다.[230]

---

230) 이 과정은 『길라잡이』 4장의 도표<4.4> 본삼매의 속행과정의 <⑵ 도와

그래서 설하였다. '둘 혹은 셋의 과의 마음들이 일어난다'고.

17. 어떤 자들은 '네 개의 수순을 가지고, 그것의 다섯 번째가 고뜨라부이고, 여섯 번째가 도의 마음인 과정은 하나의 과의 마음을 가진다'라고 말한다. 그러나 네 번째 혹은 다섯 번째의 [속행에서 도가] 일어나고 그 이후에는 일어나지 않는다. 왜냐하면 '잠재의식과 가깝기 때문이다(*Cf.* IV.76-77)'라고 설했기 때문에 그 견해는 논파되었다. 그러므로 옳다고 여겨서는 안된다.

18. 이 [첫 번째 과가 생기는 것에 이르러] 예류자는 두 번째 성자[231]라 불린다. 아무리 게으름을 피워도 신이나 인간 중에 일곱 번 달려서 윤회한 뒤 괴로움을 끝낼 수 있다.

19. 과의 마음 끝에 그의 마음은 잠재의식에 들어간다. 그 다음에 잠재의식을 끊고 도를 반조하기 위하여 의문전향의 마음이 일어난다. 그것이 멸할 때 순서대로 도를 반조하는 일곱 개의 속행이 일어난다. 다시 잠재의식에 들어가서 그와 같은 방법으로 과 등을 반조하기 위하여 전향의 마음 등이 일어난다. 그 [전향 등]이 일어남으로써 그는 ① 도를 반조하고 ② 과를 반조하고 ③ 버린 오염원들을 반조하고 ④ 남아있는 오염원들을 반조하고 ⑤ 열반을 반조한다.

20. ① 그는 '참으로 내가 이 도로써 왔구나'라고 도를 반조한다. ② 그 다음에 '이것이 내가 얻은 이익이구나'라고 과를 반조한다. ③ 그 다음에 '참으로 이들이 내가 버린 오염원들이구나'라고

과의 증득의 속행과정>을 참조할 것.

231) 예류도가 첫 번째이고 예류과는 두 번째 성자라는 뜻이다.

버린 오염원들을 반조한다. ④ 그 다음에 '이들이 아직 남아있는 오염원들이구나'라고 뒤의 세 가지 도[232]로써 버릴 오염원들을 반조한다. ⑤ 마지막으로 '이 법을 대상으로 삼아 내가 이 법을 꿰뚫었다'라고 불사인 열반을 반조한다. 이와 같이 예류인 성스러운 제자는 다섯 가지 반조를 가진다.

21. 예류자처럼 일래자와 불환자도 다섯 가지 반조를 가진다. 아라한의 경우 남아있는 오염원들을 반조함이 없다. 이와 같이 모두 19가지 반조가 있다.[233] 이것이 최대의 한도이다. 유학들은 버린 오염원들과 남아있는 오염원들을 반조할 수도 혹은 하지 않을 수도 있다. 이것을 반조하지 않았기 때문에 마하나마가 세존께 여쭈었다. "제가 안으로 어떤 법을 버리지 않아서 가끔 탐욕의 법들이 제 마음에 침입하여 머뭅니까?(M.i.91)"라고. 이와 같이 모든 것을 상세하게 알아야 한다.

두 번째 도의 지혜 — 세 번째 성자

22. 이와 같이 반조한 뒤 예류자인 성스러운 제자는 그 자리에 앉거나 다른 시간에 감각적 욕망에 대한 탐욕과 악의를 줄이는 두 번째의 경지를 얻기 위해 수행한다. 그는 기능(根), 힘(力), 깨달음의 구성요소(覺支)들을 함께 가져와서 물질, 느낌, 인식, 상카라, 알음알이로 분류되는 형성된 것들을 무상, 고, 무아라고 지혜로써 면밀히

232) 일래도, 불환도, 아라한도를 말한다.
233) 즉 앞의 세 종류의 성자의 경우 모두 각각 다섯 가지씩을 반조하지만 마지막인 아라한의 경우 남아있는 오염원들이 없기 때문에 네 가지만 반조하게 된다. 그러므로 반조는 최대치로 3×5+4=19가지가 있다는 뜻이다.

검토하고 그곳으로 [마음을] 향하게 하여 위빳사나의 과정에 들어간다.

23. 이와 같이 수행할 때 앞서 설한 방법대로 상카라에 대한 평온의 지혜 끝에 하나의 의문전향을 통해서 수순하는 지혜와 고뜨라부의 지혜가 일어나고 고뜨라부 다음에 일래도가 일어난다. 그와 함께한 지혜가 일래도의 지혜이다.

두 번째 도의 지혜가 끝났다.

두 번째 과의 지혜 — 네 번째 성자

24. 이 지혜 다음에 앞서 설한 방법대로 과의 마음들이 [일어남을] 알아야 한다. 이런 일래자를 네 번째 성자라 부른다. 오직 한 번만 이 세상에 와서는 괴로움을 끝낼 수 있다. 이 다음에는 앞서 설한 방법대로 반조가 있다.

세 번째 도의 지혜 — 다섯 번째 성자

25. 이와 같이 반조한 뒤 일래자인 성스러운 제자는 오직 그 자리에 앉거나 다른 시간에 감각적 욕망에 대한 탐욕과 악의를 남김없이 버리고 세 번째 경지를 얻기 위해 수행한다. 그는 기능, 힘, 깨달음의 구성요소들을 함께 가져와서 형성된 것들을 무상, 고, 무아라고 지혜로 철저히 검토하고 그곳으로 [마음을] 향하게 하여 위빳사나의 과정에 들어간다.

26. 이와 같이 수행할 때 앞서 설한 방법대로 상카라에 대한 평온의 지혜 끝에 하나의 의문전향을 통해서 수순하는 지혜와 고뜨

라부의 지혜가 일어나고 고뜨라부 다음에 불환도가 일어난다. 그와 함께한 지혜가 불환도의 지혜이다.

세 번째 도의 지혜가 끝났다.

세 번째 과의 지혜 — 여섯 번째 성자

27. 이 지혜 다음에 앞서 설한 방법대로 과의 마음들이 [일어남을] 알아야 한다. 이런 불환자를 여섯 번째 성자라 부른다. [정거천에] 화생하여 그곳에서 열반에 들고 다시는 돌아오지 않는 법을 얻었다. 재생연결을 통해서 다시는 이 세상에 오지 않는다. 이 다음에 앞서 설한 방법대로 반조가 있다.

네 번째 도의 지혜 — 일곱 번째 성자

28. 이와 같이 반조한 뒤 불환자인 성스러운 제자는 그 자리에 앉거나 다른 시간에 존재와 비존재에 대한 탐욕, 자만, 들뜸, 무명을 남김없이 버리고 네 번째의 경지를 얻기 위해 수행한다. 그는 기능, 힘, 깨달음의 구성요소들을 함께 가져와서 형성된 것들을 무상, 고, 무아라고 지혜로써 철저히 검토하고 그곳으로 [마음을] 향하게 하여 위빳사나의 과정에 들어간다.

29. 이와 같이 수행할 때 앞서 설한 방법대로 상카라에 대한 평온의 지혜 끝에 하나의 의문전향을 통해서 수순하는 지혜와 고뜨라부의 지혜가 일어나고 고뜨라부 다음에 아라한도가 일어난다. 그와 함께한 지혜가 아라한도의 지혜이다.

네 번째 도의 지혜가 끝났다.

네 번째 과의 지혜 — 여덟 번째 성자

30. 이 지혜 다음에 앞서 설한 방법대로 과의 마음들이 [일어남을] 알아야 한다. 이런 아라한을 여덟 번째 성자라 부른다. 그는 번뇌가 다한 위대한 자이고, 마지막 몸을 가진 자요, 짐을 내려놓았고,[234] 참된 이상을 실현했고, 존재의 족쇄를 풀었고, 바른 구경의 지혜(*aññā*, 究竟智)로 해탈했고,[235] 신을 포함한 인간에서 최고의 공양을 받을만한 자이다.

31. 이와 같이 '예류도, 일래도, 불환도, 아라한도, 이 네 가지 도에 대한 지혜가 지와 견에 의한 청정이라 한다'(§2)고 앞서 설한 것은 이러한 순서대로 얻어야 할 이 네 가지 지혜에 관해서 설한 것이다.

2. 깨달음의 편에 있는 법들(菩提分法)

bodhipakkhiyakathā

32. 이제 이 네 가지 지와 견에 의한 청정의 위력을 알기 위해서,

① 깨달음의 편에 있는 [법]의 원만성취
② 출현과 ③ 힘의 결합
④ 버려야할 법들과 ⑤ 그들을 버림
⑥ [사성제를] 관통할 때 설한

234) "짐(*bhāra*)이란 무더기(蘊), 오염원, 업의 짐이다.(Pm.816)"
235) "무더기 등의 뜻을 바르게 알고서 해탈했다.(Pm.816)"

통달지 등의 역할들을
⑦ 각각의 고유성질에 따라 알아야 한다.

(1) 깨달음의 편에 있는 법의 원만성취
paripuṇṇabodhipakkhiyabhāva

33. **(1) 깨달음의 편에 있는 법의 원만성취:** 깨달음의 편(菩提分, *bodhipakkhiya*)에 있는 법의 원만한 상태이다.

① 네 가지 마음챙김의 확립(四念處)
② 네 가지 바른 노력(四正勤)
③ 네 가지 성취수단(四神足)
④ 다섯 가지 기능(五根)
⑤ 다섯 가지 힘(五力)
⑥ 일곱 가지 깨달음의 구성요소(七覺支)
⑦ 성스러운 여덟 가지 구성요소를 가진 도(八支聖道)
— 이 37가지[236] 법들은 깨달음의 편에 있다고 한다.

왜냐하면 깨달았다는 뜻에서 깨달음(*bodha*)이라고 이름을 얻은 성스러운 도의 편(*pakkha*)에 있기 때문이다. 편에 있기 때문이라는 것은 '도와주는 상태(*upakāra-bhāva*)[237]에 서있기 때문'이라는 뜻이다.

---

236) 우리에게 37조도품으로 알려져 있는 이 37가지는 『길라잡이』 7장 × 24 이하에 잘 정리되어있으니 참조할 것.

237) 중국에서 보리분을 [37]助道品(조도품)으로 옮겼는데 이것은 본서등 주석서의 이러한 설명들을 참고해서 옮긴 훌륭한 뜻번역이라 하겠다.
즉 본서에서 '*ariya-maggassa*(성스러운 도의) *pakkhe*(편에) *bhavattā*(존재하기 때문에) *bodhi-pakkhiyā*(깨달음의 편[菩提分]이라) *nāma*(한다)'라는 구절과 '*pakkha*(分, 片)'를 '*upakāra-bhāva*(도와주는 상태, 助)'로 설명한 이 두 구절을 합하여 성스러운 도(道)를 도와주는(助) 것

34. **[① 네 가지 마음챙김의 확립]:** 각각의 대상들에 내려가고 들어가서 확립되기 때문에(*upaṭṭhānato*) 확립(*paṭṭhāna*)이라 한다. 마음챙김 그 자체가 확립이기 때문에(*sati yeva paṭṭhānaṁ*) 마음챙김의 확립(念處)이라고 한다. 몸과 느낌과 마음과 법에서 그들을 더러움(不淨, *asubha*), 괴로움, 무상, 무아라고 파악하면서, 또 깨끗함, 행복, 항상함, 자아라는 인식(*saññā*)을 버리는 역할을 성취하면서 일어나기 때문에 네 가지로 분류된다. 그러므로 네 가지 마음챙김의 확립(四念處)이라 한다.

35. **[② 네 가지 바른 노력]:** 이것을 통해서 그들이 노력하기 때문에 노력(*padhāna*)이라 한다. 아름다운(*sobhana*) 노력을 바른 노력(正勤, *sammappadhāna*)이라 한다. 혹은 이것을 통해서 바르게 노력하기 때문에 바른 노력이라 한다. 혹은 오염원의 추함이 없기 때문에 아름다움이라 하고, 이익과 행복을 생기게 한다는 뜻에서 수승한 상태를 얻게 하고 우위의 상태를 주기 때문에 노력이라 한다. 그래서 바른 노력이다.

이것은 정진(*viriya*)의 동의어이다. 이것은 이미 일어난 해로운 법들을 버리고 아직 일어나지 않은 해로운 법들을 일어나지 않도록 하는 역할을 하고, 아직 일어나지 않은 유익한 법들을 일어나게 하고 이미 일어난 유익한 법들을 지속하는 역할을 성취하기 때문에 네 가지가 있다. 그러므로 네 가지 바른 노력(四正勤)이라 한다.

36. **[③ 네 가지 성취수단]:** 앞서 설한대로 성취한다는 뜻에서

(品)으로 해석하여 助道品으로 옮긴 것이다.

성취(신통, *iddhi*)라 한다. 성취와 함께한 [열의, 정진 등이] 주가 된다는 뜻에서 또 그것의 결과인 성취(신통)를 얻기 전의 원인이 된다는 뜻에서 성취의 수단(*pāda*)이기 때문에 성취수단(如意足)이라 한다. 이것은 열의 등으로 네 가지이다. 그러므로 네 가지 성취수단이라 한다. 이처럼 말씀하셨다. "네 가지 성취수단이란 열의의 성취수단, 정진의 성취수단, 마음의 성취수단, 검증의 성취수단이다.(Vbh.223)" 이들은 출세간에 속한다. 그러나 "만약에 비구가 열의를 주로 하여 삼매를 얻고, 마음의 하나됨(心一境, *cittassa ekaggatā*)을 얻으면 이것은 열의를 통한 삼매라고 한다(Vbh.216)"라는 말씀이 있기 때문에 열의 등을 우선으로 하여 얻은 [촉 등의][238] 법들도 성취수단이 되기 때문에 세간적인 것이라 하기도 한다.

37. **[④ 다섯 가지 기능 ⑤ 다섯 가지 힘]:** 불신, 게으름, 방일, 산만함, 어리석음을 극복하기 때문에 극복(*abhibhavana*)이라 불리는 지배의 뜻에서 기능(根)이라 한다. 이 법들은 불신 등에 의해 극복될 수 없기 때문에 흔들림이 없다는 뜻에서 힘(力)이라 한다. 둘 모두 믿음 등으로 다섯 가지이다. 그러므로 다섯 가지 기능, 다섯 가지 힘이라 한다.

38. **[⑥ 일곱 가지 깨달음의 구성요소 ⑦ 성스러운 여덟 가지 구성요소를 가진 도]:** [네 가지 성스러운 진리]를 깨닫는 중생에게 그 구성요소가 되기 때문에 마음챙김 등은 일곱 가지 깨달음의 구성요소이다. 출구(*niyyānika*)라는 뜻에서 바른 견해 등은 여덟 가지 도의 구성요소이다. 그래서 각각 일곱 가지 깨달음의 구성요

---

238) Pm.821.

소(七覺支), 성스러운 여덟 가지 구성요소를 가진 도(八支聖道)라고 설했다.

39. 이것이 37가지 깨달음의 편에 있는 법(菩提分法)들이다. 성스러운 도가 일어나기 전에 세간적인 위빳사나가 일어날 때 이 [37가지 깨달음의 편에 있는 법]들은 여러 가지 마음들에서 발견된다. 즉,

[① 네 가지 마음챙김의 확립에서] 14가지[239]로 몸을 파악하는 자에게는 몸을 관찰하는 마음챙김의 확립이 발견된다. 9가지[240]로 느낌을 파악하는 자에게는 느낌을 관찰하는 마음챙김의 확립이 발견된다. 16가지[241]로 마음을 파악하는 자에게는 마음을 관찰하는 마음챙김의 확립이 발견된다. 5가지[242]로 법을 파악하는 자에게는 법을 관찰하는 마음챙김의 확립이 발견된다.

[② 네 가지 바른 노력에서] 자기에게는 아직 일어나지 않았고, 남에게 이미 일어난 해로운 법을 보고 '이와 같이 행하는 자에게 이

239) 「긴 념처경」(D22)의 주석서에서는 몸에 대한 마음챙김을 다음 14가지 명상주제로 계산한다. 즉 (1) 들숨날숨 (2) 네 가지 자세 (3) 네 가지 분명히 알아차림 (4) 32가지 몸의 형태 (5) 사대를 분석함 (6)-(14) 아홉 가지 공동묘지의 관찰이다. 『네 가지 마음챙기는 공부』 277참조.

240) 「긴 념처경」에서는 ① 즐거운 느낌 ② 괴로운 느낌 ③ 괴롭지도 즐겁지도 않은 느낌 ④ 세속적인 즐거운 느낌 ⑤ 세속적인 괴로운 느낌 ⑥ 세속적인 괴롭지도 즐겁지도 않은 느낌 ⑦ 세속을 여읜 즐거운 느낌 ⑧ 세속을 여읜 괴로운 느낌 ⑨ 세속을 여읜 괴롭지도 즐겁지도 않은 느낌의 9가지로 설하고 있다. 위 책 179참조.

241) 위 책 193이하 참조.

242) 「긴 념처경」의 주석서에서는 다음과 같이 다섯 가지로 정리하고 있다. (1) 장애(蓋)를 파악함 (2) 무더기(蘊)를 파악함 (3) 감각장소(處)를 파악함 (4) 깨달음의 구성요소(覺支)를 파악함 (5) 진리(諦)를 파악함. 위 책 277참조.

런 해로운 법이 일어난다. 나는 그렇게 행하지 않으리라. 그러면 이와 같은 해로운 법은 나에게 생기지 않을 것이다.'라고 그가 이런 해로운 법이 일어나지 않도록 정진할 때에 첫 번째 바른 노력을 가진다. 자기의 행동에서 해로운 법을 보고 그것을 버리기 위하여 정진할 때에 두 번째 바른 노력을 가지고, 자기에게 아직 일어나지 않은 禪이나 위빳사나를 일으키기 위하여 정진할 때 세 번째 노력을 가지고, 일어난 것이 퇴보하지 않도록 이와 같이 계속해서 일으키는 자에게 네 번째의 바른 노력이 있다.

[③ 네 가지 성취수단에서] 열의를 주로 하여 유익한 법들을 일으킬 때에 열의의 성취수단이 있다. …

[⑦ 성스러운 여덟 가지 구성요소를 가진 도에서] 삿된 말을 절제할 때 바른 말이 있다. …

이와 같이 여러 가지 마음들에서 발견된다.

그러나 이 네 가지 [도의] 지혜 가운데 어느 하나가 일어날 때 이 [37가지 깨달음의 편에 있는 법]들은 하나의 마음에서 모두 다 발견된다.

과의 순간에는 네 가지 바른 노력을 제하고 나머지 33가지 법들이 발견된다.

40. 이와 같이 이들이 하나의 마음에서 얻어질 때 몸 등에서 깨끗하다는 인식 등을 버리는 역할을 성취하기 때문에 열반을 대상으로 가진 하나의 마음챙김을 두고 네 가지 마음챙김의 확립이라 부른다. 아직 일어나지 않은 [해로운 법을] 일어나지 않게 하는 역할을 성취하기 때문에 하나의 노력을 두고 네 가지 바른 노력이라 부른다. 나머지 경우에는[243] 감소하고 증가함이 없다.

41. 아울러 이들 가운데서

① 아홉 가지는 한 가지로 ② 한 가지는 두 가지로
③ 네 가지로 ④ 다섯 가지로
⑤ 여덟 가지로 ⑥ 아홉 가지로
이와 같이 여섯 가지 방법으로 생긴다.

42. **① 아홉 가지 [법들은] 한 가지로:** 열의, 마음, 희열, 경안, 평온, 사유, 말, 행위, 생계 — 이 아홉 가지 법들은 열의의 성취수단 등으로 오직 한 가지로 발견된다. 이들은 다른 부분에 속하지 않는다. **② 하나는 두 가지로:** 믿음은 기능과 힘, 이 두 가지로 발견된다. **③ 네 가지로 ④ 다섯 가지로:** 어떤 하나는 네 가지로, 또 다른 하나는 다섯 가지로 발견된다는 뜻이다. 여기서 삼매는 기능, 힘, 깨달음의 구성요소, 도의 구성요소, 이 네 가지로 발견된다. 통찰지는 이 넷과 성취수단의 부분, 이 다섯 가지로 발견된다. **⑤ 여덟 가지로 ⑥ 아홉 가지로:** 어떤 하나는 여덟 가지로, 또 다른 하나는 아홉 가지로 발견된다는 뜻이다. 마음챙김은 네 가지 마음챙김의 확립, 기능, 힘, 깨달음의 구성요소, 도의 구성요소, 이 여덟 가지로 발견된다. 정진은 네 가지 바른 노력, 성취수단, 기능, 힘, 깨달음의 구성요소, 도의 구성요소, 이 아홉 가지로 발견된다.

43. 깨달음의 편에 있는 법들은
구분하지 않으면 14가지[244]가 있고

---

243) 37조도품 가운데 사념처와 사정근을 제외한 나머지를 말한다. 이들은 『길라잡이』 7장 <도표:7.3>에 잘 정리되어있으니 참조할 것.

곳간으로 볼 때 일곱 가지이고[245]
분류하여 볼 때 37가지이다.
자기의 역할을 완성하고
고유성질에 따라 일어나기 때문에
성스러운 도가 생길 때 이 모든 법들은 생긴다.

이와 같이 깨달음의 편에 있는 법들의 원만성취를 알아야 한다.

(2) 출현과 (3) 힘의 결합
vuṭṭhāna-balasamāyoga

44. **(2) 출현과 (3) 힘의 결합:** 합성어 '*vuṭṭhāna-bala-samāyogo*'는 '*vuṭṭhāna*(출현)'와 '*balasamāyoga*(힘의 결합)'로 분해해야 한다.

[(2) 출현]: 세간적인 위빳사나는 표상을 대상으로 하기 때문에 표상으로부터도 출현하지 않고, 진행의 원인인 일어남을 끊어버리지 않기 때문에 진행으로부터도 출현하지 않는다.

고뜨라부의 지혜는 일어남을 끊어버리지 않기 때문에 진행으로부터는 출현하지 않고, 열반을 대상으로 하기 때문에 표상으로부터는 출현한다. 그러므로 하나로부터 출현함이 있다. 그래서 말씀하셨다. "밖으로부터 출현함과 물러섬에 대한 통찰지가 고뜨라부의 지혜이다.(Ps.i.1)"라고. 그와 마찬가지로 다음과 같이 모든 것을 알아야 한다. "일어남으로부터 물러서서 일어나지 않음에 들어가기 때문에

244) "마음챙김, 정진, 열의, 마음, 통찰지, 믿음, 삼매, 희열, 경안, 평온, 바른 사유, 바른 말, 바른 행위, 바른 생계이다.(Pm.826)"
245) 마음챙김의 확립, 바른 노력, 성취수단, 기능, 힘, 깨달음의 구성요소, 성스러운 도의 구성요소가 그 일곱이다.

고뜨라부이다. 진행으로부터 물러서서 진행하지 않음에 들어가기 때문에 고뜨라부이다.(Ps.i.67)"[246]

네 가지 [도의] 지혜는 표상 없음을 대상으로 하기 때문에 표상으로부터 출현하고, 일어남을 끊어버리기 때문에 진행으로부터도 출현한다. 그러므로 양쪽 모두로부터 출현한다.

45. 그래서 설하셨다.

"어떻게 양쪽 모두로부터 출현함과 물러섬에 대한 통찰지가 도의 지혜인가?

예류도의 순간에 [열반을] 본다는 뜻에서 바른 견해가 사견으로부터 출현한다. 사견을 따라 일어나는 오염원들과 무더기들로부터 출현한다. 또 밖의 모든 표상으로부터 출현한다. 그러므로 양쪽으로부터 출현함과 물러섬에 대한 통찰지가 도의 지혜이다. 주의를 기울인다는 뜻에서 바른 사유가 삿된 사유로부터 출현한다 … 껴안는다(*pariggaha*)는 뜻에서 바른 말이 삿된 말로부터 출현한다 … 생기게 한다는 뜻에서 바른 행위가 … 깨끗하다는 뜻에서 바른 생계가 … 노력한다는 뜻에서 바른 정진이 … 확립한다는 뜻에서 마음챙김이 … 산만하지 않다는 뜻에서 바른 삼매가 삿된 삼매로부터 출현한다. 삿된 삼매를 따라 일어나는 오염원들과 무더기들로부터 출현한다. 또 밖의 모든 표상으로부터 출현한다. 그러므로 양쪽 모두로부터 출현함과 물러섬에 대한 통찰지가 도의 지혜이다.

일래도의 순간에 [열반을] 본다는 뜻에서 바른 견해가 사견으로부터 출현한다. … 산만하지 않다는 뜻에서 바른 삼매가 거친 감각

---

246) 여기서 생략된 일어남, 진행 등의 순서는 XXI. §37의 『무애해도』 인용을 보면 알 수 있다.

적 욕망에 대한 탐욕의 족쇄, 거친 적의의 족쇄, 거친 감각적 욕망에 대한 탐욕의 잠재성향, 거친 적의의 잠재성향으로부터 출현한다. …

불환도의 순간에 [열반을] 본다는 뜻에서 바른 견해가 … 산만하지 않다는 뜻에서 바른 삼매가 미세한 감각적 욕망에 대한 탐욕의 족쇄, 미세한 적의의 족쇄, 미세한 감각적 욕망에 대한 탐욕의 잠재성향, 미세한 적의의 잠재성향으로부터 출현한다. …

아라한 도의 순간에 [열반을] 본다는 뜻에서 바른 견해가 사견으로부터 출현한다. … 산만하지 않다는 뜻에서 바른 삼매가 존재에 대한 탐욕, 존재하지 않음에 대한 탐욕, 자만, 들뜸, 무명, 자만에 대한 잠재성향, 존재의 탐욕에 대한 잠재성향, 무명에 대한 잠재성향으로부터 출현한다. [그것을 따라 일어나는 오염원들과 무더기들로부터 출현한다. 또 밖의 모든 표상으로부터 출현한다. 그러므로 양쪽 모두로부터 출현함과 물러섬에 대한 통찰지가 도의 지혜이다.](Ps.i.69-70)"

46. **[(3) 힘의 결합]:** 여덟 가지 세간적인 증득(等至)을 닦을 때는 사마타의 힘이 우세하고, 무상의 관찰 등을 닦을 때는 위빳사나의 힘이 우세하다. 그러나 성스러운 도의 순간에는 어느 것도 상대를 초월하지 않는다는 뜻에서 그들은 쌍으로 결합하여 일어난다. 그러므로 네 가지 [도의] 지혜에는 두 힘의 결합이 있다. 이처럼 말씀하셨다.

"들뜸이 함께한 오염원들과 무더기들로부터 출현할 때 그의 마음의 하나됨과 산만하지 않음과 삼매는 소멸을 영역(*gocara*)으로 삼는다. 무명이 함께한 오염원과 무더기들로부터 출현할 때 위빳사나는 관찰한다는 뜻에서 소멸을 영역으로 삼는다. 이와 같이 출현한다는 뜻에서 사마타와 위빳사나는 같은 역할을 하고,[247] 쌍으로 결합하고, 어느 것도 상대를 초월하지 않는다. 그러므로 출현한다는 뜻에서 쌍으로 결합된 사마타와 위빳사나를 닦는다.(Ps.ii.98)"

이와 같이 '출현'과 '힘의 결합'을 알아야 한다.

(4) 버려야할 법들과 (5) 그들을 버림

pahātabbā dhammā tesaṁ pahānañca

47. **(4) 버려야할 법들과 (5) 그들을 버림:** 네 가지 지혜 가운데 어떤 지혜에 의해서 어떤 법들이 버려져야 하는가를 알아야 하고 또 그들의 버림을 알아야 한다. 이 도의 지혜들은 ① 족쇄 ②오염원 ③ 샛됨 ④ 세간적인 법 ⑤ 인색 ⑥ 전도 ⑦ 매듭 ⑧ 가지 않아야 함 ⑨ 번뇌 ⑩ 폭류 ⑪ 속박 ⑫ 장애 ⑬ 고수(固守)[248] ⑭ 취착 ⑮ 잠재성향 ⑯ 더러움 ⑰ [열 가지의] 해로운 업의 길(不善業道) ⑱ [해로운] 마음의 일어남이라고 불리는 법들을 적절하게 버린다.[249]

48. **① 족쇄:** [현생의] 무더기들로써 [내생의] 무더기들을 결박하고, 업을 과로, 중생을 괴로움으로 결박하기 때문에 족쇄라 한다.

---

247) '같은 역할을 하고'로 옮긴 '*ekarasā*'는 Pm에서 '*samānakiccā*(같은 역할을 하고)'(Pm.828)라고 밝혔다. 냐나몰리 스님은 '*a single nature*'라고 영역했다.

248) "'고수(固守)'로 옮긴 '*parāmāsa*'는 법의 고유성질을 넘어서 잘못 잡아 붙드는 것을 뜻한다.(Pm.829)"

249) 여기에 나타나는 대부분의 술어들도 『길라잡이』 7장 §3이하에 정리되어 있으니 참조할 것.

여기에는 색계에 대한 탐욕 등 열 가지 법들이 있다. 왜냐하면 이 [열 가지 법들이] 계속해서 일어나는 한 무더기들 등은 끊어지지 않기 때문이다.[250]

이 가운데서 색계에 대한 탐욕, 무색계에 대한 탐욕, 자만, 들뜸, 무명, 이 다섯은 위의 [색계와 무색계]에서 생긴 무더기 등을 결박하기 때문에 윗부분에 속하는 족쇄(上分結)라 부른다. 유신견, 의심, 계율과 의식에 대한 집착, 감각적 욕망, 적의, 이 다섯은 아래의 [욕계에서] 생긴 무더기 등을 결박하기 때문에 아랫부분에 속하는 족쇄(下分結)라 부른다.

49. **② 오염원:** 스스로 오염되었고 또 관련된 법들을 오염시키기 때문에 오염원이라 하며. 탐욕, 성냄, 어리석음, 자만, 사견, 의심, 혼침, 들뜸, 양심 없음, 수치심 없음의 열 가지 법들이 있다.

50. **③ 삿됨:** 삿되게 일어나기 때문에 삿됨이라 하며 삿된 견해, 삿된 사유, 삿된 말, 삿된 행위, 삿된 생계, 삿된 정진, 삿된 마음챙김, 삿된 삼매의 여덟 가지 법들이 있다. 삿된 해탈과 삿된 지혜와 함께 열 가지가 되기도 한다.

51. **④ 세간적인 법:** 세상이 계속되는 한 이들은 끊어지지 않는 법이기 때문에 세간적인 법이라 하며 얻음, 잃음, 명예, 불명예, 즐거움, 괴로움, 비난, 칭찬의 여덟 가지가 있다. 원인을 은유적으로 표현한 것으로, 얻음 등에 바탕한 찬사와 잃음 등에 바탕한 적의도

---

250) "색계에 대한 탐욕 등이 계속해서 일어나고 끊어지지 않는 한 무더기, 결과, 괴로움은 끊어지지 않는다.(Pm.829)"

세간적인 법에 포함되었다고 알아야 한다.

52. ⑤ **인색:** 사는 곳에 대한 인색, 가족에 대한 인색, 얻은 것에 대한 인색, 법에 대한 인색, 칭찬에 대한 인색 — 이 다섯 가지 인색은 사는 곳 등에서 다른 사람과 나누어 가짐을 견디지 못함으로써 일어난다.

53. ⑥ **전도(顚倒):** 무상하고, 괴로움이고, 무아고, 부정한 대상에 대해서 영원하고, 행복하고, 자아고, 깨끗하다고 여기면서 일어나기 때문에 전도라 한다. 인식의 전도, 마음의 전도, 견해의 전도의 세 가지가 있다.

54. ⑦ **매듭:** 정신적인 몸과 물질적인 몸을 매듭짓기 때문에 매듭이라 한다. 여기에는 탐욕 등 네 가지가 있는데 이들에 대해서 "탐욕의 몸의 매듭, 악의의 몸의 매듭, 계율과 의식에 대한 집착의 몸의 매듭, 이것만이 진리라는 독단적인 신조의 몸의 매듭이다.(Vbh.374)"라고 설하셨다.

55. ⑧ **가지 않아야 함:** 열의, 성냄, 어리석음, 두려움 등 때문에 하지 말아야할 것을 하는 것과, 해야 할 것을 하지 않음의 동의어이다. 이것은 성자들이 가서는 안 되기 때문에 가지 않아야 함이라 부른다.

56. ⑨ **번뇌:** 대상으로는 고뜨라부까지와 존재의 정점까지 흐르기 때문에,[251] 혹은 항아리의 갈라진 틈새로 흐르는 물처럼 [눈

---

251) 즉, 번뇌라 이름 하는 탐욕, 사견, 무지 이 셋은 법으로는 고뜨라부까지,

등의] 단속되지 않은 감각의 문으로부터 흐르기 때문에, 혹은 항상 흐른다는 뜻에서 윤회의 괴로움이 흐르기 때문에 번뇌(漏)라 한다. 이것은 감각적 욕망에 대한 탐욕, 존재에 대한 탐욕, 사견, 무명을 두고 한 말이다.

⑩ **폭류:** 존재의 바다로 휩쓸려간다는 뜻에서, 또 건너기 어렵다는 뜻에서 [위의 네 가지 법들을] 폭류라고도 한다.

⑪ **속박:** 대상으로부터 분리되지 않고, 또 괴로움으로부터 분리되지 않기 때문에 속박이라 한다. 위의 [법들]과 동의어이다.

57. ⑫ **장애:** 마음[252]을 방해하고, 덮고, 가린다는 뜻에서 감각적 욕망 등 다섯 가지를 장애라 한다.

58. ⑬ **고수(固守):** 각각의 법의 고유성질을 넘어서 다르게 사실이 아닌 고유성질[253]을 집착하는 형태로 일어나기 때문에 이것은 사견과 동의어이다.

59. ⑭ **취착:** 이것은 연기의 해설에서 모든 측면에서 설했다.(XVII. §240-41) 감각적 욕망에 대한 취착 등 네 가지가 있다.[254]

60. ⑮ **잠재성향:** 고질적이라는 뜻에서 잠재성향이라 하며 다

범위로는 비상비비상처까지를 대상으로 삼아 일어난다는 뜻이다.

252) 여기서 마음이란 유익한 마음 특히 禪의 마음을 뜻한다.

253) "각각의 법의 고유성질이란 몸 등 각각의 법이 깨끗하지 않다(不淨)는 등의 고유성질이고, 사실이 아닌 고유성질이란 깨끗하다는 등의 고유성질이다.(Pm.829)"

254) 감각적 욕망에 대한 취착, 사견에 대한 취착, 계율과 의식에 대한 취착, 자아의 교리(*attavāda*)에 대한 취착이다.

음과 같이 설한 감각적 욕망의 잠재성향 등 일곱 가지가 있다. '감각적 욕망의 잠재성향, 적의의 잠재성향, 자만의 잠재성향, 사견의 잠재성향, 의심의 잠재성향, 존재에 대한 탐욕의 잠재성향, 무명의 잠재성향이 있다.' 이들은 고질적이기 때문에 잠재성향이라고 한다. 왜냐하면 이들은 반복해서 감각적 욕망 등이 일어날 원인의 상태로 잠재해있기 때문이다.

61. ⑯ **더러움:** 기름 섞인 진흙 구덩이처럼 스스로 더럽고 또 다른 이를 더럽게 만들기 때문에 더러움이라 하며 탐욕, 성냄, 어리석음의 세 가지가 있다.

62. ⑰ **[열 가지] 해로운 업의 길:** 해로운 업이 되고, 또 악처로 가는 길이기 때문에 해로운 업의 길(不善業道)이라 한다. 살아있는 것을 죽임(殺生), 주지 않은 것을 가짐(偸盜), 삿된 음행(邪淫), 거짓말(妄語), 중상모략(兩舌), 욕설(惡口), 잡담(綺語), 탐욕, 악의, 사견의 열 가지가 있다.

63. ⑱ **해로운 마음의 일어남:** 탐욕에 뿌리박은 여덟 가지, 성냄에 뿌리박은 두 가지, 어리석음에 뿌리박은 두 가지로 열두 가지가 있다.

64. 이와 같이 이들 [네 가지 도의 지혜는] 이러한 족쇄 등의 법들을 적절하게 버린다. 어떻게?

① **족쇄들**의 경우에는 유신견, 의심, 계율과 의식에 대한 집착, 악처로 인도하는 감각적 욕망, 적의, 이 다섯 가지 법들은 첫 번째 도의 지혜로 버리고, 나머지 거친 감각적 욕망과 적의는 두 번째 지

혜로 버리고, 미세한 감각적 욕망과 적의는 세 번째 지혜로 버리고, 색계에 대한 욕망 등 다섯은 오직 네 번째 지혜로 버린다.

이 다음의 족쇄들의 경우에 '오직'이라는 단어로 강조하지 않고 그것이 무엇이든 각각 [더 높은] 지혜로 버린다고 말한 것은 이전의 지혜들이 이미 악처 등으로 인도하는 나쁜 상태를 끊어버리고 뒤의 [더 높은] 지혜로 버린다고 알아야 한다.

65. ② **오염원들:** 사견과 의심은 첫 번째 지혜로 버리고, 성냄은 세 번째 지혜로 버리고, 탐욕, 어리석음, 자만, 혼침, 들뜸, 양심 없음, 수치심 없음은 네 번째 도로 버린다.

66. ③ **삿됨:** 사견, 거짓말, 삿된 행위, 삿된 생계는 첫 번째 지혜로 버리고, 삿된 사유, 중상모략, 욕설은 세 번째 지혜로 버린다. 여기서 나타나는 모든 종류의 말은 오직 의도라고 알아야 한다. 잡담, 삿된 정진, 삿된 마음챙김, 삿된 삼매, 삿된 해탈, 삿된 지혜는 네 번째 지혜로 버린다.

67. ④ **세간적인 법:** 적의는 세 번째 지혜로 버리고, 찬사는 네 번째 지혜로 버린다. 명예와 칭찬에 대한 찬사는 네 번째 지혜로 버린다고 혹자는 말한다. 인색은 첫 번째 지혜로 버린다.

68. ⑥ **전도:** 항상하지 않은 것을 항상하다하고 무아에 대해 자아가 있다하는 인식과 마음과 견해의 전도, 그리고 괴로움을 행복이라하고 깨끗하지 않은 것을 깨끗하다하는 견해의 전도 — 이들은 첫 번째 지혜로 버린다. 깨끗하지 않은 것을 깨끗하다하는 인식의 전도와 마음의 전도는 세 번째 지혜로 버린다. 괴로움을 행복이라

하는 인식의 전도와 마음의 전도는 네 번째 지혜로 버린다.

69. ⑦ **매듭:** 계율과 의식에 대한 집착과 이것만이 진리라는 독단적인 신조의 몸의 매듭은 첫 번째 지혜로 버린다. 악의의 매듭은 세 번째 지혜로 버린다. 나머지는 네 번째 지혜로 버린다.

⑧ **가지 않아야 함**은 첫 번째 지혜로 버린다.

70. ⑨ **번뇌:** 견해의 번뇌는 첫 번째 지혜로 버린다. 감각적 욕망에 대한 번뇌는 세 번째 지혜로 버린다. 나머지 둘은 네 번째 지혜로 버린다.

⑩ **폭류**와 ⑪ **속박**의 경우에도 이 방법이 적용된다.

71. ⑫ **장애:** 의심의 장애는 첫 번째 지혜로 버린다. 감각적 욕망과 악의와 후회는 세 번째 지혜로 버린다. 해태, 혼침, 들뜸은 네 번째 지혜로 버린다.

⑬ **고수**는 오직 첫 번째 지혜로 버린다.

72. ⑭ **취착:** 모든 세간적인 법들은 대상으로서의 감각적 욕망이므로 감각적 욕망이라 한다라고 언급했기 때문에(Nd1.1-2 참조) 색계와 무색계에 대한 탐욕도 감각적 욕망에 대한 취착에 포함된다. 그러므로 이것은 네 번째 지혜로 버린다. 나머지는 첫 번째 지혜로 버린다.

73. ⑮ **잠재성향:** 사견의 잠재성향과 의심의 잠재성향은 첫 번째 지혜로 버린다. 감각적 욕망에 대한 잠재성향과 적의의 잠재성향은 세 번째 지혜로 버린다. 자만의 잠재성향과 존재에 대한 탐

욕의 잠재성향과 무명의 잠재성향은 네 번째 지혜로 버린다.

74. ⑯ **더러움:** 성냄의 더러움은 세 번째 지혜로 버린다. 나머지는 네 번째 지혜로 버린다.

75. ⑰ **해로운 업의 길:** 살아있는 것을 죽임, 주지 않은 것을 가짐, 삿된 음행, 거짓말, 사견은 첫 번째 지혜로 버린다. 중상모략, 욕설, 악의는 세 번째 지혜로 버린다. 잡담과 탐욕은 네 번째 지혜로 버린다.

76. ⑱ **해로운 마음의 일어남:** 사견과 관련된 네 가지 마음과 의심과 관련된 마음, 이 다섯은 첫 번째 지혜로 버린다. 적의와 관련된 두 가지 마음은 세 번째 지혜로 버린다. 나머지는 네 번째 지혜로 버린다.

77. 그러므로 이런 [법을] 이런 [지혜]로 버려야 한다. 그러므로 앞에서 설했다. '이와 같이 이들 [네 가지 도의 지혜는] 이러한 족쇄 등의 법들을 적절하게 버린다'라고.(§64)

78. **[(5) 그들을 버림]:** 그러면 이런 지혜들은 이런 법들이 과거나 미래에 있을 때 버리는가? 아니면 현재에 있을 때 버리는가? 어떻게 되는가? 그 법들이 과거나 미래에 있을 때 [버린다고 하면] 정진은 결과를 가져오지 못할 것이다. 무슨 이유인가? 버려야할 것이 존재하지 않기 때문이다. 만약 그들이 현재에 있을 때 버린다고 하면 이 또한 결과를 가져오지 못할 것이다. 노력과 더불어 동시에 버려야할 법들이 존재하기 때문이다. 그러므로 도를 닦는 것 자체

가 오염을 가진 것이거나 오염원들이 마음으로부터 분리된 것이 되고 말 것이다. 그러나 마음으로부터 분리된 현재의 오염원이란 것은 없다.

79. 이것은 특별한 논의가 아니다. 성전에서 이미 [이와 같이 거량을] 하셨기 때문이다. 『무애해도』에서 "그가 이 오염원들을 버릴 때 과거의 오염원들을 버리는가, 미래의 오염원들을 버리는가, 아니면 현재의 오염원들을 버리는가?"라고 질문을 제기하신다. "만약에 과거의 오염원들을 버린다면, 이미 파괴한 것을 파괴하고, 이미 멸한 것을 멸하게 하고, 사라진 것을 사라지게 하고, 가라앉은 것을 가라앉게 한다. 그는 존재하지 않는 과거의 것을 버린다."라고 이의를 제기하시고, "그는 과거의 오염원들을 버리지 않는다. (Ps.ii.217)"라고 그것을 거부하신다.

다시 "만약 그가 미래의 오염원들을 버린다면 그는 생기지 않은 것을 버리고, 발생하지 않은 것을 버리고, 일어나지 않은 것을 버리고, 나타나지 않은 것을 버린다. 존재하지 않는 미래의 것을 버린다."라고 이의를 제기하시고는 "그는 미래의 오염원들을 버리지 않는다."라고 그것을 거부하신다.

다시 "만약에 그가 현재의 오염원들을 버린다면 그는 탐욕을 가진 채로 탐욕을 버리고, 성을 내면서 성냄을 버리고, 어리석은 채 어리석음을 버리고, [자만의] 속박에 채인 상태에서 자만을 버리고, 잘못 생각하면서 견해를 버리고, 고질적인 습관을 가진 채 잠재성향을 버리고, 어둡고 밝은 법들이 쌍으로 일어나고, 도를 닦는 것 자체가 오염된 것이 된다.(Ps.ii.217-18)"라고 이의를 제기하신 후, "그는 과거의 오염원들을 버리지 않고, 미래의 오염원들을 버리지 않고, 현재의 오염원들을 버리지 않는다."라고 모든 것을 거부하신다.

다시 "도를 닦음도 없고, 과를 깨달음도 없고, 오염원들을 버림도 없고, 법의 관통도 없는가?"라는 질문의 끝에 "도를 닦음이 없지 않고 … 법의 관통이 있다"라고 정리하신다. "마치 어떤 것과 같은가?"라고 질문을 제기하시고는 이와 같이 설하셨다.

"예를 들면, 아직 열매가 열리지 않은 어린 나무가 있다고 치자. 어떤 사람이 그 나무의 뿌리를 잘라버리면 그 나무에 아직 열리지 않은 열매들은 열리지 않은 채로 열리지 않고, 생기지 않은 채로 생기지 않고, 일어나지 않은 채로 일어나지 않고, 나타나지 않은 채로 나타나지 않을 것이다.

이와 같이 일어남이 오염원들이 생길 원인이고, 일어남이 오염원들이 생길 조건이다. 일어남에 위험을 보고는 마음이 일어나지 않음을 향해 들어간다. 마음이 일어나지 않음으로 들어가기 때문에 일어남을 조건으로 생길 오염원들이 생기지 않은 채 생기지 않는다. … 나타나지 않은 채 나타나지 않는다.

이와 같이 원인이 소멸하기 때문에 괴로움이 소멸한다. 진행이 원인이고 … 표상이 원인이고 … 쌓음이 원인이고 … 쌓음이 없음으로 마음이 들어가기 때문에 쌓음을 조건으로 생길 오염원들이 생기지 않은 채 … 나타나지 않은 채 나타나지 않는다. 이와 같이 원인이 소멸하기 때문에 괴로움이 소멸한다. 이와 같이 도를 닦음이 있고, 과를 깨달음이 있고, 오염원들을 버림이 있고, 법의 관통이 있다.(Ps.ii.218)"

80. 이것은 무엇을 밝혔는가? 토양을 얻은 오염원들의 버림을 밝혔다. 토양을 얻은 오염원들은 과거의 것인가, 미래의 것인가 아

니면 현재의 것인가? 그들은 단지 토양을 얻어 일어난 것일 뿐이다.

81. **일어남**(*uppannaṁ*)이란 ① 현재 일어나고 있는 [일어남] ② 있었다가 사라진 [일어남] ③ 기회에 의해서 주어진 [일어남] ④ 토양을 얻음에 의한 [일어남]으로 여러 분류가 있다.

여기서 ① 일어남과 쇠퇴와 무너짐[의 세 순간]을 가지고 있다고 일컫는 모든 것을 **현재 일어나고 있는 일어남**이라 한다.

② 대상의 맛을 경험하고는 사라진 '경험하고서 사라졌다'고 일컫는 유익한 과보와 해로운 [과보], 또한 일어남 등의 세 순간에 이른 뒤 소멸한 '있었다가 사라졌다'라고 일컫는 나머지 형성된 것들을 **있었다가 사라진 일어남**이라 한다.

③ "그가 이전에 지었던 업들(*Cf.* M.iii.164; 171)"이라는 방법으로 업을 설하셨다. 비록 그 업이 과거의 것이라 하더라도 업은 다른 과보를 누르고 자기의 과보를 가져올 기회를 만들며 머물기 때문에, 그리고 그와 같은 기회를 가진 과보가 아직 일어나지 않았다 하더라도 기회가 만들어지면 반드시 일어나기 때문에 **기회에 의해서 주어진 일어남**이라 한다.

④ 각각의 토양들에서 뿌리 뽑히지 않은 해로운 [업]을 **토양을 얻음에 의한 일어남**이라 한다.

82. 여기서 토양과 토양을 얻음의 차이점을 알아야 한다. 토양이란 위빳사나의 대상으로서 삼계에 속하는 다섯 가지 무더기(五蘊)들이다. 토양을 얻음이란 그 무더기들에서 일어날만한 오염원이다. 그러므로 오염원이 토양을 얻었기 때문에 토양을 얻음(*bhūmiladdha*)이라 한다. 이것은 대상으로서 말한 것이 아니다.

83. 왜냐하면 대상의 [측면에서 보면] 오염원은 모든 과거와 미래의 무더기들과 번뇌 다한 자들의 통달지를 갖춘 무더기들을 대상으로 하여 일어나기 때문이다. 마치 마하깟짜나 존자의 무더기들을 대상으로 소레야(Soreyya) 장자에게 일어난 오염원과(DhpA.i.325) 우빨라완나(Uppalavaṇṇa) 존자의 무더기들을 대상으로 난다(Nanda) 바라문 학도에게 일어난 오염원처럼.(DhpA.ii.49)
만약 그것을 토양을 얻음에 의한 일어남이라 한다면 어느 누구도 존재의 뿌리를 버리지 못할 것이다. 왜냐하면 그것은 버릴 수 없는 것이기 때문이다. [오염원이 생길] 토대로서 토양을 얻음을 알아야 한다. 위빳사나를 통해 통달지를 가지지 않은 어떤 무더기들이 일어날 때 그들이 일어나기 시작한 때부터 그 속에 윤회의 뿌리인 오염원들이 잠재한다. 그것이 버려지지 않았다는 뜻에서 토양을 얻음이라 한다고 알아야 한다.

84. 어떤 사람의 무더기들에 오염원들이 버려지지 않았다는 뜻에서 잠재해있을 때 오직 그 사람의 무더기들이 그 오염원들의 토대가 된다. 다른 사람의 무더기들이 아니다. 과거의 무더기들에 잠재해있고 버려지지 않은 오염원들의 토대는 오직 과거의 무더기들이다. 다른 것이 [토대가 되는 것이] 아니다. 이 방법은 미래 등에도 적용된다. 그와 마찬가지로 욕계의 무더기들에 잠재해있고 버려지지 않은 오염원들의 토대는 오직 욕계의 무더기들이다. 다른 것이 [토대가 되는 것이] 아니다. 이 방법은 색계, 무색계에도 적용된다.

85. 예류자 등 성인의 무더기들에서 윤회의 뿌리인 오염원들이 각각의 도로 버려졌을 때 그 성인의 무더기들은 그 오염원들의 토

양이라 이름하지 않는다. 그 무더기들은 이미 버린 윤회의 뿌리인 오염원들의 토대가 아니기 때문이다. 범부의 경우 윤회의 뿌리가 되는 오염원들을 모두 다 버리지 않았기 때문에 무슨 업이든 그가 행하는 것은 유익한 업이거나 해로운 업이 된다. 그러므로 그에게 업과 오염원들을 조건으로 윤회가 계속된다.

86. '그 범부의 윤회의 뿌리인 오염원들이 물질의 무더기에만 있고 느낌 등의 무더기에는 없다거나 … 혹은 오직 알음알이의 무더기에만 있고 물질의 무더기 등에는 없다'라고 말할 수 없다. 왜 그런가? 구별 없이 다섯 가지 무더기들에 [모두] 잠재해있기 때문이다. 어떻게? 마치 땅의 영양소 등이 나무의 [전체에 퍼져있듯이].

87. 예를 들면, 큰 나무가 땅 표면에서 커서 땅의 영양소와 물의 영양소를 의지하여 그것을 조건으로 뿌리와 줄기와 큰 가지와 작은 가지와 싹과 잎과 꽃과 열매가 가득하여 하늘을 덮을 때까지 겁이 다하도록 씨앗의 상속으로 나무의 계보를 이어가며 자랄 때 땅의 영양소 등이 오직 뿌리에만 있고 줄기 등에는 없다거나 … 혹은 오직 열매에만 있고 뿌리 등에는 없다고 말할 수 없는 것과 같다. 왜 그런가? 구별 없이 뿌리 등 모든 곳에 퍼져있기 때문이다.

88. 그러나 어떤 사람이 그 나무의 꽃, 열매 등을 역겨워하여 '만두끼 가시'라고 부르는 독 있는 가시로 그 나무의 사방을 찌른다면 그 나무는 독이 번져 땅의 영양소와 물의 영양소가 공급되지 않기 때문에 더 이상 번성하지 못하게 되어 상속을 이어가지 못할 것이다.

이와 같이 수행자도 무더기들의 일어남을 역겨워하여 그 사람이 그 나무의 사방에 독을 바르는 것처럼 자기의 상속에 네 가지 도를 닦기 시작한다. 그러면 그의 무더기의 상속은 네 가지 도의 독에 닿아 윤회의 뿌리인 오염원들이 모두 근절된다. 그러므로 몸의 업 등 모든 종류의 업은 단지 작용만 하는 상태가 되어 미래에 재생을 생산하지 못하게 되어 다음 생의 상속을 생기게 할 수 없을 것이다. 마지막 알음알이의 소멸과 함께 마치 연료가 다한 불처럼 집착 없이 완전한 열반에 들 것이다.

이와 같이 토양과 토양을 얻음의 차이를 알아야 한다.

89. 다시 ⑤ 현재 생기고 있는 [일어남] ⑥ 대상을 잡았기 때문에 [일어남] ⑦ 억압하지 못함을 통한 [일어남] ⑧ 근절하지 못함을 통한 [일어남]의 네 가지 일어남이 더 있다.

여기서 ⑤ 현재 일어나고 있는 [일어남]이 **현재 생기고 있는 일어남**이다.

⑥ 눈 등의 영역에 대상이 나타나기 이전에는 오염원이 일어나지 않지만 대상을 잡음으로써 나중에 틀림없이 일어나기 때문에 **대상을 잡았기 때문에 일어남**이라 한다. 마치 깔랴나(Kalyāṇa) 마을에서 걸식을 행하던 마하띳사(Mahā-Tissa) 장로가 이성을 봄으로써 일어난 오염원처럼.(MA.i.66와 A.i.4에 대한 AA참조)

⑦ 사마타와 위빳사나 가운데서 어느 것으로도 억압되지 않은 오염원은 그것이 비록 마음의 상속에 들어오지 않았더라도 **억압하지 못함을 통한 일어남**이라 한다. 왜냐하면 [조건이 갖추어질 때 그 오염원의] 일어남을 막을 원인이 없기 때문이다.

⑧ 비록 사마타와 위빳사나로 억압되었더라도 성스러운 도로 근절되지 않았으므로 [오염원이] 일어날 가능성을 초월하지 못했기

때문에 **근절하지 못함을 통한 일어남**이라 한다. 마치 여덟 가지 증득을 얻은 장로가 허공을 날다가 꽃이 만발한 동산에서 꽃을 따며 아름다운 목소리로 노래를 부르던 여인의 노래 소리를 들음으로써 일어난 오염원처럼.

90. 대상을 잡았기 때문에 일어남과 억압하지 못함을 통한 일어남과 근절하지 못함을 통한 일어남, 이 셋은 토양을 얻음에 의한 일어남에 포함된다고 알아야 한다.

91. 이와 같이 일어남의 분류를 설했다. 이 가운데서 ① 현재 일어나고 있는 [일어남] ② 있었다가 사라진 [일어남] ③ 기회에 의해서 주어진 [일어남] ⑤ 현재 생기고 있는 [일어남], 이 넷은 도로 버릴 수 없기 때문에 [네 가지 지혜 가운데] 어느 지혜로도 버릴 수 없다.

그러나 ④ 토양을 얻음에 의한 [일어남] ⑥ 대상을 잡았기 때문에 [일어남] ⑦ 억압하지 못함을 통한 [일어남] ⑧ 근절하지 못함을 통한 [일어남], 이 넷은 모두 버릴 수 있다. 왜냐하면 [네 가지 도의] 세간적인 지혜와 출세간적인 지혜는 [이런 네 가지 일어남의] 일어난 상태를 소멸시키면서 일어나기 때문이다.

이와 같이 여기서 지혜로 버려야 할 법들과 그들의 버림을 알아야 한다.

(6) 통달지 등 네 가지의 역할

pariññādikicca

92. ⑥ [사성제를] 관통할 때 설한 통달지 등의 역할들을
⑦ 각각의 고유성질에 따라 알아야 한다.(§32)

한 순간에 네 가지 역할을 동시에 한다.

[위 게송은] 진리를 관통할 때 이 네 가지 지혜의 각각은 한 순간에 통달지(*pariññā*), 버림(*pahāna*), 실현(*sacchikiriya*), 닦음(*bhāvana*)이라는 통달지 등의 네 가지 역할을 한다고 설한 것이다. 그리고 이들을 고유성질에 따라 알아야 한다고 설한 것이다. 옛 스승들이 이와 같이 설하셨기 때문이다.

"마치 등불이 앞도 아니고 뒤도 아닌 한 순간에 심지를 태우고, 어둠을 사라지게 하고, 빛을 발하고, 기름을 소모하는 네 가지 역할을 하는 것처럼, 도의 지혜도 앞도 아니고 뒤도 아닌 한 순간에 네 가지 진리들을 관통한다(*abhisameti*).

통달지를 관통하여 괴로움을 관통한다. 버림을 관통하여 일어남을 관통한다. 닦음을 관통하여 도를 관통한다. 실현을 관통하여 소멸을 관통한다. 무엇을 말했는가? 소멸을 대상으로 삼아 네 가지 진리들에 이르고, 보고, 통찰한다."

93. 이것도 역시 설하셨다. "비구들이여, 괴로움을 보는 자는 괴로움의 일어남도 본다. 괴로움의 소멸도 본다. 괴로움의 소멸로 인도하는 도닦음도 본다.(S.v.437)" 그러므로 나머지 세 가지 진리들도 이와 같이 알아야 한다. 다시 설하셨다. "도를 갖춘 자의 지혜는 괴로움에 대한 지혜이기도 하고, 괴로움의 일어남에 대한 지혜이기도 하고, 괴로움의 소멸에 대한 지혜이기도 하고, 괴로움의 소멸로 인도하는 도닦음의 지혜기도 하다.(Ps.i.119)"

94. 마치 등불이 심지를 태우듯이 도의 지혜는 괴로움을 철저하게 안다(*parijānāti*). 등불이 어둠을 사라지게 하듯이 도의 지혜는

일어남을 버린다. 마치 등불이 빛을 발하듯이 도의 지혜는 함께 생긴 조건(俱生緣) 등이 되어서 바른 사유 등의 법이라 일컫는 도를 닦는다. 마치 등불이 기름을 소모하듯이 도의 지혜는 오염원이 끝난 소멸을 실현한다. 이와 같이 비유의 적용을 알아야 한다.

95. 다른 방법이 있다. 예를 들면, 태양이 떠오를 때 그것의 나타남과 함께 동시에 네 가지 역할을 한다. 즉 그것은 볼 수 있는 형상을 드러내고, 어둠을 가시게 하고, 빛을 보게 하고, 추위를 가라앉게 한다. 이와 같이 도의 지혜도 … 실현을 관통하여 소멸을 관통한다. 태양이 볼 수 있는 형상을 드러내듯이 도의 지혜는 괴로움을 철저하게 안다. 태양이 어둠을 가시게 하듯이 도의 지혜는 일어남을 버린다. 태양이 빛을 보게 하듯이 도의 지혜는 함께 생긴 조건 등이 되어서 바른 사유 등의 법이라 불리는 도를 닦는다. 태양이 추위를 가라앉게 하듯이 도의 지혜는 오염원이 진정된 소멸을 실현한다. 이와 같이 비유의 적용을 알아야 한다.

96. 또 다른 방법이 있다. 예를 들면 배는 한 순간에 동시에 네 가지 역할을 한다. 즉 그것은 이쪽 기슭을 버리고, 흐름을 건너고, 물건을 실어나르고, 저쪽 기슭에 이른다. 이와 같이 도의 지혜도 … 실현을 관통하여 소멸을 관통한다. 여기서도 배가 이쪽 기슭을 버리듯이 도의 지혜는 괴로움을 철저하게 안다. 배가 흐름을 건너듯이 도의 지혜는 일어남을 버린다. 배가 물건을 실어나르듯이 도의 지혜는 함께 생긴 조건 등이 되어 [다른] 도를 닦는다. 배가 저쪽 기슭에 이르듯이 저쪽 기슭인 소멸을 실현한다. 이와 같이 비유의 적용을 알아야 한다.

97. 이와 같이 진리를 관통할 때에 한 순간에 네 가지 역할을 하면서 그의 지혜가 일어날 때 네 가지 진리들은 열여섯 가지 방법으로 진실하다는 뜻에서 하나의 통찰을 가진다. 이처럼 말씀하셨다.

"어떻게 진실하다는 뜻에서 네 가지 진리를 하나로 통찰하는가? 열여섯 가지 방법으로 진실하다는 뜻에서 네 가지 진리를 하나로 통찰한다.

괴로움의 괴롭힌다는 뜻, 형성되었다는 뜻, 불탄다는 뜻, 변한다는 뜻이 진실하다는 뜻이다.

일어남의 쌓는 뜻, 원인(*nidāna*)의 뜻, 속박의 뜻, 장애의 뜻이 진실하다는 뜻이다.

소멸의 벗어남의 뜻, 멀리 여읨의 뜻, 형성되지 않았다는 뜻, 불사의 뜻이 진실하다는 뜻이다.

도의 출구의 뜻, 원인(*hetu*)의 뜻, 견의 뜻, 우월의 뜻이 진실하다는 뜻이다.

이 열여섯 가지 방법으로 진실하다는 뜻에서 네 가지 진리는 하나에 포함된다. 하나에 포함된 것은 동일성(*ekatta*)이다. 그 동일한 성품을 하나의 지혜로 통찰한다. 그러므로 네 가지 진리를 하나로 통찰한다.(Ps.ii.107)"

98. 이렇게 말할지도 모른다. '괴로움 등은 질병, 종기 등의 다른 뜻도 가지는데 무슨 이유로 네 가지만 말씀하셨는가?'라고. 답변한다. 다른 진리들을 봄으로써 분명해지기 때문이다. "여기서 무엇이 괴로움에 대한 지혜인가? 괴로움에 대해서 일어난 통찰지, 꿰뚫어 앎(Ps.i.119)"등의 방법으로 각 진리들을 대상으로 하여 진리의 지

혜를 설하셨다. "비구들이여, 괴로움을 보는 자는 일어남도 본다.(S.v.437)"라는 등의 방법으로 하나의 진리를 대상으로 하여 나머지 [세 가지 진리들에] 대해서도 역시 그 역할을 완성하는 것으로 [진리에 대한 지혜를] 설하셨다.

99. 여기서 [지혜가] 각각의 진리를 대상으로 삼을 때 괴로움이 고유성질로는 비록 ① **괴롭히는** 특징을 가지지만 일어남을 봄으로써 그 괴로움의 ② **형성되었다는 뜻**이 분명해진다. 왜냐하면 괴로움은 쌓는 특징을 가진 일어남을 통해 쌓였고, 형성되었고, 덩어리로 만들어졌기 때문이다. 도는 오염원의 열을 녹이고, 아주 시원하기 때문에 도를 봄으로써 그것의 ③ **불타는 뜻**이 분명해진다. 마치 난타 장로가 천녀를 봄으로써 [부인인] 순다리가 예쁘지 않다는 사실이 분명해지듯이. 변하지 않는 법인 소멸을 봄으로써 ④ **변한다는 뜻**이 분명해진다. 이것은 더 이상 말할 필요가 없다.

100. 마찬가지로 일어남이 본성으로는 비록 ⑤ **쌓는** 특징을 가지지만 괴로움을 봄으로써 그 일어남의 ⑥ **원인의 뜻**이 분명해진다. 마치 부적절한 음식 때문에 병이 일어난 것을 봄으로써 그 음식이 병의 원인이라는 사실이 분명해지듯이. 속박이 없는 소멸을 봄으로써 ⑦ **속박의 뜻**이 분명해진다. 출구인 도를 봄으로써 ⑧ **장애의 뜻**이 분명해진다.

101. 마찬가지로 소멸이 비록 ⑨ **벗어나는** 특징을 가지지만 멀리 여의지 않은 일어남을 봄으로써 소멸의 ⑩ **멀리 여읨의 뜻**이 분명해진다. 도를 봄으로써 ⑪ **형성되지 않았다는 뜻**이 분명해진

다. 그 수행자는 비롯함이 없는 윤회에서 이전에 도를 본적이 없다. 그 도도 조건을 가졌기 때문에 형성된 것이다. 그러므로 조건을 갖지 않은 법의 형성되지 않은 상태가 더욱 분명해진다. 고를 봄으로써 ⑫ **불사의 뜻**이 분명해진다. 괴로움은 독이고 열반은 불사이다.

102. 마찬가지로 도가 비록 ⑬ **출구**의 특징을 가지지만 일어남을 봄으로써 '이것은 열반을 증득할 원인이고, 이것은 아니다'라고 도의 ⑭ **원인의 뜻**이 분명해진다. 소멸을 봄으로써 ⑮ **견의 뜻**이 분명해진다. 마치 아주 미세한 물질을 보는 자가 '내 눈은 밝다'라고 눈의 밝은 상태가 분명해지듯이. 괴로움을 봄으로써 ⑯ **우월의 뜻**이 분명해진다. 마치 여러 가지 병고로 고통 받는 비참한 자들을 봄으로써 저명인사들의 고상함이 [드러나]듯이.

103. 이와 같이 네 가지 진리 가운데서 자기의 특징에 따라 한 가지 뜻이 분명해지고, 다른 진리들을 봄으로써 나머지 세 가지 뜻이 분명해지기 때문에 각 진리마다 각각 네 가지 뜻을 설했다. 그러나 도의 순간에는 괴로움 등에 대해 동시에 네 가지 역할을 하는 하나의 지혜가 이 모든 뜻을 통찰한다. 그러나 어떤 자들은 각각 다르게 관통한다고 주장한다. 그들에 대한 대답은 논장의 『논사』(論事, Kathāvatthu)에서 설하셨다.(Kv.212-20)

(7) 통달지 등의 구분
pariññādippabheda

104. 통달지 등의 네 가지 역할을 설했다. 이제 그 가운데서 다음과 같이 판별을 알아야 한다.

① 통달지는 세 가지이고 ② 버림과 ③ 실현도 그러하다
④ 수행은 두 가지로 요구된다.

105. ① 통달지는 세 가지이다: ㉠ 안 것의 통달지(*ñātapariññā*) ㉡ 조사의 통달지(*tīraṇapariññā*) ㉢ 버림의 통달지(*pahānapariññā*) — 이 세 가지 통달지가 있다.(XX. §3)

106. ㉠ 여기서 "초월지라는 통찰지는 알았다는 뜻에서 지혜이다"라고 개괄한 뒤 "어떤 법들이든 완전히 안 것이 알아진 것이다.(Ps.i.87)"라고 간략하게 설하셨다. 그리고 "비구들이여, 모든 것을 완전히 알아야 한다. 비구들이여, 무엇이 완전히 알아야 할 모든 것인가? 비구들이여, 눈을 완전히 알아야 한다. …(Ps.i.5)"라는 등의 방법으로 상세하게 안 것의 통달지를 설하셨다. 조건과 더불어 정신·물질을 완전히 아는 것이 이것의 특별한 영역이다.

107. ㉡ "통달지라는 통찰지는 조사한다는 뜻에서 지혜이다"라고 개괄한 뒤 "어떤 법들이든 철저하게 안 것이 조사된 것이다.(Ps.i.87)"라고 간략하게 설하셨다. 그리고 "비구들이여, 모든 것을 철저하게 알아야 한다. 비구들이여, 무엇이 철저하게 알아야 할 모든 것인가? 비구들이여, 눈을 철저하게 알아야 한다. …(Ps.i.22)"라는 등의 방법으로 상세하게 조사의 통달지를 설하셨다. 깔라빠를 명상하는 것부터 시작하여 무상, 고, 무아라고 조사함으로써 일어나는 '수순하는 지혜'까지가 이것의 특별한 영역이다.

108. ㉢ "버림이라는 통찰지는 버린다는 뜻에서 지혜이다"라고 개괄한 뒤 "어떤 법들이든 버린 것이 버려진 것이다(Ps.i.87)"라고 상

세하게 설하셨다. 그리고 "무상을 관찰함으로써 영원하다는 인식을 버린다.(Cf. Ps.i.58)"는 등의 방법으로 일어나기 때문에 버림의 통달지라 한다. 무너짐을 관찰하는 것부터 시작하여 도의 지혜까지가 이것의 영역이고, 이 [마지막 통달지가] 여기서 뜻하는 것이다.

109. 혹은 안 것의 통달지와 조사의 통달지도 오직 이것을 위한 것이다.[255] 어떤 법들이든 버려진 법들은 반드시 알아진 것이고 조사된 것이기 때문에, 세 가지 통달지 모두 이러한 방법으로 도의 지혜의 역할을 한다고 알아야 한다.

110. **② 마찬가지로 버림도:** 버림도 ㉠ 억압에 의한 버림 ㉡ 반대되는 것으로 대체하여 버림 ㉢ 근절에 의한 버림으로, 이와 같이 통달지처럼 세 가지이다.

111. ㉠ 마치 수초가 덮여 있는 물 위에 항아리를 던지면 그 항아리에 의해 수초가 억눌리는 것처럼 각각의 세간적인 삼매에 의해서 장애(蓋) 등 반대되는 법들이 억압되는 것이 **억압에 의한 버림**이다.

그러나 성전에서는 "초선을 닦는 자에게 장애는 억압으로써 버려진다.(Ps.i.27)"라고 오직 장애가 억압되었다고 설하셨다. 그것은 [그때 억압이] 분명하기 때문에 설하셨다고 알아야 한다. 왜냐하면 장애는 禪의 전과 후에 갑자기 마음을 덮치지 않는다. 일으킨 생각(尋) 등은 본삼매(여기서는 제2선 등)의 순간에만 억압된다. 그러므로 그때

255) "여기서 '이것'이란 '버림의 통달지'이다. 혹은 '버림'이다. 혹은 '도'다. 안 것의 통달지와 조사의 통달지는 도를 얻기 위하여 일어났고 반드시 알아졌고 조사되었다. 알아진 것과 조사된 것이 없이는 버림도 없다. 버림이 성취되는 것은 알아진 것과 조사된 것이 성취되기 때문이다.(Pm.847)"

장애들의 억압은 분명하다.

112. ㉡ 마치 밤에 켜놓은 등불에 의해 어둠이 사라지는 것처럼 위빳사나의 한 부분인 지혜의 구성요소로 그와 반대되는 버려야할 법들을 버림이 **반대되는 것으로 대체하여 버림**이다. 즉,

① 정신과 물질을 분석함으로써 유신견을 버린다.

② 조건을 파악함으로써 원인이 없다는 견해(無因論)와 [신이나 창조주 등] 거짓 원인을 주장하는 견해와 의심의 때를 버린다.

③ 깔라빠를 명상함으로써 '나'라거나 '내 것'이라는 적집에 대한 집착을 버린다.

④ 도와 도 아님을 구분함으로써 도 아닌 것에 대해 도라는 인식을 버린다.

⑤ 일어남을 봄으로써 허무하다는 견해를 버린다.

⑥ 사라짐을 봄으로써 영원하다는 견해를 버린다.

⑦ 공포가 나타남으로써 두려움을 가진 것에 두려움이 없다는 인식을 버린다.

⑧ 위험을 봄으로써 안락하다는 견해를 버린다.

⑨ 역겨움을 관찰함으로써 기뻐하는 인식을 버린다.

⑩ 해탈하기를 원함으로써 해탈을 원치 않는 상태를 버린다.

⑪ 깊이 숙고함으로써 깊이 숙고하지 않음을 버린다.

⑫ 평온으로 평온하지 않음을 버린다.

⑬ 수순으로 진리에 어긋나는 이해(*gāha*)를 버린다.

113. 혹은 열여덟 가지 중요한 위빳사나(*mahāvipassanā*)의 경우 반대되는 것으로 대체하여 버림은 다음과 같다.

① 무상을 관찰하여 영원하다는 인식을 버린다.

② 괴로움을 관찰하여 행복하다는 인식을 버린다.

③ 무아를 관찰하여 자아라는 인식을 버린다.

④ 역겨움을 관찰하여 즐거움을 버린다.

⑤ 탐욕의 빛바램을 관찰하여 탐욕을 버린다.

⑥ 소멸을 관찰하여 일어남을 버린다.

⑦ 놓아버림을 관찰하여 가짐을 버린다.

⑧ 부서짐을 관찰하여 견고하다는 인식을 버린다.

⑨ 사라짐을 관찰하여 쌓음을 버린다.

⑩ 변함을 관찰하여 항상하다는 인식을 버린다.

⑪ 표상 없음을 관찰하여 표상을 버린다.

⑫ 원함 없음을 관찰하여 원함을 버린다.

⑬ 공함을 관찰하여 고집(독단적인 신조)을 버린다.

⑭ 수승한 통찰지의 법을 위빳사나하여 실재가 있다는 고집을 버린다.

⑮ 여실지견을 통해 미혹으로 인한 고집을 버린다.

⑯ 위험을 관찰하여 [상카라들에] 집착하는 고집을 버린다.

⑰ 깊이 숙고하여 관찰함으로써 깊이 숙고하지 않음을 버린다.

⑱ 물러섬을 관찰하여 족쇄의 고집을 버린다.(*Cf.* Ps.i.47)

114. ①-⑦ **무상 등 일곱 가지 관찰로** 영원하다는 등의 인식을 버리는 것은 무너짐의 관찰에서 이미 설했다.(XXI. §15이하)

⑧ 부서짐의 관찰은 견고하다는 인식을 분해하여 부서진다는 뜻에서 무상하다고 보는 자의 지혜다. 이것으로 견고하다는 인식을 버린다.

115. ⑨ **사라짐의 관찰**은 다음과 같이 설하셨다.

"[현재의] 대상을 의지하여
[과거와 미래] 둘 모두 동일하다고 결정하고
소멸에 대해 확고함
이것이 사라짐을 특징으로 하는 위빳사나이다.(Ps.i.58)"

이것은 직접적인 경험과 추론으로 [삼세의] 상카라들이 무너짐을 본 뒤 그 무너짐이라 불리는 소멸에 대해 열중하는 것이다. 이것을 통해서 쌓음을 버린다. '내가 노력하여 쌓은 그 [법들은] 모두 이와 같이 사그라지기 마련인 법이다'라고 볼 때 그의 마음은 쌓음으로 기울지 않는다.

116. ⑩ **변함의 관찰**은 물질에 대한 일곱 가지 방법 등을 통해서 각각 한정한 것을 벗어나 다른 형태로 일어나는 것을 보는 것이다. 혹은 일어난 것이 늙고 죽는 두 가지 형태를 통하여 변하는 것을 보는 것이다. 이것으로 항상하다는 인식을 버린다.

117. ⑪ **표상 없음의 관찰**은 바로 무상의 관찰이다. 이것으로 영원하다는 표상을 버린다.

⑫ **원함 없음의 관찰**은 바로 괴로움의 관찰이다. 이것으로 행복을 원함과 행복을 갈망함을 버린다.

⑬ **공함의 관찰**은 바로 무아의 관찰이다. 이것으로 '자아가 있다'라는 고집을 버린다.

118. **⑭ 수승한 통찰지의 법에 대한 위빳사나**에 대해서는 이와 같이 설하셨다.

> "대상을 깊이 숙고하여 무너짐을 관찰한다.
> 공으로 나타남이 수승한 통찰지의 위빳사나이다.(Ps.i.58)"

물질 등의 대상을 알고서 그 대상과 그것을 대상으로 가진 마음, [이 둘 모두 다] 무너짐을 보고 '오직 상카라들이 무너지고, 상카라들이 죽을 뿐 다시 어떤 물건도 없다'라고 무너짐을 통해서 공한 성품을 이해하여 일어난 위빳사나가 [수승한 통찰지의 법에 대한 관찰이다]. 이것은 수승한 통찰지이고 또한 법들에 대한 위빳사나이기 때문에 수승한 통찰지의 법에 대한 위빳사나라 부른다. 이것으로 항상한 실재가 없음과 자아라는 실재가 없음을 잘 보았기 때문에 실재가 있다는 고집을 버린다.

119. **⑮ 여실지견**이란 조건과 함께 정신·물질을 파악하는 것이다. 이것을 통해 "나는 과거에 있었는가?(M.i.8)"라는 등의 방법으로 일어난 미혹 때문에 생긴 고집을 버리고, '세상은 자재천으로부터 생겼다'는 등으로 일어난 미혹 때문에 생긴 고집을 버린다.

120. **⑯ 위험의 관찰**은 공포로 나타남을 통해, 일어난 모든 존재 등에서 위험을 보는 지혜다. 이것으로 어떤 [상카라도] 집착할만한 것이라고 보지 않기 때문에 [상카라들을] 집착함으로써 생긴 고집을 버린다.

⑰ 깊이 숙고함의 관찰은 해탈하는 방편을 깊이 숙고하는 지혜

다. 이것으로 깊이 숙고하지 않음을 버린다.

121. ⑱ **물러섬의 관찰**은 상카라들에 대한 평온과 수순이다. 그 때 그의 마음은 약간 경사진 연잎 위의 물방울처럼 모든 상카라들의 범주로부터 물러나고, 움츠리고, 되돌아온다고 설했다.(XXI. §63) 그러므로 이것으로 족쇄에 대한 고집을 버린다. 감각적 욕망의 족쇄 등 오염원에 대한 고집을 버리는 것을 뜻한다. 오염원에 대한 고집이란 오염원이 일어나는 것이다.[256]

이와 같이 상세하게 반대되는 것으로 대체하여 버림을 알아야 한다. 그러나 성전에서는 "꿰뚫음(*nibbedha*, 위빳사나)이 함께하는 삼매를 개발하는 자에게는 반대되는 것으로 대체하여 버림을 통한 견해의 버림이 있다.(Ps.i.27)"라고 간략하게 설하셨다.

122. ㉢ 마치 벼락 맞은 나무가 다시 살아나지 못하는 것처럼 성스러운 도의 지혜로 족쇄 등의 법을 다시 일어나지 못하도록 버림이 **근절에 의한 버림**이다.(§110) 이것을 두고 이와 같이 설하셨다. "부서짐으로 인도하는 출세간의 도를 닦는 자에게 근절에 의한 버림이 있다.(Ps.i.27)"

---

256) 본문을 다시 정리해보면 물러섬에 대한 관찰로 족쇄에 대한 고집을 버린다고 말하고 있다. 그리고 다시 '족쇄에 대한 고집'이란 단어를 감각적 욕망에 대한 족쇄 등의 오염원에 대한 고집이라 풀이했고 오염원에 대한 고집이란 오염원이 일어나는 것을 뜻한다고 했다. 그러므로 족쇄에 대한 고집을 버림이란 오염원이 일어나는 것을 버린다는 뜻이다.
그러나 냐나몰리 스님은 '*abandoning of the occurrence of defilement that consists in misinterpreting defiled by the bondage of sense desires, and so on*'이라고 영역하여 뜻이 분명하게 드러나지 않는다.

123. 이와 같이 세 가지 버림 가운데서 오직 근절에 의한 버림만이 여기서 뜻하는 것이다. 혹은 수행자가 이전에 억압에 의한 버림과 반대되는 것으로 대체하여 버림도 오직 이것을 위한 것이므로 세 가지 버림 모두 도의 지혜의 역할을 한다고 알아도 된다. 왜냐하면 어떤 자가 반대편의 왕들을 죽이고 왕위에 올랐을 때 그가 왕이 되기 전에 행한 것에 대해서도 '이 모든 것은 왕이 한 것이다'라고 말하기 때문이다.

124. **③ 실현도 그러하다**(§104): ㉠ 세간적인 실현과 ㉡ 출세간적인 실현의 두 가지로 분류되지만 출세간적인 실현은 견(見, *dassana*)과 수행(*bhāvana*)으로 분류되기 때문에 세 가지이다.

125. ㉠ 여기서 "나는 초선을 얻었고, 초선에 대해 자유자재하고, 초선을 실현하였다.(Vin.iii.93-94)"라는 등의 방법으로 전승되어 오는 초선 등을 체득(*phassana*)하는 것이 **세간적인 실현**이다. 체득이란 얻은 뒤 '내가 이것을 얻었다'고 하는 실제적인 체험인데 지혜의 접촉과 맞닿는 것이다. 이 뜻에 대해서 "실현의 통찰지는 체득한다는 뜻에서 지혜이다"라고 개괄한 뒤 "실현한 법들은 그 무엇이든 체득한 법들이다(Ps.i.87)"라고 실현에 대해 설하셨기 때문이다.

126. 비록 [禪과 道와 果처럼] 자기의 상속에 일어나지 않더라도 남에게 의지하지 않고 [자기 스스로 얻은] 지혜로[257] 알아진 법

---

257) "禪과 도와 과처럼 자기의 상속에서 증득한 법들은 아니지만 실현을 가로막는 어리석음을 없애버림으로써 일어난 지혜가 '남에게 의존하지 않고 자기 스스로 얻은 지혜'다.(Pm.852)"

들도 실현한 것이라 한다. 그래서 "비구들이여, 모든 것을 실현해야 한다. 비구들이여, 무엇이 실현해야 할 그 모든 것들인가? 비구들이여, 눈을 실현해야 한다.(Ps.i.35)"라는 등으로 설하셨다. 다시 설하셨다. "물질을 보면서 실현한다. 느낌을 … 알음알이를 보면서 실현한다. 눈을 … 늙음·죽음을 … 불사에 들어가는 열반을 보면서 실현한다. 실현한 법들은 그 무엇이든 체득한 법들이다.(Ps.i. 35)"

127. ㉡ 첫 번째 도의 순간에 열반을 보는 것이 **봄의 실현**이다. 나머지 도의 순간에 [열반을 보는 것이] **수행의 실현**이다. 두 가지 모두 여기서 뜻하는 것이다. 그러므로 봄과 수행을 통해서 열반을 실현하는 것이 이 지혜의 역할이라고 알아야 한다.

128. **④ 수행은 두 가지가 있다**(§104): 수행은 ㉠ 세간적인 수행과 ㉡ 출세간적인 수행의 오직 두 가지가 알려져 있다.

㉠ 세간적인 계·정·혜를 일으킴과 그 [계·정·혜]를 통하여 상속을 훈습(*vāsanā*)하는 것이 **세간적인 수행**이다.

㉡ 출세간적인 계·정·혜를 일으킴과 그들을 통하여 상속을 훈습하는 것이 **출세간적인 수행**이다.

이 가운데서 오직 출세간적인 수행이 여기서 뜻하는 것이다. 이 네 가지 지혜 모두 출세간적인 계 등을 일으키고, 그 출세간적인 계 등에게 함께 생긴 조건 등의 조건이 되기 때문에 그 [출세간적인 계 등]을 통하여 [성자는] 자기의 상속을 훈습한다. 그러므로 출세간적

나나몰리 스님은 원문의 '*aparapaccayena ñāṇena*(남에게 의지하지 않고 [자기 스스로 얻은] 지혜로)'를 '*through knowledge that depends on another*'라고 반대의 뜻으로 옮겼다.

인 수행만이 이 [도의 지혜]의 역할이다. 이와 같이,

> [사성제를] 관통할 때 설한 통달지 등의 역할들을
> 각각의 고유성질에 따라 알아야 한다.(§32)

129. 이렇게 하여,

> "통찰지를 갖춘 사람은 계에 굳건히 머물러서
> 마음과 통찰지를 닦는다
> 근면하고 슬기로운 비구는
> 이 엉킴을 푼다(S.i.13)"(I. §1)

라고 원형 그대로 [성전에서] 전승되어온 통찰지수행법을 보이기 위하여 앞에서 설한 '뿌리가 되는 두 가지 청정을 성취하고, 몸통이 되는 다섯 가지 청정들을 성취함으로써 통찰지를 닦아야 한다.(XIV. §32)'라는 그 구절을 상세하게 설명했다. 이제 'V 어떻게 닦아야 하는가?'(XIV. §1)라는 그 질문은 대답이 되었다.

어진 이를 기쁘게 하기 위해 지은 청정도론의
통찰지수행의 표제에서
지와 견에 의한 청정에 관한 해설이라 불리는
제22장이 끝났다.

제23장

paññābhāvanānisaṁsaniddeso

통찰지수행의 이익

제23장 통찰지수행의 이익

paññābhāvanānisaṁsaniddeso

1. 여기서는 앞서 설한 **VI 통찰지를 닦으면 무슨 이익이 있는가?**(XIV. §1)라는 것에 대해 설명하겠다. 이 통찰지수행은 수백 가지의 이익이 있다. 아무리 긴 시간을 할애하더라도 그 이익을 상세하게 밝히기는 쉽지 않다. 간략하게 다음과 같이 그 이익을 알아야 한다.

① 여러 가지 오염원들을 없앰
② 성스러운 과의 맛을 체험함
③ 멸진정에 들 수 있음
④ 공양 받을만한 자가 됨 등을 성취한다.

1. 여러 가지 오염원들을 없앰

nānākilesaviddhaṁsanakathā

2. 여기서 정신과 물질을 한정할 때부터 유신견 등의 여러 가

지 오염원들을 없애는 것은 세간적인 통찰지수행의 이익이고, 성스러운 도의 순간에 족쇄 등 여러 가지 오염원들을 없애는 것은 출세간적인 통찰지수행의 이익이라고 알아야 한다.

무섭고 재빠르게 들이닥치는 벼락이 바위산을 부수듯
질풍으로 휘갈긴 불이 숲을 태우듯
광휘로운 원반을 가진 태양의 빛이 어둠을 없애듯
통찰지를 닦으면 오랜 세월 동안 괴롭혀왔고
모든 불행을 만드는 오염원의 그물을 파괴한다.
그러므로 바로 여기서 [이 수행의] 이익을 알아야 한다.

2. 성스러운 과의 맛을 체험함

phalasamāpattikathā

3. **성스러운 과의 맛을 체험함:** 오염원을 없애는 것뿐만 아니라 성스러운 과의 맛을 체험하는 것도 통찰지수행으로 얻는 이익이다. 성스러운 과란 예류과 등 사문의 과를 말한다. 이 맛을 두 가지로 체험한다. 즉 도의 인식과정과 과의 증득에서 생길 때 [체험한다.] 이 가운데서 도의 인식과정에서 성스러운 과가 생기는 것은 이미 설명했다.(XXII. §§15-17)

4. 더욱이 어떤 자들은 오직 족쇄를 끊어버림이 과일뿐[258] 다

258) "안다까(Andhaka, 지금 인도 안드라 쁘라데쉬(A.P.) 주 지역) 등의 파들이다. '도반이여, 아라한, 아라한이라고 말하는데 무엇이 아라한입니까? … 탐욕이 다하고 성냄이 다하고 어리석음이 다한 그것이 아라한입니다(S.iv.252).'라는 경전의 뜻을 다른 식으로 잘못 이해하여 절대적으로 '아

시 다른 것은 없다고 말한다. 그들을 납득시키기 위하여 이 경을 인용해야 한다.

"어떻게 [성스러운 도라는] 노력으로 [오염원들을] 가라앉힘에 대한 통찰지[259]가 과에 대한 지혜인가? 예류도의 순간에 본다는 뜻에서 바른 견해가 삿된 견해로부터 출현한다. 그것은 [삿된 견해를] 따라 일어나는 오염원들과 무더기들로부터 출현한다. 밖으로는 모든 표상으로부터 출현한다. 그것은 [성스러운 도라는] 노력으로 오염원들이 가라앉았기 때문에 일어난다. 이것이 도의 과이다.(Ps.i.71)"

이와 같이 상세하게 알아야 한다. 그리고 "네 가지 성스러운 도, 네 가지 사문의 과, 이들은 무량한 대상을 가진다.(Dhs. 239)"와 "[색계, 무색계의] 고귀한 법은 무량한 법에게 틈 없이 뒤따르는 조건으로 조건이 된다.(Ptn1.ii.227)"라는 구절도 여기서 이 뜻을 성취시킨다.

5. 과의 증득에서 성스러운 과가 생기는 것을 보이기 위해 다음 질문을 제기한다.

(1) 과의 증득이란 무엇인가?

(2) 누가 증득하는가?

(3) 누가 증득하지 못하는가?

(4) 왜 증득하는가?

라한이라고 부를 것은 아무것도 없다. 오직 오염원을 버린 것을 일상적으로 일컫는 것이다'라고 주장하면서 나머지 과도 부정한다.(Pm.857)"

259) "'[성스러운 도라는] 노력으로 [오염원들을] 가라앉힘에 대한 통찰지'로 옮긴 '*payoga-paṭippassaddhi-paññā*'의 '*payoga*(노력)'는 성스러운 도를 뜻하는데 이것은 원인을 나타낸다. 이 성스러운 도라는 노력을 통해 오염원들을 가라앉히는데 대한 통찰지라는 뜻이다.(Pm.857)"
그러나 냐나몰리 스님은 '*understanding of the tranquillizing of effort*'라고 영역하여 뜻이 왜곡되어버렸다.

(5) 어떻게 증득하는가?

(6) 어떻게 머무는가?

(7) 어떻게 출정하는가?

(8) 무엇이 과 다음에 생기는가?

(9) 과는 무엇 다음에 생기는가?

6. **(1) 과의 증득이란 무엇인가?** 성스러운 과가 소멸에 안지함(安止, *appanā*)260)이 과의 증득이다.

(2) 누가 증득하는가? (3) 누가 증득하지 못하는가? 범부들은 누구도 이것을 증득하지 못한다. 왜 그런가? 아직 성스러운 과를 얻지 못했기 때문이다. 그러나 성자들은 모두 이것을 증득한다. 왜 그런가? 성스러운 과를 얻었기 때문이다.

그러나 높은 도에 이른 자는 낮은 과를 증득하지 않는다. 다음 성자의 지위에 도달함으로써 [그 아래의 과는 이미] 가라앉았기 때문이다. 아래의 도에 이른 자는 높은 과를 증득하지 못한다. 아직 그것을 얻지 못했기 때문이다. 각자 자기의 과를 증득한다. 이것이 여기서 결정된 것이다.

7. 어떤 자들은 예류자와 일래자는 그것을 증득하지 못하고 오직 위의 두 성자만이 증득한다고 주장한다. '불환자와 아라한은 삼매를 완성한 자들이기 때문이다'라는 것이 그 이유이다. 그러나 범부들도 자기가 얻은 세간적인 삼매를 증득하기 때문에 그 이유는

---

260) '안지(安止)함'으로 옮긴 '*appanā*'는 다른 문맥에서는 '본삼매'로 의역한 술어이다. 다시 말하자면 소멸로 표현된 열반을 대상으로 본삼매에 안주함이 바로 과의 증득이라는 뜻이다. 문맥을 따라가다 보면 이 뜻이 확연하게 드러난다.

적절하지 않다. 사실 이유가 적절한지 아닌지를 고려할 필요도 없다. 성전에서 이렇게 말하고 있지 않는가?

"어떤 열 가지 고뜨라부의 경지들이 위빳사나를 통해 일어나는가? 예류도를 얻기 위하여 일어남과 진행을 … 절망을 [극복하기 때문에 고뜨라부의 경지이다.] 밖으로 상카라들의 표상을 극복하기 때문에 고뜨라부의 경지이다.

예류과의 증득을 위하여 일어남과 진행을 … 절망을 [극복하기 때문에 고뜨라부의 경지이다]. 밖으로 상카라들의 표상을 극복하기 때문에 고뜨라부의 경지이다.

일래도를 얻기 위하여 …

일래과의 증득을 위하여 …

불환도를 얻기 위하여 …

불환과의 증득을 위하여 …

아라한도를 얻기 위하여 …

아라한과의 증득을 위하여 …

공함에 머무는 증득을 위하여 …

표상 없음에 머무는 증득을 위하여 … 밖으로 상카라들의 표상을 극복하기 때문에 고뜨라부의 경지이다.(Ps.i.68)"

그러므로 '성자들은 모두 각자 자기의 과에 도달한다'고 여기서 결론지어야 한다.

8. **(4) 왜 증득하는가?** 지금 여기서 행복하게 머물기(*diṭṭha-dhamma-sukha-vihāra*) 위해서다. 마치 왕이 왕의 행복을 누리고 천신이 천상의 행복을 누리듯이 성자들도 '성스럽고 출세간적인 행복을 체험하리라'고 기간을 정하고는 언제든지 원하는 순간에 과의 증득

에 도달한다.

9. (5) 어떻게 증득하는가? (6) 어떻게 머무는가? (7) 어떻게 출정하는가?

[(5) 어떻게 증득하는가?]: 두 가지 이유 때문에 증득한다. 즉, 열반 이외에 다른 대상을 마음에 잡도리하지 않기 때문에, 그리고 열반을 마음에 잡도리하기 때문에 증득한다. 이처럼 말씀하셨다, "도반이여, 표상이 없는 마음의 해탈(心解脫)을 증득하는 데 두 가지 조건이 있습니다. 즉 일체의 표상을 마음에 잡도리하지 않음과 표상이 없는 요소(界)를 마음에 잡도리함입니다.(M.i.296)"

10. 이것이 증득하는 순서이다. 과의 증득을 원하는 성스러운 제자는 외진 곳에 혼자 머물러 상카라들을 일어나고 사라짐(生滅) 등으로 관찰해야 한다. 그의 위빳사나가 차례대로 진행될 때 상카라들을 대상으로 하는 고뜨라부의 지혜가 일어나고[261] 그 다음에 과의 증득으로[262] 마음이 소멸에 안지(安止)한다(*appeti*). 여기서 과의 증득으로 마음이 기울기 때문에 유학에게도 과는 일어나지만 [그보다 높은] 도는 일어나지 않는다.

11. 어떤 자들은 말한다.[263] '예류자가 과의 증득에 도달하리라고 위빳사나를 시작한 뒤 일래자가 되고, 일래자는 불환자가 된다.'

---

261) 도가 일어나기 직전의 종성(고뜨라부)의 지혜는 열반을 대상으로 가지지만 과를 증득하기 직전의 고뜨라부의 지혜는 상카라(行)들을 대상으로 가진다. 그래서 여기서 고뜨라부의 지혜가 상카라들을 대상으로 가진다고 했다.

262) 이 과의 증득에 대해서는 아래 §14에서 상세하게 설명된다.

263) "아마라뿌라에 있는 무외산사(Abhayagiri)파들이다.(Pm.863)"

라고. 그들에게 말해야 한다. '그렇다면 불환자는 아라한이 될 것이고, 아라한은 벽지불이 될 것이고, 벽지불은 부처님이 될 것이다. 그러나 이와 같이 될 수 없고 또 위에서 인용한 경전과도 어긋난다.' 그러므로 [이런 견해를] 수용해서는 안된다.

오직 다음과 같이 받아들여야 한다. 유학에게도 과는 일어나지만 도는 일어나지 않는다. 그 과의 경우 만약에 그가 초선에 속하는 도에 이르렀다면 초선에 속하는 과가 일어나고, 만약에 제2선 등 가운데 어느 하나의 禪에 속하는 도에 이르렀다면 그의 과도 제2선 등 가운데서 어느 하나의 禪에 속하는 과가 일어난다. 이와 같이 증득한다.

12. **[(6) 어떻게 머무는가?]**: "도반이여, 표상 없는 마음의 해탈에 머물기 위해서는 모든 표상들을 마음에 잡도리하지 않음과 표상이 없는 요소를 마음에 잡도리함과 미리 의도함(*abhisaṅkhāra*)의 세 가지 조건이 있습니다.(M.i.296-97)"라는 말씀 때문에 세 가지 방법으로 머묾이 있다.

여기서 미리 의도함이란 증득하기 이전에 기간을 한정하는 것이다. 어느 시간에 출정하리라고 한정했기 때문에 그 시간이 되기 전까지 그 만큼만 머문다. 이와 같이 그것에 머문다.

13. **[(7) 어떻게 출정하는가?]**: "도반이여, 표상 없는 마음의 해탈에서 출정하기 위해서는 모든 표상들을 마음에 잡도리함과 표상이 없는 요소를 마음에 잡도리하지 않음의 두 가지 조건이 있습니다.(M.i.297)"라는 말씀 때문에 두 가지 방법으로 출정한다.

여기서 모든 표상이란 물질의 표상, 느낌과 인식과 상카라들의 표상, 알음알이의 표상이다. 물론 수행자가 이 모든 것을 한꺼번에 마음에 잡도리하는 것은 아니지만 모든 것을 포함시키기 위하여 이와 같이 설했다. 그러므로 그는 잠재의식의 대상을 마음에 잡도리하면서 과의 증득으로부터 출정한다. 이와 같이 그것으로부터 출정한다고 알아야 한다.

14. (8) 무엇이 과 다음에 생기는가? (9) 과는 무엇 다음에 생기는가?

[(8) 무엇이 과 다음에 생기는가?]: 과 다음에는 오직 과가 생기거나 잠재의식(바왕가)이 생긴다.

[(9) 과는 무엇 다음에 생기는가?]: 그러나 과는 ① 도 다음에 생기고 ② 과 다음에 생기고 ③ 고뜨라부 다음에 생기고 ④ 비상비비상처 다음에 생긴다. 여기서 ① 도의 인식과정에 있는 [과가] 도 다음에 생긴 것이다. ② 바로 앞의 과 다음에 생긴 과가 과 다음에 생긴 것이다. ③ 과의 증득에서 그 첫 번째 [과가] 고뜨라부 다음의 것이다. 수순은 여기서 고뜨라부라고 알아야 한다. 빳타나에서 이와 같이 설하셨기 때문이다. "아라한의 경우 수순은 과를 증득하는 데 틈 없이 뒤따르는 조건으로 조건이 된다." "유학의 경우 수순은 과를 증득하는 데 틈 없이 뒤따르는 조건으로 조건이 된다.(Pṭn.159)" ④ 그 과를 통해 소멸로부터 출현할 때 그 과가 비상비비상처 다음의 것이다.

15. 여기서 도의 인식과정에서 생긴 과를 제외하고 나머지는 모두 과의 증득으로 생긴 과라 한다. 이와 같이 도의 인식과정이나 과의 증득에서 과가 일어남으로써,

오염원의 열을 식혔고 불사를 대상으로 가지며 깨끗하고
세속의 비린내를 토해냈고 평화롭고 최상인 사문의 과는
온갖 자양분을 가졌고 맑고 크나큰 기쁨인
불사의 행복으로 충만하다. 마치 불사를 주는 꿀처럼.
이러한 성스러운 과의 맛인 최상의 행복을
현자는 통찰지를 닦아서 얻나니
성스러운 과의 맛을 체험하는 것을 일러
위빳사나 수행의 이익이라 한다.

3. 멸진정에 들 수 있는 능력을 갖다

nirodhasamāpattikathā

16. 성스러운 과의 맛을 체험하는 것뿐만 아니라 멸진정을 증득할 수 있는 능력도 이 통찰지수행의 이익이라고 알아야 한다.

17. 여기서 멸진정을 설명하기 위하여 다음 질문을 제기한다.

(1) 멸진정의 증득이란 무엇인가?
(2) 누가 증득하는가?
(3) 누가 증득하지 못하는가?
(4) 어디서 증득하는가?
(5) 왜 증득하는가?
(6) 어떻게 증득하는가?
(7) 어떻게 머무는가?
(8) 어떻게 출정하는가?
(9) 출정한 자의 마음은 어느 곳으로 기우는가?

(10) 죽은 자와 멸진정에 든 자의 차이점은 무엇인가?
(11) 멸진정은 형성된 것인가, 형성되지 않은 것인가?
세간적인 것인가, 출세간적인 것인가?
생산된 것인가, 생산되지 않은 것인가?

18. **(1) 멸진정의 증득이란 무엇인가?** 서서히 소멸하기 때문에 마음과 마음부수 법들이 생기지 않는 것이다.

(2) 누가 증득하는가? (3) 누가 증득하지 못하는가? 일체의 범부와 예류자와 일래자는 이것을 증득하지 못하고, 마른 위빳사나만 수행한 불환자와 아라한도 이것을 증득하지 못한다. 여덟 가지 증득을 얻은 불환자와 번뇌 다한 자들은 이것에 도달한다.

"두 가지 힘을 구족했기 때문에, 세 가지 상카라들이 가라앉았기 때문에, 열여섯 가지 지혜가 일어나기 때문에, 아홉 가지 삼매가 일어나기 때문에 자유자재한 통찰지가 멸진정의 지혜이다.(Ps.i.2)"라고 설하셨기 때문이다.

이러한 성취는 여덟 가지 증득을 얻은 불환자와 번뇌 다 한 자 이외의 어느 누구에게도 발견되지 않는다. 그러므로 오직 그들만이 증득한다. 다른 자들은 증득하지 못한다.

19. 그러면 여기서 무엇이 **두 가지 힘**인가? … 무엇이 **자유자재**인가? 여기에 대해서는 더 이상 설명할 필요가 없다. 모든 것은 위에서 인용한 『무애해도』의 개요의 해설에서 다음과 같이 설하셨기 때문이다.

20. 이처럼 말씀하셨다. "**두 가지 힘으로**란 **사마타**의 힘과 **위**

빳사나의 힘이다. 어떤 것이 **사마타**의 힘인가? 벗어남(出離)으로써 마음의 하나됨(心一境性)과 산란하지 않음이 사마타의 힘이다. 악의가 없음으로 … 광명의 인식으로 … 산란하지 않음으로 … 놓아버림을 관찰하는 자가 들숨으로 … 놓아버림을 관찰하는 자가 날숨으로 마음의 하나됨과 산란하지 않음이 사마타의 힘이다."

21. "사마타의 힘이란 무슨 뜻에서 사마타의 **힘**이라 하는가? 초선 때문에 장애들로부터 흔들리지 않기 때문에 사마타의 힘이라 한다. 제2선 때문에 일으킨 생각과 지속적인 고찰로부터 … 비상비비상처의 증득 때문에 무소유처의 인식으로부터 흔들리지 않기 때문에 사마타의 힘이라 한다. 들뜸과, 들뜸과 함께한 오염원들과 무더기들로부터 흔들리지 않기 때문에, 동요하지 않기 때문에, 머뭇거리지 않기 때문에 사마타의 힘이라 한다. 이것이 사마타의 힘이다."

22. "무엇이 **위빳사나**의 힘인가? 무상의 관찰이 위빳사나의 힘이다. 괴로움의 관찰이 … 무아의 관찰이 … 역겨움의 관찰이 … 탐욕 빛바램의 관찰이 … 소멸의 관찰이 … 놓아버림의 관찰이 위빳사나의 힘이다. 물질에 대한 무상의 관찰이 … 물질에 대한 놓아버림의 관찰이 위빳사나의 힘이다. 느낌에 대한 … 인식에 대한 … 상카라들에 대한 … 알음알이에 대한 … 눈에 … 늙음·죽음에 대한 무상의 관찰이 … 늙음·죽음에 대한 놓아버림의 관찰이 위빳사나의 힘이다."

23. "위빳사나의 힘이란 무슨 뜻에서 위빳사나의 **힘**이라 하는가? 무상을 관찰하여 항상하다는 인식으로 흔들리지 않기 때문에

위빳사나의 힘이라 한다. 괴로움을 관찰하여 행복이라는 인식으로 흔들리지 않기 때문에 위빳사나의 힘이라 한다. 무아를 관찰하여 자아라는 인식으로 흔들리지 않기 때문에 … 역겨움을 관찰하여 기뻐함으로 흔들리지 않기 때문에 … 탐욕이 빛바램을 관찰하여 탐욕으로 흔들리지 않기 때문에 … 소멸을 관찰하여 일어남으로 흔들리지 않기 때문에 … 놓아버림을 관찰하여 가짐으로 흔들리지 않기 때문에 위빳사나의 힘이라 한다. 무명과, 무명과 함께한 오염원들과 무더기들로 흔들리지 않기 때문에, 동요하지 않기 때문에, 머뭇거리지 않기 때문에 위빳사나의 힘이라 한다. 이것이 위빳사나의 힘이다."

24. "**세 가지 상카라들이 가라앉았기 때문에**(§18)란 어떤 세 가지 상카라들이 가라앉았기 때문인가? 제2선을 얻은 자에게 일으킨 생각과 지속적인 고찰이라는 말의 상카라(口行)가 가라앉는다. 제4선을 얻은 자에게 들숨날숨이라는 몸의 상카라(身行)가 가라앉는다. 상수멸을 증득한 자에게 인식과 느낌이라는 마음의 상카라(心行)가 가라앉는다. 이런 세 가지 상카라들이 가라앉았기 때문이다."

25. "**열여섯 가지 지혜가 일어나기 때문에**란 어떤 열여섯 가지 지혜가 일어나기 때문인가? 무상의 관찰이 지혜의 일어남이다. 괴로움의 … 무아의 … 역겨움의 … 탐욕이 빛바램의 … 소멸의 … 놓아버림의 … 물러섬의 관찰이 지혜의 일어남이다. 예류도가 지혜의 일어남이다. 예류과의 증득이 지혜의 일어남이다. 일래도가 … 아라한과의 증득이 지혜의 일어남이다. 이런 열여섯 가지 지혜가 일어나기 때문이다."

26. "아홉 가지 삼매가 일어나기 때문에란 어떤 아홉 가지 삼매가 일어나기 때문인가? 초선이 삼매의 일어남이다. 제2선이 삼매의 일어남이다 … 비상비비상처의 증득이 삼매의 일어남이다. 초선을 얻기 위한 일으킨 생각과 지속적인 고찰과 희열과 행복과 마음이 하나됨[의 근접삼매가] 삼매의 일어남이다. … 비상비비상처의 증득을 얻기 위한 일으킨 생각과 지속적인 고찰과 희열과 행복과 마음이 하나됨[의 근접삼매가] 삼매의 일어남이다. 이런 아홉 가지 삼매가 일어나기 때문이다."264)

27. "자유자재(*vasī*)란 다섯 가지 자유자재가 있다. ① 전향에 대한 자유자재 ② 입정(入定, *samāpajjana*)에 대한 자유자재 ③ [머무는 기간의] 결심(*adhiṭṭhāna*)에 대한 자유자재 ④ 출정(出定, *vuṭṭhāna*)에 대한 자유자재 ⑤ 반조(反照, *paccavekkhaṇa*)에 대한 자유자재이다.

(1) 그는 어디든지, 언제든지, 얼마동안이든지 그가 원하는 만큼 초선으로 전향한다. 전향하는 데 지체함이 없기 때문에 전향에 대해 자유자재하다.

(2) 그는 어디든지, 언제든지, 얼마동안이든지 그가 원하는 만큼 초선에 들어간다. 입정에 지체함이 없기 때문에 입정에 대해 자유자재하다.

(3) 그는 어디든지, 언제든지, 얼마동안이든지 그가 원하는 만큼 그가 초선에 머물 기간을 결심한다. 결심에 지체함이 없기 때문에 결심에 대해 자유자재하다.

---

264) 여기서 아홉 가지란 네 가지 색계선과 네 가지 무색계선과 맨 마지막에 설한 각각의 근접삼매를 하나로 간주하여 아홉이다.

(4) 그는 어디든지, 언제든지, 얼마동안이든지 그가 원하는 만큼 초선에서 나온다. 출정에 지체함이 없기 때문에 출정에 대해 자유자재하다.

(5) 그는 어디든지, 언제든지, 얼마동안이든지 그가 원하는 만큼 초선을 반조한다. 반조에 지체함이 없기 때문에 반조에 대해 자유자재하다.

제2선에 … 그는 어디든지, 언제든지, 얼마동안이든지 그가 원하는 만큼 비상비비상처의 증득으로 전향한다. 전향에 지체함이 없기 때문에 전향에 대해 자유자재하다 … 반조한다. 반조에 지체함이 없기 때문에 반조에 대해 자유자재하다. 이것이 다섯 가지 자유자재이다.(Ps.97-100)"

28. **열여섯 가지 지혜가 일어나기 때문에**란 통틀어서 해설하는 것이다. 불환자의 경우 14가지 지혜가 있기 때문에 자유자재한 통찰지가 있다.

'만약 그렇다면 일래자의 경우 12가지 지혜가 있기 때문에, 또 예류자의 경우 열 가지 지혜가 있기 때문에 자유자재한 통찰지가 있는 것이 아닌가?'라고 한다면 — 그렇지 않다. 그들에게는 아직 삼매를 방해하는 다섯 가닥의 감각적 욕망에 바탕을 둔 탐욕이 버려지지 않았기 때문이다. 그들이 끊어지지 않았기 때문에 사마타의 힘이 원만하지 않다. 그것이 원만하지 않을 때 힘이 부족하여 두 가지 힘으로 얻어야 할 멸진정에 도달할 수가 없다.

그러나 불환자의 경우 이것은 버려졌다. 그러므로 힘이 원만하다. 힘이 원만하기 때문에 멸진정에 도달할 수 있다. 그래서 세존께서 말씀하셨다. "소멸에서 나온 자의 비상비비상처의 유익한 마음[265]

은 과를 증득하는 데 틈 없이 뒤따르는 조건으로 조건이 된다.(Ptn1. 159)" 이것은 빠타나의 대론(大論, Mahāpakaraṇa)에서 오직 불환자가 소멸에서 나온 것에 관해서 설하신 것이다.

29. (4) 어디서 증득하는가? 다섯 무더기를 가진 존재에서 증득한다. 왜 그런가? 차제증득(次第等至, 次第定, *anupubba-samāpatti*)[266]이 있기 때문이다. 그러나 네 무더기를 가진 존재에서는 초선 등의 일어남이 없기 때문에 증득할 수가 없다.[267] 어떤 자는 토대가 없기 때문이라고 말한다.[268]

---

265) "유익한 [마음](*kusala*)이란 술어가 사용된 것으로 보아 이것은 불환자의 소멸에 해당된다. 그렇지 않으면 단지 작용만 하는 마음(*kiriya*)이란 단어가 사용되었을 것이다.(Pm.870)" 왜냐하면 아라한에게는 이미 유익한 마음(*kusala*)이 아니고 단지 작용만 하는 마음(*kiriya*)이 일어나기 때문이다.

266) '차제증득(次第等至)'으로 직역한 '*anupubba-samāpatti*'는 우리에게 구차제멸(九次第滅)로 알려져 있다. 즉 색계의 네 가지 禪과 무색계 4가지 禪을 통해서 마지막으로 이 멸진정 혹은 상수멸에 도달하는 과정을 차제증득이라 하고 「합송경」(Saṅgīti Sutta, D33) 등에서는 구차제멸(*nava anupubbanirodhā*)이라는 술어로 정착되었다.

267) "네 무더기를 가진 존재(무색계 존재)에서도 무색계선으로써 순서대로 증득하지 않는가? 물론 순서대로 증득한다. 그러나 그것을 차제증득(次第等至, *anupubba-samāpatti*)이라고 말하지 않는다. 그것은 차제증득의 일부분일 뿐이다. 오직 여덟 가지 증득으로만 차제증득에 든다고 말한다. 무색계선은 색계선인 초선 등이 없기 때문이다.(Pm.871)"

268) "즉 심장토대가 없기 때문이라고 말한다. 몸이라는 토대가 없다는 뜻이다. 만약 어떤 이가 무색계에서 멸진정에 든다면 마음과 마음부수법들도 없고, 또한 아무것도 없기 때문에 그를 한정할 수가 없게 될 것이다. 따라서 무여열반에 든 것처럼 되어버리고 유여열반에 들었다고 할 수 없을 것이다. 그러므로 필요한 조건이 갖추어지지 않았기 때문에 무색계에서는 멸진정에 들 수 없다.(Pm.871)"

30. **(5) 왜 증득하는가?** 상카라들이 일어나고 무너짐에 대해 역겨워하여 '지금 여기서 마음 없는 자(*acittaka*)가 되어 소멸인 열반에 이르러 행복하게 지내리라'고 생각하면서 증득한다.

31. **(6) 어떻게 증득하는가?** 미리 해야 할 일을 다 한 자가 사마타와 위빳사나로 정진을 하여 비상비비상처[의 마음을] 소멸하게 함으로써 그것에 도달한다. 오직 사마타로만 정진한 자는 비상비비상처의 증득에만 도달하여 머문다. 오직 위빳사나로만 정진한 자는 과의 증득에만 도달하여 머문다. 그러나 두 가지로 정진하고 미리 해야 할 일을 다 한 뒤 비상비비상처를 소멸한 자가 이것을 증득한다. 이것이 간략하게 설한 것이다.

32. 이제 상세하게 설한다. 여기 비구가 소멸을 증득하고자하면 공양을 마치고 손과 발을 깨끗이 씻고는 한적한 곳에 잘 마련된 자리에 앉는다. 결가부좌를 하여 몸을 곧추 세우고 전면에 마음챙김을 확립한다. 그는 초선을 증득한 뒤 출정하여 거기서 상카라들을 무상·고·무아라고 위빳사나한다.

33. 이 위빳사나는 세 가지가 있다. 즉 상카라들을 파악하는 위빳사나, 과의 증득을 위한 위빳사나, 멸진정의 증득을 위한 위빳사나이다. 여기서 상카라들을 파악하는 위빳사나는 무디거나 예리하거나 간에 도의 가까운 원인이 된다. 과의 증득을 위한 위빳사나는 [네 가지] 도를 닦을 때와 같이 예리해야 한다. 멸진정의 증득을 위한 위빳사나는 너무 무디거나 너무 예리해서도 안된다. 그러므로 너무 무디지도 너무 예리하지도 않은 위빳사나로 상카라들을 위빳

사나한다.

34. 그 다음에 제2선에 들었다가 출정하여 상카라들을 그와 같은 방법으로 위빳사나한다. 그 다음에 제3선 … 그 다음에 식무변처에 들었다가 출정하여 상카라들을 그와 같은 방법으로 위빳사나한다. 그 다음에 무소유처에 들었다가 출정하여 네 가지의 미리 해야 할 일을 한다. 즉 ① 내 몸에서 떨어져있는 필수품이 손상되지 않음 ② 승가가 기다림 ③ 스승님(부처님)이 부르심 ④ 자기 수명의 한계를 살핌이다.

35. **① 내 몸에서 떨어져있는 필수품이 손상되지 않음:**[269] 내 몸과 닿지 않고 떨어져있는 가사, 발우, 침상과 좌구, 거주하는 숙소, 혹은 다른 필수품이 손상되지 않도록, 불, 물, 바람, 도둑, 쥐 등에 의해 파괴되지 않도록 결심해야 한다. 이것이 결심하는 방법이다. '이 [멸진정에 들어있는] 7일 동안에 이러이러한 것이 불에 타지 말고, 물에 떠내려가지 말고, 바람에 상하지 말고, 도둑이 훔쳐가지 말고, 쥐 등이 갉아먹지 말기를.' 이와 같이 결심할 때 7일 동안 아무런 위험이 없다.

---

269) 역자가 '내 몸에서 떨어져있는 필수품이 손상되지 않게 함'으로 의역을 한 '*nānābaddha-avikopanaṁ*'을 냐나몰리 스님은 '*non-damage to others' property*'라고 의역을 했는데 이 용어의 뜻을 잘못 이해한 것으로 보인다. 이것은 바로 아래에서 설명되듯이 자기 몸과 닿지 않고 떨어져있는 필수품들이 멸진정에 들어있는 7일 동안 상하지 말라고 마음을 일으키는 것이다. 자기 몸과 닿아있는 것은 멸진정 그 자체가 보호하기 때문에 그럴 필요가 없다고 아래 §37에서 밝히고 있다. 그런데 그곳에서도 역시 냐나몰리 스님은 원문의 '*ekābaddhaṁ*'을 '*his own personal property*'라고 영역했는데, 실제의 뜻은 '자기 몸과 닿아있는'의 뜻이다.

36. 결심이 없으면 불 등으로 손상되기도 한다. 마치 마하나가(Mahā-Nāga) 장로의 경우처럼.

장로는 신도인 어머니가 살고 있는 마을로 탁발을 갔다고 한다. 그 청신녀는 죽을 공양올리고는 앉아서 쉴 수 있는 마루에 앉게 했다. 장로는 멸진정에 든 채 앉아있었다. 장로가 앉아있을 때 그 마루에 불이 났다. 다른 비구들은 각자 자기의 자리를 걷어서 그 자리를 피했다. 마을 사람들이 모여들어 장로를 보고 '게으른 사문, 게으른 사문'이라고 말했다. 불은 집의 짚 지붕과 대나무와 목재를 태우고 장로를 둘러싼 채 불타고 있었다. 사람들은 항아리로 물을 길어와 불을 끄고 재를 치우고 바닥을 마른 소똥으로 깔고서 꽃을 뿌리고 존경하는 마음으로 서있었다. 장로는 예정된 시간에 일어나서 그들을 보자 '내가 [남들에게] 드러나고 말았구나'라고 생각하여 하늘을 날아 삐양구(Piyaṅgu) 섬으로 갔다.

이것이 내 몸에서 떨어져있는 필수품이 손상되지 않음이다.

37. 몸과 닿아 있는 하의나 상의나 앉는 자리에 대해서는 특별히 결심할 필요가 없다. 증득 그 자체로 그는 그것을 보호한다. 산지와(Sañjīva) 존자의 경우처럼. 이와 같이 설하셨다. "산지와 존자는 삼매로 충만한 신통이 있었고, 사리뿟따 존자도 삼매로 충만한 신통이 있었다.(Ps.ii.212)"

38. **② 승가가 기다림:** 승가가 기다리면서 [그가 오기를] 기대하는 것이다. 이 비구가 오지 않는 한 대중공사를 진행하지 않는다는 뜻이다. 여기서 이 비구의 미리 해야 할 일은 실제로 기다리는

것이 아니고, 기다림으로 전향(*āvajjana*)하는 것이 미리 해야 할 일이다. 그러므로 이와 같이 전향해야 한다. '만약 내가 7일 동안 멸진정에 들어서 앉아있는 동안 승가가 알리는 공사 등 어떤 공사를 하기를 원하면 어떤 비구가 와서 부르기 전에 일어나리라'고. 이와 같이 하고서 멸진정에 든 자는 정확하게 그 시간에 출정한다.

39. 만약 그가 이와 같이 하지 않으면, 승가가 모였을 때 그를 보지 못하면 '아무개 비구는 어디 있습니까'라고 묻는다. '멸진정에 들어있습니다'라고 대답하면 승가는 한 비구를 보낸다. '가서 승가가 부른다고 하시오.' 그러면 그가 들을만한 곳에 가서 '도반이여, 승가가 스님을 기다립니다'라고 말하자마자 출정하게 된다. 이와 같이 승가의 명령은 중요하기 때문에 자기 스스로 출정하도록 그것에 전향하고서 입정해야 한다.

40. **③ 스승님(부처님)이 부르시는 경우:** 여기서도 부처님의 부르심으로 전향하는 것이 미리 해야 할 일이다. 그러므로 이것에 대해서도 이렇게 전향해야 한다. '만약 내가 7일 동안 멸진정에 들어 있을 때 부처님이 사건을 검토한 뒤 학습계율을 제정하시거나 그에 버금가는 일이 생겨 법을 설하시면 어떤 비구가 와서 부르기 전에 일어나리라'고. 이와 같이 하고서 멸진정에 든 자는 정확하게 그 시간에 출정한다.

41. 만약 그가 이와 같이 하지 않으면, 부처님과 승가가 모였을 때 그를 보지 못하면 '그 비구는 어디 있는가'라고 물으신다. '멸진정에 들어있습니다'라고 대답하면 부처님께서는 한 비구를 보내

신다. '가서 그에게 내가 부른다고 하라.' 그러면 그가 들을만한 곳에 가서 '부처님께서 스님을 부르십니다'고 말하자마자 출정하게 된다. 이와 같이 부처님의 부르심은 중요하기 때문에 자기 스스로 출정하도록 그것에 전향하고서 입정해야 한다.

42. **④ 자기 수명의 한계:** 목숨의 한계이다. 이 비구는 자기의 수명의 한계를 결정함에 능숙해야 한다. 자기 목숨의 상카라들이 7일 동안 계속해서 일어날 것인지 아닌지에 대해 전향하고서 입정해야 한다. 만약 목숨의 상카라들이 7일 이내에 소멸할 것인데 그것에 대해 전향하지 않고 입정한다면 그의 멸진정은 죽음을 피할 수 없다. 멸진정에 든 채 죽는 경우는 있을 수 없기 때문에[270] 중간에 멸진정으로부터 나와야 한다. 그러므로 이것에 전향하고서 입정해야 한다. 나머지 셋의 경우는 전향을 하지 않아도 되지만 이것은 반드시 전향해야 한다고 설하셨다.

43. 이제 그가 이와 같이 무소유처에 들었다가 출정하여 이런 미리 해야 할 일을 하고 비상비비상처를 증득한다. 그때 한 번 혹은 두 번의 마음순간이 지난 뒤 마음 없는 자(*acittaka*)가 된다. 그는 소멸을 체득한다. 왜 두 번의 마음들 뒤에 그에게 마음이 생기지 않는가? 소멸을 향한 노력 때문이다. 이 비구가 사마타와 위빳사나의 법들을 쌍으로 묶어서 여덟 가지 증득에 오른 것은 차제멸(次第滅,

---

270) "멸진정에 든 채 죽는 것은 있을 수 없다. 왜냐하면 마지막 잠재의식의 마음, [즉 죽음의 마음]으로 죽기 때문이다. 죽음이 갑작스레 오지 말라고 전향한 뒤 입정해야 한다. 갑작스럽게 죽으면 구경의 지혜를 천명할 수 없고, 비구들을 훈계할 수 없고, 교법의 힘을 드러낼 수 없고, 불환자의 경우 최고의 도(아라한도)를 얻을 수 없게 된다.(Pm.878)"

anupubba-nirodha)을 향한 노력 때문이지 비상비비상처를 얻기 위한 노력 때문이 아니다. 그러므로 소멸을 향한 노력 때문에 두 번의 마음 다음에는 다시 일어나지 않는다.271)

44. 그러나 무소유처로부터 출정하여 이런 미리 해야 할 일을 하지 않고 비상비비상처에 들어가는 비구는 그 다음에 마음 없는 자가 될 수 없다. 돌아와서 다시 무소유처에 머문다.

45. 이전에 가 본적이 없는 길을 가는 사람의 비유를 여기서 말해야 한다. 이전에 가 본적이 없는 길을 가는 어떤 사람이 물이 넘치는 계곡이나 깊은 저습지 넘어 이글거리는 햇볕에 달구어진 바위에 올랐다. 하의와 상의를 단정히 하지도 않고 계곡에 뛰어든다. 그러나 그의 소지품들이 젖을지도 모른다는 두려움 때문에 다시 올라와 강둑에 서거나 도로 바위에 올라와서는 발이 데어 다시 그 주위에 선다.

46. 여기서 그 사람이 하의와 상의를 단정히 하지 않았기 때문에 계곡에 뛰어들자마자, 혹은 달구어진 바위에 오르자마자 되돌아가서 그 주위에 서듯이 수행자도 미리 해야 할 일을 하지 않았기 때문에 비상비비상처에 도달하자마자 되돌아가서 무소유처에 머문다.

47. 그러나 이전에 그 길을 가본 적이 있는 사람은 그곳에 와서 한 벌의 옷을 단정히 입고 다른 한 벌은 손에 쥐고 계곡을 건넌

---

271) 즉, 멸진정에 들려는 그 이유 때문에 노력하여 8가지 증득에 들었으므로 그런 소멸에 들려는 노력의 힘 때문에 마음이 완전히 소멸된 멸진정에 들게 된다는 말이다.

다. 혹은 달구어진 바위를 살짝 밟은 뒤 다른 곳으로 간다. 이와 같이 미리 해야 할 일을 한 비구는 비상비비상처를 증득하고 그 다음에 마음 없는 자가 되어 소멸을 체득하여 머문다.

48. **(7) 어떻게 머무는가?** 이와 같이 한정한 시간만큼 머문다. 중간에 수명이 다하거나 승가가 기다리거나 스승이 부르시거나 하지 않는 한 그만큼 머문다.

49. **(8) 어떻게 출정하는가?** 불환자의 경우 불환과를 얻음으로써, 아라한의 경우 아라한과를 얻음으로써, 이와 같이 두 가지로 출정한다.

50. **(9) 출정한 자의 마음은 어느 곳으로 기우는가?** 열반으로 기운다. 이와 같이 설하셨기 때문이다. "도반 위사카[272)]여, 상수멸의 증득에서 나온 비구의 마음은 멀리 여읨(*viveka*)[273)]으로 향하고, 멀리 여읨으로 기울고, 멀리 여읨으로 기댑니다.(M.i.302)"

51. **(10) 죽은 자와 멸진정에 든 자의 차이점은 무엇인가?** 이

---

272) 주석서에 의하면 위사카(Visakha)는 이 대화를 진행하고 있는 담마딘나(Dhammadinnā) 비구니가 출가하기 이전의 남편이었다. 그녀는 출가해서 아라한이 되었고, 출가하기 전에 그녀의 남편이었던 위사카가 그녀를 찾아와서 이 법담을 나누고 있다. 이 「작은 방등경」(Cūḷavedalla Sutta, M44)은 여러 주석서에도 많이 인용되고 있는 중요한 경이며 이 경을 통해서 그녀의 수행이 얼마나 깊었는지를 가늠해볼 수 있다. 이 경의 끝에 세존께서 담마딘나는 현자요 큰 통찰지를 가졌다고 칭찬하고 계신다.

273) 주석서에서는 이 멀리 여읨(*viveka*)을 열반이라고 설명한다(*nibbānaṁ viveko nāma.* — MA.ii.367).

뜻도 경에서 이미 설했다. 이처럼 설하셨다. “도반이여, 죽어서 수명이 다한 자는 그의 몸의 상카라들이 소멸되고 가라앉았고, 말의 상카라들 … 마음의 상카라들도 소멸되고 가라앉았습니다. 또한 목숨이 다하고 온기가 식어버렸고 감각기능들이 완전히 파괴되어버렸습니다. 상수멸을 증득한 비구도 그의 몸의 상카라들이 소멸되고 가라앉았고, 말의 상카라들 … 마음의 상카라들도 소멸되고 가라앉았습니다. 그러나 목숨은 다하지 않았고 온기도 식지 않고 감각기능들도 파괴되지 않았습니다.(M.i.296)”

52. **(11) 멸진정은 형성된 것인가, 형성되지 않은 것인가?** 등의 질문에 대해 이것은 형성된 것이라거나, 형성되지 않은 것이라거나, 세간적인 것이라거나, 출세간적인 것이라고 답할 수 없다. 왜 그런가? 고유성질(*sabhāva*)로는 존재하지 않기 때문이다. 그러나 이것을 증득한 자가 증득했다고 하기 때문에 이것은 구체적인 것(*nipphannā*)이라고 설한다. 이것은 추상적인 것(*anipphannā*)이 아니다.

고요하고 성자들에 의해 개발되고
금생의 열반이라 이름하는 멸진정
성스러운 통찰지를 닦아서
지자는 그것을 증득한다.
그러므로 이런 증득을 얻을 수 있는 능력이
성스러운 도 가운데 통찰지의 이익이라고 말한다.

4. 공양 받을만한 자가 됨 등을 성취함

āhuneyyabhāvādisiddhikathā

53. **공양 받을만한 자가 됨 등을 성취함:** 멸진정을 증득할 수 있는 능력뿐만 아니라 공양 받을만한 자가 됨 등을 성취하는 것도 출세간적인 통찰지수행의 이익이라고 알아야 한다.

54. 일반적으로 [말하자면] 네 가지 방법으로 이 [출세간도의 통찰지를] 닦았기 때문에 통찰지를 닦은 자는 신을 포함한 세간에서 공양받아 마땅하고, 선사받아 마땅하고, 보시받아 마땅하고, 합장받아 마땅하며, 세상의 위없는 복밭(福田)이다.

55. 개별적으로 [말하자면] 느린 위빳사나로 첫 번째 도의 통찰지를 닦은 뒤 [예류자의 경지에] 도달한 자는[274] [믿음 등의] 기능(根)들이 둔하더라도 '최대로 일곱 번만 다시 태어나는 자(*satta-kkhattu-parama*)'라고 한다. 일곱 번 선처에 윤회한 뒤 괴로움을 종식시킨다.

중간의 위빳사나로 도달한 자는 기능들도 중간이며 '성스러운 가문에서 성스러운 가문으로 가는 자(*kolaṁkola*)'라 한다. 두 번 혹은 세 번 성스러운 가문에 윤회한 뒤 괴로움을 종식시킨다.

예리한 위빳사나로 도달한 자는 기능들도 예리하여 '한 번만 싹

274) 냐나몰리 스님은 이 부분을 '*one who arrives at development of understanding of the first path with sluggish insight*'라고 영역했는데 여기서 도달하다(*āgata*)의 목적어는 예류자의 경지이고 이 경지를 첫 번째 도의 통찰지를 닦아서 도달한 것이다. Pm.886에서도 그렇게 밝혔다.

트는 자(*eka-bījī*)'라고 한다. 한 번만 더 인간 세상에 태어나서는 괴로움을 종식시킨다.

56. 그는 기능들의 차이에 따라 다섯 가지 방법으로 이 세상을 떠나 구경의 경지(*niṭṭha*)에 이른 자가 된다.

① 수명의 중반쯤에 이르러 구경열반을 증득하는 자

② 수명의 반이 지나서 구경열반을 증득하는 자

③ 자극 없이 구경열반을 증득하는 자

④ 자극을 통해서 구경열반을 증득하는 자

⑤ 더 높은 세계로 재생하여 색구경천(Akaniṭṭha)에 이르러 거기서 구경열반을 증득하는 자

57. 여기서 **① 명근의 중반쯤에 이르러 구경열반을 증득하는 자**는 정거천(淨居天) 가운데 어느 한 곳에 태어나서 수명의 절반정도 살 때에 열반에 든다.

② 명근의 반이 지나서 구경열반을 증득하는 자는 수명의 반을 넘긴 후에 [때로는 죽음이 임박해서] 열반에 든다.

③ **자극 없이 구경열반을 증득하는 자**는 자극도 없고, 노력도 없이 최상의 도를 생기게 한다.

④ 자극을 통해서 구경열반을 증득하는 자는 자극을 통해 노력하여 최상의 도를 생기게 한다.

⑤ 더 높은 세계로 재생하여 색구경천(Akaniṭṭha)**에 이르러 거기서 구경열반을 증득하는 자**는 어느 곳에 태어나든지 그곳으로부터 위로 더 올라가 [정거천 가운데서 제일 높은] 색구경천(色究竟天)에 올라서 그곳에서 구경열반에 든다.

58. 네 번째 도의 통찰지를 닦아 어떤 자는 믿음으로 해탈한 자가 되고, 어떤 자는 통찰지로 해탈한 자가 되고, 어떤 자는 두 가지로 해탈한 자가 되고, 어떤 이는 삼명(三明)을 갖춘 자가 되고, 어떤 자는 육신통을 갖춘 자가 되고, 어떤 자는 갖가지 무애해(無碍解)를 갖춘 번뇌 다한 위대한 자가 된다. 이 [네 번째 도의 통찰지수행]을 두고[275] 이와 같이 설하였다. '그는 도의 순간에 엉킴을 푼다고 한다. 과의 순간에 엉킴을 푼 자가 되어 천상을 포함한 세상에서 최상의 공양을 받을만한 자가 된다.'라고.(I. §7)

59. 이처럼 성스러운 통찰지수행은 여러 가지 이익이 있나니
그러므로 지자들은 이를 기뻐해야 한다.

60. 이렇게 하여,

"통찰지를 갖춘 사람은 계에 굳건히 머물러서
마음과 통찰지를 닦는다.
근면하고 슬기로운 비구는
이 엉킴을 푼다.(S.i.13)"(I. §1)

---

275) 원문 '*yaṁ*(이것을) *sandhāya*(두고) *vuttaṁ*(설하신)'의 '*yaṁ*(이것을)'을 Pm에서는 네 번째 도의 통찰지수행을 뜻한다고 했지만 냐나몰리 스님은 '*one who has developed the fourth path*'라고 영역했고, 미얀마의 번역서인 스웨저리 스님의 번역에는 바로 앞 단어인 '*mahākhīṇāsava*(번뇌 다한 자)'를 뜻한다고 했다 한다. 그러나 이 바로 뒤 '*maggakkhaṇe pana esa taṁ jaṭaṁ vijaṭeti*(그는 도의 순간에 엉킴을 푼다)'라는 문장에서 '*esa*'가 사람을 뜻하기 때문에 둘 모두 가능한 것으로 보인다. 역자는 Pm을 따라 괄호 안에 넣어서 옮겼다.

라고 설하신 이 게송의 계·정·혜의 제목으로 설한 청정도론에서 그것의 이익과 더불어 통찰지수행을 설명하였다.

어진 이를 기쁘게 하기 위해 지은 청정도론의
통찰지수행의 표제에서
통찰지수행의 이익에 관한 해설이라 불리는
제23장이 끝났다.

결 론

nigamanakathā

이렇게 하여,

"통찰지를 갖춘 사람은 계에 굳건히 머물러서
마음과 통찰지를 닦는다.
근면하고 슬기로운 비구는
이 엉킴을 푼다.(S.i.13)"(I. §1)라고

이 게송을 인용한 뒤 나는 말했다.

이제 대성인께서 설하신 계 등의 분류를 가진
이 게송의 뜻을 있는 그대로 주석하리라.

승리자의 교단에 아주 얻기 어려운 출가를 하고서
비록 청정을 원하고 노력하지만

계 등을 포함하고 안전하고 바른 청정에 이르는
도를 있는 그대로 알지 못하여
청정을 얻지 못하는 수행자들이 있다.

그들에게 기쁨을 주고, 지극히 청정한 해석이며
대사(大寺)에 머물던 분들의 가르침의 방식에 의지한
청정도론을 설하리라. 청정을 원하는 모든 어진 분들은
나의 해설을 주의 깊게 잘 들을지어다.

이제 그것을 모두 설했다. 여기서,

[본 논에서 설명된] 계 등의
분류를 가진 뜻들의 판별은
오부 니까야에 속하는 주석서들의
체계 안에서 이미 잘 설해졌나니
나는 그 모두를 대부분
그 확정된 해석과 함께 여기 가져왔노라.

그러므로 이것은 [다른 가르침과] 서로 섞이는
허물을 모두 벗어나서 설명되었나니
그러므로 지극한 청정을 원하는
통찰지가 깨끗한 수행자는
이 청정도론에 존경을 표할지어다.

해체를 설하는 [상좌부]의 으뜸이 되며
명성을 지녔으며, 대사파에 속하시며
장로들의 계보를 이은 현명하고

순수하고 검소하게 사셨으며
계행을 철저히 지니고 수행에 전념하시며
인욕, 온화함, 자애 등 덕으로 장엄된 마음을 가진
상가빨라(Saṅghapāla) 존자의 분부를 받아
정법이 오래 머물기를 원하는 나는
이 논을 지어서 공덕의 무더기를 얻었나니
원컨대 이 공덕의 광명으로
모든 생명들이 행복하기를!

이제 이 청정도론은
성전의 58개의 바나와라[276]와 함께
아무런 장애 없이 완료되었나니
세상의 모든 선량한 소원이[277]
장애 없이 신속히 성취되길!

---

276) 쉬지 않고 계속해서 외울 수 있는 만큼의 분량을 '바나와라(*bhāṇavārā*)'라고 한다. 바나와라는 문자 그대로 '암송(*bhānā*)의 전환점(*vāra*)'이라는 말인데 성전을 외워 내려가다가 한 바나와라가 끝나면 쉬었다가 다시 외우는 것이 반복되고 그 다음 바나와라가 끝나면 또 다시 쉬었다가 시작한다. 한 바나와라는 8음절로 된 사구게(四句偈)로 250게송의 분량이라 한다. 그래서 총 4×8×250=8000음절이 된다. 한편 삼장은 모두 2547개에 해당되는 바나와라를 가진다고 한다.

277) 원문 '*sabbe kalyāṇanissitā*(모든 선량함에 기반한)'는 주격인 '*manorathā*(소원)'의 형용사로서 세상의 모든 선량한 소원이 성취되길 바란다(*ijjhantu*)는 뜻이다.
냐나몰리 스님은 이 부분을 '*may all those who in the world depend on what is good / glad-hearted soon succeed*' 라고 영역하여 '*sabbe kalyāṇanissitā*(모든 선량함에 기반한)'를 주격으로 '*manorathā*(소원)'를 목적격으로 보았는데 여기서 문장구조상 '*sabbe kalyāṇanissitā manorathā*'는 함께 동사 '*ijjhantu*(성취되소서)'의 주격이다.

후 기

ganthakāraguṇakittana

청정도론은 모란다케따까(Moraṇḍa-kheṭaka)[278]라고 불러야 할 붓다고사(Buddhaghosa) 장로가 지었다. 그는 지극히 청정한 믿음과 지혜와 정진으로 장엄되었고, 계행과 정직함과 유순함 등의 공덕의 무더기를 쌓았고, 자기의 교리와 다른 자의 교리를 탐구하여 간파하는 능력을 지녔고, 통찰지의 탁월함을 갖추었고, 주석서와 함께 삼장으로 분류된 스승의 교법에서 권위있는 지혜의 힘을 가졌고, 문법에 대가였고, 멋진 발성기관에서 생겼고 유창하게 설하며 감미롭고 신중하며 깊은 뜻을 설하셨고, 적절하게 말씀하셨고, 가장 성스러운 사상가였고, 대 시인이었고, 대사(大寺)에 머물던 장로들의 계보 중에서 장엄을 더해주는 자였고 — 대사에 머물던 장로들은 육신통과 갖가지 무애해의 덕으로 장식한 인간을 넘어선 법에 대해 권위있는 지성을 가졌고, 상좌부 가문(*theravaṁsa*)의 빛나는 등불이셨다 — 원만하고 청정한 지성을 가졌으며, 그 이름은 스승들이 준 것이다.

278) '모란다라는 지역(*kheṭa* = *khetta*)에서 태어난 자'라는 뜻이다. 상좌부 전통에 의하면 모란다는 붓다고사 스님이 태어난 마을이름이라고 한다.

청정한 마음을 가졌고, 여여하시며
세상에서 세상의 으뜸이신 대성인이 가지셨던
'부처님'이라는 함자가 존속하는 한
세상으로부터 벗어나기를 원하는 선남자들에게
계 등 청정의 방법을 보여주면서
[이 청정도론도] 그렇게 세상에 머물기를!

[싱할리 본에는 아래의 게송이 있다]

이 논을 지어서 쌓은 공덕과
내가 쌓은 모든 공덕으로
다음 생에는 삼십삼천에서 행복을 누리고
계행과 덕에 기뻐하며
첫 번째 과에 이른 뒤
다섯 가닥의 감각적 욕망을 탐하지 않으며

마지막 생에는 성인 중에 황소요
세상에서 으뜸가는 분이시며
대도사요 모든 중생의 이익을 기뻐하시는
미륵(Metteyya)을 뵙고 그 지혜로운 분께서
설하신 정법을 듣고 최상의 과를 얻어
승자의 교법을 드날리게 되기를!

[미얀마 본에는 아래의 게송이 있다]

이와 같이 어진 이들을 위하여
청정도론이라는 주석서를 지었다
이것은 성전의 셈에 의하면
58개의 바나와라이다.

청정도론의 저술이 끝났다.

역자후기
참고도서
색인

역자후기

빠알리 학자라면, 그리고 초기불교와 남방불교에 관심을 가진 사람이라면 『청정도론』을 자국어로 번역출간하여 소개하고 싶은 것은 당연한 일일 것이다. 역자도 빠알리를 배우면 배울수록 『청정도론』을 한국어로 옮겨야겠다는 생각이 더욱 굳어졌다. 역자가 박사과정의 주제로 『청정도론』의 대복주서(Pm)를 택한 것도 『청정도론』을 제대로 공부하기 위해서였다. 그런 인연으로 『청정도론』의 한국어 번역은 점점 구체화되었으며 논문을 마치고 1년간 미얀마의 불교도시 사가잉(Sagaing)에 머물면서 본격적으로 번역작업을 진행하게 되었다.

힘든 작업이었지만 일주일에 두 번 혹은 한 달에 서너 번씩 수보다용(Subodhayong)의 우 난다말라 사야도(U Nandamala Sayadaw)께서 바쁘신 가운데도 시간을 할애해주셔서 난해하고 애매한 부분은 사야도와 토론하는 영광을 가지게 되었다. 미얀마에는 다수의 『청정도론』 번역서가 있다고 하며 그 가운데서도 100여 년 전에 사가잉의 수웨저리 사야도(우 난다말라 스님이 주석하시는 절의 바로 길 건너편 사원에 주석하셨다고 함) 번역이 탁월하다고 한다. 그래서 아주 애매한 부분은 우 난다말라 사야도께서 그 미얀마 번역본을 참조하시면서 해결해주시기도 하였다. 이런 과정이 아니었으면 이 책은 세상에 빛을 보기가 어려웠을 것이다.

이제 『청정도론』을 출간하는 시점이 되었다. 더 시간을 두고 미진한 부분을 다듬고 싶지만 많은 분들의 권유로 아쉬움을 뒤로한 채 이 정도에서 마무리 짓기로 하였다. 마지막 손질을 마친 지금 이 순간 기쁨도 크지만 혹여 부족한 번역으로 부처님의 뜻이 잘못 전달되지는 않을까 두려움이 더 크다. 잘못된 부분이 있으면 독자여러분들의 매서운 질정을 바란다.

본서를 출간하면서 은혜를 입은 분들께 감사의 말씀을 드리고자한다. 먼저 아비담마에 대한 역자의 여러 가지 질문에 마치 컴퓨터처럼 조금의 머뭇거림도 없이 즉시에 정확한 대답을 주셔서 역자를 늘 감동케 하셨던 우 난다말라 사야도께 감사의 말씀을 올린다. 스님의 은혜는 오래오래 역자의 가슴에 남을 것이다.

그리고 이 책이 출간되기까지 또 한 분의 정성과 노력이 있었다. 바로 <초기불전연구원>의 지도법사인 각묵스님이시다. 『청정도론』을 번역해서 한국에 제대로 소개해달라는 처음의 권유에서부터 시작하여 번역과 교정하는 내내 귀중한 자료와 제언과 관심과 격려를 주셨으며 마지막 편집 마무리까지 어느 한 곳 스님의 손길이 미치지 않은 곳이 없었다. 『청정도론』 출판에 대한 스님의 굳건한 원력의 뒷받침이 없었다면 본 작업은 결코 결실을 거두지 못했을 것이다. 스님께 지극한 마음으로 감사드린다.

귀국하자마자 역자가 오로지 번역불사에 매진할 수 있도록 거처를 마련해주시면서 물심양면으로 늘 격려를 아끼지 않으신 철오스님께도 지면을 빌어 감사의 말씀을 올린다. 그리고 자신의 모든 일을 제쳐두고 이 방대한 분량의 원고를 처음부터 끝까지 정독하여 교정작업에 애써주신 고현주 불자님과 표지에 많은 관심을 기울여준 인도 뿌나의 조윤희 불자님께도 감사드린다.

아울러 <초기불전연구원>을 아껴주시고 후원해주시는 후원회원 여러분들과 특히 이 책이 나올 수 있도록 지대한 관심과 격려를 표해주시고 기꺼운 마음으로 후원해주신 계현스님, 덕원스님, 황경환, 김영민 거사님과 진여성, 보련화, 법륜심, 차분남, 오성식 불자님께도 감사를 드린다.

그리고 늘 역자에게 힘을 실어주고 큰 그늘이 되어주시는 은사스님이신 修印스님을 비롯한 세등선원 대중스님들, 대우 강사스님, 여러 도반스님들, 정만스님, 종민스님, 혜욱스님을 비롯한 후배스님들, 이 작업에만 열중할 수 있도록 가까이서 역자를 살펴주신 이영애, 최영주 불자님께도 감사한 마음 가득하다.

온 마음으로 교정에만 매달리던 넉 달 전, 임종을 알아차리셨던지 하루만 더 당신 곁에 있어달라 손짓하시던 분을 바쁘다는 핑계로 멀리하고 돌아와버린 것이 돌이킬 수 없는 죄스러움으로 마음에 남아있는 어머님 … 이제 그분의 영정 앞에 이 한 질의 책을 바치면서 이고득락을 기원드린다.

불기 2548년 3월
수미정사에서

대림 삼가 씀

참고도서

I. 『청정도론』 및 그 주석서의 빠알리 원본 및 번역본

(1) 『청정도론』 빠알리 원본

Warren, Henry C. & Dhammananda Kosambi. Harvard Oriental Series (HOS), Vol. 41, Mass., 1950.

Pali Text Society's edition (PTS), London, 1920/1.

The Caṭṭha Saṅghāyana CD-ROM edition (3th version). Igatpuri: VRI, 1997)

Revatadhamma, Ven. *Devanagari edition(with Pm)*. Varanasi, 1969, Vol. 1:I-VIII, Vol. 2:IX-XVI, Vol. 3:XVII-XXIII (데와나가리본)

(2) 『청정도론』 번역본

Ñāṇamoli, Ven. *The Path of Purification*. Berkeley: Shambhala, 1976.

Pe Maung Tin. *The Path of Purity*. P.T.S. 1922 (Vol. I), 1928 (Vol. II), 1931 (Vol. III)

역자 미상. 淸淨道論(전 3권). Taipei, 1971.

(3) 『청정도론』 주석서(Paramatthamañjūsā) 원본 및 번역본

The Caṭṭha Saṅghāyana edition (2 Vol.s), Yangon, 1960.

The Caṭṭha Saṅghāyana CD-ROM edition (3th version). Igatpuri: VRI, 1997)

Visuddhimagga-Mahāṭīkā.-Nissaya (4 Vol.s) by Ven. Mahasi Sayadaw, Yangon, 1966-1968. (미얀마어 번역본)

II. 빠알리 삼장 번역본

Dīgha Nikāya: Walshe, Maurice. *Thus Have I Heard*, London: Wisdom Publications, 1987.

Majjhima Nikāya: Ñāṇamoli, Bhikkhu and Bodhi Bhikkhu. *The Middle Length Discourse of the Buddha.* Kandy: BPS, 1995.

전재성, 『맛지마니까야』(전6권), 서울:한국빠알리성전협회, 2002-3.

Saṁyutta Nikāya: Bodhi, Bhikkhu. *The Connected Discourses of the Buddha* (2 Vol.s). Wisdom Publications, 2000.

전재성, 『상윳따니까야』(전 10권), 서울:한국빠알리성전협회, 1999.

Aṅguttara Nikāya: Woodward and Hare. *Book of Gradual Sayings.* London: PTS.

Paṭisambhidamagga: 임승택. 『빠띠삼비다막가 역주』. 서울:가산불교문화연구원, 2001

Dhammasangaṇi: Rhys Davids, C.A.F. *A Buddhist Manual of Psychological Ethics.* 1900. Reprint. London: PTS, 1974.

Vibhaṅga: Thittila, U. *The Book of Analysis*. London: PTS, 1969.

Dhātukathā: Nārada, U. *Discourse on Elements*. London: PTS, 1962.

Puggalapaññatti: Law, B.C. *A Designation of Human Types*. London: PTS, 1922, 1979.

Kathāvatthu: Shwe Zan Aung and C.A.F. Rhys Davids. *Points of Controversy*. London: PTS, 1915, 1979.

Paṭṭhana: U Nārada. *Conditional Relations*. London: PTS, Vol.1, 1969; Vol. 2, 1981.

Atthasālinī (Commentary on the Dhammasāṅganī): Pe Maung Tin. *The Expositor* (2 Vol.s). London: PTS, 1920-21, 1976.

Sammohavinodanī (Commentary on the Vibhaṅga): Ñāṇamoli, Bhikkhu. *The Dispeller of Delusion*. Vol. 1. London: PTS, 1987; Vol. 2. Oxford: PTS, 1991.

III. 사전류

Pali-English Dictionary (PED), by Rhys Davids and W. Stede, PTS, London, 1923.

Pali-English Glossary of Buddhist Technical Terms (NMD), by Ven. Ñāṇamoli, BPS, Kandy, 1994.

A Dictionary of the Pali Language (DPL), by R.C. Childers, London, 1875.

Buddhist Dictionary, by Ven. Ñāṇatiloka, Colombo, 1950.

Concise Pali-English Dictionary (BDD), by Ven. A.P. Buddhadatta, 1955.

Dictionary of Pali Proper Names (DPPN), by G.P. Malalasekera, 1938.

Sanskrit-English Dictionary, by Sir Monier Monier-Williams, 1904.

Practical Sanskrit-English Dictionary, by Prin. V.S. Apte, Poona, 1957.

Buddhist Hybrid Sanskrit Grammar and Dictionary, by F. Edgerton, New Javen: Yale Univ., 1953.

Root, Verb-Forms and Primary Derivatives of the Sanskrit Language, by W. D. Wintney, 1957.

『梵和大辭典』 鈴木學術財團, 동경, 1979.

『佛教 漢梵大辭典』 平川彰, 동경, 1997.

『パーリ語佛教辭典』 雲井昭善 著, 1997

IV. 기타 참고도서.

Abe, Jion. *Saṁkhepatthajotanī, Visuddhimagga-Cūḷaṭīkā Sīla-Dhutaṅga*, Poona, 1981.

Aloysius Pieris. *The Colophon to the Paramatthamañjūsā and the Discussion on the Date of Acariya Dhammapāla*. 1978.

Adikaram, E.W. *The Early History of Buddhism in Ceylon*. Ceylon, 1946.

Aung, Shwe Zan. *Compendium of Philosophy*. London: PTS, 1910, 1979.

Banerji, S. Chandra. *A Companion to Sanskrit Literature,* Delhi, 1989.

Bapat, P.V. *Vimuttimagga and Visuddhimagga*, Poona, 1937.

Bodhi, Bhikkhu. *A Comprehensive Manual of Abhidhamma* (CMA). Kandy: BPS, 1993. (Pāli in Roman script with English translation)

Chapple, Christopher. *Bhagavad Gita (English Tr.), Revised Edition* New York, 1984.

Dhammagavesaka(尋法), Bhikkhu. 阿毗達摩概要精解. Hongkong, 1999.

Dhammajoti(法光), Bkikkhu. *Entrance into the Supreme Doctrine*, University of Kelaniya, 1998.(한문본 『入阿毗達磨論』의 영역, 주해)

Eggeling, J. *Satapatha Brahmana* (5 Vol.s SBE Vol. 12, 26, 41, 43-44), Delhi, 1989.

Fahs, A. *Grammatik des Pali*, Verlag Enzyklopadie, 1989.

Geiger, W. *Mahāvaṁsa or Great Chronicle of Ceylon.* PTS.

Geiger W. *Cuuḷavaṁsa or Minor Chronicle of Ceylon (or Mahāvaṁsa Part II)*, PTS.

Geiger, W. *Pali Literature and Language*, English trans. By Batakrishna Ghosh, 1948, 3th reprint. Delhi, 1978.

Govinda, Lama Anagarika. *The Psychological Attitude of Early Buddhist Philosophy.* London, 1961, Reprint. Delhi, 1991.

Gray, J. *Buddhagosuppatti*, Edited and translated into English, London, 1892.

Hinüber, Oskar von. *A Handbook of Pāli Literature*, Berlin, 1996.

Jayawardhana, Somapala. *Handbook of Pali Literature*, Colombo, 1994.

Jha, Ganganath. *Tattva-Kaumudi - Vacaspati Misra's Commentary on the Samkhya-Karika Text & English Translation*. Poona, 1965.

Kim, Wan Doo. *The Theravādin Doctrine of Momentariness, A Survey of its Origin and Development*, University of Oxford, 1999.(미산 스님 박사학위 청구논문)

Ledi Sayadaw. *The Manual of Dhamma*, Igatipur:VRI, 1999 (First Indian Edition)

Law, B.C. *History of Pali Literature*. London, 1933 (2 Vol.s)

Law, B.C. *The Life and Work of Buddhaghosa*. Calcutta, 1923.

Malalasekera, G.P. *The Pali Literature of Ceylon*, 1928. Reprint. Colombo, 1958.

Nandamala, U Ven. *The Fundamental Abhidhamma*, Maryland, 1997.

Nārada Mahāthera. *A Manual of Abhidhamma*. 4th ed. Kandy: BPS, 1980. (Pāli in Roman script with English translation)

Norman, K.R. *Pāli Literature Including the Canonical Literature in Prakrit and Sanskrit of All the Hīnayāna Schools of Buddhism*, Wiesbaden, 1983.

Nyanaponika Thera. Ven. *Abhidhamma Studies*, Kandy: BPS, 1998.

Nyanatiloka Thera. *Guide through the Abhiddhamma Piṭaka*, Kandy: BPS, 1971.

Radhakrishnan, S. *Indian Philosophy*, Oxford, 1991.

Radhakrishnan, S. *Principal Upanisads*. Oxford, 1953, 1991.

Rāhula, Walpola Ven. *What the Buddha Taught*, Colombo, 1959, 1996.

Rāhula, W. Rev. *History of Buddhism in Ceylon*. Colombo 1956, 1993.

Reginald S. Copleston, *Buddhism primitive and present in Magadha and in Ceylon*, 1908.

Silananda, U. *Hand-out for Lectures on Abhidhammattha Sangaha* (with 53 cassette tapes), San Jose, 1994.

Soma Thera & Kheminda Thera, *The Path of Freedom (Vimutti-magga)*, 1961. Reprint. Kandy: BPS, 1995.

Umasvami, Tr. Acharya. *Tattvarthadhigama Sutra*. Delhi, 1953.

Vasu, Srisa Chandra. *Astadhyayi of Panini* (2 Vol.s). Delhi, 1988.

Winternitz, M. *History of Indian Literature* (3 Vol.s), English trans. by Batakrishna Ghosh, Revised edition, Delhi, 1983.

Warder, A.K. *Indian Buddhism*, 2nd rev. ed. Delhi, 1980.

Yardi, M.R. *Yoga of PataNjali*. Delhi, 1979.

각묵 스님. *Develpment of the Vedic Concept of Yogakśema*. 『현대와 종교』 20집 1호, 대구, 1997

각묵 스님. 『금강경 역해 — 금강경 산스끄리뜨 원전 분석 및 주해』 서울: 불광출판부, 2001, 3쇄 2004.

각묵 스님. 『네 가지 마음챙기는 공부』 서울:초기불전연구원, 2003

각묵 스님.「간화선과 위빳사나 무엇이 같고 다른가」『선우논강Ⅰ』2003.
권오민. 『아비달마 불교』 서울:민족사, 2003
권오민. 『구사론』(전4권) 서울:동국역경원, 2003.
대림 스님/각묵 스님 『아비담마 길라잡이』(전2권) 서울:초기불전연구원, 2002, 3쇄 2003.
대림 스님(Cha, M. H.) *A Study in Paramatthamañjūsa (With Special Reference to Paññā)*, Pune University, 2001.(박사학위 청구논문)
대림 스님 『들숨날숨에 마음챙기는 공부』 서울:초기불전연구원, 2003.
동국역경원 『解脫道論 外』 서울:동국역경원, 1995.
뿔라간들라 R. 이지수 역, 『인도철학』 서울:민족사, 1991.
平川彰. 이호근 역, 『印度佛敎의 歷史』(전2권) 서울:민족사, 1989, 1991.

빠알리 - 한글 색인

【A】

abbhokāsika 노천에 머무는 수행
Abhaya thera 아바야 장로
Abhaya-giri 아바야기리(無畏山)
abhāva 없음, 있지 않음
abhibhu-āyatana 지배하는 경지 (八勝處)
Abhidhamma 아비담마(論)
abhighāta 부딪힘
abhijjhā 탐욕스러움, 탐욕, 간탐
abhiññā 초월지, 신통지
abhinandana 즐김
abhinava 새로 생기는
abhinipāta 돌진하는, 닿는
abhiniropana 기울임, 향함
abhiniviṭṭha 천착한
abhinivesa 고집, 독단적 신조
abhinivesa 천착함
abhinīhāra 전달, 보냄, 기울임
abhisamaya 관통
abhisaṅkhāra 행위, 업지음
addhā, addhāna 기간, 시간, 여행, 수명
addhuva 지속되지 않는
adhicitta 높은 마음
adhimokkha 결심, 확신
adhimutti 결심, 확신
adhipaññā 높은 통찰지
adhipaññā-vipassanā 수승한 통찰지의 위빳사나
adhipateyya 탁월함
adhipati 지배(增上)
adhipati-paccaya 지배의 조건
adhippāya 뜻함, 의도, 열망
adhisīla 높은 계
adhiṭṭhāna 결의, 결정
adhiṭṭhāna 머묾, 머무는 곳, 근원
adinnādāna 도둑질(偸盜)
adiṭṭha 보지 못한

adosa 결점 없음
adosa 성냄 없음(不嗔)
adukkham-asukha 괴롭지도 즐겁지도 않은(不苦不樂)
advaya 둘이 아닌 (까시나)
agati 가지 않아야 함
aghānaka 냄새 못 맡음
ahetuka 원인 없는 [마음]
ahetuka-diṭṭhi 원인이 없다는 견해(無因論)
ahiri 양심 없음(無慚)
ahosi-kamma 효력을 상실한 업
ajjhatta/ajjhattika 안(內)의
Akaniṭṭhā 색구경천
akāla-maraṇa 불시의 죽음
akiriya-diṭṭhi 업보를 부정하는 견해(無作見)
akkosa 욕함
akusala 해로운(不善)
alobha 탐욕 없음(不貪)
amanussa 비인, 귀신, 도깨비
amata 불사(不死)
amoha 어리석음 없음(不痴)
Aṅgulimāla 앙굴리말라
aññamañña-paccaya 서로 지탱하는 조건
aññathatta 변화
aññā 구경의 지혜(究境智)
aññāṇa 지혜 없음, 알지 못함
anaññātaññassāmīti-indriya 구경의 지혜를 가지려는 기능
aññātāvi 구경의 지혜를 구족한
aṇu 원자
anabhijjhā 탐욕 없음
anantara-paccaya 틈 없이 뒤따르는 조건
anattā 무아
anattānupassanā 무아의 관찰
anābhoga 관여하지 않음
anāgataṁsa-ñāṇa 미래를 아는 지혜
anāgāmi 불환자(不還者)
Anātha-piṇḍika 아나타삔디까 (급고독)
andhaka 안다까 (인도의 A.P.주)
anicca 무상
anicca-saññā 무상의 인식(無常想)
aniccānupassanā 무상의 관찰
animitta 표상 없음(無相)
animitta-vimokkha 표상없는 해탈
animittānupassanā 표상 없음의 관찰
anipphanna-(rūpa) 추상적인 물질
aniṭṭha 원하지 않는
Anojādevī 아노자 왕비
Anotatta 아노땃따 호수
anottappa 수치심 없음(無愧)
antarāparinibbāyi 수명의 중반에 구경열반을 증득하는 자
anubodha-ñāṇa 수각지(隨覺智)
Anula thera 아눌라 장로
anuloma 수순(隨順)
anumāna 추론
anunaya 찬사
anupassanā 관찰(隨觀)

anupādisesa-(nibbāna) 무여(열반)
Anurādhapura 아누라다뿌라
Anuruddha thera 아누룻다 장로
anusandhi 나열하는 (같은 뜻을~)
anusaya 잠재성향
anussati 계속해서 생각함(隨念), 기억
anvaya-ñāṇa 추론지
Aparagoyāna 아빠라고야나 (西牛貨洲)
aparāpariya 받는 시기가 확정되지 않은 [업]
apāya 악처(惡處)
appamaññā 무량(四無量)
appamāṇa 무량한
appaṇihita 원함 없음(無願)
appaṇihitavimokkha 원함없는 해탈
appaṇihitānupassanā 원함 없음의 관찰
appanā 본삼매
appaṭisaṅkhā 숙고하지 않음
appicchatā 소욕
apuñña-abhisaṅkhāra 공덕이 되지 않는 행위
arahant 아라한
arahatta 아라한됨, 아라한과
arañña 숲
arati 지루함, 싫어함
ariya 성자(聖者), 고귀한
ariya-magga 성스러운 도
ariya-puggala 성인(聖人)
ariya-sacca 성스러운 진리(四聖諦)
ariya-sāvaka 성스러운 제자
ariya-vaṁsa 성자의 계보
arūpa 무색
arūpa-avacara 무색계
arūpa-bhava 무색계 존재
arūpa-bhūmi 무색계
arūpa-loka 무색계 (세상)
arūpa-sattaka 정신의 칠개조
asammoha 미혹하지 않음, 혼돈하지 않음
asaṅkhata 형성되지 않은(無爲)
asaṅkhata-dhātu 형성되지 않은 요소
asaṅkhāraparinibbāyī 자극 없이 구경열반을 증득하는 자
asaṅkhārika 자극받지 않은
asaṅkheyya(kappa) 아승지(겁)
asañña, asaññi 인식이 없는 (자)
asañña-satta 무상유정(無想有情), 인식이 없는 중생
asekha 무학
asmi-māna '나다'라는 자만
Asoka 아소까
Assagutta thera 앗사굿따 장로
Assakaṇṇapabbata 앗사깐나 산
assāsa-passāsa 들숨과 날숨
asubha 부정(不淨), 더러운
asubha-saññā 부정상(不淨想), 부정의 인식
Asura 아수라
aṭṭhaka, aṭṭhamaka 팔원소
aṭṭhakathā 앗타까타, 주석서

aṭṭhaṅgika-magga 팔정도
aṭṭhārasa mahā-vipassanā 18 가지 중요한 위빳사나
atammayatā 무관심
atippasaṅga 지나치게 확대하여 적용함
atīta 과거
atta-kilamatha 자기학대
atta-saññā 자아라는 인식
atta-vāda 자아의 교리
attā 자아
attha 뜻
attha 이치
atthibhāva 존재하는 상태
atthi-kkhaṇa 존재하는 순간
atthi-paccaya 존재하는 조건
avacara 계(界), 영역
avadhāra 강조
avigata-paccaya 떠나가버리지 않은 조건
avihiṁsā 해코지 않음
avijjā 무명(無明)
avikampana 동요함이 없음
avikkhepa 산만하지 않는
avinibbhoga 분리할 수 없는 [물질]
avippaṭisāra 후회하지 않음
avīci 간단없는
Avīci 무간[지옥]
avītikkama 범하지 않음
avyākata/abyākata 판단할 수 없음 (無記)
avyāpāda/abyā- 악의 없음
avyāpāra/abyā- 무관심
ayoniso 지혜롭지 못한, 근원을 벗어난
ābādha 질병, 병, 괴롭힘, 고통
ābhassarā 광음천(光音天)
ābhoga 관심
ācariya 스승
ācaya 시작
āciṇṇa 친숙한, 습관적인
ādāna 가짐
ādi 처음
ādikammika 초심자
ādīnava 위험
ādīnavañāṇa 위험의 지혜
ādīnavānupassanā 위험의 관찰
āgantuka 객, 손님
āghāta 성가심, 적대감
āhāra 음식
āhāra-paccaya 음식의 조건
āhārasamuṭṭhāna 음식에서 생긴
āhāre paṭikkula-saññā 음식에 대한 혐오의 인식
ājīva 생계
ājīvapārisuddhi-sīla 생계의 청정에 관한 계
ākāra 형태, 측면, 모양, 구조
ākāsa 허공
Aakāsacetiya 아까사 탑
ākāsa-dhātu 허공의 요소(空界)
ākāsa-kasiṇa 허공의 까시나
ākāsānañcāyatana 공무변처
ākiñcaññāyatana 무소유처

Aaḷāra Kāḷāma 알라라 깔라마
ālaya 애착, 집착
āloka 빛, 광명
āloka-kasiṇa 광명의 까시나
āloka-saññā 광명상, 광명의 인식
āmisa 물질적인 것, 물건
āmisa 미끼
Aananda thera 아난다 장로
ānantariyakamma 무간업
ānāpāṇa 들숨날숨
ānāpāna-sati 들숨날숨에 대한 마음챙김
āneñja 흔들림 없음
āneñja-abhisaṅkhāra 흔들림 없는 행위
ānisaṁsa 이점, 이익
āpatti 계를 범함
āpātha 영역, 나타남
āpo 물(水)
āpodhātu 물의 요소(水界)
āpo-kasiṇa 물의 까사니
ārambha-dhātu 정진을 시작하는 요소(發勤界)
ārammaṇa/ālambaṇa 대상
ārammaṇa-paccaya 대상의 조건
ārammaṇa-ttika 대상의 삼개조
araññika 숲에 머무는 수행
āruppa 무색계 [마음], 무색계, 무색의
āsanna 임종에 다다라 지은 [업]
āsava 번뇌(漏)
āsevana-paccaya 반복하는 조건
āsevanā 반복
āvajjana 전향
āyatana 장소(處), 감각장소(處)
āyu 수명, 목숨
āyu-saṅkhāra 수명의 상카라, 목숨의 상카라
āyūhana 쌓음

【B】

bahiddhā, bāhira 밖의
Bahula thera 바훌라 장로
Bakkhula thera 바꿀라 장로
bala 힘(力, 五力)
Baladeva 발라데와
Bandhumatī 반두마띠
Bandhumā 반두마
Bhaddiya thera 밧디야 장로
Bhagava 세존
bhaṅga 무너짐(壞)
bhaṅga-anupassanā 무너짐의 관찰
bhava 존재(有)
bhava-cakka 존재의 바퀴
bhavaṅga 바왕가, 잠재의식
bhaya 두려움, 공포
bhayato-upaṭṭhāna-ñāṇa 공포로 나타나는 지혜
bhāva 성[의 물질]
bhāva 성질, 성품
bhāvanā 수행, 닦음
bhesajja 약

bhikkhu 비구
bhikkhunī 비구니
bhikkhu-saṅgha 비구승가
Bhīmasena 비마세나
bhojana 음식
bhāṇaka 암송하는 자
bhūmi 땅(地)
bhūmi 영역
bhūmi 토양
bhūta 존재하는 것
Bhūtapāla thera 부따빨라 장로
Bimbisāra 빔비사라 왕
bodhi-pakkhiya-dhamma 보리분법(菩提分法), 助道
bodhisattva 보살
bojjhaṅga, sambojjhaṅga 깨달음의 구성요소(七覺支)
brahma-cariya 청정범행
Brahma-kāyika 범신천
Brahma-loka 범천의 세계
Brahma-pārisajjā 범중천
Brahmavatī 브라흐마와띠
brahma-vihāra 거룩한 마음가짐(梵住, 無量)
Brahmā 범천
Brahmā Sahampati 사함빠띠 범천
brāhmaṇa 바라문
Buddha 부처님
buddha-anussati 부처님을 계속해서 생각함(佛隨念)
Buddharakkhita thera 붓다락키따 장로
byādhi 병

【C】

cakka-vatti 전륜성왕
cakka-vāla 우주(輪圍山)
cakkhāyatana 눈의 감각장소(眼處)
cakkhu 눈(眼)
cakkhu-dasaka 눈의 십원소
cakkhu-dhātu 눈의 요소(眼界)
cakkhu-dvāra 눈의 문
cakkhu-indriya 눈의 기능(眼根)
cakkhu-viññāṇa 눈의 알음알이
cakkhu-viññāṇa-dhātu 눈의 알음알이의 요소(眼識界)
calana 움직임
Campā 짬빠
canda 달
Candapadumasiri 짠다빠두마시리
carita, cariya 기질
catudhātu-vavaṭṭhāna 사대의 구분
Catumahārāja 사대왕천
cāga 보시, 관대함, 버림
cāga-anussati 보시를 계속해서 생각함
Cāṇura 짜누라
cāpalya 치장하려는 욕심
cetanā 의도
cetasika 마음부수(心所)
cetaso vinibandha 마음의 얽매임
Cetiya-giri 쩨띠야 산

Cetiya-pabbata 쩨띠야 산
ceto-khīla 마음의 황폐
ceto-pariya-ñāṇa 남의 마음을 아는 지혜(他心通)
ceto-vimutti 마음의 해탈(心解脫)
Chaddanta 찻단따 호수
Chaddanta *nāgarājā* 찻단따 용왕
chanda 열의(欲)
Citrapātaliya 찌뜨라빠딸리야 나무
citta 마음(心), 알음알이(識)
Citta 찟따 (청신사 이름)
Citta 찟따 산
Cittagutta thera 찟따굿따 장로
Cittalapabbata 찟딸라 산
citta-samuṭṭhāna 마음에서 생긴 (물질)
citta-saṅkhāra 마음의 상카라, 마음의 작용(心行)
cittaṭṭhiti 마음의 머묾(心止)
citta-visuddhi 마음청정(心淸淨)
cittuppāda 마음의 일어남
Cīragumba 찌라굼바
cīvara 옷, 의복, 가사
cuti 죽음
cuti-citta 죽음의 마음
cutūpapāta-ñāṇa 죽음과 다시 태어남을 아는 지혜
Cūḷa-Nāgaleṇa 작은 나가레나동굴
cūḷa-sotāpanna 작은 수다원

【D】

Dakkhiṇagiri 닥키나 산(남산)
dasaka 십개조, *dasaka* 십원소
dasakathāvatthu 열 가지 논의의 주제
dassana 봄(見)
Datta thera 닷따 장로
Datta-abhaya thera 닷따 아바야 장로
dāna 보시
Dānava 다나와 (아수라 이름)
desanā 가르침
deva, devatā 천신
Devadatta 데와닷따
deva-loka 천상, 천상세계
Devaputtaraṭṭha 데와뿟따의 왕국
devatānussati 천신을 계속해서 생각함
devorohana 천상으로부터 하강함
dhamma 마노의 대상(法)
dhamma 법
dhamma 법(가르침)
dhamma-anusāri 법을 따르는 자
dhamma-anussati 법을 계속해서 생각함
Dhamma-asoka 담마아소까
dhammāyatana 법의 감각장소(法處)
dhamma-dhātu 법의 요소(法界)
Dhammadinna thera 담마딘다 장로

Dhammaguttā 담마굿따
dhamma-kāya 법의 몸(法身)
Dhammarakkhita thera 담마락키따 장로
Dhamma-senāpati 법의 사령관
dhamma-ṭṭhiti-ñāṇa 법들의 조건에 대한 지혜(法住智)
dhammatā-rūpa 자연적으로 생긴 물질
dhamma-vicaya 법의 간택(擇法)
dhammika 법다운, 여법한
Dhanañjaya 다난자야
dhātu 사리
dhātu 요소(界)
dhātu-kkhobha 사대의 부조화
dhātu 체액
dhātu-manasikāra 요소를 마음에 잡도리함
dhutaṅga 두타행, 두땅가
dhuva-(bhāva) 영원한 (성질)
dhuva-saññā 영원하다는 인식
dibba-cakkhu 천안통
dibba-sota-dhātu 천이통, 천이계
dibba-vihāra 신성한 마음가짐
diṭṭhadhamma-vedanīya 금생에 받는 [업]
diṭṭha-suta-muta-viññāta 보고 듣고 감지되고 알아진
diṭṭhi 견해 (그릇된 ~)
diṭṭhigata 그릇된 견해, 사견
diṭṭhippatta 견해를 얻은 자
diṭṭhivisuddhi 견청정
Dīpaṅkara 디빵까라(연등불)
domanassa 슬픔
domanassa 싫어하는 마음
domanassa 정신적 고통
domanassa-dhātu 정신적 고통의 요소
domanassa-indriya 정신적 고통의 기능
dosa 성냄(嗔)
dosa 체액
duccarita 삿된 행위, 나쁜 행위, 그릇된 행위
duggati 악도, 악처, 불행한 곳
dukkaṭa 나쁜 행위
dukkha 괴로움(苦)
dukkha 육체적 고통(苦)
dukkha-anupassanā 괴로움의 관찰
dukkhindriya 괴로움의 기능(苦根)
dūra 먼, 멀리
dvattiṁsa-ākāra 몸의 32가지 부위
dvāra 문(門)
dvi pañca-viññāṇa 한 쌍의 전오식(前五識)

【E】

ekabīji 한 번만 싹 트는 자
ekaggatā 집중(一境性)
ekatta 하나의, 단일화의, 동일성
eka-vavaṭṭhāna 동일하다고 구분함
ekāsanika 한 자리에서만 먹는 자

esanā 구함, 찾음

【G】

gabbhaseyyaka 태아, 태생
gamaka 가는 자
gambhīra 심오한, 깊은
gaṇana 헤아림, 계산, 숫자
gandha 냄새(香)
gandha-āyatana 냄새의 감각장소(香處)
gandha-dhātu 냄새의 요소(香界)
Gangā 강가 강
gantha 매듭
gantha 책
garuka-(kamma) 무거운 [업]
Garuḷa 가루라
gata-paccāgata 가고 오는
gati 태어날 곳
ghana 덩어리
ghana-saññā 덩어리라는 인식
ghaṭṭana 방해
ghāna 코(鼻)
ghāna-āyatana 코의 감각장소
ghāna-dhātu 코의 요소(鼻界)
ghāna-viññāṇa 코의 알음알이
ghāna-viññāṇa-dhātu 코의 알음알이의 요소(鼻識界)
ghānindriya 코의 기능(鼻根)
Ghosita 고시따
Girikaṇṇaka-vihāra 기리깐나까 승원
gocara 영역, 행동의 영역, 대상
Godatta thera 고닷따 장로
go-kiriyā 소처럼 행동하는 [고행]
go-sīla 소처럼 행동함
gotrabhu 종성(種姓)
guṇa 덕

【H】

hadaya 심장
hadaya-vatthu 심장토대
Haṁsapatana 항사빠따나 호수
Haṇkanaka 항까나까
hasituppāda-citta 미소를 일으키는 마음
Hatthikucchi-pabbhāra 핫티꿋치빱바라
hetu 원인(因)
hetu-paccaya 원인의 조건
himavā 히말라야
hiri 양심
hīna 저열한

【I】

idappaccayatā 이것에게 조건됨(緣起)
iddhi 성취, 신통

iddhi-pāda 성취수단(如意足)
iddhi-vidha 신통변화(身足通)
Illīsa 일리사 장자
Inda 지배자
Inda(Indra) 제석, 인드라
indriya 기능(根)
indriya-paccaya 기능의 조건
iriyāpatha 자세, 위의
Isadharapabbata 이사다라 산
Issara 신, 자재천신
issariya 지배력
issā 질투
iṭṭha 원하는
itthibhāva 여성
itthi-indriya 여자의 기능(女根)

【J】

Jambu 잠부 나무
Jambu-dīpa 인도, 잠부디빠
janaka 생산[업]
jaratā 쇠퇴, 늙음
jarā 늙음(老)
jarā-maraṇa 늙음/죽음(老死)
Jaṭilaka 자띨라까
javana 자와나, 속행(速行)
jāti 종류
jāti 태어남(生)
jhāna 禪
jhānaṅga 선(禪)의 구성요소
jivhā 혀(舌)
jivhā-dhātu 혀의 요소(舌界)
jivhā-viññāṇa 혀의 알음알이
jivhā-viññāṇa-dhātu 혀의 알음알이의 요소(舌識界)
jivhāyatana 혀의 감각장소(舌處)
jivhindriya 혀의 감각기능(舌根)
jīva 영혼
Jīvaka 지와까
jīvita 생명
jīvita-dasaka 생명의 십원소
jīvita-indriya 생명기능(命根)
Jotika 조띠까

【K】

kabalīkāra-āhāra 덩어리로 된 음식(段食)
Kaccāna thera 깟짜나 장로
Kadamba 까담바 나무
kalala 깔랄라 (태아의 첫 번째 단계)
kalāpa 깔라빠, 무리
Kalyāṇa-gāma 깔랴나 마을
kalyāṇa-mitta 선우, 도반
kama 순서
Kambojā 깜보자
kamma 업
kammabhava 업으로서의 존재(業有)
kamma-ja 업에서 생긴
kammaññatā 적합함(適業性)
kamma-nimitta 업의 표상

kammanta 행위(業)
kamma-paccaya 업의 조건
kamma-patha 업의 길(業道)
kamma-samuṭṭhāna 업에서 생긴 (물질)
kammaṭṭhāna 명상주제
kamma-vaṭṭa 업의 회전
kaṅkhā 의심
kaṅkhāvitaraṇa-visuddhi 의심을 극복함에 의한 청정
Kaṇṇamuṇḍaka 깐나문다까 호수
kappa 겁(劫)
Kappa 깝빠 나무
kara-ja 거친, 물질로 된
Karañjiya-vihāra 까란지야 승원
Karavīka 까라위까(가릉빈가) 새
karuṇā 연민(悲)
Karvīka-pabbata 까르위까 산
kasiṇa 까시나
Kassapa thera 깟사빠(가섭) 장로
Kaṭakandhakāra 까타깐다까라
kaṭatta 이미 지은 [업]
Kākavāliya 까까왈리야
Kāḷadīghavāpi 깔라 디가 와삐
kāla 시간
kāma-bhava 욕계, 욕계 존재
kāmacchanda 욕탐
kāmataṇhā 욕망에 대한 갈애(慾愛)
kāmā 감각적 욕망
kāmāvacara 욕계
kāmesu micchācāra 사음, 삿된 음행
kāraka 행위자
kāraṇa 이유, 원인
Kāruliya-giri 까룰리야 산
kāya 몸(身)
kāya-dasaka 몸의 십원소
kāya-dhātu 몸의 요소(身界)
kāya-duccarita 몸으로 짓는 나쁜 행위
kāya-dvāra 몸의 문
kāya-gantha 몸의 매듭
kāyagatā-sati 몸에 대한 마음챙김
kāya-sakkhi 체험한 자, 직접적인 증거, 본보기
kāya-saṅkhāra 몸의 상카라, 몸의 작용(身行)
kāya-sañcetanā 몸의 의도
kāya-viññatti 몸의 암시(身表), 몸을 통한 암시
kāya-viññāṇa 몸의 알음알이(身識)
kāya-viññāṇa-dhātu 몸의 알음알이의 요소(身識界)
kāyānupassanā 몸의 관찰
kāyāyatana 몸의 감각장소(身處)
kāyindriya 몸의 감각기능(身根)
kesa 머리털
khalupacchābhattika 나중에 얻은 밥을 먹지 않는 자
khaṇa 순간, 찰나(刹那)
khaṇika-citta-ekaggatā 순간적인 마음의 하나됨
khaṇika-maraṇa 순간의 죽음(刹那死)

khaṇika-samadhi 찰나삼매
khandha 무더기(蘊)
khanti 인욕
khattiya 왕족, 끄샤뜨리야
khaya 부서짐
khaya-anupassanā 부서짐에 대한 관찰
Khāṇu-kondañña thera 카누 꼰단냐 장로
khema 안은, 안전
khetta 토지, 국토
khīṇāsava 번뇌 다한 자
Khujjutarā 쿳줏따라 청신녀
khura-cakka 칼로 된 바퀴
kicca 역할, 기능, 작용, 해야 할 일
kilesa 오염원
kilesa-vaṭṭa 오염원의 회전
kimi 벌레
kiñcana 무엇
kiriya (단지) 작용만 하는
kiriya 행위, 역할
kodha 화, 분노
kolaṁkola 성스러운 가문에서 성스러운 가문으로 가는
Koraṇḍaka-vihāra 꼬란다까 승원
kosajja 게으름
Kosala 꼬살라
Koṭapabbata 꼬따 산
koṭika, dvi-, catu- 측면
koṭṭhāsa 부분
kukkucca 후회
kukkura-kiriyā 개처럼 행동 하는 (고행)
kula-putta 선남자
Kumbhakāragāma 도기공의 마을
Kuṇāḷa 꾸날라 호수
Kuraṇḍaka-mahā-leṇa 꾸란다 마하 레나
kusala 유익한(善)

【L】

lahu-saññā 가벼움의 인식
lahutā 가벼움
lakkhaṇa 특징
lapanā 쓸데없는 말
lābha 이득
liṅga 특징, 성
lobha 탐욕(貪)
Loha-pāsāda 동당(銅堂)
lohita 붉은 색, 피
loka 세상
loka-dhamma 세간법, 세간적인 법
loka-dhātu 세계
lokantara 세상의 끝
loka-thūpika 세상의 정점
Lokavyūha 로까뷰하(世莊嚴) 천신
lokiya 세간적인
lokuttara 출세간

【M】

macchariya 인색
macchariya, macchera 인색
mada 교만, 허영심
Magadha 마가다
magga 도(道)
magga-ñāṇa 도의 지혜, 도에 대한 지혜
magga-paccaya 도의 조건
mahaggata 고귀한
Mahaka 마하까 강
Mahā-Anula thera 마하 아눌라 장로
mahā-bhūta 근본물질(四大)
Mahā-brahmā 대범천(大梵天)
Mahā-cetiya 대탑
Mahā-Deva thera 마하데와 장로
Mahā-gāma 마하가마
Mahā-Gutta thera 마하굿따 장로
Mahā-Kappina 마하깝삐나 장로
Mahā-Mitta thera 마하밋따 장로
Mahā-Moggallāna thera 마하목갈라나 장로
Mahā-nadī 마하나디 강
Mahā Rohaṇagutta thera 마하로하나굿따 장로
Mahānāma 마하나마 청신사
Mahāsammata 마하삼마따
Mahāsaṅghika 마하상기까
Mahātittha 마하띳타
Mahāvattani 마하왓따니 숲
Mahāvihāra 대사(大寺), 마하위하라
mahā-vipassanā 18가지 중요한 위빳사나
Mahinda thera 마힌다 장로
Mahinda-guhā 마힌다 동굴
majjhatta 무관심
majjhatta 중립
mala 때, 녹, 더러움
Malaya 말라야 산
Mallaka thera 말라까 장로
Mamiliyā 마밀리야 목신
Maṇḍuka *devaputta* 만두까 (천신 이름)
manasikāra 마음에 잡도리함(作意), 주의
manāyatana 마노의 감각장소(意處)
manindriya 마노의 감각기능(意根)
mano 마노, 마음(意)
mano-dhātu 마노의 요소(意界)
mano-dvāra 마노의 문(意門)
manodvāra-āvajjana 의문전향
mano-maya 마음으로 만든, 마음으로 이루어진
mano-sañcetanā 마음속 의도의 (음식), 마음의 의도
mano-viññāṇa 마노의 알음알이(意識)
mano-viññāṇa-dhātu 마노의 알음알이의 요소(意識界)
manussa 인간
maraṇa 죽음(死)

maraṇa-sati 죽음에 대한 마음챙김 (死念)
maraṇāsanna 임종에 다다른
matthalunga 뇌
Māgaṇḍiya 마간디야
māna 자만
Māra 마라
mātikā 마띠까(論母), 논의의 주제
Meṇḍaka 멘다까
mettā 자애(慈)
Metteyya 미륵, 마이뜨레야
micchatta 삿됨
micchā-diṭṭhi 삿된 견해, 사견(邪見)
micchā-magga 삿된 도
micchā-vācā 삿된 말
middha 혼침
Missaka 미사까 숲
moha 어리석음(痴)
muditā 더불어/같이 기뻐함(喜)
mudutā 부드러움
muñcitukamyatā 해탈하기를 원하는 [지혜]
musāvāda 거짓말(妄語)
muta 감지되는
mūla 뿌리, 뿌리박은

【N】

Nanda māṇava 난다 바라문 생도
Nanda thera 난다 장로
Nandana 난다나 숲
nandi 즐김
Nandopananda 난다 우빠난다
natthika-(vāda) 허무주의
natthi-paccaya 존재하지 않은 조건
na-vattabba 설할 수 없는
naya 방법
naya-vipassanā 조직적인 위빳사나
ñāṇa 지혜(智)
nāga 용
Nāga thera 나가 장로
Nāga-pabbata 나가 산(용산)
nāma 이름
nāma 정신(名)
nāma-kāya 정신의 몸
nāma-rūpa 정신・물질(名色)
nānatta 다양함, 다름, 차이, 차별
nekkhamma 출리(出離)
Nemindhara-pabbata 네민다라 산
nesajjika 눕지 않는 자 (두땅가)
nevasaññānāsaññāyatana 비상비비상처
nibbāna 열반
nibbedha 꿰뚫음
nibbidā 역겨움(厭惡)
nibbidā-ñāṇa 역겨움의 지혜
nibbidānupassanā 역겨움의 관찰
nicca 항상함
nicca-saññā 영원하다는 인식
niddā 잠
nigamana 후기
nijjīva 영혼이 아님

nikanti 집착
nimitta 표상(相)
Nimmānarati 화락천
nipphanna 구체적인 (물질)
niraya 지옥
nirāmisa 비세속적인
nirīhaka 호기심 없음, 관심 없음
nirodha 소멸, 멸
nirodha-anupassanā 소멸에 대한 관찰
nirodha-samāpatti 멸진정
nirutti 어원, 언어(詞)
nissaraṇa 벗어남
nissaya 의지처
nissaya-paccaya 의지하는 조건
niyata-vāda 운명론
niyati 운명
niyyāna 출구
niyyātita 헌신하는
nīvaraṇa 장애(五蓋)

【O】

obhāsa 광명, 빛, 밝음
obhāsa 암시
ogha 폭류
ojaṭṭhamaka 자양분을 여덟 번째로 한 (물질)
ojā 자양분
oḷārika 거친
opapātika 화생
ottappa 수치심

【P】

paccavekkhaṇa 반조
paccavekkhaṇa-ñāṇa 반조의 지혜
paccaya 조건(緣)
paccaya 필수품
paccaya-pariggaha 조건의 파악
paccaya-sannissita-sīla 필수품에 관한 계
paccay-ākāra 조건(緣)의 구조
pacceka-buddha 벽지불, 독각
pacchājāta-paccaya 뒤에 생긴 조건
paccuppanna 현재
padhāna 근본원인
padhāna 노력(勤)
padhāna 중요한, 분명한
paggaha 분발
pahāna 버림, 제거
pahāsa 왁자지껄한 웃음, 유쾌
pakata 자연적으로, 잘 된
pakati 자연
pakati 천성
pakkhandhana 들어감
palibodha 장애
paṁsukūlika 분소의를 입는 자
pamāda 태만, 방일
pañca-dvāra-āvajjana 오문전향(五門轉向)
pañca-kāmaguṇa 다섯 가닥의 감

각적 욕망
paññatti 개념(施設)
paññā 통찰지(慧, 반야)
paññā-vimutta 혜해탈
paṇḍaka 중성(*eunuch*)
paṇḍukambala-silā 붉은 대리석
paṇidhi 원함, 염원
paṇīta 수승한
Panthaka thera 빤타까 장로
papañca 산만함, 다양함, 희론
paramattha 궁극적인 뜻
Paranimmitavasavatti 타화자재천
parāmāsa 집착
pariccāga 버림, 여읨, 보시
pariccheda-rūpa 한정하는 물질
pariggaha 파악
parikamma 준비
parikathā 넌지시 말함
parikkhāra 필수품, 자구, 소지품
pariññā 통달지
parinibbāna 완전한 열반, 반열반
paritta 제한된, 작은
pariyatti 교학, 배움
pariyāya 방법, 방편, 순서
pariyuṭṭhāna 얽매임, 고정관념
pasāda 감성의 (물질)
passaddhi 경안(輕安), 편안함
paṭhavi-kasiṇa 땅의 까시나
paṭhavī-dhātu 땅의 요소(地界)
paṭibhāga 닮은 (표상)
paṭiccasamuppanna 연기된(緣而生)
paṭiccasamuppāda 연기(緣起)
paṭigha 부딪힘, 저항
paṭigha 적의
paṭikūla 혐오스러움
paṭiñña 서원, 명제
paṭinissagga 놓아버림
paṭinissagga-anupassanā 놓아버림을 관찰함
paṭipadā 도닦음
paṭipatti 도닦음
paṭisambhidā 무애해
paṭisaṅkhā 숙고
paṭisaṅkhānupassanā 숙고하여 관찰함
paṭisandhi 재생연결
paṭivedha 통찰, 꿰뚫음
patha 방법
patta-piṇḍika 발우 (한 개)의 탁발음식만 먹는 자
pavatta, pavatti 나타남
pavatta, pavatti 삶의 과정
pavāraṇā 자자(自恣)
paviveka 떨쳐버림, 떨쳐버렸음
Pācīnakhaṇḍarājī 빠지나칸다라지
pāguññatā 능숙함
pāḷi 성전
pāmojja 기쁨
pāṇa 생명
pāṇātipāta 살생, 산목숨을 죽임
pāpicchatā 삿된 소원(바람), 삿된 욕심
pārami, pāramitā 바라밀
Pāricchattaka 빠리찻따까 나무

Pāṭaliputta 빠딸리뿟따, 빠뜨나

pāṭihāriya 신변

pātimokkha 계목(戒目)

pātimokkha-saṁvara-sīla 계목(戒目)의 단속에 관한 계

peta 아귀

petti-visaya 아귀

phala 결과, 과(果)

phala-samāpatti 과의 증득

pharusa-vācā 욕설(惡口)

phassa 감각접촉(觸)

phassa-pañcamaka 감각접촉을 기본으로 하는 다섯 가지

Phārusaka 파루사까 숲

phoṭṭhabba 감촉(觸)

phoṭṭhabba-dhātu 감촉의 요소

phoṭṭhabbāyatana 감촉의 감각장소(觸處)

Phussa-deva thera 풋사데와 장로

Phussa-mittā 풋사밋따

piṇḍa-pāta 탁발

piṇḍapātika 탁발음식만 수용하는 자

pisāca 도깨비

pisuṇa-vācā 중상모략(兩舌)

pitta 담즙

Piyaṅkara-mātā 삐양까라 마따

pīti 희열(喜)

pubba 고름

pubba-kicca 미리 해야 할 일

pubbaṅgama 앞서감, 선도

Pubba-videha 뿝바위데하

pubbenivāsa-anussati 전생을 기억하는 지혜(宿命通)

puggala 사람, 인간, 者

puñña 공덕

puñña-abhisaṅkhāra 공덕이 되는 행위

Puṇṇa 뿐나

Puṇṇaka 뿐나까

Puṇṇa-vallika 뿐나왈리까

purejāta-paccaya 먼저 생긴 조건

purisa 사람, 인간

purisa 진인(眞人), 뿌루샤

purisa-indriya 남자의 기능(男根)

puthujjana 범부

puthujjana-kalyāṇaka 선한 범부

【R】

rakkhasa 귀신, 약사사

rasa 맛(味)

rasa 역할

rasa-dhātu 맛의 요소(味界)

rasa-āyatana 맛의 감각장소(味處)

Raṭṭhapāla thera 랏타빨라 장로

Rathakāra 라타까라 호수

rati 기쁨, 즐거움

rāga 갈망, 탐욕, 집착

Rāhu 라후

Rāhula thera 라훌라 장로

Rājagaha 라자가하, 왕사성

Revata thera 레와따 장로

roga 병, 질병

Rohaṇa 로하나
ruhira 피
rukkhamūlika 나무 아래 머무는 자
rūpa 물질(色)
rūpa 형상(色)
rūpa-bhava 색계 존재
rūpa-dhātu 형상의 요소(色界)
rūpa-kāya 물질적인/육체적인 몸
rūpa-rūpa 유형의 물질
rūpa-sattaka 물질의 칠개조
rūpāvacara 색계
rūpāyatana 형상의 감각장소(色處)

【S】

sabba 모든, 일체
sabbaññutā 일체지(一切知, 全知)
sabbathivādin 설일체유부
sabhāva 고유성질, 본성, 자성
sacca 진리(諦)
sacca-anulomika-ñāṇa 진리에 수순(隨順)하는 지혜
sacchikiriyā 실현
sadda 소리(聲)
sadda-dhātu 소리의 요소(聲界)
sadda-navaka 소리의 구원소
sadda-āyatana 소리의 감각장소
saddhā 믿음(信)
saddhānusāri 믿음을 따르는 자
saddhāvimutta 믿음으로 해탈한 자
sagga 천상
sahajāta-paccaya 함께 생긴 조건
saha-ṭhāna 동시(同時)
sahetuka 원인을 가진
sakadāgāmi 일래자
Sakka 제석, 삭까
sakkāya-diṭṭhi 유신견(有身見)
saḷ-āyatana 여섯 감각장소(六入)
sallekha 말살 (번뇌의 ~)
saṁsāra 윤회
saṁsāra-cakka 윤회의 바퀴
saṁvara 단속
saṁvaṭṭakappa 수축하는 겁(壞劫)
saṁvega 절박감
saṁyoga 속박
saṁyojana 족쇄
samanantara-paccaya 더욱 틈 없이 뒤따르는 조건
samatha 사마타(止)
samavāya-vādi 분리할 수 없는 친밀한 결합을 주장하는 학파(와이세시까 철학)
samaya 시간
samādhi 삼매(定)
samāpatti 증득(等持)
sammasana 명상
sammasana-ñāṇa 명상의 지혜
sammatta 올바름
sammā-ājīva 바른 생계(正命)
sammā-dassana 바르게 봄
sammā-diṭṭhi 바른 견해(正見)
*sammā-kammanta*바른 행위(正業)
sammā-ppaddhāna 바른 노력(正

勤)
sammā-samādhi 바른 삼매(正定)
Sammā-sambuddha 정등각
sammā-saṅkappa 바른 사유
sammā-sati 바른 마음챙김(正念)
sammā-vācā 바른 말(正語)
sammā-vāyāma 바른 정진(正精進)
sammoha 미혹, 매함, 몽매함, 어리석음
sammuti 일상적인 말, 통속적인
sampajañña 알아차림
sampajāna 알아차림
sampaṭicchana 받아들임
sampatta-visaya 직접 도달하는 대상
sampatti 성취, 성공
sampayutta-paccaya 서로 관련된 조건
samphappalāpa 잡담(綺語)
samuccheda 근절, 끊음
samudaya 일어남
Samudda thera 사뭇다 장로
samuṭṭhāna 생긴
saṅgati 동시 발생
saṅgha 승가
saṅgha-anussati 승가를 계속해서 생각함
Saṅgharakkhita 상가락키따 장로
saṅkanti 윤회함, 옮겨감, 초월함
saṅkappa 사유, 생각
Saṅkassa-nagara 상깟사(상까시야)
saṅkharupekkhā 상카라들에 대한 평온
saṅkhata 형성된(有爲)
saṅkhāra 상카라(行)
saṅkhāra-pariccheda 상카라들의 한계를 정함
Saṅkicca *sāmaṇera* 상낏짜 사미
Saṅkicca thera 상낏짜 장로
saṅkilesa 오염원
Sañjīva thera 산지와 장로
saññā 인식(想)
saññāvedayita-nirodha 상수멸
sanidassana 볼 수 있는 (물질)
sannipāta 동시 발생
santati 흐름, 상속(相續)
santati-sīsa 상속의 핵심
santāna 흐름, 상속(相續), 지속
santi 고요함
santi-pada 평화로운 경지
santīraṇa 조사
santuṭṭha, santuṭṭhitā 지족
sapadānacārika 차례대로 탁발하는 자
sappāya 적당한
sasambhāra-cakkhu 혼합된 (전체) 눈
sasaṅkhāra 자극 받은, 자극을 통해
sasaṅkhāra parinibbāyin 자극을 통해서 구경열반을 증득하는 자
sasaṅkhārika 자극 받은
sassata-(diṭṭhi) 상견, 영원한
sati 마음챙김(念)
satipaṭṭhāna 마음챙김의 확립

satta 중생, 유정
satta anupassanā 일곱 가지 관찰
satta dhanāni 일곱 개의 보물
satta mahā-sarā 일곱개의 큰 호수
satta/satva 사뜨와(眞性)
satta-nikāya 중생의 무리
satta-saññā 중생이라는 인식(衆生想/相)
satta-āvāsa 중생의 거처
savana 들음
sādhāraṇa 공통되는
sādhāraṇa 보편적인
Sāketa 사께따
sāmañña-phala 사문의 과(沙門果)
sāmaṇera 사미
Sāmāvatī 사마와띠 청신녀
sāmisa 세속적인
sāmīci 합당한
sāra 고갱이, 실재, 가치
Sāriputta thera 사리뿟따 장로
sāsana 교법, 교단
sāṭheyya 사기, 속임수
sāvaka 제자, 성문(聲聞)
Sāvatthi 사왓티
sāyana 맛봄
sekhiya 학습(계율)
sekkha 유학
semha 가래(점액)
senāsana 거처
sikkhā 공부
sikkhā-pada 학습계율
Simbali 심발리 나무
Sineru 수미산
Sirimā 시리마
Sirīsa 시리사 나무
sivathika 묘지
Sīhapapāta 시하빠빠따 호수
sīla 계(戒)
sīla 천성
sīla-anussati 계를 계속해서 생각함(戒隨念)
sīlabbata 계율과 의식(계와 서원)
sīlabbata-parāmāsa 계율과 의식에 대한 집착
sīmā 한계, 경계, 경내
sītibhāva 청량함
Sīva thera 시와 장로
soceyya 깨끗함
soka 근심, 슬픔
somanassa 기쁨
somanassa-indriya 기쁨의 기능(喜根)
Sopāka 소빠까
Soreyya 소레야
sosānika 공동묘지
sota 귀(耳)
sota-dhātu 귀의 요소(耳界)
sota-viññāṇa 귀의 알음알이(耳識)
sota-viññāṇa-dhātu 귀의 알음알이의 요소(耳識界)
sotāpanna 예류자
sotāpatti 예류
sota-āyatana 귀의 감각장소(耳處)
sota-indriya 귀의 감각기능(耳根)

subha 깨끗한(淨), 아름다운
Subhadda, Cūla 수밧다
subha-dhātu 아름다움의 요소
Subhakiṇha 변정천(遍淨天)
subha-saññā 깨끗하다는 인식
Subrahamā 수브라흐마
Sudassa 선현천
Sudassanapabbata 수닷사나 산
Sudassī 선견천
suddhaṭṭhaka 순수한 팔원소
Suddhāvāsa 정거천
suddhi 청정, 깨끗함
sugati 선처
sukha 즐거움(樂)
sukha 행복(樂)
sukha-saññā 행복의 인식
sukha-indriya 즐거움의 기능(樂根)
sukhuma 미세한
sukhuma-rūpa 미세한 물질
sukkha-vipassaka 마른 위빳사나를 닦는 자
Sumana thera 수마나 장로
Sumana-devī 수마나데위
suñña 비었음, 공, 공함
suññata-dhātu 공한 경지
suññata-vimokkha 공한 해탈
suññatā 공함, 공한 상태
suññatā-anupassanā 공함에 대한 관찰
Sundarī 순다리
supina 꿈
Suyāma 수야마
sūriya 태양, 해

【T】

tadaṅga 반대되는 것
tad-ārammaṇa 등록
Tambapaṇṇi-dīpa 스리랑카, 땀바빤니 섬
taṇhā 갈애
tathatā 진실한 성질, 여여
Tathāgata 여래
Tathāgata-bala 여래의 힘(如來十力)
tatramajjhattatā 중립
tādibhāva 평정
Tālaṅgara 딸랑가라
Tālaveli-magga 딸라웰리의 거리
Tāvatiṁsa 삼십삼천(帝釋天)
tecīvarika 삼의만 수용하는 자
tejo 불(火)
tejo-dhātu 불의 요소(火界)
tejo-kasiṇa 불의 까시나
Therambatthala 테람밧탈라
thīna 해태
thīna-middha 해태/혼침
ṭhiti 머묾(住)
ṭhiti 정체
Thūpārāma 투빠라마
tika 삼개조
tiracchāna-kathā 쓸데없는 담론
tiracchāna-yoni 축생계

Tissa thera　띳사 장로
Tissadatta thera　띳사닷따 장로
Tissa-macca-mātā　띳사라는 대신의 어머니
Tissa-mahāvihāra　띳사 대사원
titthiya　외도
Tulādhāra-pabbata-vihāra　뚤라다라 산의 사원
Tusita　도솔천

【U】

ubhato-bhāga-vimutta　양면으로 해탈한 (자)
Uccāvālika　웃짜왈리까
uccheda-diṭṭhi　단견(斷見)
udayabbaya 일어나고 사라짐(生滅)
udayabbaya-anupassanā 일어나고 사라짐의 관찰
udayabbaya-ñāṇa　일어나고 사라짐에 대한 지혜
uddhacca　들뜸(도거)
uddhacca-kukkucca　들뜸과 후회
uddhaṁ-sota　더 높은 세계로 재생하는
uddhumātaka　부푼 것
Udena-*rājā*　우데나 왕
Ugga　욱가
uggaha-nimitta　익힌 표상
ujukatā　곧음(正直性)
upabhuñjaka　경험하는 자
upacaya　생성(積集)
upacāra　근접(삼매)
upaghātaka　파괴[업]
upahacca-parinibbāyi　수명의 반이 지나서 구경열반을 증득하는
upajjhāya　은사스님
upakāraka　도와주는
upakkilesa　경계 (위빳사나의 ～), 오염
Upananda thera　우빠난다 장로
upanissaya-paccaya　강하게 의지하는 조건(親依止緣)
upapajja-vedanīya　다음 생에 받는 [업]
upapatti-bhava　재생으로서의 존재(生有)
upapāta　태어남
upapīḷaka　방해[업]
upasama　고요함
upasama-anussati　고요함을 계속해서 생각함
upatthambhaka　돕는 [업]
upatthambhana/+ka　지탱, 도움
upādāna　취착(取)
upādāna-kkhandha　취착하는 무더기(五取蘊)
upādā-rūpa　파생된 물질
upādiṇṇa(ka) 업에서 생긴
upādi-sesa　몸이 남아있는
upāsaka　청신사
upāya　수단, 방편
upāyāsa　절망

upekkhā 평온(捨)
upekkha-indriya 평온의 기능(捨根)
uposatha 포살, 우뽀사타
Uppala-vaṇṇā *theri* 웁빨라완나 장로니
uppanna 일어난
uppāda 일어남
uppāda-vaya 일어나고 사라짐
ussada 현저함
Uttarakuru 북 꾸루 지방
Uttara-mātā 웃따라의 어머니
uttari-manussa-dhamma 인간을 능가하는 법
utu 계절, 온도, 온도
utu-samuṭṭhāna 온도에서 생긴 (물질)

【V】

vacana-avayava 논법의 각 부분
vacī-bheda 특정한 말
vacī-duccarita 말로짓는 삿된 행위
vacī-dvāra 말의 문
vacī-saṅkhāra 말의 상카라(口行)
vacī-sañcetanā 말의 의도
vacī-viññatti 말의 암시
vaḍḍhana 확장, 증가
Vakkali thera 왁깔리 장로
Vaṅgīsa thera 왕기사 장로
vaṇṇa 색깔
vasa-vatti 지배력
vasi/vasī-bhāva 자유자재
Vasudeva 와수데와
Vasudhamma 와수담마
vaṭṭa 회전(세 가지)
vatta 소임, 의무
Vattakālakagāma 왓따깔라까 마을
vattamāna 일어나는
vattamāna 존재하는
vattamāna 현재
Vattaniya-senāsana 왓따니야 거주처
vatthu 대상
vatthu 토대
vavaṭṭhāna 구분, 분석
vaya 단계 (나이의 ~)
vaya 사라짐
vaya-anupassanā 사라짐의 관찰
vācā 말
vāyāma 정진
vāyo 바람(風)
vāyo-dhātu 바람의 요소(風界)
vāyo-kasiṇa 바람의 까시나
veda 영지(靈知)
Veda 베다
vedaka 경험하는 자
vedanā 느낌(受)
Vehapphala 광과천(廣果天)
Vejayanta 웨자얀따 궁전
veramaṇī 삼가함
vibhajjavādi 해체를 설하는 상좌부
vibhava-taṇhā 비존재에 대한 갈애(無有愛)

vicāra 지속적인 고찰(伺)
vicikicchā 의심
vigata-paccaya 떠나 가버린 조건
viggahita 붙들린 [마음]
vihāra 머묾
vihāra 승원
vihiṁsā 잔인함, 해악
vijjā 영지(靈知)
vijjā 지식
vikāra 변화
vikkhambhana 억압
vikkhepa 산란함, 산만함, 혼란, 흩어짐
vikubbana 변환
vimhāpana 위선
vimokkha 해탈
vimutti 해탈
Vimuttimagga 해탈도론
vimutti-ñāṇadassana 해탈지견
viññatti 암시
viññāṇa 알음알이(識)
viññāṇañcāyatana 식무변처
viññāṇa-ṭṭhiti 알음알이의 거주
Vinataka 위나따까 산
vinaya 율
vinibbhoga 분리할 수 있는 (물질)
vinipāta 파멸처
vipallāsa 전도(顚倒)
vipariṇāma-anupassanā 변함에 대한 관찰
vipariṇāma-dukkha 변화에 기인한 괴로움(壞苦)
vipariyesa 전도(顚倒)
vipassaka 위빳사나를 닦는 자
vipassanā 위빳사나(觀)
Vipassī Bhagavā 위빳시 세존
vipāka 과보
vipāka 과보로 나타난 [마음]
vipāka-paccaya 과보의 조건
vipāka-vaṭṭa 과보의 회전
vippayutta-paccaya 서로 관련되지 않은 조건
viramana 절제
virati 절제
virāga 탐욕이 빛바램(離慾)
virāga-anupassanā 탐욕이 빛바램에 대한 관찰
visama-hetu-(diṭṭhi) 거짓 원인으로부터 (생긴다는 견해)
visama-saññā 바르지 못한 인식
visaya 대상
visaya 영역
Visākha thera 위사카 장로
visesa 다른점, 차이점
Vissakamma 윗사깜마
visuddhi 청정
visuṁ 독립된, 따로, 특별한
vitakka 일으킨 생각(尋)
vitthambhana 팽창
vivara 공간, 허공
vivaṭṭa-anupassanā 물러섬에 대한 관찰
vivaṭṭa-kappa 팽창하는 겁
vivāda 분쟁

viveka 한거
viveka, paviveka 떨쳐버림, 떨쳐버렸음
vīmaṁsā 검증
vīriya/viriya 정진
vīthi-(citta) 인식과정
vītikkama 위범(違犯)
vodāna 깨끗함
vodāna 청백(淸白)의 경지[마음]
vohāra 인습적 표현
vokāra-bhava 무더기를 가진 존재
voṭṭhapana 결정
vuṭṭhāna 출현, 출정, 탈출
vyāpāda/byā- 악의
vyāpāra/byā- 관심

【Y】

yakkha 야차
yamaka-pāṭihāriya 쌍신변
yañña 제사
Yasa thera 야사 장로
yathābhūta-ñāṇa 있는 그대로의 지혜(如實智)
yathābhūta-ñāṇadassana 여실지견
yathākammupaga-ñāṇa 업에 따라 나아감을 아는 지혜
yathāsanthatika 배정된 대로 머무는 자
yānika 행자(사마타/위빳사나 행자)
ye-vā-pana-ka-dhamma 예와빠나까 담마
yoga 속박
yoni 모태
yoniso manasikāra 지혜롭게 마음에 잡도리함(如理作意)
Yuddhiṭṭhila 유딧틸라
yuganaddha 쌍으로 결합된
Yugandhara 유간다라 산

찾아보기

주요술어 및 고유명사

【가】

18가지 중요한 위빳사나 (*aṭṭhārasa mahā-vipassanā*) XX 89*f*; XXII 113. ㊟ **위빳사나**

가고 오는 (*gata-paccāgata*) II 15, 17; XIV 28.

가는 자 (*gamaka*) XVI 90.

가래(점액) (*semha*) III 81; VI 89; VIII 26, 54, 87, 128; XI 17, 70, 88; XIII 2, 73; XVVII 16, 107.

가루라 (Garuḷa) VII 43.

가르침 (*desanā*) I 4, 52, 126; III 4; IV 92, 194; IX 118, X 50; XIII 8; XIV 211; XV 11, 24, 33; XVI 8, 29, 63; XVII 28*f*, 100, 244, 304.

가르침 ☞ **법**(*dhamma*)

가벼움 (*lahutā*) XIV 64, 76, 79, 133, 145; XVIII 13; XX 23, 32, 36, 40, 116.

가벼움의 인식 (*lahu-saññā*) XII 119.

가섭 ☞ **깟사빠**(Kassapa)

가지 않아야 함 (*agati*) VII 59; XXI 132; XXII 55, 69.

가짐 (*ādāna*) I 140; VIII 233; XVII 308; XX 4, 46*f*, 67, 79, 80, 90; XXI 11; XXII 113; XXIII 23.

가치 ☞ **고갱이**(*sāra*)

각지(覺支) ☞ **깨달음의 구성요소** (*bojjhaṅga*)

간단없는 (*avīci*) II 18; XIV 68; XXI 129; XXII 11.

간탐 ☞ **탐욕스러움**(*abhijjhā*)
갈망, 탐욕, 집착 (*rāga*) I 42; IV 184; IX 6, 99, 111; XIII 9; XIV 90, 127*f*; XV 28; XVI 31, 50*f*; XVII 48; XX 71.
갈애 (*taṇhā*) I 2, 13; III 17, 78; IV 87; VII 7*f*, 15, 27*f*, 59; VIII 247; XI 26; XIV 162; XVI 23, 28, 31, 61, 86, 93; XVII 7, 48, 51, 163, 233*f*, 286, 292; XIX 4, 13; XX 9, 82, 97, 125; XXI 19.
감각장소 ☞ **장소**(處, *āyatana*)
감각적 욕망 (*kāmā*) III 26; IV 82*f*; XIV 91, 226; XV 27; XVI 93; XVII 63, 240*f*, 262; XXII 48.
감각접촉(觸) (*phassa*) IV 140; VII 13, 28; X 50; XI 1*f*; XIV 6, 133*f*, 159, 170, 176, 179, 227; XVII 2, 48, 51, 56, 220*f*, 294; XVIII 8, 11, 18*f*; XIX 13; XX 9, 77, 97.
감각접촉을 기본으로 하는 다섯 가지 (*phassa-pañcamaka*) XVIII 33; XX 77.
감성의 [물질] (*pasāda*) I 53, 57; XIII 2; XIV 37*f*, 72, 78, 115; XV 34; XVII 294; XVIII 5, 5. 9; XIX 13; XX 44.
감지되는 (*muta*) XIV 76.
감촉(觸) (*phoṭṭhabba*) XIV 128; XVIII 11.
감촉의 감각장소 (*phoṭṭhabba-āyatana*) XV 3.
감촉의 요소 (*phoṭṭhabba-dhātu*) XV 17, 30.
강가 강 (Gaṅgā) III 37, 53; IV 24; XII 128.
강조 (*avadhāra*) XX 130.
강하게 의지하는 조건(親依止緣) (*upanissaya-paccaya*) XI 111; XVII 66; 80*f*, 102*f*, 132, 147, 177, 237, 242, 268.
같은 ☞ **하나의**(*ekatta*)
같이 기뻐함(喜) ☞ **더불어 기뻐함** (*muditā*)
개(蓋) ☞ **장애**(*nīvaraṇa*)
개념(施設) (*paññatti*) IV 29; VII 55; VIII 39, 66; IX 54, 102; XX 72.
개처럼 행동 하는 [고행] (*kukkura-kiriyā*) XVII 246.
객 (*āgantuka*) II 27; III 32, 38; IV 6; VI 60; VII 96.
거룩한 마음가짐(梵住) (*brahma-vihāra*) III 105*f*; IV 156; VI 81; X 1; XI 126; XIV 154; IX *passim*.
거짓 원인으로부터 [생긴다는 견해] (*visama-hetu-(diṭṭhi)*) XVII 22; XXII 112.
거짓말(妄語) (*musā-vāda*) I 140

XXII 66.

거처 (*senāsana*) I 68, 95; III 97; IV 19; VIII 158; IX 64; XII 123.

거친 (*oḷārika*) VIII 176; XIV 72, 192, 198, 203.

거친, 물질로 된 (*karaja*) VIII 223; X 1, 4; XII 130.

검증 (*vīmaṁsā*) I 33; III 24; XII 12, 50; XVI 86; XVII 72; XXII 36.

겁(劫) (*kappa*) XI 102; XIII 16; XIV 205; XX 73.

게으름 (*kosajja*) I 57; II 29; IV 47, 53, 72; VIII 74; XII 17, 55; XVI 81.

견(見) ☞ **봄**(*dassana*)

견청정 (*diṭṭhi-visuddhi*) XIII 73; XIV 32; XX 130; XVIII *passim*.

견해 (**그릇된** ~) (*diṭṭhi*) I 13, 137, 140; III 78; VII 59; XIII 74; XIV 90, 146, 205; 218, 229; XVI 93; XVII 240*f*, 265, 286, 310*f*; XIX 24; XX 82*f*, 125; XIX 26, 42, 92; XXII 48, 60. ㊟ **삿된 견해**

견해를 얻은 자 (*diṭṭhippatta*) XXI 74, 89.

결과, 과(果) (*phala*) I 35, 37; IV 78; VII 91; XIII 120; XIV 22, 105, 121; XV, 24; XVI 63, 85; XVII 105, 168, 174, 250, 288*f*, 291, 310; XX 102; XXI 125*f*; XXII 15*f*; XXIII 3, 28, 48.

결심, 확신 (*adhimokkha*) IV 46; XIV 133, 151, 159, 170, 178; XX 105, 118, 123; XXI 70, 75, 89, 128.

결심, 확신 (*adhimutti*) III 128; VII 39; XIV 140.

결의, 결정 (*adhiṭṭhāna*) I 126; XII 23, 57; IX 124; XII 22*f*(**결의에 의한 신통**); XXIII 27, 35*f*.

결점 없음 (*adosa*) III 128; XXI 18.

결정 (*voṭṭhapana*) I 57; XIV 108, 120; XV 36; XVII 138.

경계 (**위빳사나의** ~), **오염** (*upakkilesa*) VIII 224; XIII 2; XX 105*f*; XXI 1.

경계, 경내 ☞ **한계**(*sīmā*)

경안(輕安), **편안함** (*passaddhi*) I 32, 140; IV 51, 99; XIV 128, 133, 144; XVI 86; XX 116; XXI 75, 89; XXII 42.

경험하는 자 (*upabhuñjaka*) XVII 168, 171.

경험하는 자 (*vedaka*) XVI 90; XVII 273, 282; XIX 20; XX 16.

계(界) ☞ **요소**(*dhātu*)

계(戒) (*sīla*) I *passim*, 19*f*; II

passim; VII 7, 101*f*; VIII 173; IX 124; XIV 206, 219; XVI 86; XVII 60, 81; XVIII 1; XXII 128.
계(界), **영역** (*avacara*) ☞ **욕계, 색계, 무색계를 각각 참조할 것.**
계를 계속해서 생각함(戒隨念) (*sīla-anussati*) III 105*f*; VII 101*f*.
계를 범함 (*āpatti*) I 36, 60, 115, 125, 143; IV 3.
계목(戒目) (*pātimokkha*) I 18, 42*f*, 98, 126.
계목(戒目)**의 단속에 관한 계** (*pātimokkha-saṁvara-sīla*) I 18, 25, 42*f*, 98, 126; XVIII 1.
계산 ☞ **헤아림**(*gaṇana*)
계속해서 생각함(隨念), **기억** (*anussati*) III 6, 105*f*; IV 56; VII *passim*, 28; VII *passim*; XIII 13*f*; XXIII 20.
계율과 의식(**계와 서원**) (*sīlabbata*) II 1; XIV 227; XVII 240*f*.
계율과 의식에 대한 집착 (*sīla-bbata-parāmāsa*) XIV 229; XXII 48, 54, 64.
계절 (*utu*) VIII 159; XIII 47; XX 55, 67.
고(苦) ☞ **괴로움**(*dukkha*)
고(苦) ☞ **육체적 고통**(*dukkha*)
고갱이, 실재, 가치 (*sāra*) I 140; XIV 91; XX 16, 90; XXI 56, 59; XXII 118.
고귀한 (*mahaggata*) II 5, III 13; IV 74; X 34; XIII 12, 106, 120; XIV 15; XVII 53, 140; XIX 15; XX 44; XXIII 4.
고닷따 장로(Godatta thera) IV 76.
고름 (*pubba*) VI 3; VIII 129; XI 17, 71.
고시따 (Ghosita) XII 40*f*.
고요함 (*santi*) VIII 251; XVI 23, 66.
고요함 (*upasama*) I 140; III 105; VII I; VIII 245*f*.
고요함을 계속해서 생각함 (*upasama-anussati*) III 6, 105*f*; VIII 245*f*.
고유성질, 본성, 자성 (*sabhāva*) III 115*f*; IV 45, 53; VI 35, 84; VIII 40, 246; IX 123; X 20; XI 225, 27, 42; XIV 7*f*, 68, 73, 82, 91, 126*f*, 129, 143, 163, 198, 200, 203*f*; XV 14, 15, 20*f*, 26, 32; XVI 35, 85; XVII 68, 110, 312; XX 103; XXII 58, 92, 100; XXIII 52.
고집, 독단적 신조 (*abhinivesa*) I 140; III 122; XIV 164; XVII 24, 308; XX 90; XXI 73; XXII 54, 69, 113*f*.

고통 ☞ **질병**(*ābādha*)
곧음(正直性) (*ujukatā*) XIV 133, 149.
공(空) ☞ **비었음**(*suñña*)
공간, 허공 (*vivara*) XIV 42, 63; XV 39.
공계(空界) ☞ **허공의 요소**(*ākāsa-dhātu*)
공덕 (*puñña*) I 68; VI 22; XII 40; XVII 60*f*, 102, 119, 177, 251.
공덕이 되는 행위 (*puñña-abhi-saṅkhāra*) XVII 53, 60*f*, 102*f*, 123, 177*f*, 251*f*.
공덕이 되지 않는 행위 (*apuñña-abhisaṅkhāra*) XVII 60, 63, 103, 124, 180, 251.
공동묘지 (*sosānika*) II 2, 9, 15, 64, 87, 64.
공무변처 (*ākāsānañca-āyatana*) I 140; III 105*f*; VII 19; IX 119, 121; X 1*f*; XIV 87, 206; XV 25, 26; XVII 125, 184; XXIII 21, 26;
공부 (*sikkhā*) I 9, 10; VII 106; VIII 173.
공통되는 (*sādhāraṇa*) XVII 107; XIX 8.
공통되는 (*sādhāraṇa*)
공포 ☞ **두려움**(*bhaya*)
공포로 나타나는 지혜 (*bhayato-upaṭṭhāna-ñāṇa*) XXI 29*f*, 99, 141; XXII 120.
공한 경지 (*suññata-dhātu*) XXI 67.
공한 해탈 (*suññata-vimokkha*) XXI 70*f*, 89, 121.
공함, 공한 상태 (*suññatā*) I 69, 140; VII 63; X 32; XI 117; XVI 90; XVII 308; XXI 53*f*, 69*f*, 121; XXIII 7.
공함에 대한 관찰 (*suññatā-anupassanā*) I 140; XX 90; XXII 113, 117.
과(果) ☞ **결과**(*phala*)
과거 (*atīta*) III 128; IV 63; VI 43; VII 20, 88; VIII 39; IX 86; XII 72; XIII 13, 27, 70, 105, 120; XIV 28, 122, 184, 188, 185*f*; XV 15, 40; XVI 34, 68, 94; XVII 34, 55, 111, 134*f*, 223*f*; XIX 5*f*; XX 6*f*; XXI 11, 21*f*; XXII 78*f*, 115.
과보 (*vipāka*) V 40*f*; XV 34; XVII 51, 66, 89, 120, 134; XIX 8; XXII 81.
과보로 나타난 [마음] (*vipāka*) I 557; X 14; XIV 22; 94, 111*f*, 127, 179, 199, 205; XV 34; XVII 109, 120*f*, 252; XIX 8; XX 28, 44; XXI 38.
과보의 조건 (*vipāka-paccaya*)

XVII 66, 89, 207, 211.

과보의 회전 (*vipāka-vaṭṭa*) XVII 298; XIX 17.

과의 증득 (*phala-samāpatti*) IV 78; VII 85; IX 104; XVII 75; XXIII 3, 5*f*.

관(觀) ☞ **위빳사나**(*vipassanā*)

관대함 ☞ **보시**(*cāga*)

관심 (*ābhoga*) IV 180; VIII 178; IX 123; X 45; XI 48*f*.

관심 (*vyāpāra/byā-*) IV 64, 116; IX 13; XV 15; XVIII 31. ㊟ **무관심**

관심 없음 ☞ **호기심 없음**(*nirīhaka*)

관여하지 않음 (*anābhoga*) IV 171; IX 108.

관찰(隨觀) (*anupassanā*) VIII 168, 185, 234, 236; XX 4, 94; XXI 11, 19, 26, 43, 67, 70; XXII 46. ㊟ 일곱 가지 관찰

관통 (*abhisamaya*) VII 51, 79; XII 73; XVI 15; XXII 32, 79, 92, 95*f*, 103, 128.

광과천(廣果天) (Vehapphala) XIII 30, 62.

광명 ☞ **빛**(*āloka*)

광명, 빛, 밝음 (*obhāsa*) III 117; IV 43; V 22; VII 51; VIII 224; XII 17, 55, 63; XX 2, 105*f*, 122*f*.

광명상, 광명의 인식 (*āloka-saññā*) I 140; IV 55; XXIII 20.

광명의 까시나(*āloka-kasiṇa*) III 105, 117; V 21, 23, 36; XIII 95.

광음천(光音天) (*ābhassarā*) XIII 30.

괴(壞) ☞ **무너짐**(*bhaṅga*)

괴겁(壞劫) ☞ **수축하는 겁**(*saṁvaṭṭa-kappa*)

괴고(壞苦) ☞ **변화에 기인한 괴로움**(*vipariṇāma-dukkha*)

괴로움(苦) (*dukkha*) IV 63; VII 27; IX 94; XVI 13, 16, 32*f*; XVII 2, 62; XX 47, 109, 130; XXI 37, 41; XXII 14, 48, 93.

괴로움의 관찰(*dukkha-anupassanā*) I 140; VIII 233; XX 4, 20, 90; XXI 122; XXII 113; XXIII 22*f*.

괴로움의 기능(苦根) (*dukkha-indriya*) IV 186; XVI 1, 10.

괴롭지도 즐겁지도 않은(不苦不樂) (*adukkham-asukha*) IV 162, 182, 190, 193; XII 49; XIV 200, XX 10.

괴롭힘 ☞ **질병**(*ābādha*)

교단 ☞ **교법**(*sāsana*)

교만, 허영심 (*mada*) II 68; VII 59; VIII 247.

교법, 교단 (*sāsana*) I 10, 15; III 126; IV 23; VII 70, 72; VIII 36, 152; IX 15, 23; XI 6; XII

60; XIII 84; XIV 28; XV 5; XVI 14; XVII 16, 67.
교학, 배움 (*pariyatti*) III 51*f*; VII 68, 72; XIV 28.
구경의 지혜(究境智) (*aññā*) XVI 3, 8, 10; XX 11; XXII 30.
구경의 지혜를 가지려는 기능 (*anaññātaññassāmīti-indriya*) XVI 3, 8, 10.
구경의 지혜를 구족한 (*aññātāvi*) XVI 3, 8, 10; XX 11.
구분, 분석 (*vavaṭṭhāna*) III 103; VIII 30*f*; XI 27; XIV 6; XV 9, 43; XVII 27, 57, 107; XVIII 37; XX 6, 130.
구조 ☞ **형태**(*ākāra*)
구체적인 [물질] (*nipphanna*) XIV 72*f*, 77; XVIII 13; XXIII 52.
구함, 찾음 (*esanā*) I 65, 82; III 58, 124; IX 67.
구행(口行) ☞ **말의 상카라**(*vacī-saṅkhāra*)
국토 ☞ **토지**(*khetta*)
궁극적인 뜻 (*paramattha*) VI 90; VII 123; VIII 39, 123; XVI 26, 65, 74, 90; XVII 43; XVIII 28; XX 72.
귀(耳) (*sota*) XIV 36, 38, 49, 117; XV 3; XX 70.
귀신 ☞ **비인**(*amanussa*)
귀신, 약사사 (*rakkhasa*) XIII 100.
귀의 감각기능(耳根) (*sota-indriya*) XVI 1.
귀의 감각장소 (*sota-āyatana*) XV 3*f*.
귀의 알음알이(耳識)(*sota-viññāṇa*) XIV 96*f*, 101, 117, 179.
귀의 알음알이의 요소 (*sota-viññāṇa-dhātu*) XV 17*f*.
귀의 요소(耳界) (*sota-dhātu*) XIII 2; XV 17*f*.
그릇된 견해, 사견 (*diṭṭhi-gata*) XII 109; XIII 74; XIV 90; XVIII 30; XIX 24; XXI 72; XXII 76, 121.
그릇된 행위 ☞ **삿된 행위**(*du-ccarita*)
근(勤) ☞ **노력**(*padhāna*)
근(根) ☞ **기능**(*indriya*)
근본물질(四大) (*mahā-bhūta*) I 91; VI 43, 65; VIII 27*f*, 45, 180; XI 43, 96*f*; XIV 54; XVII 77, 96, 187, 209; XVIII 4, 14, 24; XXI 35.
근본원인 (*padhāna*) XVI 85, 91; XVII 36.
근심, 슬픔 (*soka*) VIII 5, 14; IX 94; XVI 31, 49, 53; XVII 2, 48, 272*f*, 301; XX 18; XXI 37, 48, 59.

근원 ☞ **머묾**(*adhiṭṭhāna*)

근원을 벗어난 ☞ **지혜롭지 못한** (*ayoniso*)

근절, 끊음 (*samuccheda*) I 12; VIII 1, 236; XXII 110, 122.

근접[삼매] (*upacāra*) III 5, 6, 8*f*, 16, 106; IV 32*f*, 74, 185*f*; X 9; XVIII 1; XXI 129.

금생에 받는 [업] (*diṭṭha-dhamma -vedanīya*) XIX 14.

급고독 ☞ **아나타삔디까**

기간, 시간, 여행, 수명 (*addhā, addhāna*) I 105; III 46; IV 78; VII 20: VIII 8, 35, 63, 137, 165; XII 21; XIII 111*f*; XVII 34, 278; XIX 6, 16; XX 8, 41; XXII 119: XXIII 8, 34, 42.

기능 ☞ **역할**(*kicca*)

기능(根) (*indriya*) I 42, 56*f*, 100; III 18; IV 45, 61, 117*f*, 186; XI 107; XIV 581, 73, 79, 115, 134; XVI 1*f*, 10, 86; XVII 91, 127, 150, 163; XX 9, 21; XXI 75, 89; XXII 22, 33, 37, 42; XXIII 51, 55, 56.

기능의 조건(*indriya-paccaya*) XV 35; XVI 10; XVII 66, 91.

기리깐나까 승원 (Giri-kaṇṇaka-vihāra) IV 96.

기쁨 (*pāmojja*) I 4, 32, 140. 159; III 95; VII 119; VIII 5, 168; IX 122; XXIII **후기**.

기쁨 (*somanassa*) I 140; IV 184; IX 88, 100, 111; XIII 9; XIV 12, 83, 98*f*, 109, 119, 126*f*, 180; XV 28; XX 31, 71; XXI 114.

기쁨, 즐거움 (*rati*) II 26, 38, 55; VI 90;XX 116; XXI 28; XXIII 59.

기쁨의 기능(喜根) (*somanassa-indriya*) IV 186; XIII 9; XVI 1, 11.

기어(綺語) ☞ **잡담**(*samphappalāpa*)

기억 ☞ **계속해서 생각함**(隨念, *anussati*)

기울임 ☞ **전달**(*abhinīharana*)

기울임, 향함 (*abhiniropana*) IV 88, 90, 106; VI 67; XVI 77, 100; XXII 45.

기질 (*carita, cariya*) II 86; III 74*f*, 95, 121; VI 83, 85; VIII 112, 159; XVII 286.

깊은 ☞ **심오한**(*gambhīra*)

까까왈리야 (Kākavāliya) XII 127.

까담바 나무 (Kadamba) VII 43.

까라위까(가릉빈가) 새 (Karavīka) III 111.

까란지야 승원 (Karañjiya-vihāra) VIII 243.

까룰리야 산 (Kāruliyagiri) III 52.

까르위까 산 (Karvīka-pabbata) VII 42.

까시나 (*kasiṇa*) III 97, 105*f*, 119; IV *passim*; V *passim*; VII 28; IX 104, 121; X 1*f*; XII 2*f*, 88*f*; XIII 95; XVII 143; XX 9; XXIII 20.

까타깐다까라(Kaṭakandhakāra) VII 127.

깐나문다까 호수 (Kaṇṇamuṇḍaka) XIII 38.

깔라 디가 와삐 (Kāḷadīghavāpi) VI 77.

깔라빠, 무리 (*kalāpa*) VIII 131, 224; X 53; XI 8, 73, 86, 105; XII 85; XIV 45; XVII 156, 196; XVIII 32; XIX *passim*; XX 2, 4, 76*f*, 107, 112.

깔랄라(태아의 첫 번째 단계)(*kalala*) VIII 30; XVII 117, 152.

깔리냐나 마을 (Kalyāṇa-gāma) XXII 89.

깜보자 (Kambojā) X 28.

깝빠 나무 (Kappa) VII 43.

깟사빠(가섭) 장로 (Kassapa thera) I 41; II 32; XII 126; XIII 107.

깟짜나 장로 (Kaccāna thera) XXII 83.

깨끗하다는 인식 (*subha-saññā*) XXII 34, 40.

깨끗한(淨), **아름다운** (*subha*) I 54; V 32; IX 120*f*; XIV 226; XV 26, 40; XVI 56.

깨끗함 (*soceyya*) I 22.

깨끗함 (*vodāna*) I 16, 143, 152; II 1, 93; III 1, 26; IV 117; XVI 80; XVII 81; XXII 45.

깨끗함 ☞ **청정**(*suddhi*)

깨달음의 구성요소(七覺支) (*bojjh-aṅga, sambojjhaṅga*) IV 51*f*; VIII 141, 239; XVI 86; XX 21; XXI 111; XXII 22, 38*f*, 42.

꼬따 산 (Koṭa-pabbata) VIII 243.

꼬란다까 승원 (Koraṇḍaka-vihāra) III 36.

꼬살라 (Kosala) VII 23.

꾸날라 호수 (Kuṇāḷa) XIII 38.

꾸란다 마하 레나 (Kuraṇḍaka-mahā-leṇa) I 104

꿈 (*supina*) I 83; IX 37, 62; XIV 114; XVII 314.

꿰뚫음 (*nibbedha*) I 25, 39; III 32; VIII 150; XXII 121.

꿰뚫음 ☞ **통찰**(*paṭivedha*)

끄샤뜨리야 ☞ **왕족**(*khattiya*)

끊음 ☞ **근절**(*samuccheda*)

【나】

나가 산(용산) (Nāga-pabbata) IV

36
나가 장로 (Nāga thera) XXIII 36
나가 장로 (Nāga thera) III 52
나가 장로 (Nāga thera) XX 110*f*.
나가 장로 (Nāga thera) XII 105.
나무 아래 머무는 자 (*rukkha-mūlika*) I 68; II 2*f*, 56*f*, 86, 91.
나쁜 행위 (*dukkaṭa*) I 60; IV 3; XIII 92.
나쁜 행위 ☞ **삿된 행위**(*duccarita*)
나열하는 (**같은 뜻을~**)(*anusandhi*) VII 69.
나중에 얻은 밥을 먹지 않는 자 (*khalu-pacchābhattika*) II 2, 43, 87, 91.
나타남 (*pavatta, pavatti*) XVI 23, 28, 92; XIX 26; XX 40; XXI 27, 33*f*, 37, 51*f*, 80, 83; XXII 4*f*, 44; XXIII 7.
낙(樂) ☞ **즐거움**(*sukha*)
낙(樂) ☞ **행복**(*sukha*)
난다 바라문 생도 (Nanda *māṇava*) XXII 83.
난다우빠난다 (Nandopananda) IV 133; XII 106*f*.
난다 장로 (Nanda thera) XXII 99.
난다나 숲 (Nandana) XIII 79.
남의 마음을 아는 지혜(他心通) (*ceto-pariya-ñāṇa*) III 96, 130; XII 2, 119, 136; XIII 8, 12, 110, 119*f*; XVI 67.
남자의 기능(男根) (*purisa-indriya*) XIV 58; XVI 1.
'나다'라는 자만 (*asmi-māna*) III 122.
냄새 못 맡음 (*aghānaka*) XVII 157.
냄새(香) (*gandha*) XI 86; XIV, 56; XVII 156; XVIII 5, 11.
냄새의 감각장소(香處) (*gandha-āyatana*) XV 2.
냄새의 요소(香界) (*gandha-dhātu*) XV 17.
넌지시 말함 (*parikathā*) I 63, 79, 113*f*.
네민다라 산(Nemindhara-pabbata) VII 42.
념(念) ☞ **마음챙김**(*sati*)
노(老) ☞ **늙음**(*jarā*)
노력(勤) (*padhāna*) III 95; IV 55; XII 50*f*; XXII 33*f*, 39, 42.
노천에 머무는 수행 (*abbhokāsika*) I 68; II 2, 9, 60, 63, 87, 91.
녹 ☞ **때**(*mala*)
논(論) ☞ **아비담마**(Abhidhamma)
논모(論母) ☞ **마띠까**(*mātika*)
논법의 각 부분 (*vacana-avayava*) XVII 67.
논의의 주제 ☞ **마띠까**(*mātika*)
높은 계 (*adhisīla*) I 10; VIII 173

높은 마음 (*adhicitta*) I 10; VIII 73*f*, 173.

높은 통찰지 (*adhipaññā*) I 10; VIII 173.

놓아버림 (*paṭinissagga*) I 140; III 95; VIII 145, 163, 236; XVI 31, 65; XX 20; XXI 18; XX 113; XXIII 20, 23.

놓아버림을 관찰함 (*paṭinissagga-anupassanā*) I 140; VIII 145, 163, 233, 236; XX 90; XXII 113; XXIII 22*f*.

뇌 (*matthalunga*) VI 25; VIII 44, 126, 136; XI 34, 68.

눈(眼) (*cakkhu*) I 42, 53; VII 27; X 16; XIV 36*f*, 47, 73, 115, 117, 213; XV 3; XVI 6; XVII 127; XX 6*f*, 44, 94; XXI 11, 55*f*; XXIII 22*etc*.

눈의 감각장소 (*cakkhu-āyatana*) XV 3*f*; XVI 10.

눈의 기능(眼根) (*cakkhu-indriya*) I 18, 42, 56*f*, 100; XVI 1, 8; XVII 91; XX 11.

눈의 문 (*cakkhu-dvāra*) XIII 118; XIV 117.

눈의 십원소 (*cakkhu-dasaka*) XVII 156, 190.

눈의 알음알이 (*cakkhu-viññāṇa*) I 57; XIV 47, 54, 95*f*, 101, 107, 117, 179; XVI 10; XVII 73; XX 44.

눈의 알음알이의 요소(*cakkhu-viññāṇa-dhātu*) XV 17; XVI 10.

눈의 요소(眼界) (*cakkhu-dhātu*) XV 17.

눕지 않는 자 (두땅가) (*nesajjika*) II 2, 10, 73, 85.

느낌(受) (*vedanā*) IV 182, 193; VII 14 28, 38; VIII 230; IX 111; X 50; XIV 125*f*, 134; 144, 197*f*; XV 14; XVI 35; XVII 2, 9, 43 51, 163, 228*f*, 294; XVIII 8, 13, 91*f*; XIX 13; XX 7, 9, 94; XXI 11, 56; XXII 22, 34, 126; XXIII 13, 22, 24.

늙음 ☞ **쇠퇴**(*jaratā*)

늙음/죽음(老死) (*jarā-maraṇa*) VII 7*f*; VIII 9; XVI 71; XVII 2, 272*f*, 287; XIX 11; XX 6*f*.

늙음(老) (*jarā*) IV 63; VII 16; XI 36; XIV 68; XVI 31, 44*f*, 59; XVII 48; XIX 11

능숙함 (*pāguññatā*) XIV 133, 148.

【다】

다나와 (아수라 이름) (Dānava) XI 97.

다난자야 (Dhanañjaya) XII 42.
다른점, 차이점 (*visesa*) III 22, 26, 128; VIII 229; XIV 54.
다름 ☞ **다양함**(*nānatta*)
다섯 가닥의 감각적 욕망 (*pañca-kāmaguṇa*) I 155*f*; IV 87; VIII 247; X 60; XI 26. ㊟ **감각적 욕망**
다양함 ☞ **산만함**(*papañca*)
다양함, 다름, 차이, 차별 (*nānatta*) I 140; IV 118; IX 42; X 12, 20; XI 95*f*; XVII 309, 311; XX 102; XXI 41; XXII 82, 88.
다음 생에 받는 [업] (*upapajja-vedanīya*) XIX 14.
닥키나 산(남산) (Dakkhiṇa-giri) IV 10.
닦음 ☞ **수행**(*bhāvanā*)
단견(斷見) (*uccheda-diṭṭhi*) XIII 74; XVI 85; XVII 10, 23, 235*f*, 286, 310*f*; XX 102; XXII 112.
단계 (나이의 ~) (*vaya*) XX 48.
단속 (*saṁvara*) I 17, 32, 42*f*, 53*f*, 126, 140.
단식(段食) ☞ **덩어리로 된 음식** (*kabalīkār-āhāra*)
단일화의 ☞ **하나의**(*ekatta*)
단지 작용만 하는 ☞ **작용만 하는** (*kiriya*)
날 (*canda*) VII 44; XII 102; XIII 46.
닮은 [표상] (*paṭibhāga*) III 114, 116; IV 31, 34, 126; V 4*f*; VIII 141.
담마굿따 (Dhamma-guttā) XII 39.
담마딘다 장로 (Dhamma-dinna thera) XII 80; XX 111.
담마락키따 장로 (마하) (*Dhamma-rakkhita* thera, Mahā) III 53
담마아소까 (*Dhamma-asoka*) III 111
담즙 (*pitta*) III 73; VI 89; VIII 26, 54, 121, 127, 133; XI 17, 31, 69, 88; XIII 2, 73.
닷따 아바야 장로 (*Datta-Abhaya thera*) III 84.
닷따 장로 (Datta thera) XX 110.
닿는 ☞ **돌진하는**(*abhinipāta*)
대범천(大梵天) (Mahā-brahmā) XII 79; XVII 282.
대사(大寺), **마하위하라** (Mahā-vihāra) I 4; III 53; IX 65.
대상 (*ārammaṇa/ālambaṇa*) I 2, 53, 57; III 3, 5, 20, 108, 112; IV 74; VIII 40, 226*f*, 236; IV 102; X 15, 28; XIII 2, 73, 122, XIV 15, 96, 111*f*, 128, 139, 147, 150, 163, 201; XV 4; XVI 104; XVII 52, 66, 71, 127, 134 *f*, XVIII 17, 21; XIX 8; XX 9, 43; XXII 4, 20, 44, 82, 89, 118;

XXIII 10.
대상 (*vatthu*) XXI 83.
대상 (*visaya*) IV 87; X 52; XIV 46, 54, 76, 130, 134, 197, 213; XV 11; XVII 51, 163; XVII 11.
대상의 삼개조 (*ārammaṇa-ttika*) XIII 105*f*.
대상의 조건 (*ārammaṇa-paccaya*) XIII 122; XV 38; XVII 66, 71, 103, 227.
대탑 (Mahā-cetiya) IV 95.
더 높은 세계로 재생하는 (*uddhaṁ-sota*) XXIII 56
더러움 ☞ **때**(*mala*)
더러움 ☞ **부정**(不淨, *asubha*)
더불어/같이 기뻐함(喜) (*muditā*) III 105*f*; VII 18; IX 1, 84*f*, 95, 100, 119, 122; XIII 34; XIV 133, 154*f*, 181.
더욱 틈 없이 뒤따르는 조건 (*sam-anantara-paccaya*) XVII 66, 73*f*.
덕 (*guṇa*) VII 1, 66; VIII 245.
덩어리 (*ghana*) I 140; XI 30; XIV 213; XX 90; XXI 4, 50, 122; XXII 114.
덩어리라는 인식 (*ghana-saññā*) I 140; XVII 302; XX 90; XXII 113, 114.
덩어리로 된 음식(段食) (*kabalīkāra-āhāra*) VIII 28; XI 1*f*, 25; XIV 73, 226; XVII 194.
데와닷따 (Devadatta) XII 138.
데와뿟따의 왕국 (Deva-putta-raṭṭha) VIII 243.
도(道) (*magga*) I 37; III 7, 13; IV 78; VII 27, 33, 76, 91; VIII 224; XIII 83, 120; XIV 3, 9, 23, 105, 121, 158, 206; XVI 26, 68; XVII 62, 66, 81, 93; XX 100, 107, 130; XXI 71, 83, 85, 111, 116, 120, 129; XXII 2*f*, 33, 42, 78; XXIII 3, 14, 33.
도거 ☞ **들뜸**(*uddhacca*)
도기공의 마을 (Kumbhakāra-gāma) III 33.
도깨비 (*pisāca*) X 4; XVII 63.
도깨비 ☞ **비인**(*amanussa*)
도닦음 (*paṭipadā*) II 86; III 5, 14*f*, 42; VII 74, 90; XVI 75*f*; XXI 117.
도닦음 (*paṭipatti*) I 9, 15, 52, 90; II 11, 21, 29, 58, 75; III 66; IV 27, 55; VI 67; VII 71, 91; IX 17, 105; XI 26; XII 44; XIV 163, 177, 211; XVI 8, 67, 85; XVII 52, 303; XXI 131; XXIII 후기.
도둑질(偸盜) (*adinnādāna*) I 140; XXII 62.
도반 ☞ **선우**(*kalyāṇa-mitta*)

도솔천 (Tusita) VII 115.
도와주는 (*upakāraka*) IV 195; XVII 44, 68*f*.
도움 ☞ **지탱**(*upatthambhana*)
도의 조건 (*magga-paccaya*) XVII 66, 93.
도의 지혜, 도에 대한 지혜 (*magga-ñāṇa*) XVI 85; XXI 92; XXII 3*f*, 22*f*, 25*f*, 28.
독각(獨覺) ☞ **벽지불**(*pacceka-buddha*)
독단적 신조 ☞ **고집**(*abhinivesa*)
독립된, 따로, 특별한 (*visuṁ*) III 27; IV 85; VIII 43, 89, 198, 226; XIII 80; XIV 71, 195; XVII 46; XX 82; XXIII 37.
돌진하는, 닿는 (*abhinipāta*) IV 89; XVII 63; XVIII 19.
돕는 [업] (*upatthambhaka*) XIX 16; XX 28.
동당(銅堂) (Loha-pāsāda) III 55.
동시(同時) (*saha-ṭhāna*) XIII 116.
동시 발생 (*saṅgati*) XVII 51, 308.
동시 발생 (*sannipāta*) XIV 134; XVII 308.
동요함이 없음 (*avikampana*) III 4.
동일하다고 구분함(*eka-vavaṭṭhāna*) XXI 22; XXII 115.
두려움, 공포 (*bhaya*) III 124, XX 15; XXI 26, 29*f*, 61, 69.
두타행, 두땅가 (*dhutaṅga*) I 112; II *passim*.
둘이 아닌 (까시나) (*advaya*) V 38, 39.
뒤에 생긴 조건 (*pacchājāta-paccaya*) XI 111; XVII 66, 86.
들뜸(도거) (*uddhacca*) I 140; III 95; IV 47, 72; VIII 74; XII 17; XIV 93, 159, 165, 170, 176, 178; XVII 61; XX 106; XXII 28, 45, 48, 49.
들뜸과 후회 (*uddhacca-kukkucca*) IV 86, 104, 124; VI 67.
들숨과 날숨 (*assāsa-passāsa*) III 127; VII 1; VIII 27, 153*f*, 209*f*; XI 94; XVIII 6, 29; XXIII 24.
들숨날숨 (*ānāpāṇa*) III 105; VI 65; VII 1; VIII 43, 145*f*.
들숨날숨에 대한 마음챙김 (*ānāpāna-sati*) III 105*f*, 122; VII 1, VIII 43, 145*f*; XXIII 20.
들어감 (*pakkhandhana*) VIII 236; XIV 140; XXI 18.
들음 (*savana*) XIV 117; XVII 127.
등록 (*tad-ārammaṇa*) XIV 98, 100, 122; XVII 129*f*, 137*f*, 231; XX 43.
등지(等持) ☞ **증득**(*samāpatti*)
디빵까라(연등불) (Dīpaṅkara) VII 34.

따로 ☞ **독립된**(*visuṁ*)
딸라웰리의 거리 (Tālaveli-magga) II 16.
딸랑가라 (Tālaṅgara) XII 80; XX 111.
땀바빤니 섬 ☞ **스리랑카**(Tamba-paṇṇi-dīpa)
땅(地) (*bhūmi*) I 105, 114, 120; IV 25, 29, 33, 173; V 3, 21; VIII 202; IX 27, 66; XIII 49, 97; XVI 58; XX 63; XXI 114; XXII 88.
땅의 까시나 (*paṭhavi-kasiṇa*) III 105*f*, 131; IV *passim*; V 1, 13, 26, 39; VI 12, 68; VIII 222; IX 43, 90, 121; X 1, 10, 13; XI 126; XII 3, 95, 132, 138; XVIII 23; XX 11.
땅의 요소(地界) (*paṭhavī-dhātu*) III 81; VIII 28; IX 38; XI 28*f*; XIV 35; XV 14; XVIII 20; XX 11, 64.
때, 녹, 더러움 (*mala*) I 24; IV 20, 91; VII 59; XXII 9, 61, 74; XXII 61.
떠나 가버리지 않은 조건 (*avigata-paccaya*) XI 111, XVII 100, 103, 201, 207, 213, 215, 218.
떠나 가버린 조건 (*vigata-paccaya*) XVII 66, 99.
떨쳐버림, 떨쳐버렸음 (*viveka, paviveka*) IV 79, 82, 93, 101, 159; VII 63; XXII 49.
뚤라다라 산의 사원 (Tulādhāra-pabbata-vihāra) III 53.
뜻 (*attha*) VII 72; XIV 21*f*; XVII 25.
뜻함, 의도, 열망 (*adhippāya*) I 69; III 122, 132; IV 109, 176; VI 56, 69, 72, 108; VIII 72; IX 113; XIII 93, 95; XIV 61; XVII 69.
띳사 대사원 (Tissa-mahā-vihāra) XII 80.
띳사 장로 (찌라꿈바의 마하 ~) (Mahā-Tissa thera) I 122, 133.
띳사 장로 (꼬따 산에 머무시던 ~) (Tissa thera) VIII 243.
띳사 장로 (부잣집 아들 ~) (Tissa thera) 1 137.
띳사 장로 (마하 ~) (Mahā-Tissa thera) I 55; IV 95; VI 81; 88; XII 89.
띳사 장로 (마하까란지야 승원에 머무시던 마하 ~) (Mahā-Tissa thera) VIII 243.
띳사 장로 (나가 산에 머무시던 ~) (Tissa thera) IV 36.
띳사 장로 (Tissa thera) VIII 243.
띳사 장로 (작은 탁발수행승 ~) (Tissa thera) III 127; VI 77.

띳사닷따 장로 (Tissa-datta thera) XII 124.

띳사라는 대신의 어머니 (Tissa-macca-mātā) II 16.

【라】

라자가하, 왕사성 (Rāja-gaha) XII 126.

라타까라 호수 (Rathakāra) XIII 38.

라후 (Rāhu) XXI 46.

라훌라 장로 (Rāhula thera) XII 110.

랏타빨라 장로 (Raṭṭhapāla thera) XII 110.

레와따 장로 (Revata thera) III 51.

력(力) ☞ **힘**(*bala*)

로까뷰하(世莊嚴) **천신**(Loka-vyūha) XIII 34.

로하나 (Rohaṇa) III 36, 53.

루(漏) ☞ **번뇌**(*āsava*)

【마】

마가다 (Magadha) XIV 25, 30; XVIII 25.

마간디야 (Māgaṇḍiya) XII 35.

마노, 마음(意) (*mano*) XIV 82; XV 3, 12; XVI 10; XX 70.

마노의 감각기능(意根) (*mana-indriya*) XVI 1, 10.

마노의 감각장소(意處) (*mana-āyatana*) IX 38; X 49; XV 3*f*; XVII 209, 215, 225; XVIII 12.

마노의 대상(法) (*dhamma*) XXII 34.

마노의 문(意門) (*mano-dvāra*) XIV 116; XVII 61; XX 44, 70, 121, XXI 129; XXII 19.

마노의 알음알이(意識) (*mano-viññāṇa*) XVII 120.

마노의 알음알이의 요소(意識界) (*mano-viññāṇa-dhātu*) I 57; VIII 111; X 20; XIV 60, 95, 97, 9, 108, 116, 120 *f*, 180, 26; XV 17; XVII 73, 120 *f*, XVIII 8, 11; XX 31, 44.

마노의 요소(意界) (*mano-dhātu*) I 57; VIII 111; X 20; XIV 60, 95*f*, 107, 115, 118*f*, 180; XV 7; XVII 73, 120*f*; XVIII 8, 11; XIX 23, 31.

마띠까(論母), **논의의 주제** (*mātikā*) I 27; III 31, 103; IV 19; IX 67; XVII 96, 163; XX 76, 83; XXI 84.

마라 (Māra) VIII 59, 128; XII 10; XX 19.

마른 위빳사나를 닦는 자 (*sukkha-vipassaka*) XXI 112; XXIII 18.

마밀리야 목신 (Mamiliyā) IX 69.

마음(心), **알음알이**(識) (*citta*) I 7, 33; I 12, 78; III 24; IV 115 *f*; VIII 39, 145, 173, 231, 241; X 10; XI 94, 111; XII 12, 50, 130, 133; XIII 5*f*, 118; XIV 12, 47, 61*f*, 75, 82, 116; XV 4, 26; XVII 72, 193; XVIII 5; XIX 9; XX 26, 30*f*, 71; XXI 11, 129; XXII 15, 42.

마음부수(心所) (*cetasika*) I 17; II 12; III 3; IV 43, 87, 194; VIII 190, 230; X 22, 48; XIV 6, 153; XV 4; XVII 48, 56, 72, 81, 96; XVIII 8; XX 32, 117; XXIII 18.

마음속 의도의 [음식], 마음의 의도 (*mano-sañcetanā*) XI 1*f*; XIV 228; XVII 61.

마음에 잡도리함(作意), **주의** (*manasi-kāra*) III 22, 26; IV 52, 59; VII 59; VIII 4*f*, 48, 61*f*; XIV 133, 152, 159, 163, 170, 176, 178*f*; XV 39; XVIII 8; XIX 8; XX 44; XXIII 12.

마음에서 생긴 [물질] (*citta-samuṭṭhāna*) XIV 61*f*; XIX 9; XX 29.

마음으로 만든, 마음으로 이루어진 (*mano-maya*) VII 30; XII 22, 119, 135, 139; XIII 52.

마음의 머묾(心止) (*cittaṭṭhiti*) XIV 139, 176*f*, 179; XVIII 8.

마음의 상카라, 마음의 작용(心行) (*citta-saṅkhāra*) VIII 145, 229; XVII 47, 61; XXIII 24, 51.

마음의 얽매임 (*cetaso vinibandha*) II 75; VII 59.

마음의 일어남 (*citta-uppāda*) I 52, 134; IV 87; VIII 190; XIV 114; XVII 73, 82, 130; XX 43; XXII 47, 63, 76.

마음의 해탈(心解脫)(*ceto-vimutti*) IV 191; IX 9, 37, 49*f*, 115*f*, XX 11; XXIII 9, 12.

마음의 황폐 (*ceto-khīla*) VII 59.

마음챙김(念) (*sati*) I 18, 26, 51, 56, 100; III 95; IV 45, 49, 172, 194; VIII *passim* 42, *passim* 145; XIII 13; XIV 133, 141; XVI 1, 86; XX 120; XXI 10; XXII 34, 38*f*, 42, 45, 66.

마음챙김의 확립 (*satipaṭṭhāna*) I 6, 51; VIII 60, 167, 185, 239; XI 27; XIV 141, 211; XVI 86; XXII 33, 39, 42.

마음청정(心淸淨) (*citta-visuddhi*) XIV 32, 211; XVIII 1.

마하굿따 장로 (Mahā-Gutta thera)

IV 135; XII 9.
마하깝삐나 장로 (Mahā-Kappina, thera) XII 82.
마하데와 장로 (Mahā-Deva thera) VIII 49.
마하띳타 (Mahā-tittha) V 2.
마하로하나굿따 장로(Mahā-Rohaṇa-gutta thera) IV 135; XII 9.
마하목갈라나 장로(Mahā-Moggallā-na thera) I 117; IV 133; VIII 20; XII 76, 105*f*, 111*f*, 122, 127; XXI 118.
마하밋따 장로 (Mahā-Mitta thera) I 104, 109.
마하아눌라 장로 (Mahā-Anula thera) ☞ **아눌라**
마하띳사 장로 (Mahā-Tissa thera) ☞ **띳사 장로**
* 그 외 마하가 붙은 장로명은 모두 마하 없이 찾을 것.
마하가마 (Mahāgāma) I 106.
마하까 강 (Mahaka) XII 84.
마하나디 강 (Mahā-nadī) XIII 36*f*.
마하나마 청신사 (Mahā-nāma) VII 111; XXII 21.
마하삼마따 (Mahā-sammata) VIII 17; XIII 54.
마하상기까 (Mahā-saṅghika) XIV 42*n*.
마하왓따니 숲 (Mahā-vattani) I 99.
마하위하라 ☞ **대사**(大寺)
마힌다 동굴 (Mahinda-guhā) III 102.
마힌다 장로 (Mahinda thera) XII 83.
만두까 (천신 이름) (Maṇḍuka *devaputta*) VII 51.
말 (*vācā*) XXII 42. ㉾ **바른 말**
말라까 장로 (Mallaka thera) IV 23; VIII 142.
말라야 산 (Malaya) III 51; VIII 49.
말로 짓는 삿된 행위(*vacī-duccarita*) XIII 89; XIV 133; XVI 78.
말살 (번뇌의 ~) (*sallekha*) I 116, 151; II 1, 84, 86; III 66; XI 120.
말의 문 (*vacī-dvāra*) XVII 61.
말의 상카라(口行) (*vacī-saṅkhāra*) XVII 61; XXIII 24, 51.
말의 암시 (*vacī-viññatti*) XIV 61.
말의 의도 (*vacī-sañcetanā*) XVII 61.
맛(味) (*rasa*) XIV 47, 57; XVII 156; XVII 2, 11.
맛봄 (*sāyana*) XIV 110, 117; XVII 127.
맛의 감각장소 (*rasa-āyatana*) XV 3*f*.
맛의 요소(味界) (*rasa-dhātu*) XV

17.
망어(妄語) ☞ **거짓말**(*musā-vāda*)
매듭 (*gantha*) IV 87; VII 59; XIV 202, 226; XXII 54, 69. **몸의 매듭**(*kāya-gantha*) **참조**
매함 ☞ **미혹**(*sammoha*)
머리털 (*kesa*) VII 28; VIII 83; XI 48.
머묾 (*vihāra*) VII 63. ㊟ **거룩한 마음가짐**(梵住)
머묾, 머무는 곳, 근원 (*adhiṭṭhāna*) IV 131; X 24, 28, 31, 37, 39, 43, 50; XIV 134; XVII 79, 301.
머묾(住) (*ṭhiti*) VIII 242; XIII 111*f*; XVII 68, 193; XIX 9; XX 25*f*, 47; XXI 10, 27.
먼, 멀리 (*dūra*) XIV 73, 194, 209.
먼저 생긴 조건 (*purejāta-paccaya*) XVII 66, 85.
멘다까 (Meṇḍaka) VIII 18; XII 40*f*.
멸(滅) ☞ **소멸**(*nirodha*)
멸진정 (*nirodha-samāpatti*) III 120; IX 104; XI 124; XII 32; XVII 47; XXIII 1, 14, 17*f*.
명(名) ☞ **정신**(*nāma*)
명근(命根) ☞ **생명기능**(*jīvita-indriya*)
명상 (*sammasana*) I 133; VIII 224; X 38, 53; XVII 102; XVIII 15; XX 2*f*, 75*f*, 93; XXI 85*f*; XXII 107, 112.
명상의 지혜 (*sammasana-ñāṇa*) XX 93.
명상주제 (*kammaṭṭhāna*) I 107; II 88; III 28, 51, 57*f*, 103*f*, 120*f*; IV 1, 5, 36, 43; V 42; VI 12, 23, 52, 56*f*, 80, 94; VII 66; VIII 7, 24, 43, 48, 63*f*; IX 67; XI 5, 25, 40, 45, 84, 119, 126; XIII 113; XIV 31; XX 113.
명색(名色) ☞ **정신/물질**(*nāma-rūpa*)
명제 ☞ **서원**(*paṭiñña*)
모든, 일체 (*sabba*) XXII 106, 126.
모양 ☞ **형태**(*ākāra*)
모태 (*yoni*) XIII 69; XVIII 148.
목갈라나(**목련**) ☞ **마하목갈라나** (Mahā-Moggalāna)
목숨의 상카라 ☞ **수명의 상카라** (*āyu-saṅkhāra*)
몸(身) (*kāya*) III 105; VIII 1; VIII 42; XI 28, 92; XII 130, 133; XIV 41, 46, 52, 58, 117, 128, 144; XV 3; XVI 10; XVII 61; XIX 4; XXII 34, 54.
몸에 대한 마음챙김 (*kāya-gatā-sati*) III 105*f*; VII 1; VIII 42*f*; XI 26; XIV 60; XXI 103.
몸으로 짓는 나쁜 행위 (*kāya-duccarita*) XIV 155, 160 :

몸의 32가지 부위 (*dvattiṁsa-ākāra*) III 1, 105; VII 28; VIII 44*f*; XVIII 5; XX 9.
몸의 감각기능(身根) (*kāya-indriya*) XIV 128; XVI 1.
몸의 감각장소(身處)(*kāya-āyatana*) XV 3*f*.
몸의 관찰 (*kāyānupassanā*) VIII 168, 185; IX 113, 118; XXII 39.
몸의 매듭 (*kāya-gantha*) IV 87; XIV 226*f*; XXII 54, 69.
몸의 문 (*kāya-dvāra*) XVII 61.
몸의 상카라, 몸의 작용(身行) (*kāya-saṅkhāra*) VIII 145, 175*f*, XVII 47, 60; XXIII 24, 51.
몸의 십원소 (*kāya-dasaka*) XVII 151, 156. 189.
몸의 알음알이(身識, *kāya-viññāṇa*) XIV 96, 1117, 179, 220.
몸의 알음알이의 요소(身識界) (*kāya-viññāṇa-dhātu*) XV 17*f*.
몸의 암시(身表), **몸을 통한 암시** (*kāya-viññatti*) XIV 36, 61, 77; XVII 61; XVIII 13; XX 32.
몸의 요소(身界) (*kāya-dhātu*) XV 17*f*.
몸의 의도 (*kāya-sañcetanā*) XVII 61.
몸이 남이있는 (*upādi sesa*) XVI 73, 94.
몽매함 ☞ **미혹**(*sammoha*)
묘지 (*sivathika*) VI 23, 78; VIII 43.
무간[지옥] (*Avīci*) VII 44; XII 71, 78, 80; XIII 93; XV 27.
무간업 (*ānantariya-kamma*) V 41, XIII 83, 90.
무거운 [업] (*garuka-(kamma)*) XIX 15.
무관심 (*atammayatā*) XXI 135.
무관심 (*avyāpāra/abyā-*) IV 166, 171; XV 15; XVII 309, 312; XX 102.
무관심 (*majjhatta*) VIII 5; IX 4*f*, 77*f*.
무괴(無愧) ☞ **수치심 없음**(*an-ottappa*)
무기(無記) ☞ **판단할 수 없음** (*avyākata*)
무너짐(壞) (*bhaṅga*) VIII 234, 242; XIII 111; XIV 59; XIX 11; XX 22, 26; XXI 11; XXII 115, 118.
무너짐의 관찰(*bhaṅga-anupassanā*) VIII 224; XX 4, 89, 92; XXI 10*f*, 25, 36, 131; XXII 108, 114.
무더기(蘊) (*khandha*) VII 16, 28, 38; VIII 39, 234, 236; X 41, 53; XII 52; XIII 13, 17*f*, 120; XIV *passim*, 19, 33, 213*f*, 216*f*; XV 21; XVI 33, 44, 57, 68*f*, 73;

XVII 77, 113, 159, 258, 263; XVIII 13*f*; XX 9, 20, 28, 97*f*; XXI 6, 18, 35, 87, 111; XXII 45, 48; XXIII 4.

무더기를 가진 존재(*vokāra-bhava*) XVII 254.

무량(無量) ☞ **거룩한 마음가짐** (*brahma-vihāra*)

무량(四無量) (*appamaññā*) VII 28; IX *passim*, 105, 110; XX 9; XXIII 4. ㊟**거룩한 마음가짐**

무량한 (*appamāṇa*) III 5, 13, 20, 112; XIII 120; XIV 15.

무리 ☞ **깔라빠**(*kalāpa*)

무명(無明) (*avijjā*) I 140; III 17; IV 87; VII 7*f*, 59; XII 17; XIV 229; XV 28; XVII 2, 36, 43, 48, 51*f*, 58*f*, 103, 163, 274, 292; XX 8, 97; XXII 28, 45, 48, 56, 60.

무상(無常) (*anicca*) I 140; VIII 234; XI 104; XII 26; XIV 3, 69, 224, 229; XVI 89, 99; XIX 26; XX *passim*, 47*f*, 85, 103, 126; XXI 3*f*, 10*f*, 33, 48, 51, 68, 88, 129; XXII 22 53; XXIII 32.

무상(無相) ☞ **표상 없음**(*animitta*)

무상유정(無想有情), **인식이 없는 중생** (*asañña-satta*) XVII 134, 182, 199, 201.

무상의 관찰 (*anicca-anupassanā*) I 140; VIII 233; XX 4, 20, 90; XXI 26, 122; XXII 46, 108, 113; XXIII 22*f*.

무상의 인식(無常想, *anicca-saññā*) II 58; III 122; VIII 41.

무색 (*arūpa*) VIII 180; XVIII 8, 15; XX 43; XXI 86.

무색계 (*arūpa-avacara*) III 13, 23; X 10; XIV 15, 87, 104, 109, 182, 206; XIV 92; XX 31.

무색계 (*arūpa-bhūmi*) XVII 160.

무색계 [마음], 무색계, 무색의 (*āruppa*) III 105*f*; VII 28; IX 104; X *passim*; XIV 87, 157; XVII 63, 132, 144, 160, 197, 204, 214, 223; XX 31.

무색계 [세상] (*arūpa-loka*) XVI 85; XVII 134.

무색계 존재 (*arūpa-bhava*) III 118; IV 78; VII 9*f*; XVII 150; XXI 34.

무소유처 (*ākiñcaññāyatana*) I 140; III 105*f*; IX 119, 123; X 32*f*; XII 5, 6, 30; XV 25*f*; XVII 125; XXIII 21, 26, 34, 43.

무아 (*anattā*) I 140; XI 104; XIV 3, 224; XVI 99; XIX 26; XX *passim*; XXI 3*f*, 48, 51, 59, 70, 88, 129; XXII 22, 53; XXIII 32*f*.

무아의 관찰 (*anatta-anupassanā*) I

140; VIII 233; XX 4, 20, 90; XXI 73, 122; XXII 133; XXIII 22*f*.

무애해 (*paṭisambhidā*) I 11; VIII 186; XII 11, 28, 33, 60; XIV 21*f*; XVII 33, 305; XX 111; XXIII 58.

무엇 (*kiñcana*) X 39; XXI 54.

무여[열반] (*anupādisesa-nibbāna*) XVI 73, 94.

무외산(無畏山) ☞ **아바야기리**(Abhayagiri)

무원(無願) ☞ **원함 없음**(*appaṇihita*)

무위(無爲) ☞ **형성되지 않은**(*asaṅkhata*)

무유애(無有愛) ☞ **비존재에 대한 갈애**(*vibhava-taṇhā*)

무인론(無因論) ☞ **원인이 없다는 견해**(*ahetuka-diṭṭhi*)

무작견(無作見) ☞ **업보를 부정하는 견해**(*akiriya-diṭṭhi*)

무참(無慘) ☞ **양심 없음**(*ahiri*)

무학 (*asekha*) I 25, 35, 37; XIV 27, 31; XVI 104.

문(門) (*dvāra*) I 53; X 17; X 22, XIV 47, 78, 98, 108, 115*f*, 121, 141, 152; XV 4, 36*f*; XVII 51, 61, 127, 136*f*, 228; XIX 8; XX 9, 70. ㉾ **마노의 문 등**

물(水) (*āpo*) XI 35, 41, 87; XIII 30, 56; XIV 35, 73.

물러섬에 대한 관찰 (*vivaṭṭa-anupassanā*) I 140; XX 90; XXII 113, 121; XXIII 25.

물의 까시나 (*āpo-kasiṇa*) III 105, 117; V 1, 4; XII 3, 92 *etc.*

물의 요소(水界) (*āpo-dhātu*) III 81; VIII 28, 135; IX 38; XI 28*f*, 87*f*; XIV 35, 71*f*, XV 25, 30; XX 64.

물질(色) (*rūpa*) I 140; VII 28, 38; VIII 180, 233; IX 121; X 1*f*; XI 2, 26, 96; XIII 9, 113, 124; XIV 8, 11, 33*f*, 195, 214, 244; XV 13*f*; XVI 93; XVII 48, 51, 69, 72, 148*f*, 187, 193, 197; XVIII *passim*. 8; XX 7, 9, 22*f*, 68, 73; XXI 10, 56, 86; XXII 22, 126; XXIII 13, 22.

물질로 된 ☞ **거친**(*karaja*)

물질의 칠개조 (*rūpa-sattaka*) XX 45*f*.

물질적인 것, 물건 (*āmisa*) I 65; II 5, III 126; VII 60.

물질적인 몸, 육체적인 몸 (*rūpa-kāya*) I 91; IV 175; VII 1, 60; XI 41; XII 133; XIII 106; XVIII 36; XIX 4; XXII 54.

미(味) ☞ **맛**(*rasa*)

미끼 (*āmisa*) XVII 303; XX 19.

미래를 아는 지혜 (*anāgataṁsa-ñāṇa*) XIII 80, 103, 122, 125.

미륵, 마이뜨레야 (Metteyya) I 135; XIII 127.

미리 해야 할 일 (*pubba-kicca*) III 16; XXIII 31*f*.

미사까 숲 (Missaka) XIII 79.

미세한 (*sukhuma*) IV 89, 173, 190; VIII 95, 164, 176*f*; X 49; XI 89; XIII 4, 42, 57; XIV 6, 48, 73, 198*f*; XV 34; XVII 246, 254; XVIII 15; XX 14, 65, 122; XXII 64.

미세한 물질 (*sukhuma-rūpa*) XV 34.

미소를 일으키는 마음(*hasituppāda-citta*) XIV 108.

미혹, 매함, 몽매함, 어리석음 (*sammoha*) I 140; XVIII 25; XX 90; XXII 113, 119.

미혹하지 않음, 혼돈하지 않음 (*asammoha*) IV 172; VI 21, 56; VIII 226; IX 124; XII 56; XIII 104; XIV 7, 143; XVIII 25, 37; XXI 135.

믿음(信) (*saddhā*) I 26, 68, 98; III 74*f*, 122; IV 45, 142; VII 7, 115*f*; XII 17; XIV 133, 140, 148, 155; XVI 1, 10, 86; XVII 84; XX 118; XXI 74, 89, 128; XXII 37, 42.

믿음으로 해탈한 자 (*saddhā-vimutta*) XXI 74, 89; XXIII 38.

믿음을 따르는 자 (*saddhānusāri*) XXI 74, 89.

【바】

바꿀라 장로 (Bakkhula thera) II 82; XII 26.

바라문 (*brāhmaṇa*) I 23, 83, 93, 144*f*; VII 26, 76, 95; VIII 15; IX 2, 32; XII 35; XIII 54, 70, 127; XVI 26; XVII 234, 238.

바라밀 (*pārami*, *pāramitā*) I 33; IV 177; VII 34; IX 26, 124.

바람(風) (*vāyo*) XIII 30, 59; XIV 35 *f*; XV 39.

바람의 까시나 (*vāyo-kasiṇa*) III 105; XII 132; XIII 35.

바람의 요소(風界) (*vāyo-dhātu*) XI 28*f*, 37, 41, 87; XIV 35, 61; XV 30;

바르게 봄 (*sammā-dassana*) XVI 76; XIX 20, 25.

바르지 못한 인식 (*visama-saññā*) VII 59.

바른 견해(正見) (*sammā-diṭṭhi*) I 17; XIV 84; XVI 76, 86, 95; XVII 9; XXII 38, 45; XXIII 4.

바른 노력(正勤, *sammā-ppaddhāna*) I 6; XII 51; XXII 33, 39, 42.
바른 마음챙김(正念) (*sammā-sati*) XVI 82, 86, 95*f*; XXII 45.
바른 말(正語) (*sammā-vācā*) XVI 78, 86, 95*f*; XXII 45.
바른 사유(正思惟) (*sammā-sankappa*) XVI 77, 86, 95; XXII 45.
바른 삼매(正定, *sammā-samādhi*) XVI 83, 86, 95; XXII 45.
바른 생계(正命) (*sammā-ājīva*) XVI 80, 86, 95; XXII 45.
바른 정진(正精進, *sammā-vāyāma*) XVI 81, 86, 95*f*; XXII 45.
바른 행위(正業, *sammā-kammanta*) XVI 79, 86, 85; XXII 45.
바왕가, 잠재의식 (*bhavaṅga*) I 57; IV 33, 74*f*, 78, 132, 138; XIV 98*f*, 107, 114, 115*f*; XV 10, 37; XVII 129*f*, 136*f*, 193, 201, 232; XIX 8; XX 24, 31, 43; XXI 129; XXII 19; XXII 14.
바훌라 장로 (Bahula thera) III 84.
밖의 (*bahiddhā, bāhira*) XI 107; XIII 106*f*; XIV 19, 73, 192, 198; XX 73; XXI 83*f*; XXII 5, 45; XXIII 4.
반대되는 것 (*tadaṅga*) I 12; IV 82; VIII 236; XIII 12; XXI 18; XXII 110, 121.
반두마 (Bandhumā) XIII 123.
반두마띠 (Bandhu-matī) XIII 123.
반복 (*āsevanā*) I 140; IV 113; VIII 40; IX 81, 87; XVII; XXI 29, 35, 130; XXII 5, 16.
반복하는 조건 (*āsevana-paccaya*) IV 76, 182; XV 36; XVII 66, 87; XX 16.
반야 ☞ **통찰지**(*paññā*)
반열반 ☞ **완전한 열반** (*parinibbāna*)
반조 (*paccavekkhaṇa*) I 32, 85, 124, 158; IV 45, 54, 61, 78, 114, 129; VI 12, 21, 59, 63; VII 77; VIII 178, 189, 224; IX 26; X 7, 20, 38; XI 48*f*; XXIII 70; XIV 22, 26; XXII 19*f*; XXIII 27.
반조의 지혜 (*paccavekkhaṇa-ñāṇa*) I 32; VII77.
받는 시기가 확정되지 않은 [업] (*aparāpariya*) XIII 35; XIX 14.
받아들임 (*sampaṭicchana*) I 57; XI 93; XIII 73; XIV 95, 101, 118; XV 34, 36; XVII 128, 138, 231.
발근계(發勤界) ☞ **정진을 시작하는 요소**(*ārambha-dhātu*)
발라데와 (Baladeva) VIII 19.
발우 [한 개의] 탁발음식만 먹는 자 (*patta-piṇḍika*) II 2, 7, 39, 87,

92.
밝음 ☞ **광명**(*obhāsa*)
밧디야 장로 (Bhaddiya thera) XII 110.
방법 (*naya*) XVII 11, 33, 309*f*, XX 102; XXI 52.
방법 (*patha*) I 85.
방법, 방편, 순서 (*pariyāya*) I 38, 114; III 53, 112; IV 150, 179; VIII 148; IX 108; XI 111; XII 49; XIII 121; XIV 193; XVI 33, 70, 94; XVII 25, 36, 112, 244, 260; XX 17, 109, 123.
방일 ☞ **태만**(*pamāda*)
방편 ☞ **방법**(*pariyāya*): ☞ **수단**(*upāya*)
방해 (*ghaṭṭana*) XIV 73, 115; XVII 303.
방해[업] (*upapīḷaka*) XIX 16.
배움 ☞ **교학**(*pariyatti*)
배정된 대로 머무는 자 (*yathā-santhatika*) II 2*f*, 69, 72, 87.
버림 ☞ **보시**(*cāga*)
버림, 여읨, 보시 (*pariccāga*) IV 65, 81; VII 112; VIII 236; XX 3; XXI 18; XXII 108.
버림, 제거 (*pahāna*) I 12, 140*f*; XX 89; XXII 34, 47*f*, 78*f*, 92, 108, 113; XXIII 4.
번뇌 다 한 자 (*khīṇāsava*) I 127, 131; II 13; III 62; IV 97, 154; XI 120; XII 37; XIII 84; XVI 3; XX 31, 112; XXII 83; XXIII 18.
번뇌(漏) (*āsava*) I 32, 127, 131; IV 87; VII 7, 59; XIV 10, 72, 202, 214, 226*f*; XVI 104; XVII 36, 53, 275; XXII 30, 56, 70; XXIII 18.
벌레 (*kimi*) VI 9, 77, 89; VIII 25, 121; XI 11; XVI 37; XIX 4.
범부 (*puthujjana*) I 35, 135, 137; II 78; III 56; XI 121; XIII 110; XIV 109, 202; XV 42; XVI 67; XVII 39, 261; XXII 5, 85; XXIII 6, 18.
범신천 (Brahma-kāyika) VII 115; XVII 190.
범주(梵住) ☞ **거룩한 마음가짐** (*brahma-vihāra*)
범중천 (Brahma-pārisajjā) XI 123; XII 86.
범천 (Brahmā) I 3, 99, 136; III 118; VII 18, 23; IX 23, 37, 76, 106; XI 102; XII 71, 86, 119, 137; XIII 7, 32, 41; XVII 134, 156, 264, 282; XVIII 24; XIX 20.
범천의 세계 (Brahma-loka) I 99; III 118; VII 18; XI 123; XII 71, 80, 136 *f*; XIII 7, 32 *f*; XVII

134, 180, 264; XX 108.

범하지 않음 (*avītikkama*) I 17, 25, 41, 140; XIV 155.

범행(梵行) ☞ **청정범행**(*brahma-cariya*)

법 (*dhamma*) I 34; VII 1, 60, 68*f*; VIII 245; XI 104; XIV 23; XXII 79.

법 ☞ **마노의 대상**(*dhamma*)

법(가르침) (*dhamma*) VII 68; XIV 21*f*; XVII 25.

법다운, 여법한 (*dhammika*) I 93; III 58; IX 65.

법들의 조건에 대한 지혜(法住智) (*dhamma-ṭṭhiti-ñāṇa*) VII 20; XIX 25; XXI 135.

법을 계속해서 생각함 (*dhamma-anussati*) III 105*f*; VII 68*f*.

법을 따르는 자 (*dhamma-anusāri*) XXI 74, 89.

법의 간택(擇法) (*dhamma-vicaya*) IV 51*f*; XIV 16; XVI 86.

법의 감각장소(法處) (*dhamma-āyatana*) X 49; XV 3; XVIII 14.

법의 몸(法身) (*dhamma-kāya*) VII 60; VIII 23.

법의 사령관 (Dhamma-senāpati) II 82; VII 55; XI 43; XII 49, 75; XIV 48; XXI 118. ㊟ **사리불 존자**

법의 요소(法界) (*dhamma-dhātu*) XV 17.

벗어남 (*nissaraṇa*) I 32; III 128; IV 27, 82; VII 29, 62; IX 97, 111, 121; XIII 12; XVI 15, 30; XXI 59; XXII 97, 101.

베다 (*Veda*) XII 44.

벽지불, 독각(獨覺) (*pacceka-buddha*) I 13; III 128; IV 55; VIII 22, 155, 211; XI 17; XII 11; XIII 16; XIV 31; XXIII 11.

변정천(遍淨天) (Subhakiṇha) XIII 30, 57.

변함에 대한 관찰 (*vipariṇāma-anupassanā*) I 140; XX 90; XXII 113, 116.

변화 (*aññathatta*) VII 234; XXI 6.

변화 (*vikāra*) XIII 112; XIV 65, 77; XVII 14.

변화에 기인한 괴로움(壞苦) (*vi-pariṇāma-dukkha*) XVI 34; XVII 63.

변환 (*vikubbana*) IX 44, 48, 83; XII 8, 22, 45, 137.

병 (*byādhi/vyādhi*) I 138; VIII 15, 29, 31; XVI 48; XX 18; XXI 37, 48, 59; XXII 100.

병 ☞ **질병**(*ābādha*)

병, 질병 (*roga*) XI 21; XX 18; XXI

35, 48, 59; XXII 98.
보고 듣고 감지되고 알아진 (*diṭṭha-suta-muta-viññāta*) XIV 76.
보냄 ☞ **전달**(*abhinīharana*)
보리분법(菩提分法), 助道 (*bodhi-pakkhiya-dhamma*) XXI 130; XXII 33, 39, 43.
보살 (*bodhi-sattva*) I 41; III 128; IX 26; XIII 54.
보시 (*dāna*) VII 94, 107*f*; IX 39, 124; XIV 84*f*, 206; XVII 60, 81, 293.
보시 ☞ **버림**(*pariccāga*)
보시, 관대함, 버림 (*cāga*) I 48; VII 107*f*; XVI 31, 65; XVII 84.
보시를 계속해서 생각함 (*cāga-anussati*) III 105*f*; VII 107*f*.
보지 못한 (*adiṭṭha*) IX 2; XVII 202; XXI 17, 21.
본보기 ☞ **체험한 자**(*kāya-sakkhi*)
본삼매 (*appanā*) III 5, 6, 106; IV 33, 72, 74 *f*, 102; XIII 5; XVI 77; XXIII 6.
본성 ☞ **고유성질**(*sabhāva*)
볼 수 있는 [물질] (*sanidassana*) XIV 74*f*; XV 11.
봄(見) (*dassana*) I 5; IV 45; XIV 13, 117, 123; XVI 95; XVII 127; XXII 45, 127.
부드러움 (*mudutā*) XIV 64, 133, 146; XVIII 13.
부딪힘 (*abhighāta*) XIV 37*f*, 165.
부딪힘, 저항 (*paṭigha*) I 140; X 12, 16, 22; XV 11, XVI 59.
부따빨라 장로 (Bhūta-pāla thera) XII 26, 29.
부분 (*koṭṭhāsa*) I 26, 131; III 6; VI 91; VII 1; VIII 56*f*, 139*f*; IX 12; XI 29*f*; XII 46; XIV 9; XVII 79; XVIII 5, 22; XX 9, 53*f*; XXII 42.
부서짐 (*khaya*) I 140; VIII 227, 231, 233; X 38; XI 104; XIV 69; XVI 69; XVII 102; XX 14, 21, 40; XXI 10, 24, 69; XXII 122.
부서짐에 대한 관찰 (*khaya-anupassanā*) I 140; XX 90; XXII 113, 114.
부정(不淨), **더러움** (*asubha*) I 103, 122; III 57*f*, 122; VI *passim*; VIII 148; XIV 224; XXII 34, 53.
부정상(不淨想), **부정의 인식** (*asubha-saññā*) I 55; III 57; VI *passim* : XI 26.
부진(不瞋) ☞ **성냄 없음**(*adosa*) ☞ **성냄**(*dosa*)
부처님 (Buddha) III 128; IV 55; VII 1*f*, 26, 52; VIII 23, 155; IX 124; XI 17; XII 1; XIII 16, 18,

31; XIV 31; XVI 20; XXI 118.
부처님을 계속해서 생각함(佛隨念) (*buddha-anussati*) III 6, 105*f*; IV 56; VII 2*f*.
부푼 것 (*uddhumātaka*) III 105, 112; VI 1*f*, 35*f*, 84; VII 28; VIII 43.
북 꾸루 지방 (Uttara-kuru) I 41; VII 43*f*, XII 73.
분노 ☞ **화**(*kodha*)
분리할 수 없는 [물질] (*avinibbhoga*) XIV 43; XVII 18, 51.
분리할 수 없는 친밀한 결합을 주장하는 학파 (와이세시까 철학) (*samavāya-vādi*) XVI 91.
분리할 수 있는 [물질] (*vinibbhoga*) XI 86, 105.
분발 (*paggaha*) IV 45, 61; VIII 74; XVI 81, 96; XX 119; XXII 45.
분석 ☞ **구분**(*vavaṭṭhāna*)
분소의를 입는 자 (*paṁsukūlika*) II 2, 14*f*.
분쟁 (*vivāda*) VII 59; X 1.
불(火) (*tejo*) XIII 32*f*, XIV 35; XV 34; XVIII 6.
불사(不死) (*amata*) VII 31; VIII 41, 248; XI 26, 117; XV 42; XVI 3, 10, 15, 90; XXI 28, 103; XXII 20, 97, 101, 126; XXIII 15.
불선(不善) ☞ **해로운**(*akusala*)
불시의 죽음 (*akāla-maraṇa*) VIII 2, 3.
불의 까시나 (*tejo-kasiṇa*) III 150 *f*, V 5; XIII 95.
불의 요소(火界) (*tejo-dhātu*) V 30; XI 28*f*, 36, 41, 87; XIV 35; XV 30; XX 40.
불치(不痴) ☞ **어리석음 없음** (*amoha*)
불탐(不貪) ☞ **탐욕 없음**(*alobha*)
불행한 곳 ☞ **악도**(*duggati*)
불환자(不還者) (*anāgāmi*) I 14, 140; III 128; XIV 2066; XXII 2*f*, 21, 28*f*, 45; XXIII 7, 18, 25, 28, 56*f*.
붉은 대리석 (*paṇḍu-kambala-silā*) XII 72.
붉은 색, 피 (*lohita*) III 105, 117; V 17, 34; VI 1, 8, 67, 76, 85; VIII 54, 111*f*, 130; IX 33; XI 17, 64, 72; XII 5; XIII 9; XIV 60.
붓다락키따 장로 (Buddha-rakkhita thera) IV 135; XII 9
붙들린 [마음] (*viggahita*) XX 106.
브라흐마와띠 (Brahmavatī) XIII 127.
비(悲) ☞ **연민**(*karuṇā*)
비(鼻) ☞ **코**(*ghāna*)
비구 (*bhikkhu*) I 7, 40, 43; II 90*f*.

비구니 (*bhikkhunī*) I 40; II 90*f*.
비구승가 (*bhikkhu-saṅgha*) I 114, 135; III 53, 57; IV 96; VIII 244; X 35; XII 64, 116, 123, 127; XIII 107; XX 111.
비마세나 (Bhīmasena) VIII 19.
비상비비상처 (*nevasaññānāsañña-āyatana*) I 140; III 105 *f*, IV 78; IX 104; XIV 87, 206; XV 25, 26; XVII 75, 125, 135; XXIII 14, 21, 26, 28, 31, 43.
비세속적인 (*nirāmisa*) II 76; XIII 68; XXI 37.
비었음, 공, 공함 (*suñña*) VIII 144, 152; X 33*f*; XI 47; XVI 90; XVII 283; XX 47; XXI 24, 34, 123*f*.
비인, 귀신, 도깨비 (*amanussa*) II 48, 65, 70; IV 17; VI 14, 26; VII 47; IX 37, 64; XXI 98.
비존재에 대한 갈애(無有愛) (*vibhava-taṇhā*) XVI 31, 61, 93; XVII 234.
빔비사라 왕 (Bimbisāra) VII 23.
빛 ☞ **광명**(*obhāsa*)
빛, 광명 (*āloka*) I 140; III 105, 117; V 21, 30, 35, 39; XII 69, 70, 81, 102, 118, 129; XIII 9, 79, 95*f*; XV 39; XVII 110; XX 44, 61, 108*f*. XXII 92, 94; XXIII 20.
빠딸리뿟따, 빠뜨나 (Pāṭali-putta) IX 64; XII 123.
빠리찻따까 나무 (Pāricchattaka) VII 43
빠지나칸다라지(동부왕국) (Pācīna-khaṇḍa-rājī) III 31.
빤타까 장로 (쭐라~) (Cūḷa-Panthaka thera) XII 59*f*.
빤타까 장로 (마하~) (Mahā-Panthaka thera) XII 60.
뿌루사 ☞ **진인**(*purisa*)
뿌리, 뿌리박은 (*mūla*) IV 87; VII 27, 59.
뿐나 (Puṇṇa) XII 42.
뿐나까 (Puṇṇaka) VIII 18; XII 34.
뿐나왈리까 (Puṇṇa-vallika) IV 95.
뿝바위데하 (Pubba-videha) VII 43*f*.
삐양까라 마따 (Piyaṅkara-mātā) XII 39.

【사】

사(伺) ☞ **지속적인 고찰**(*vicāra*)
사(捨) ☞ **평온**(*upekkhā*)
사(死) ☞ **죽음**(*maraṇa*)
사(詞) ☞ **어원, 언어**(*nirutti*)
사견 ☞ **그릇된 견해**(*diṭṭhigata*)

사견(邪見) ☞ **삿된 견해**(*micchā-diṭṭhi*)

사기, 속임수 (*sāṭheyya*) III 95; VII 59; XIV 149.

사께따 (S*āketa*) XII 71.

사념(死念) ☞ **죽음에 대한 마음챙김**(*maraṇa-sati*)

사대(四大) ☞ **근본물질**(*mahā-bhūta*)

사대왕천 (C*atu-mahā-rāja*) VII 42, 115; XIII 41.

사대의 구분(*catudhātu-vavaṭṭhāna*) III 6, 105, 117, 121; XI 27*f*; XIV 35; XVIII 5, 8.

사대의 부조화 (*dhātu-kkhobha*) I 86, 97; XI 102; XIV 65; XVI 59.

사뜨와(眞性) (*satta/satva*) IX 53.

사라짐 (*vaya*) I 140; VIII 227, 231, 233; XIV 69; XV 15; XVI 35; XVII 102; XX 7, 94; XXI 6, 22.

사라짐의 관찰 (*vaya-anupassanā*) I 140; XX 90; XXII 113, 115.

사람, 인간 (*purisa*) XI 30.

사람, 인간, 者 (*puggala*) I 52, 154; II 2; III 19, 79; IV 2, 14, 35; VII 93; VIII 28, 152; IX 3, 36, 93; XI 30; XIV 201; XVII 136; XVIII 25; XX 51; XXI 111; XXIII 6, 54.

사리 (*dhātu*) XIII 107.

사리뿟따(사리불) 장로 (Sāriputta thera) I 117; II 82; VIII 213; X 53; XII 30*f*; XXI 118; XXIII 37.

사마와띠 청신녀 (Sāmāvatī *upāsikā*) XII 30, 35.

사마타(止) (*samatha*) I 8; III 17; IV 64, 111; VIII 60, 179, 237; IX 104; XVIII 3, 5, 8; XX 110; XXII 46, 89; XXIII 20*f*, 43.

사무량(四無量) ☞ **무량**(*appa-maññā*)

사문의 과(沙門果)(*sāmañña-phala*) I 37; VII 75; XVI 89; XXIII 3, 15.

사뭇다 장로 (Samudda thera) XII 123.

사미 (*sāmaṇera*) I 40, 13, 135; II 92.

사성제(四聖諦) ☞ **성스러운 진리**(*ariya-sacca*)

사왓티 (Sāvatthi) XII 71, 122.

사유, 생각 (*saṅkappa*) IV 83; XXII 42, 66. ㊀ **바른 사유**

사음, 삿된 음행 (*kāmesu micchā-cāra*) I 140; XXII 62.

사함빠띠 범천(Brahmā Sahampati) VII 23.

삭까 ☞ **제석**(Sakka)

산란함, 산만함, 혼란, 흩어짐 (*vikkhepa*) III 2; VIII 61, 184, 197, 202; XIV 2; XX 106, 127; XXII 79.

산만하지 않는 (*avikkhepa*) I 140; III 5; IV 45, 59, 106; VIII 163, 228; XIV 139; XVI 83; XXII 45; XXIII 20.

산만함, 다양함, 희론 (*papañca*) IV 30; VII 59; VIII 248; XI 39; XVI 66; XVII 73.

산지와 장로 (*Sañjīva thera*) XII 30, 32; XIII 37.

살생, 산목숨을 죽임 (*pāṇātipāta*) I 17, 140; XVII 39, 60; XXII 62.

삶의 과정 (*pavatta, pavatti*) XVI 23, 42; XVII 89, 126*f*, 193; XIX 16; XX 44.

삼가함 (*veramaṇī*) I 25, 28, 140; XVII 40.

삼개조 (*tika*) II 3, 77; XIII 104; XIV 74.

삼매(定) (*samādhi*) I 7, 32; III 2, 4, 21, 56; IV 30, 45*f*, 51, 86, 99, 117; VIII 74, 231*f*; IX 104, 112*f*; XI 44, 118*f*; XII 17, 30, 50*f*; XIV 86, 133, 139, 159, 170, 177*f*, 183; XVI 1, 86, 95; XVII 314; XVIII 1; XXI 75, 89; XXII 42, 45, 66, 128; XXIII 7, 26, 37.

삼십삼천(帝釋天) (Tāva-tiṁsa) VII 43*f*, 115; XII 72, 108; XIII 41; XXIII **후기**.

삼의만 수용하는 자 (*te-cīvarika*) II 2, 4, 23, 87, 92.

삿된 견해, 사견(邪見) (*micchā-diṭṭhi*) I 140; V 41; XIV 159, 164; XVII 9, 243; XXI 45, 50, 56, 58, 66.

삿된 도(*micchā-magga*) XXII 14.

삿된 말 (*micchā-vācā*) XXII 50.

삿된 소원(바람), 삿된 욕심 (*pāpa-icchatā*) I 60*f*; II 78; III 95.

삿된 행위, 나쁜 행위, 그릇된 행위 (*duccarita*) I 13; VII 16, 59; IX 15; XIII 81, 89; XIV 133, 142, 155, 160; XVI 78; XVII 43, 262; XX 19.

삿됨 (*micchatta*) VII 59; XVII 53; XXII 50, 66.

상(想) ☞ **인식**(*saññā*)

상(相) ☞ **표상**(*nimitta*)

상가락키따 장로 (Saṅgharakkhita thera) VI 88.

상가락키따 장로 (마하 ~) (Mahā-Saṅgharakkhita thera) I 135; III 85.

상견(常見), **영원한**(*sassata-diṭṭhi*) VII 34, 75; XVI 85; XVII 22,

63, 235, 286, 310; XVIII 29; XIX 20; XX 102, XXI 26, 55, 122; XXII 112.

상깟사(상까시야) 도시 (Saṅkassa-nagara) XII 75, 122.

상낏짜 사미 (Saṅkicca *sāmaṇera*) IX 71.

상낏짜 장로 (Saṅkicca thera) XII 26, 28.

상속(相續) ☞ **흐름**(*satati*); ☞ **흐름**(*santāna*)

상속의 핵심 (*santati-sīsa*) XVII 189*f*.

상수멸(想受滅) (*saññāvedayita-nirodha*) XV 25; XVII 47; XXIII 24, 50.

상카라(行) (*saṅkhāra*) IV 62; VII 7*f*, 37, 59; VIII 175, 180, 236, 243; X 44*f*; XIII 41; XIV 131*f*, 214; XV 14; XVI 35, 52, 89; XVII 2, 44, 51, 53, 60*f*, 163, 173, 199, 251, 2922; XVIII 13, 19; XIX 11, 13; XX 6*f*, 21, 83, 94; XXI 21, 34, 57, 61*f*, 129; XXII 22; XXIII 10, 13, 22, 30.

상카라들에 대한 평온 (*saṅkhara-upekkhā*) IV 156, 167, 169; XXI 61*f*, 79, 131, 135; XXII 23, 26, 29, 121.

상카라들의 한계를 정함(*saṅkhāra-pariccheda*) XVIII 37; XX 4.

상태 ☞ **성질**(*bhāva*)

새로 생기는 (*abhinava*) XX 95.

색(色) ☞ **물질**(*rūpa*)

색(色) ☞ **형상**(*rūpa*)

색계 (*rūpa-avacara*) III 13, 23; IV 74, 138; X 2*f*, 18, XIII 5; XIV 15, 86, 104, 112, 127, 157, 182; XVI 92; XX 31.

색계 존재 (*rūpa-bhava*) IV 78; VII 9*f*; VIII 241; XVII 150, 177*f*, 253*f*; XX 11; XXI 34.

색구경천 (Akaniṭṭhā) XII 78; XIV 193; XX 108; XXIII 57. 색구경천에 가는 자: XXIII 56.

색깔 (*vaṇṇa*) IV 29; XI 88; XIV 47; XVII 156; XVIII 5*f*.

생(生) ☞ **태어남**(*jāti*)

생각 ☞ **사유**(*saṅkappa*)

생계 (*ājīva*) I 18, 42, 44, 60, 84, 111, 123; XXII 42, 45, 66.

생계의 청정에 관한 계 (*ājīva-pārisuddhi-sīla*) I 18, 42, 60, 84, 111, 123, 126.

생긴 (*samuṭṭhāna*) XI 35, 86, 94; XII 100; XIII 9; XIV 37*f*; XVII 196; XX 30*f*.

생멸(生滅) ☞ **일어나고 사라짐** (*udayabbaya*)

생명 (*jīvita*) VII 108; VIII 27*f*, 35; XIV 47, 50, 133, 138, 159, 170,

176, 179; XVII 156, 190, 192, 217; XVIII 5f, XXIII 42.
생명 (*pāṇa*) I 140; IX 54.
생명기능(命根) (*jīvita-indriya*) I 91; VII 1; VIII 1, 3; XI 69, 88; XIII 91; 59; XIV 35, 59; XVI 1, 8, 10, 46; XVII 190, 192; XVIII 10, 13.
생명의 십원소 (*jīvita-dasaka*) XVII 156, 190, 192.
생산[업] (*janaka*) XIX 16.
생성(積集) (*upacaya*) XIV 36, 66, 71, 80; XVII 74; XVIII 13; XX 32, 36, 40.
생유(生有) ☞ **재생으로서의 존재** (*upapatti-bhava*)
서로 관련되지 않은 조건 (*vippayutta-paccaya*) XVII 66, 95.
서로 관련된 조건 (*sampayutta-paccaya*) XVII 66, 94.
서로 지탱하는 조건 (*aññam-añña-paccaya*) XVII 66, 78, 201.
서원, 명제 (*paṭiñña*) II 22; IX 124; XVII 67.
선(善) ☞ **유익한**(*kusala*)
선(禪) (*jhāna*) I 6, 140; III 5, 8, 11, 21, 107; IV 78, 79 *f*, VIII 141*f*, 179, 227, 233, 241; IX 90; X *passim*; XII 2*f*, 130; XIII 5*f*, 35; XIV 12, 86*f*, 127, 158, 206; XVII 66, 92, 143; XVIII 3; XX 9; XXI 75, 111, 116; XXIII 11, 21, 26, 29.
선(禪)**의 구성요소** (*jhāna-aṅga*) III 5, 21, 25; IV 32, 86, 132; VI 67; VII 28; XII 7; XIV 86; XVIII 3; XXI 113*f*.
선견천 (Sudassī) XIV 193.
선남자 (*kula-putta*) I 18, 24, 43, 68, 99, 108; II 2; III 31; V 42; VI 43; VII 1; VIII 48, 186, 190; XII 2, 82; XIII 95; XX 105; XXI 45, 83; XXII 88; XXIII 67.
선우, 도반 (*kalyāṇa-mitta*) I 49; III 28, 61*f*, 95, 123, 133; IV 2, 18; VIII 48.
선처 (*sugati*) XVII 135 *f*, 160.
선한 범부 (*puthujjana-kalyāṇaka*) I 35, 131, 135.
선현천 (Sudassa) XIV 193.
설(舌) ☞ **혀**(*jivhā*)
설일체유부 (*sabbathi-vādin*) VII 95*n*.
설할 수 없는(*na-vattabba*) III 117; XVII 120, 123*f*, 134*f*.
성 ☞ **특징**(*liṅga*)
성(聲) ☞ **소리**(*sadda*)
성[의 물질] (*bhāva*) XI 88; XIV; XVII 150, 189.

성가심, 적대감 (*āghāta*) IV 87; IX 21, 39, 93; XIV 143, 171.
성냄 없음(不嗔) (*adosa*) III 82; XIII 77; XIV 133, 143, 154; XXI 18.
성냄(嗔) (*dosa*) I 90; II 86; III 74*f*, 95, 128; IV 87, 192; VII 59; IX 2, 15; XII 63; XIII 64, 77; XIV 89, 92, 170*f*, 205; XVI 69; XXII 11, 49, 61.
성문(聲聞) ☞ **제자**(*sāvaka*)
성스러운 가문에서 성스러운 가문으로 가는 (*kolaṁ-kola*) XXIII 55.
성스러운 도 (*ariya-magga*) I 37; III 7, 13, 27; IV 155; V 41; VII 33, 75, 84, 115, 150; VIII 150, 224; XIV 23; XVI 68; XXI 71, 73, 78, 111; XXII 33, 43, 89, 122; XIII 2, 4.
성스러운 제자 (*ariya-sāvaka*) VII 31, 116, 119, 121*f*; VIII 250; XX 105; XXII 20, 22, 25, 28; XXIII 10.
성스러운 진리(四聖諦, *ariya-sacca*) VII 62; XVI 13, 20*f*, 61, 65, 88, 89, 106.
성인(聖人) (*ariya-puggala*) VII 76; XXI 74 *f*; XXII 18, 24, 27, 30, 85.
성사(聖者), **고귀한** (*ariya*) XI 124; XIII 82; XIV 164; XVI 20*f*, 86; XXIII 6, 8.
성자의 계보 (*ariya-vaṁsa*) I 112; II 1, 28*f*; XX 78, 83.
성전 (*pāḷi*) I 44, 61, 66; III 96; IV 111, 114; VI 56; VII 96, 119; VIII 45, 49, 110, 146, 174; IX 82; XI 38; XII 13, 44, 89, 90, 93, 96, 99, 119; XIV 28, 71; XVI 96; XVII 223, 287, 294; XX 6, 17, 20, 95; XXI 44, 56, 80, 82; XXII 79, 111, 121; XXIII 7, 11, 65.
성질, 성품, 상태 (*bhāva*) I 20, 33; VIII 234; XVII 14.
성취, 성공 (*sampatti*) I 21, 27, 159; IV 102; VII 19, 110; VIII 8, 14, 23, 86, 93, 109; XIII 55, 63, 79; XIV 173.
성취, 신통 (*iddhi*) III 56; VII 30; XII *passim*, 20*f*; XIII 106, 122; XXII 36.
성취수단(如意足) (*iddhi-pāda*) XII 50; XVI 86; XXII 33, 36, 39, 42.
세간법, 세간적인 법(*loka-dhamma*) VII 38 ;XXII 47, 51, 67.
세간적인 (*lokiya*) I 29, 32; III 5, 7; XIV 9, 202; XVI 102; XVII 120; XVIII 8*f*; XX 43, 130; XXI 16; XXIII 39, 46, 124,

128; XXIII 2, 52.
세계 (*loka-dhātu*) VII 44; XII 78, 106; XX 108.
세상 (*loka*) I 34; VII 36*f*; VIII 39; XIII 94*f*; XVI 85; XVII 134; XX 72.
세상의 끝 (*lokantara*) XVI 43.
세상의 정점 (*loka-thūpika*) XVI 85.
세속적인 (*sāmisa*) XIII 68; XXI 37, 41, 80.
세존 (Bhagava) IV 132; VII 55*f*; XII 71*f*.
소레야 (Soreyya) XXII 83.
소리(聲) (*sadda*) I 59; XIII 3*f*, 109, 112; XIV 55, 96, 134; XV 3; XVII 193; XVIII 6, 10.
소리의 감각장소 (*sadda-āyatana*) XIV 76, 79; XV 3.
소리의 구원소 (*sadda-navaka*) XVII 193; XX 40.
소리의 요소 (*sadda-dhātu*) XV 17.
소멸, 멸 (*nirodha*) I 140; IV 78, 186; VII 27; XVI 15, 18, 23 *f*, 62*f*, 94; XVII 62; XX 7, 100; XXI 10, 77; XXII 5, 46, 92; XXIII 6, 10, 28.
소멸에 대한 관찰 (*nirodha-anupassanā*) I 140; VIII 233; XX 90; XXII 113; XXIII 22*f*.
소빠까 (Sopāka) III 110.
소욕 (*appicchatā*) I 151; II 12*f*, 83*f*; XIV 155; XVI 86.
소임, 의무 (*vatta*) I 17; II 60; III 38, 60, 66*f*; IV 3; VI 60; IX 17.
소지품 ☞ **필수품**(*parikkhāra*)
소처럼 행동하는 (고행) (*go-kiriyā*) XVII 246.
소처럼 행동함 (*go-sīla*) XVII 241.
속박 (*saṁyoga*) I 140; XIV 162; XVI 15, XX 90; XXII 97, 100, 113, 121.
속박 (*yoga*) IV 87; VII 59; XIV 202, 226*f*; XXII 56, 70.
속임수 ☞ **사기**(*sāṭheyya*)
속행(速行) ☞ **자와나**(*javana*)
쇠퇴, 늙음 (*jaratā*) XIV 36, 68, 71; XVIII 13.
수(受) ☞ **느낌**(*vedanā*)
수(水) ☞ **물**(*āpo*)
수각지(隨覺智) (*anubodha-ñāṇa*) XVI 84.
수관(隨觀) ☞ **관찰**(*anupassanā*)
수단, 방편 (*upāya*) I 85; XII 21; XIV 18; XVI 28; XXII 5.
수닷사나 산 (Sudassana-pabbata) VII 42.
수마나 (쫄라~) 장로 (Sumana thera, Cūḷa) XX 110.

수마나데위 (Sumana-devī) XII 42
수명 ☞ **기간**(*addhā, adhāna*)
수명, 목숨 (*āyu*) VIII 3, 243; XIII 44; XXIII 42*f*, 48.
수명의 반이 지나서 구경열반을 증득하는 (*upahacca-parinibbāyi*) XXIII 56.
수명의 상카라, 목숨의 상카라 (*āyu-saṅkhāra*) VIII 28, 243, 244; XXIII 42.
수명의 중반에 구경열반을 증득하는 자 (*antarā-parinibbāyi*) XXIII 56.
수미산 (Sineru) VII 23, 42; XII 72, 78, 109*f*, 121; XIII 34, 41, 48.
수밧다 (Subhadda, Cūla) XII 71.
수브라흐마 (Subrahamā) XII 127.
수순(隨順) (*anuloma*) IV 74; XIII 5; XIV 28; XX 18; XXI 1, 128*f*; XXII 6, 16, 23, 121; XXIII 14.
수승한 (*paṇīta*) I 33, 60; III 10, 33, 99; IV 60; VIII 77, 145, 238, 251; X 40, 60; XII 2, 19; XIII 77; XIV 102, 185, 193, 200; XV 25; XVII 143; XVIII 30; XX 14.
수승한 통찰지의 위빳사나 (*adhi-paññā-vipassanā*) I 140; XX 90; XXI 11, 25; XXII 113, 118.
수야마 (Suyāma) XII 79.
수축하는 겁(壞劫) (*saṁvaṭṭa-kappa*) XIII 28*f*, 55, 65.
수치심 (*ottappa*) I 22, 48; XIV 133, 142, 155.
수치심 없음(無愧) (*anottappa*) XIV 159*f*, 170, 176; XXII 49.
수행, 닦음 (*bhāvanā*) I 140; II 1, 59; III 1, 27*f*, 60, 110, 122, 131; XIV 13, 21, 50, 118, 146, 206; V 27, 40; VI 22, 52, 82; VII 18, 79, 83, 107; VIII 1, 40, 62, 145, 194, 201, 212; IX 2, 9, 82, 115; X 18, 60; XI 1, 27, 39, 44, 117; XII 7, 11; XIV 1, 13, 206, 211; XVI 6, 73;; XVII 60, 76; XXI 43; XXII 46, 92, 104, 124, 128, XXIII 59.
숙고 (*paṭisaṅkhā*) I 45, 85, 95, 140; X 1; XXI 11, 23; XXII 112.
숙고하여 관찰함 (*paṭisaṅkha-anupassanā*) I 140; XX 90; XXI 1, 47, 53, 62, 82, 135; XXII 113, 120.
숙고하지 않음 (*appaṭisaṅkhā*) I 140; XX 90, 112, 120.
숙명통(宿命通) ☞ **전생을 기억하는 지혜**(*pubbenivāsa-anussati-ñāṇa*)
순간, 찰나(刹那) (*khaṇa*) IV 78, 99; XIV 190, 197; XVI 75; XVII

193; XIX 9; XX 22, 97, 100*f*; XXII 92*f*.

순간의 죽음(刹那死) (*khaṇika-maraṇa*) VIII 1, 10.

순간적인 마음의 하나됨 (*khaṇika-citta-ekaggatā*) VIII 232.

순다리 (Sundarī) XXII 99.

순서 (*kama*) XIV 211.

순서 ☞ **방법**(*pariyāya*)

순수한 팔원소 (*suddhaṭṭhaka*) XI 105; XVII 193.

숫자 ☞ **헤아림**(*gaṇana*)

숲 (*arañña*) II 9, 48; VIII 158.

숲에 머무는 수행 (*āraññika*) II 2, 9, 47, 52, 78, 86, 91.

스리랑카, 땀비빤니 섬 (Tamba-paṇṇi-dīpa) I 99; IV 36; IX 64; XII 80, 83, 123.

스승 (*ācariya*) I 69; II 35, 49, 52; III 47, 53, 64, 123, 126*f*; IV 1, 18, 24, 71; VI 12, VII 46; VIII 49, 80, 186, 208, 218; IX 7, 11, 113; X 46; XI 45; XVII, 25, 69, 75; XIX 22; XX 111.

슬픔 (*domanassa*) I 42; IV 186; VII 76; VIII 133; IX 48, 79, 99, 111; XIII 9; XIV 92, 127; XXI 62.

슬픔 ☞ **근심**(*soka*)

승가 (*saṅgha*) I 46; III 57; VII 1, 89*f*, XXIII 38.

승가를 계속해서 생각함 (*saṅgha-anussati*) III 105*f*; VII 89, 99.

승원 (*vihāra*) I 69; IV 2*f*.

승처(勝處) ☞ **지배하는 경지** (*abhibhāyatana*)

시간 (*kāla*) VIII 32; XVI 85; XVII 75.

시간 (*samaya*) XIV 186, 189.

시간 ☞ **기간**(*addhā, adhāna*)

시리마 (Sirimā) XII 34.

시리사 나무 (Sirīsa) VII 43.

시설(施設) ☞ **개념**(*paññatti*)

시와 장로 (*Sīva thera*) IX 71.

시와 장로 (*Sīva thera*, Cūḷa) V 2.

시작 (*ācaya*) XIV 66, 67.

시하빠빠따 호수 (Sīhapapāta) XIII 38.

식무변처 (*viññāṇañcāyatana*) I 140; III 105*f*; IX 119, 122; X 25*f*; XIV 87, 206; XV 25*f*; XVII 125; 135; XXIII 21, 26, 34.

신(信) ☞ **믿음**(*saddhā*)

신(身) ☞ **몸**(*kāya*)

신, 자재천신 (Issara) XV 5; XVI 30, 85; XVII 50, 117; XIX 3; XXII 119.

신변 (*pāṭihāriya*) XII 20, 71, 74,

82, 118. ㉔ **쌍신변**

신성한 마음가짐 (*dibba-vihāra*) VII 63; XIII 2, 73.

신성한 머묾(梵住) ☞ **거룩한 마음가짐**(*brahmavihāra*)

신족통(身足通) ☞ **신통변화**(*iddhi-vidha*)

신통 ☞ **성취**(*iddhi*)

신통변화(身足通, *iddhi-vidha*) XII *passim*.

신통지 ☞ **초월지**(*abhiññā*)

신행(身行) ☞ **몸의 상카라**(*kāya-saṅkhāra*)

실재 ☞ **고갱이**(*sāra*)

실현 (*sacchikiriyā*) I 6; IV 102; VII 79, 124; XXII 92, 124*f*.

싫어하는 마음 (*domanassa*) IX 99; XIV 127.

싫어함 ☞ **지루함**(*arati*)

심(尋) ☞ **일으킨 생각**(*vitakka*)

심(心) ☞ **마음**(*citta*)

심발리 나무 (Simbali) VII 43.

심소(心所) ☞ **마음부수**(*cetasika*)

심오한, 깊은 (*gambhīra*) I 69; III 61, 102; IV 54; VII 66, 87, 99, 105, 113; VIII 249; IX 113; XI 25; XVI 104; XVII 7, 11, 33, 304*f*.

심장 (*hadaya*) VIII 111; XI 59; XIII 98; XIV 78; XV 3; XVIII 4.

심장토대 (*hadaya-vatthu*) XIII 99; XIV 60, 78, 97, 108, 128; XVII 128, 163, 209; XVIII 7; XX 70.

심지(心止) ☞ **마음의 머묾**(*citta-ṭiṭṭhi*)

심청정(心淸淨) ☞ **마음청정**(*citta-visuddhi*)

심해탈(心解脫) ☞ **마음의 해탈**(*ceto-vimutti*)

심행(心行) ☞ **마음의 상카라**(*citta-saṅkhāra*)

십개조 (*dasaka*) XX 50*f*.

십원소 (*dasaka*) XVII 149, 151*f*, 156, 189*f*; XVIII 5*f*; XX 22, 28, 70.

쌍신변 (*yamaka-pāṭihāriya*) IV 132; XII 72, 84.

쌍으로 결합된 (*yuga-naddha*) IV 117; XXII 46, 79; XXIII 43.

쌓음 (*āyūhana*) I 140; VII 62; VIII 138; XIV 132, 135; XVI 15; XVII 51, 292*f*; XIX 13; XX 90; XXI 37, 38, 80; XXII 5, 79, 97, 113, 115.

쓸데없는 담론 (*tiracchāna-kathā*) IV 38.

쓸데없는 말 (*lapanā*) I 42, 62, 72, 84.

【아】

아귀 (*peta*) XVI 43; XVII 154, 178.

아귀 (*petti-visaya*) XIII 93.

아까사 탑 (Aakāsa-cetiya) IV 96.

아나타삔디까 (**작은** ~) (Cūḷa-Anātha-piṇḍika) XII 74.

아나타삔디까(급고독) (Anātha-piṇḍika) XII 74, 106.

아난다 장로 (Aananda thera) I 103; XIV 27.

아노땃따 호수 (Anotatta) XII 73; XII 38.

아노자 왕비 (Anojā-devī) XII 82.

아누라다뿌라 (Anurādha-pura) I 55; II 48; III 31.

아누룻다 장로 (Anuruddha thera) II 18; XII 74.

아눌라 장로 (Anula thera) XII 128.

아라한 (*arahan*) I 139; VII 4*f*; XIII 110; XIV 108*f*, 206, XXII 45; XXIII 7, 11, 14, 18, 58.

아라한됨, **아라한과** (*arahatta*) I 14, 37, 140; VIII 224, 243; IX 118; XIV 124; XVI 69; XVII 245; XXII 1*f*; XXIII 25.

아름다운 ☞ **깨끗한**(*subha*)

아름다움의 요소(淨界, *subha-dhātu*) XV 25*f*.

아바야 장로 (**삼장법사**, **쭐라** ~) (Cūḷa-Abhaya thera) II 35; III 53; XII 89, 101; XIII 38.

아바야 장로 (**장부를 암송하는** ~) (Abhaya thera) I 99; VIII 142.

아바야 장로 (**의자** ~) (Piṭṭha-Abhaya thera) II 74.

아바야기리(無畏山) (Abhaya-giri) I 32n; II 79n; IV 114n; XIII 115n; XIV 71n; XXIII 11n.

아비담마(論) (Abhidhamma) III 44; IV76; XII.72; XI.24, 58, 185; XV 25; XXI 72, 126.

아빠라고야나(西牛貨洲) (Apara-goyāna) VII 436.

아소까 (Asoka) III 111; VII 123; VIII 14; XX 73(**나무**).

아수라 (Asura) VII 43*f*; XII 137; XIII 93.

아승지[겁] (*asaṅkheyya-(kappa)*) IX 26; XIII 16, 29, 55, 63.

악구(惡口) ☞ **욕설**(*pharusa-vācā*)

악도, **악처**, **불행한 곳** (*duggati*) I 156; IX 15; XIII 77, 92; XVII 39, 135*f*, 178, 314; XXII 62.

악의 (*vyāpāda/byā-*) I 140; III 122; IV 86, 104; IX 93, 98; XIV 227; XV 28; XVI 10;

XXII 25, 54, 62.
악의 없음 (*avyāpāda/abyā-*) I 17, 140; XV 25, 28; XVI 10; XXIII 20.
악처(惡處) (*apāya*) IV 63; VII 16; XIII 92; XIV 113; XVII 262; XXII 14
안(眼) ☞ **눈**(*cakkhu*)
안(內)**의** (*ajjhatta/ajjhattika*) IV 141; XI 32*f*; XIII 105*f*; XIV 10, 19, 73, 192, 198, 224; XXI 83*f*.
안다까 (**인도의** A.P.**주**) (*andhaka*) XXIII 4.
안은, 안전 (*khema*) I 4; VII 33, 49; VIII 248; IX 9, 31; XV 42; XXI 37, 40, 43, 94, 98; XXIII 후기.
안전 ☞ **안은**(*khema*)
알라라 깔라마 (Aaḷāra Kāḷāma) X 19.
알아차림 (*sampajāna*) I 8; IV 122, 138, 152, 172, 181, 199, 210; VIII 211; XII 36.
알아차림 (*sampajañña*) I 48; III 95; IV 122, 172; VIII 43.
알음알이의 기주 (7**기지**) (*viññāṇa ṭṭhiti*) VII 38; VIII 247; XIII 69; XVII 148, 182; XXI 35, 63.
알음알이(識) (*viññāṇa*) I 53, 57; VII 10, 28; IX 122; X 25*f*, 50; XI 1*f*, 107; XIV 3, 6, 81*f*, 129, 214; XV 9*f*, 27; XVII 2, 48, 51, 54, 120*f*, 294; XVIII 8, 11, 13, 21; XIX 13, 23; XX 6, 9, 31, 43, 18, 94; XXI 11, 56; XXII 36, 42, 53, 126; XXIII 13, 18, 22, 30.
알음알이(識) ☞ **마음**(*citta*)
알지 못함 ☞ **지혜 없음**(*aññāṇa*)
암송하는 자 (*bhāṇaka*) I 99, II 57, 61, 65; III 51; VIII 142, 179, 219; IX 71; XIII 112.
암시 (*obhāsa*) I 63, 77, 114, 116.
암시 (*viññatti*) I 113; XI 107; XIV 36, 61*f*, 79; XVII 61; XVIII 13; XX 31.
앗사굿따 장로 (Assagutta thera) III 63; XIII 107.
앗사깐나 산 (Assakaṇṇa-pabbata) VII 42.
앗타까타, 주석서 (*aṭṭhakathā*) II 8, 13, 50, 89; III 96; IV 90; VI 42; VII 116; VIII 164; IX 82; XII 44, 57; XIII 117; XIV 28, 67, 71; XVII 129; XXIII **후기**.
앙굴리말라 (Aṅguli-māla) XII 125.
앞서감, 선도 (*pubbaṅgama*) IV 89; VIII 146; IX 117; XVII 51, 244; XXII 36.
애착, 집착 (*ālaya*) I 140; VIII 245; XVI 28, 65; XVII 246; XX 90, 122; XXI 30, 91; XXII 113,

120.
야사 장로 (Yasa thera) XII 82.
야차 (*yakkha*) VII 42; XI 98*f*; XII 31; XIII 100.
약 (*bhesajja*) I 68, 93, 96, 105, 115, 125; II 36; III 49; IV 19, 47; XI 9; XVI 87; XXI 108.
양면으로 해탈한 [자] (*ubhato-bhāga-vimutta*) XXI 74, 89; XXIII 58.
양설(兩舌) ☞ **중상모략**(*pisuṇa-vācā*)
양심 (*hiri*) I 22, 48, 88;; XIV 133, 142, 155.
양심 없음(無慘) (*ahiri*) VII 59; XIV 159, 170, 176; XXII 49.
어리석음 ☞ **미혹**(*sammoha*)
어리석음 없음(不痴) (*amoha*) II 84; III 128; XIII 77; XIV 7, 133, 143, 156.
어리석음(痴) (*moha*) I 90; II 84, 86; III 74*f*, 95, 128; IV 87; VII 59; XII 63; XIII 64, 77; XIV 93, 159, 161, 170, 176; XVI 69; XVII 52, 292; XXII 11, 49, 61.
어원, 언어(詞) (*nirutti*) VII 58, 72; XIV 21*f*, 74.
억압 (*vikkhambhana*) I 12; IV 31, 87; VI 67; VII 71; VIII 7, 40; IX 102; X 9, 26, 34, 10; XI 25; XIII 12; XIX 24; XXII 110, 123.
언어 ☞ **어원**(*nirutti*)
얽매임, 고정관념 (*pariyuṭṭhāna*) I 13; VII 65; XVI 85.
업 (*kamma*) I 6, 155; III 83*f*; V 40*f*; VII 16*f*; VIII 3; IX 23, 96; XI 111; XIII 2, 35, 73, 78; XIV 37*f*, 45, 74*f*, 111*f*, 122, 188, 220; XVI 5; XVII 38*f*, 45, 51, 66, 88, 136, 139, 174, 250; XIX 4, 8*f*, 13*f*; XX 22, 27*f*, 43, 97; XXI 38; XXII 48, 81, 85, 88. ㊟ **행위**(*kammanta*)
업보를 부정하는 견해(無作見) (*akiriya-diṭṭhi*) XVI 85; XVII 23, 313; XX 102.
업에 따라 나아감을 아는 지혜 (*yathā-kammupaga-ñāṇa*) XIII 78*f*, 103, 122, 128.
업에서 생긴 (*kamma-ja*) I 7; VIII 117; XIV 73, 79; XVII 196, 201; XVIII 10; XX 27*f*, 70, 79*f*.
업에서 생긴 (*upādiṇṇa/+ka*) VIII 130; XI 31*f*, 97, 102; XII 104*f*; XIII 91; XIV 52, 62, 72*f*, 204; XX 36, 40; XXI 85.
업에서 생긴 [물질] (*kamma-samuṭṭhāna*) XI 35, 88, 94, 111; XIV 188; XVII 194, 199, 202; XVIII 5, 22; XIX 9; 27*f*.
업으로서의 존재(業有) (*kamma-*

bhava) VII 16*f*, XVII 250*f*, 293; XIX 13.

업의 길(業道) (*kamma-patha*) I 17; VII 59; XXII 47, 63, 75.

업의 조건 (*kamma-paccaya*) I 93; XVII 55, 66, 88, 132, 147, 177, 270; XIX 22; XX 27*f*.

업의 표상 (*kamma-nimitta*) XIV 111*f*, XVII 136, 139*f*, 163.

업의 회전 (*kamma-vaṭṭa*) VII 21; XVII 298; XIX 13, 17, 21.

업지음 ☞ **행위**(*abhisaṅkhāra*)

없음, 있지 않음 (*abhāva*) VIII 147; IX 123; XII 33; XIV 158, 178; XV 6; XVI 18, 68; XIX 15; XXI 6.

여래 (Tathāgata) I 131; VII 23, 35, 65, 119, 123*f*; XII 75, 84, 107; XIII 31; XIV 31; XVI 21, 63; XVII 5, 278.

여래의 힘(如來十力) (*Tathāgata-bala*) XII 76*n*; XIV 31.

여리작의(如理作意) ☞ **지혜롭게 마음에 잡도리함**(*yoniso manasi -kāra*)

여법한 ☞ **법다운**(*dhammika*)

여섯 감각장소(六入) (*saḷ-āyatana*) VII 12; XVII 2, 32, 51, 56, 203*f*, 219*f*, 195, 301*f*; XIX 11.

여성 (*itthi-bhāva*) XIII 51; XIV 58.

여실지(如實智) ☞ **있는 그대로의 지혜**(*yathā-bhūta-ñāṇa*)

여실지견(如實知見) (*yathā-bhūta-ñāṇa-dassana*) I 32, 140; XX 90; XXII 113, 119.

여여 ☞ **진실한 성질**(*tathatā*)

여의족(如意足) ☞ **성취수단**(*iddhi-pāda*)

여읨 ☞ **버림**(*pariccāga*)

여자의 기능(女根) (*itthi-indriya*) XIV 36, 58, 73; XV 7; XVI 1, 8, 10; XVII 91, 150.

여행 ☞ **기간**(*addhā, adhāna*)

역겨움(厭惡) (*nibbidā*) I 32, 140; III 22; VIII 224; X 52; XVIII 30; XX 90; XXI 1, 26, 44, 135; XXII 112; XXIII 22. *f*

역겨움의 관찰(*nibbida-anupassanā*) I 140; VIII 233; XX 90; XXI 43*f*; XXII 112; XXIII 22*f*.

역겨움의 지혜 (*nibbidā-ñāṇa*) XXI 45, 81, 131.

역할 (*rasa*) I 16; II 12; *etc*.

역할 ☞ **행위**(*kiriya*)

역할, 기능, 작용, 해야 할 일 (*kicca*) I 21, 129, 133; III 44, 87, 91; IV 114, 167; VIII 66; XIV 44, 80, 108, 191(작용); XVI 2, 10, 84; XVII 110, 130, 289, 313; XXII 92, 104, 123, 127; XXIII

40.

연(緣) ☞ **조건**(*paccaya*)

연기(緣起) (*paṭiccasamuppāda*) VII 9*f*, 22, 28; XIV 33; XV 39; XVII *passim*; XIX 11*f*; XX 6, 9, 43, 98, 101. ㊟ **이것에게 조건됨**(*idappaccayatā*)

연기된(緣而生) (*paṭicca-samuppanna*) XVII 3*f*, 43, 58, 112, 117; XX 7, 17, 101 , 126.

연등불 ☞ **디빵까라**(Dīpaṅkara)

연민(悲) (*karuṇā*) II 105*f*; VII 18, 32; IX 77*f*, 92, 99, 119, 121; XIV 133, 154, 157, 181.

열 가지 논의의 주제 (*dasa-kathā-vatthu*) I 49; IV 38.

열망 ☞ **뜻함**(*adhippāya*)

열반 (*nibbāna*) I 5, 32, 140; III 129; VII 33, 74*f*; VIII 235*f*, 245; XI 124; XIV 15, 67; XV 14; XVI 26, 31, 64*f*; XXI 18, 37, 64, 71, 106, 124; XXII 5*f*, 20, 40, 44, 88, 127; XXIII 9, 30, 50.

열의(欲) (*chanda*) I 33; III 24; IV 85; IX 102; XII 12, 50; XIV 133, 150, 159, 170; XVI 86; XVII 72; XXII 36, 39, 42, 55.

염(念) ☞ **마음챙김**(*sati*)

염오(厭惡) ☞ **역겨움**(*nibbidā*)

영역 (*bhūmi*) VIII 15; XXII 106.

영역 (*visaya*) I 98; VII 72; VIII 42; XVII 246.

영역 ☞ **계**(界, *avacara*)

영역, **나타남** (*āpātha*) I 57; III 124; IV 11, 30; VI 51, 72; XI 16; XII 69, 106; XIII 99; XIV 116, 134; XVII 127, 136*f*, 235; XX 44; XXII 89.

영역, **행동의 영역**, **대상** (*gocara*) I 42, 45, 49*f*; III 58; IV 3, 19, 35; VII 51; VIII 213; IX 107, 110, 122; X 20; XIII 6, 95; XIV 26, 53*f*, 215; XV 11, 16; XVI 5, 24; XVII 56; XXII 46.

영원하다는 인식 (*dhuva-saññā*) I 140; XX 90; XXII 113, 116.

영원하다는 인식 (*nicca-saññā*) I 140; II 59; VIII 233; XII 26; XX 3, 90; XXI 11, 19; XXII 34, 108, 113; XXIII 23.

영원한 ☞ **상견**(*sassatta*)

영원한 (성질) (*dhuva-(bhāva)*) I 140; XV 16, 40, 85; XVII 116, 235; XVII 283; XX 19; XXI 56.

영지(靈知) (*vijjā*) I 11; VII 30; VII 239

영지(靈知) (*veda*) XXI 70, 75, 89.

영혼 (*jīva*) IV 143; XV 22, 32; XVII 162; XXI 58.

영혼이 아님 (*nijjīva*) XI 41; XIII 2;

XV 22; XVII 31, 162, 308, XVIII 31.

예류 (*sotāpatti*) I 14, 140; XIV 206; XVII 245; XXI 75; XXII 2, 14, 45; XXIII 4, 7, 25.

예류자 (*sotāpanna*) I 9, 14; II 13; III 55, 64, 128; IV 36; VII 48, 111, 122; VIII 49; XII 80; XIII 82, 110; XIV 30; XIX 27; XXII 18, 85; XXIII 7, 18, 28.

예와빠나까(*ye-vā-panaka-dhamma*) IV 164; XIV 133*f*.

오개(五蓋) ☞ **장애**(*nīvaraṇa*)

오력(五力) ☞ **힘**(*bala*)

오문전향(五門轉向) (*pañca-dvāra-āvajjana*) XIV 152; XV 34.

오염 ☞ **경계**(*upakkilesa*))

오염원 (*kilesa*) I 13, 54, 140; III 18, 26; IV 31, 84*f*; VII 59; VIII 236; XII 17; XIV 145; 199; XVI 68; XVII 136, 140, 244, 281; XX 110; XXI 18, 41, 105, 117; XXII 7, 19*f*, 45, 49, 65; XXIII 2.

오염원 (*saṅkilesa*) I 9, 15, 143; III 1, 26; IV 117; XIV 202; XVII 283; XX 18; XXI 48; XXII 49, 78.

오염원의 회전 (*kilesa-vaṭṭa*) XVII 298.

오온(五蘊) ☞ **무더기**(*khandha*)

오취온(五取蘊) ☞ **취착하는 무더기** (*upādāna-kkhandha*)

온(蘊) ☞ **무더기**(*khandha*)

온도 (*utu*) I 86; XIV 47, 188; XVII 106, 193; XVIII 5; XIX 9. ㉾ **계절**(*utu*)

온도에서 생긴 (물질) (*utu-sam-uṭṭhāna*) XIVV 61, 75; XVII 193; XIX 9; XX 27, 39*f*.

올바름 (*sammatta*) V 40; XX 18.

옮겨감 ☞ **윤회함**(*saṅkanti*)

옷, 의복, 가사 (*cīvara*) I 42, 68, 86; II 15; III 55, 92; IV 19, 43; VI 25; VII 23; XI 9; XII 32, 66; XX 112.

와수데와 (Vasudeva) VIII 19; XV 5.

와수담마(Vasudhamma) XIV 42*n*.

왁자지껄한 웃음, 유쾌 (*pahāsa*) IX 95.

왁깔리 장로 (Vakkali thera) IV 45.

완전한 열반, 반열반 (*parinibbāna*) I 32; V 30.

왓따깔라까 마을 (Vattakālaka-gāma) IV 96.

왓따니야 거주처 (Vattaniya-senāsana) XIII 107.

왕기사 장로 (Vaṅgīsa thera) I 103.

왕사성 ☞ **라자가하**(Rājagaha)

왕족, 끄샤뜨리야 (*khattiya*) XIII 54.

외도 (*titthiya, añña-titthiya*) I 45; XV 21; XVI 63.

요소(界) (*dhātu*) I 86, 97; III 80; VII 28, 38; VIII 43, 60, 159, 180; IX 38; XI 27*f*, 87*f*, 93, 104; XII 37; XIV 47, 65; XV 17*f*; XVI 59; XVII 156; XVIII 5, 9; XX 9, 64.

요소를 마음에 잡도리함 (*dhātu-manasikāra*) VIII 43; XI 27.

욕(欲) ☞ **열의**(*chanda*)

욕계 (*kāma-avacara*) III 5, 23; IV 74, 138; X 10; XIII 5, XIV 15, 83, 133, 181, 206; XVI 92; XVII 129, 136, 180, 262; XX 31, 43.

욕계, 욕계 존재 (*kāma-bhava*) VII 9*f*; VIII 241; XVII 102, 150, 177*f*, 191, 253*f*, 268; XX 11.

욕망에 대한 갈애(慾愛) (*kāma-taṇhā*) XVI 31, 61; XVII 234, 242, 248.

욕설(惡口) (*pharusa-vācā*) I 140; XXII 62, 66, 75.

욕탐 (*kāma-cchanda*) I 140; IV 85, 104, 124; VI 67; XII 44; XVII 242; XXII 57, 71.

욕함 (*akkosa*) I 45, 64, 80; XIII 82.

용 (*nāga*) XII 100, 106*f*, 137; XIII 93; XXI 43, 46.

우데나 왕 (Udena-rājā) XII 35.

우빠난다 장로 (Upananda thera) II 82.

우뽀사타 ☞ **포살**(*uposatha*)

우주(輪圍山) (*cakka-vāla*) VII 40, 44; IX 103; X 6; XII 72, 78, 88; XIII 3, 31, 48*f*.

욱가 (Ugga) VIII 18.

운명 (*niyati*) XVII 117.

운명론 (*niyata-vāda*) XVII 313.

움직임 (*calana*) VIII 181; XII 33; XIV 61.

웁빨라완나 장로니 (Uppalavaṇṇā theri) XXII 83.

웃따라의 어머니 (Uttara-mātā) XII 39

웃짜왈리까 (Uccāvālika) XX 110*f*.

원인 ☞ **이유**(*kāraṇa*)

원인 없는 [마음] (*ahetuka*) I 57; V 41; XIV 72, 94*f*, 113*f*, 179; XVII 54, 69, 100, 120, 126*f*, 160, 271; XIX 3.

원인(因) (*hetu*) **일반**: III 83; XIV 72, 94*f*, 111, 116, 127, 179, 206; XVII 54, 66*f*, 160. **근본원인**: XIV 22*f*, 191; XV 24; XVI 28, 85, 91, 104; XVII 14, 67, 105, 286*f*, 291, 310; XIX 2; XX 102; XXII 97.

원인을 가진 (*sahetuka*) XIV 94,

100, 106f, 179f; XVII 54, 69, 120, 131, 160.

원인의 조건 (*hetu-paccaya*) XIV 191; XVII 66f, 83, 207, 269; XIX 2f; XX 19.

원인이 없다는 견해(無因論) (*ahetuka-diṭṭhi*) XVII 22, 313; XXII 112.

원자 (*aṇu*) XVI 72, 91; XVII 117.

원하는 (보통으로 ~) (*iṭṭha*) XVII 127, 178.

원하지 않는 (*aniṭṭha*) VIII 5; XII 37; XIII 77, 116; XIV 102, 117, 128; XVII 167, 180.

원함 없는 해탈 (*appaṇihita-vimokkha*) XXI 89, 121.

원함 없음(無願) (*appaṇihita*) I 140; VII 63; XXI 67, 70f, 121f.

원함 없음의 관찰 (*appaṇihita-anupassanā*) I 140; XX 90; XXII 113, 117.

원함, 염원 (*paṇidhi*) I 140; XX 90; XXI 73, 122; XXII 113, 117.

웨자얀따 궁전 (Vejayanta) VIII 20; XII 110.

위니따까 산 (Vinataka) VII 42.

위범(違犯) (*vītikkama*) I 13, 44.

위빳사나(觀) (*vipassanā*) I 6, 7; III 56; VII 30; VIII 43, 180, 222, 233, 236f; IX 97, 104; X 52; XI 121; XVIII 5, 8; XX 81, 83, 91, 105f; XXI 1f, 73, 130; XXII 1, 25, 46, 89, 113, 118; XXIII 7, 20, 31, 33. ㉾ **18가지 마하위빳사나**

위빳사나를 닦는 자 (*vipassaka*) IV 168; VIII 157; X 53; XVIII 8; XIX 17, 27; XX 2, 104; XXI 112; XXIII 18.

위빳시 세존 (Vipassī Bhagavā) XIII 123.

위사카 장로 (Visākha thera) IX 64f.

위선 (*vimhāpana*) I 67.

위의 ☞ **자세**(*iriyāpatha*)

위험 (*ādīnava*) I 123, 153, 158, 160; II 33, 84; III 11, 112; IV 27, 117; IX 2, 77; X 1, 5, 25, 32; XIV 148, XVII 52, 63, 103; XX 18; XXI 59, 131; XXII 79, 112, 120.

위험의 관찰 (*ādīnava-anupassanā*) I 140; VIII 43; XX 90; XXI 1, 35f, 42, 44, 50, 131; XXII 113, 120.

위험의 지혜 (*ādīnava-ñāṇa*) XXI 37, 39, 40, 42.

윗사깜마(Vissa-kamma) XII 71, 77.

유간다라 산 (Yugandhara) VII 42; XII 72, 121.

유딧틸라 (Yuddhiṭṭhila) VIII 19.

유신견(有身見)(*sakkāya-diṭṭhi*) IV 155, 192; X 17; XVI 85; XVII 243; XXII 48, 64, 112, XXIII 2.
유위(有爲) ☞ **형성된**(*saṅkhata*)
유익한(善) (*kusala*) I 10, 19, 131; II 78; III 13, 23, 75; X 14; XIV 23, 82*f*, 94, 109, 117, 126, 129, 132, 133*f*, 179, 193, 204, 209; XV 26, 34; XVI 104; XVII 53, 93, 120; XIX 8; XX 28, 31, 44; XXII 35, 85.
유정 ☞ **중생**(*satta*)
유쾌 ☞ **왁자지껄한 웃음**(*pahāsa*)
유학 (*sekkha*) I 35, 37, 127, 131, 137; II 78; XI 121; XIV 27, 109; XVI 104; XVII 81; XXII 21; XXIII 10.
유형의 물질 (*rūpa-rūpa*) XIV 77; XVII 189, 191; XVIII 13.
육입(六入) ☞ **여섯 감각장소**(*saḷ-āyatana*)
육체적 고통(苦) (*dukkha*) I 6; XIV 127; XV 25; XVI 31, 49, 59; XVII 2, 277; XXI 59.
육체적인 몸 ☞ **물질적인 몸** (*rūpa-kāya*)
윤위산(輪圍山) ☞ **우주**(*cakkavāla*)
윤회 (*saṁsāra*) XV 4, 20; XVII 62, 115, 244, 286, 314; XIX 14; XXII 14, 18.
윤회의 바퀴 (*saṁsāra-cakka*) VII 7*f*.
윤회함, 옮겨감, 초월함 (*saṅkanti*) XII 2, 6; XVII 113, 162, 302, 308.
율 (*vinaya*) I 32.
은사스님 (*upajjhāya*) I 69, 130; II 35, 52; III 37, 48; III 53; IV 18; VI 60; VII 85; IX 11; XII 91.
음식 (*āhāra*) I 89; IV 52, 63; VII 37*f*; VIII 27*f*; XI 1*f*, 111; XIV 47, 75, 79, 188, 226*f*; XVI 92; XVII 66, 90, 194; XVIII 5; XIX 9; XX 27, 68, 97.
음식 (*bhojana*) I 93; IV 40.
음식에 대한 혐오의 인식 (*āhāre paṭikkula-saññā*) III 6, 105; XI 4*f*.
음식에서 생긴 (*āhāra-samuṭṭhāna*) XI 111; XVII 194; XVIII 5, 10; XX 35*f*.
음식의 조건 (*āhāra-paccaya*) XI 111, XVII 66, 90, 207, 209; XX 35*f*.
의(意) ☞ **마노**(*mano*)
의도 (*cetanā*) I 17, 140; II 12, 83, 89; VII 28; XI 1*f*; XIV 133, 135, 159, 170, 176, 179; XVI 10; XVII 44, 51, 60*f*, 88, 251, 292*f*; XVIII 8, 19; XX 9, 29; XXII 66.

의도 ☞ **뜻함**(*adhippāya*)
의무 ☞ **소임**(*vatta*)
의문전향(意門轉向) (*manodvāra-āvajjana*) IV 74, 138, 152, 181; XIII 5, 27, 101, 121, 152; XVII 232; XXI 129; XXII 19.
의복 ☞ **옷**(*cīvara*)
의심 (*kaṅkhā*) VIII 224; XIX *passim*; XXII 112.
의심 (*vicikicchā*) I 140; III 95; IV 86, 104; XIV 93, 176, 177*f*; XIX 6, 10; XXII 48, 60.
의심을 극복함에 의한 청정 (*kaṅkhā-vitaraṇa-visuddhi*) XIV 32; XVIII 2; XX 2, 91, 130; XIX *passim*.
의지처 (*nissaya*) IV 23, 29; XI 107; XIV 46, 60, 171, 205, 213; XV 6; XVII 66, 79, 163; XVIII 4, 10.
의지하는 조건 (*nissaya-paccaya*) XVII 66, 79.
이(耳) ☞ **귀**(*sota*)
이것에게 조건됨(緣起) (*ida-ppaccayatā*) XVII 5*f*, 58.
이득 (*lābha*) I 31, 42, 61, 65, 81, 132, 143, 150, 152; II 30; IV 68, 121; V 2; VII 108; IX 67; XX 19, 51.
이름 (*nāma*) VII 54; XIII 123, *etc.*
이미 지은 [업] (*kaṭatta*) XVII 88*f*, 122*f*; XIX 15.
이사다라 산 (Isadhara-pabbata) VII 42.
이욕(離慾) ☞ **탐욕이 빛바램** (*virāga*)
이유, 원인 (*kāraṇa*) I 9, 14, 53, 96, 133; II 4; III 30, 53, 65; IV 13, 39; VII 3, 52, 65, 78; IX 7; XI 96, 103; XIV 31, 43, 134; XV 5*f*, 20; XVI 17, 56, 85; XVII 34, 106, 271, 282, 307, 313; XX 22; XXI 48, 120; XXII 51; XXIII 7.
이점, 이익 (*ānisaṁsa*) I 23, 153; III 1, 110, 127; IV 22, 117; VI 17, 22, 64, 68; IX 1, 37, 77, 83; X 40, 120; XIV 1, XXI 40; XXII 14, 20; XXIII 1, 15, 52.
이치 (*attha*) XIV 22
익힌 표상 (*uggaha-nimitta*) IV 29; V 4, 8, 14, 23; XI 51, 58*f*; XIII 141.
인(因) ☞ **원인**(*hetu*)
인간(*manussa*) XIV 111; XVII 154.
인간 ☞ **사람**(*purisa*); ㊟ **사람** (*puggala*)
인간을 능가하는 법 (*uttari-manussa-dhamma*) I 60, 69; VII 63; XII 85.
인도, 잠부디빠 (Jambu-dīpa) V 1;

VII 23, 42 44; XII 75.

인드라 ☞ **제석**(Inda, Indra)

인색 (*macchariya, macchera*) I 151; II 95; VII 59, 107*f*; XIV 170, 173; XXII 52, 67.

인습적 표현 (*vohāra*) IX 53, 65; XVIII 28; XXI 52.

인식(想) (*saññā*) I 55, 140; III 22, 26; VII 28, 59; VIII 216, 230, 233; X 12, 50*f*; XII 49; XIV 3, 129*f*, 141, 213*f*, 218, 224; XV 14, 42; XVIII 8, 13, 20; XX 6, 9, 94; XXI 11, 56; XXII 53, 126; XXIII 13.

인식과정 (*vīthi-(citta)*) I 58; IV 197; XIV 103, 152, 188, 197; XV 10; XVII 127, 136*f*; XIX 14; XXII 6, 16; XXIII 3, 14.

인식이 없는 (*asañña, asaññin*) XVII 134, 192, 201.

인식이 없는 중생 ☞ **무상유정** (*asañña-satta*)

인욕 (*khanti*) I 18; IX 2, 124; XXI 28.

일경성(一境性) ☞ **집중**(*ekaggatā*)

일곱 가지 관찰 (*satta anupassanā*) XX 4; XXI 43; XXII 114. ㉮ 관찰(*anupassanā*)

일곱 개의 보물 (*satta dhanāni*) XXII 14.

일곱 개의 큰 호수 (*satta mahāsarā*) XIII 38; XXI 43.

일래자 (*sakad-āgāmi*) I 14, 140; III 128; XIV 206; XXII 2, 23, 45; XXIII 7, 18, 25, 55.

일리사 장자 (Illīsa) XII 127.

일상적인 말, 통속적인 (*sammuti*) VIII 1; XI 88; XIII 123; XVII 171; XVIII 25.

일어나고 사라짐 (*uppāda-vaya*) VIII 234; XX 19, 47, 84, 126; XXI 6, 48, 131.

일어나고 사라짐(生滅) (*udayabbaya*) XIV 2244; XVI 35; XVII 283; XX 84, 93*f*; XXI 2*f*; XXIII 10.

일어나고 사라짐에 대한 지혜 (*udayabbaya-ñāṇa*) XXI 131.

일어나고 사라짐의 관찰 (*udayabbaya-anupassanā*) VIII 224; XX 4, 93*f*; XXI 1, 9; XX6.

일어나는 (*vattamāna*) XIV 6; XVII 115, 148, 174; XIX 20; XX 2, 22, 39.

일어남 (*samudaya*) VII 27; XVI 13, 61; XX 90, 100, 130; XXII 44, 92, 113.

일어남 (*samudaya*)

일어남 (*uppāda*) I 140; VIII 242; XIII 111; XIV 80, 90; XX 22, 26; XXI 10, 27, 37; XXII 5, 44, 79; XXIII 7.

일어난 (*uppanna*) XX 47; XXII 81*f*.

일으킨 생각(尋) (*vitakka*) I 140; III 5, 11, 21, 25*f*, 122; IV 74, 86, 88*f*, 132; VI 86; VII 28, 59; VIII 233, 238; IX 112*f*; XIV 86, 133, 136, 157*f*; XVI 86, 99; XVII 160; XVIII 3; XX 9; XXIII 24, 26.

일체 ☞ **모든**(*sabba*)

일체지(一切知, 全知, *sabbaññutā*) VI 32; VII 32, 55; IX 35; XII 121; XVII 307.

임종에 다다라 지은 [업] (*āsanna*) XIX 15.

임종에 다다른 (*maraṇ-āsanna*).

있는 그대로의 지혜(如實智) (*yathā-bhūta-ñāṇa*) XIX 25.

【자】

자(者) ☞ **사람**(*puggala*)

자구 ☞ **필수품**(*parikkhāra*)

자극 받은, 자극을 통해서 (*sa-saṅkhāra*) XIV 83, 90, 156, 166, 175, 205; XVII 52, 122; XXI 117.

자극 없이 구경열반을 증득하는 자 (*asaṅkhara-parinibbayı*) XIII 56.

자극 받은 (*sasaṅkhārika*)

자극 받지 않은 (*asaṅkhārika*) XIV 205.

자극을 통해서 구경열반을 증득하는 자 (*sasaṅkhāra-parinibbāyin*) XXIII 56.

자기학대 (*atta-kilamatha*) I 11, 93; II 84; VII 34; XVI 63, 85.

자띨라까 (Jaṭilaka) VIII 18; XII 40.

자만 (*māna*) I 151; III 78, 95; VII 59; XIV 146, 168; XX 82, 125; XXII 28, 48*f*, 60.

자성 ☞ **고유성질**(*sabhāva*)

자세, 위의 (*iriyā-patha*) I 48, 61, 70, 94; II 73; III 88*f*; IV 41, 60, 103, 120; V 37; VIII 27, 42, 159, 208; IX 45; X 24; XI 29; XII 97; XVIII 34; XX 31; XXI 3.

자아 (*attā*) I 34, 93, 140; VIII 233; IX 10, 47, 54; XI 32; XIV 213, 216, 228; XV 21, 40; XVI 16, 24, 85, 90; XVII 116, 282, 303, 312; XX 16, 84, 90, 126; XXI 53, 56; XXII 117*f*.

자아라는 인식 (*atta-saññā*) I 140; VIII 233; XX 4, 90; XXI 11, 122; XXII 34, 113; XXIII 23.

자아의 교리 (*atta-vāda*) XIV 228; XVII 240*f*, 266.

자애(慈) (*mettā*) III 57*f*, 105*f*, 122; VII 18, 28; IX 1*f*, 92*f*, 98, 119*f*; XII 43, 37; XIII 34; XIV 154.
자양분 (*ojā*) XI 2, 88; XIV 70; XVII 256; XVIII 5*f*; XX 29.
자양분을 여덟 번째로 한 (물질) (*oja-aṭṭhamaka*) II 2; XVIII 5, 10; XX 29, 33*f*.
자연 (*pakati*) XVI 91; XVII 8, 36. ㊟ **근본원인**
자연적으로 생긴 물질 (*dhammatā-rūpa*) XX 46, 73, 75, 79, 80.
자연적으로, 잘 된 (*pakata*) XVII 80, 84.
자와나, 속행(速行) (*javana*) I 57; IV 33, 74*f*, 132, 138; X 10; XIII 5, 117; XIV 98, 121, 152, 188, 197; XV 36*f*; XVII 87, 103, 129, 136*f*, 293; XIX 14; XX 44; XXI 129; XXII 16, 19.
자유자재 (*vasi, vasī-bhāva*) IV 131; VI 68; VIII 222; XI 124; XII 14, 19, 38, 136; XX 102; XXII 125; XXIII 18, 27.
자자(自恣) (*pavāraṇā*) XII 75.
자재천신 ☞ **신**(Issara)
작용 ☞ **역할**(*kicca*)
작용만 하는, 단지 작용만 하는 (*kiriya*) I 57; X 21; XIV 22, 94, 106, 109, 115, 120, 183; XVII 87, 95; XIX 8; XX 31, 44; XXI 129; XXII 88.
작은 ☞ **제한된**(*paritta*)
작은 나가레나 동굴 (Cūḷa-Nāga-leṇa) IV 36.
작은 수다원 (*cūḷa-sotāpanna*) XIX 27.
작의(作意) ☞ **마음에 잡도리함** (*manasikāra*)
잔인함, 해악 (*vihiṁsā*) IX 94, 99; XV 28.
잠 (*niddā*) XIV 114, 167.
잠부 나무 (Jambu) VII 42
잠부디빠 ☞ **인도**(Jambu-dīpa)
잠재성향 (*anusaya*) I 13; VII 39; VIII 203; IX 88; XVI 64; XVII 238; XXII 45, 60, 73, 83*f*.
잠재의식 ☞ **바왕가**(*bhavaṅga*)
잡담(綺語) (*samphappalāpa*) I 140; XXII 66.
장소(處), **감각장소**(處) (*āyatana*) I 2; VII 12, 28, 38; X 24; XV 1*f*, 4; XVII 1, 48, 51, 56, 204*f*, 294; XVIII 12; XIX 13; XX 9; XXI 35.
장애 (*palibodha*) III 29*f*; IV 20; XVI 15, 23; XXII 281; XXII 4, 100.
장애(五蓋) (*nīvaraṇa*) I 140; III 15; IV 31*f*, 86, 104; VI 67; VII 59; VIII 233; IX 102; XIV 202;

XXIII 57, 71.

재생연결 (*paṭisandhi*) I 7; III 86; VII 10; VIII 10; XI 2; XIII 14, 17*f*, 24, 76; XIV 98, 111*f*, 124, 187; XVI 32; XVII 51, 89, 126, 133*f*, 164, 189*f*, 232, 292; XIX 13, 15, 23*f*; XX 22, 31, 43, 47; XXI 37*f*, 80.

재생으로서의 존재(生有) (*upapatti-bhava*) VII 16*f*; XVI 92; XVII 250*f*, 293*f*; XIX 13.

저열한 (*hīna*) I 25, 33; II 71; III 5; IV 52; IX 47; XIII 77; XIV 102, 185, 193, 208; XV 29; XVII 53, 138, 271; XX 14.

저항 ☞ **부딪힘**(*paṭigha*)

적당한 (*sappāya*) I 93; II 52, 80; III 16, 34, 65, 97*f*, 121; IV 35*f*; VI 85; VIII 221; IX 67; XIII 84; XX 21.

적의 (*paṭigha*) I 86, 94, 151; III 64, 95; VI 67; VII 59, 103; VIII 5; IX 14, 27, 48, 88, 96, 101; XIV 92; XXII 45, 48, 51, 60, 73.

적집(積集) ☞ **생성**(*upacaya*)

적합함(適業性) (*kammaññatā*) XIV 36, 64, 77, 133, 147, 167; XVIII 13; XX 32, 40, 116.

전달, 보냄, 기울임 (*abhinīhāra*) XI 93, 117; XII 18, 47; XIII 72, 95

전도(顚倒) (*vipallāsa*) VII 73; XIV 226*f*; XVI 25; XVII 63; XXII 47, 53, 68.

전도(顚倒) (*vipariyesa*) I 103; VII 59; XVII 243.

전륜성왕 (*cakka-vatti*) IV 34; VIII 221; IX 23; XI 17; XII 21, 40.

전생을 기억하는 지혜(宿命通) (*pubbe-nivāsa-anussati*) XII 2; XIII 13*f*, 122.

전오식(前五識) ☞ **한 쌍의 전오식**

전지(全知) ☞ **일체지**(一切知, *sabbaññatā*)

전향 (*āvajjana*) I 57; IV 74, 78, 132, 138; XIII 5, 27, 101, 118; XIV 107; 115*f*, 121*f*, 152; XV 34*f*; XVII 137, 232; XX 44, 121; XXI 129; XXII 1*f*, 10, 19, 26; XXIII 27, 38.

절망 (*upāyāsa*) XVI 31, 52*f*; XVII 2, 48, 80, 241, 275; XX 18; XXI 37, 59; XXII 5; XXIII 7.

절박감 (*saṁvega*) I 130, II 67; III 58, 95; IV 63; VIII 5; XIII 35; XIV 137; XVI 12, 30; XVII 278.

절제 (*viramana*) I 17; XVI 78; XXII 39.

절제 (*virati*) I 18, 28, 84; XIV 133, 155*f*, 181, 184; XVI 26, 78*f*.

점액 ☞ **가래**(*semha*)

정(定) ☞ **삼매**(*samādhi*)

정(正) ☞ **바른**

정(淨) ☞ **깨끗한**(*subha*)

정거천 (Suddh-āvāsa) XII 79; XXIII 57.

정계(淨界) ☞ **아름다움의 요소**(*subha-dhātu*)

정등각 (*Sammā-sambuddha*) I 131; VII 2, XII 26*f*, 124; XVI 5, 21.

정신 · 물질(名色) (*nāma-rūpa*) VII 11, 38; VIII 180, 222*f*; XI 2; XII 24*f*; XV 13; XVI 92; XVII 2, 55, 186*f*, 218*f*, 294; XVII *passim*; XIX 1*f*; XX 2*f*.

정신(名) (*nāma*) VII 38; XIV 8, 11; XV 13; XVII 48, 51, 187, 206*f*; XVIII *passim*, 8.

정신의 몸, 정신적인 몸 (*nāma-kāya*) XIV 133*f*; XVIII 36; XIX 5.

정신의 칠개조 (*arūpa-sattaka*) XX 45, 76, 88, 126.

정신적 고통 (*domanassa*) XIII 11; XIV 127, 127; XVI 50, 59; XVII 48, 279.

정신적 고통의 기능 (*domanassa-indriya*) XIII 9; XVI 1.

정신적 고통의 요소 (*domanassa-dhātu*) XV 28.

정직성(正直性) ☞ **곧음**(*ujukatā*)

정진 (*vāyāma*) XXII 39, 66.

정진 (*vīriya/viriya*) I 18, 26, 33, 111; II 88; III 24; IV 45*f*, 51, 72, 113; VII 7; IX 124; XII 12, 17; 50; XIV 133, 137, 159, 170, 176, 183; XVI 1, 86; XVII 72; XX 119; XXII 35*f*.

정진을 시작하는 요소(發勤界) (*ārambha-dhātu*) IV 52, 124; XV 25, 28.

정체 (*ṭhiti*) I 39; III 22.

제(諦) ☞ **진리**(*sacca*)

제거 ☞ **버림**(*pahāna*)

제사 (*yañña*) XVII 62.

제석, 삭까 (Sakka) I 3; VII 47, 55, 95; IX 23; XII 77.

제석, 인드라 (Inda/Indra) II 55; IV 185; XII 137. ㉾ **삭까**

제석천(帝釋天) ☞ **삼십삼천**(Tāva-tiṁsa)

제자, 성문(聲聞) (*sāvaka*) I 98, 131; IV 55; XIV 31.

제한된, 작은 (*paritta*) III 5, 13, 20, 112; IV 74; XIII 105 *f*, XIV 15; XVII 53.

조건(緣) (*paccaya*) VIII 180; IX 109, 111*f*; XIV 23, 73, 122, 191; XV 14, 32, 355*f*; XVII 2, 66*f*; XIX *passim*, 2, 13; XX 27*f*, 97; XXIII 5.

조건(緣)의 구조 (*paccay-ākāra*) XVII 9.

조건의 파악 (*paccaya-pariggaha*) VII 20; VIII 180; XIX *passim*; XX 4, 130; XXII 112.

조도(助道) ☞ **보리분법**(*bodhi-pakkhiya-dhamma*)

조띠까 (Jotika) VIII 18; XII 40.

조사 (*santīraṇa*) I 57; XIV 97*f*, 119; XV 36; XVII 129.

조직적인 위빳사나 (*naya-vipassanā*) XX 2, 21.

족쇄 (*saṁyojana*) I 90; IV 87, VII 70; VIII 203; IX 4; XIV 152, 162, 172; XVI 10; XXII 45, 47, 48, 122; XXIII 2.

존재(有) (*bhava*) I 32; IV 78; XIV 112, 124, 227; XVI 34, 92; XVII 2, 37, 40, 48, 51, 126, 162, 176, 235, 250*f*, 273*f*; XVIII 30; XIX 13; XX 9; XXI 34*f*; XXII 56; XXIII 29.

존재의 바퀴 (*bhava-cakka*) XVII 57, 273*f*.

존재하는 (*vattamāna*) XIII 9, 117; XIV 188; XVII 85.

존재하는 것 (*bhūta*)

존재하는 상태 (*atthi-bhāva*) XVII 96.

존재하는 순간 (*atthi-kkhaṇa*) XIV 59.

존재하는 조건 (*atthi-paccaya*) XI 111; XVII 66, 96*f*.

존재하지 않은 조건 (*natthi-paccaya*) XVII 66, 98.

종류 (*jāti*) XIV 94, 126, 198*f*; XV 14, 34, XVII 63.

종성(種姓) (*gotra-bhu*) IV 74; XIII 5; XIV 28, 121; XVII 81; XXI 101, 126, 134; XXII 5*f*, 44, 56; XXIII 7, 14.

주(住) ☞ **머묾**(*ṭhiti*)

주석서 ☞ **앗타까타**(*aṭṭhakathā*)

주의 ☞ **마음에 잡도리함**(*manasi-kāra*)

죽음 (*cuti*) XIII 14, 17*f*, 24, 76; XIV 98, 110, 123; XVII 113*f*, 131*f*, 164, 232; XIX 24; XX 43, 47.

죽음(死) (*maraṇa*) III 105; IV 63; VII 1, 16, 59; VIII 1*f*; IX 7, 75; XIII 91; XIV 111; XVI 31, 46*f*, 59; XVII 48, 163, 278; XVIII 30; XIX 515; XX 25; XXI 24, 34; XXII 116, 118; XXIII 42.

죽음과 다시 태어남을 아는 지혜 (*cutūpapāta-ñāṇa*) XII 2; XIII 72, 103.

죽음에 대한 마음챙김 (*maraṇa-sati*) II 67; III 6, 57*f*, 121; VIII 1*f*.

죽음의 마음 (*cuti-citta*) VIII 241;

XIV 124; XVII 135f; XX 31.

준비 (*parikamma*) III 6; IV 25, 74; XII 46, 59; XIII 4f, 9, 23, 98; XXI 129.

중립 (*majjhatta*) IV 163, 169f; IX 88f, 92, 96, 111; XIV 128, 153, 200; XVI 10; XVII 127; XX 121; XXI 61.

중립 (*tatra-majjhattatā*) IV 116, 156, 164; XIV 133, 153f.

중상모략(兩舌) (*pisuṇa-vācā*) I 140; XXII 62, 66, 75.

중생, 유정 (*satta*) III 113; IV 62; VII 37f; VIII 10, 39, 140; IX 53, 102, 120; XI 30, 117; XIII 4f, 74f; XIV 111; XVI 54; XVII 113f, 162; XVIII 24, 28; XIX 19; XX 82; XXI 58; XXII 48.

중생의 거처 (*satta-āvāsa*) VII 38; VIII 247; XIII 69; XVII 43, 148, 182, 196; XXI 29, 35, 43, 63, 109.

중생의 무리 (*satta-nikāya*) I 2; XIII 69.

중생이라는 인식(衆生想/相) (*satta-saññā*) I 43; XI 30, 117; XVIII 37; XIX 20; XX 82.

중성(*eunuch*) (*paṇḍaka*) I 45; V 41; XIV 111; XVII 150.

중요한, 분명한 (*padhāna*) XVII 107, 281.

즐거움 ☞ **기쁨**(*rati*)

즐거움(樂) (*sukha*) I 140; IV 184; VIII 233; IX 123; XIV 99, 102, 127, 200, 227; XV 28, 40; XVI 1, 16, 85, 90; XVII 282; XX 86; XXI 56; XXII 53, 117. ㊟ **행복**

즐거움의 기능(樂根) (*sukha-indriya*) IV 186; XVI 1, 10.

즐김 (*abhinandana*) II 33; VII 59; XVI 93.

즐김 (*nandi*) I 140; VIII 233; IX 53; XII 86; XVI 31, 61; XVII 30; XX 4, 90; XXI 11, 19, 61, 66; XXII 113; XXIII 23.

증가 ☞ **확장**(*vaḍḍhana*)

증득(等持) (*samāpatti*) IV 39, 191, 198; VIII 182, 223; IX 7, 60; X 15, 25, ; XI 121; XII 2, 127; XIV 103, 188, 201; XVII 84, 264; XVIII 1; XX 9; XX 9, 110; XXI 115; XXII 46; XXIII 9, 52.

증상(增上) ☞ **지배**(*adhipati*)

지(地) ☞ **땅**

지(止) ☞ **사마타**(*samatha*)

지나치게 확대하여 적용함 (*atippasaṅga*) XIV 186.

지루함, 싫어함 (*arati*) I 94, 140; III 95; VIII 144; IX 95, 100; XI 117; XIV 167; XXI 28. ㊟ **좋**

아함
지배(增上) (*adhipati*) III 5, 24; XII 51, XIII 54; XIV 73, 213; XVII 43, 91, 308; XXII 36, 37.
지배력 (*issariya*) VII 61; XVI 5.
지배력 (*vasa-vatti*) XVII 22; XX 47, 102; XXI 48.
지배의 조건 (*adhipati-paccaya*) XVII 66, 72.
지배자 (Inda) XVI 4.
지배하는 경지(八勝處) (*abhibhu-āyatana*) V 28, 32.
지속 ☞ **흐름**(*satāna*)
지속되지 않는 (*addhuva*) XX 18*f*, 48, 59.
지속적인 고찰(伺) (*vicāra*) I 140; III 5, 21; IV 74, 86, 88*f*, 132; VII 28; IX 112*f*; XIV 86, 133, 136, 157, 170, 176, 180; XVI 86; XVII 160; XX 9; XXIII 24, 26.
지식 (*vijjā*) XIV 14.
지옥 (*niraya*) I 156; IX 20; XIII 33, 79, 92; XIV 193, 207; XVII 137, 153, 178.
지와까 (Jıvaka) XII 61.
지족 (*santuṭṭha, santuṭṭhitā*) I 48, 68, 151; II 1, 25, 42, 72, 84, 93; III 95; IV 29, 115; XVI 86; XVII 242.
지탱, 지지, 도움 (*upatthambhana/+ka*) I 91; VIII 193; XIV 50, 70, 137, 188; XVII 78, 86, 96; XIX 4; XX 70.
지혜 없음, 알지 못함 (*aññāṇa*) I 57, 135; III 94; VII 9; IX 96, 101; XIV 163; XVII 51, 58, 111, 308.
지혜(智) (*ñāṇa*) I 18, 140; II 84; IV 118; VII 7; VIII 174; IX 124; XII 26; XIII *passim*; XIV 2, 20*f*, 83, 126; XV 21; XX 94, 114, 129*f*; XXI 12, 52; XXII 255, 46, 66; XXIII 20.
지혜롭게 마음에 잡도리함(如理作意) (*yoniso manasikāra*) IV 52, 58; VIII 4.
지혜롭지 못한, 근원을 벗어난 (*ayoniso*) I 90; VIII 5; XIV 163*f*; XVII 107.
직접 도달하는 대상 (*sampatta-visaya*) XIV 46, 76; XVII 242.
직접적인 증거 ☞ **체험한 자**(*kāya-sakkhi*)
진리(諦) (*sacca*) VII 27, 62; XIV 218; XVI 3, 13*f*; XVII 59, 300; XX 98, 100, 130; XXI 130; XXII 7, 92.
진리에 수순(隨順)**하는 지혜**(*sacca-anulomika-ñāṇa*) XXI 1.
진성(眞性) ☞ **사뜨와**(*satta/satva*)

진실한 성질, 여여 (*tathatā*) XVII 5.
진인(眞人), **뿌루샤** (*purisa*) XVI 91; XVII 8, 36.
질병 ☞ **병**(*roga*)
질병, 병, 괴롭힘, 고통 (*ābādha*) I 86, 92, 97, 117, 120; II 37, 52; III 50, 73; IV 100; VI 16; VII 76; X 1; XII 31; XIV 128, 220; XVI 30, 50, 59; XVII 107; XX 16, 18; XXI 35, 48, 59.
질투 (*issā*) III 95; VII 59; XIV 170 172.
집중(一境性) (*ekaggatā*) III 2, 6*f*; IV 36, 74; VI 67; VIII 228; IX 114; X 58; XI 119; XII 53; XVI 83; XXI 114; XXII 36, 46; XXIII 20, 26.
집착 (*nikanti*) II 54; IV 137, 151, 180, 198; X 6, 25, 40; XI 3; XVII 292; XIX 13; XX 76, 82, 105, 122*f*; XXI 28.
집착 (*parāmāsa*) I 35; VII 104; XIV 164, 229; XVII 308; XXI 35; XXII 48, 58, 71.
집착 ☞ **갈망**(*rāga*)
집착 ☞ **애착**(*ālaya*)
짜누라 (Cāṇura) VIII 19.
짠다빠두마시리 (Canda-paduma-siri) XII 42.
짬빠 (Campā) VII 51.
쩨띠야 산 (Cetiya-giri) IV 10.
쩨띠야 산 (Cetiya-pabbata) I 55; II 13; VI 88.
찌뜨라 빠딸리야 나무 (Citra-pātaliya) VII 43.
찌라굼바 (Cīra-gumba) I 122, 133.
찟따 (청신사 이름) (Citta) XIV 27.
찟따 산 (Citta) XXI 43.
찟따굿따 장로 (Citta-gutta thera) I 104*f*, V 5, 15.
찟딸라 산 (Cittala-pabbata) IV 10, 36; V 15; VIII 243; IX 39, 68; XX 109*f*.
쭐라 아바야 장로 (Cūḷa-Abhaya thera) ☞ **아바야 장로**

【차】

차례대로 탁발하는 자 (*sapadāna-cārika*) II 2, 6, 31, 87.
차별 ☞ **다양함**(*nānatta*)
차이 ☞ **다양함**(*nānatta*)
차이점 ☞ **다른 점**(*visesa*)
찬사 (*anunaya*) VI 67; IX 88, 96; XXII 51, 67; XXIII 4.
찰나(刹那) ☞ **순간**(*khaṇa*)
찰나사(刹那死) ☞ **찰나의 죽음**(*khaṇika-maraṇa*)

찰나삼매 (*khaṇika-samadhi*) IV 99.

찻단따 용왕 (Chaddanta *nāgarājā*) XXI 43

찻단따 호수 (Chaddanta) XIII 38; XXI 43.

찾음 ☞ **구함**(*esanā*)

책 (*gantha*) III 51, 126.

처(處) ☞ **장소**(*āyatana*)

처음 (*ādi*) I 10, 43, ; III 12, 69*f*; IV 110; VII 69*f*; VIII 67, 149, 197*f*, IX 88; XII 72, 114; XIII 32, 56; XVII 28*f*; XVIII 19, XIX 3, 74; XXI 50, 117.

천상 (*sagga*) VII 17; XIII 83, 94.

천상, 천상세계 (*deva-loka*) VIII 34; IX 35; XII 108, 120; XIII 33, 79; XVII 141, 265.

천상으로부터 하강함(*devorohana*) XIII 72*f*.

천성 (*pakati*) I 25, 38, 41; III 74, 86; IX 18; XX 51.

천성 (*sīla*) I 38, 41; III 83

천신 (*deva, devatā*) I 150; III 58, 118; VII 1, 59, 115*f*; IX 69; X 24; XI 97; XII 72; XIV 111; XVII 134, 278; XX 15.

천신을 계속해서 생각함 (*devata-anussati*) III 105; VII 115*f*.

천안통 (*dibba-cakkhu*) III 109; V 30, 35*f*; XII 100, 129, 136; XIII 9, 72*f*, 80, 124; XX 120.

천이통, 천이계 (*dibba-sota-dhātu*) III 109; XII 2, 136; XIII 1*f*, 109.

천착함 (*abhinivesa*) XIV 19; XXI 84.

천착한 (*abhiniviṭṭha*) XXI 89.

청량함 (*sīti-bhāva*) VIII 77; XIV 144.

청백(淸白)**의 경지**(**마음**) (*vodāna*) XVII 81; XXI 135.

청신사 (*upāsaka*) I 40; II 92.

청정 (*visuddhi*) I 4*f*, 16; VII 124; VIII 40, 248; IX 108; XIV 32; XVI 80; XVIII 1; XX 77, 82; XXII 129; XXIII 후기.

청정, 깨끗함 (*suddhi*) I 4, 29, 126; II 19; XVII 241; XXIII **후기**.

청정범행 (*brahma-cariya*) I 25, 144*f*; VI 14; VII 36, 69, 72; VIII 35, 251; XVI 89; XVII 238; XXI 135.

체액 (*dhātu*) VIII 159.

체액 (*dosa*) III 80*f*.

체험한 자, 직접적인 증기, 본보기 (*kāya-sakkhi*) III 42; XII 60; XXI 74, 77, 89.

초심자 (*ādikammika*) III 119; IV 129; VIII 48, 67; VIII 67, 190;

IX 1; XII 2, 8, 12; XIII 22, 95.

초월지, 신통지 (*abhiññā*) I 11, 140; III 5, 14*f*, 120; IV 75, 78; VII 30; XI 122; XII *passim*; XIII *passim*; XVII 61, 102; XX 3, 31; XXII 106; XXIII 58.

초월함 ☞ **윤회함**(*saṅkanti*)

촉(觸) ☞ **감각접촉**(*phassa*); ㉾ **감촉**(*phoṭṭhabba*)

추론 (*anumāna*) XVII 202.

추론지 (*anvaya-ñāṇa*) XXI 17; XXII 115.

추상적인 물질 (*anipphanna-rūpa*) XIV 72; XXIII 17, 52.

축생계 (*tiracchāna-yoni*) III 80; XIII 93; XIV 207.

출구 (*niyyāna*) VII 62, 73; VIII 161; XVI 15, 23*f*; XVII 93; XXI 67; XXII 38, 97, 102.

출리(出離) (*nekkhamma*) I 140; III 128; IX 124; XV 28; XVI 86; XXIII 20.

출세간 (*lokuttara*) I 29, 32, 135; III 5, 7; VII 68, 74*f*; VIII 40; XIV 8*f*, 88, 105, 127, 158, 182, 202; XVI 102; XVII 120; XVIII 8; XX 12, 31; XXII 36, 122, 124, 128; XXIII 2, 52.

출현, 출정, 탈출 (*vuṭṭhāna*) IV 131; XVI 23; XXI 83*f*; XXIII 13, 49.

취착(取) (*upādāna*) I 32; IV 87; VII 15*f*, 59; XIV 202, 214*f*, 225*f*; XVII 2, 48, 51, 239*f*, 292; XIX 4, 13; XXII 59, 72.

취착하는 무더기(五取蘊) (*upādāna-kkhandha*) VII 38; XIV 214; XVI 31, 57*f*, 92.

측면(*koṭika, dvi-, catu-*) XXI 53.

측면 ☞ **형태**(*ākāra*)

치장하려는 욕심 (*cāpalya*) III 95.

친숙한, 습관적인 (*āciṇṇa*) II 72; III 80, VIII 153.

친의지연(親依止緣) ☞ **강하게 의지하는 조건**

칠각지(七覺支) ☞ **깨달음의 구성요소**(*bojjhaṅga*)

【카】

카누 꼰단냐 장로 (Khāṇukondañña thera) XII 30, 33.

칼로 된 바퀴 (*khura-cakka*) XV 42.

코(鼻) (*ghāna*) XIV 36, 39, 46, 50, 117; XVI 10; XX 70.

코의 감각장소(*ghāna-āyatana*) XV 3*f*.

코의 기능 (*ghāna-indriya*) XVI 1.

코의 알음알이(*ghāna-viññāṇa*) XIV 95*f*, 117, 179.

코의 알음알이의 요소 (*ghāna-viññāṇa-dhātu*) XV 17*f*.
코의 요소(鼻界) (*ghāna-dhātu*) XV 17*f*.
쿳줏따라 청신녀 (Khujjutarā *upāsikā*) XIV 27.

【타】

타심통(他心通) ☞ **남의 마음을 아는 지혜**(*ceto-pariya-ñāṇa*)
타화자재천 (Para-nimmita-vasa-vatti) XIV 207; XV 27.
탁발 (*piṇḍa-pāta*) I 68, 89; II 5.
탁발음식만 수용하는 자 (*piṇḍa-pātika*) II 2*f*, 27, 30, 87; III 43, 127; VI 77; VIII 70; IX 39.
탁월함 (*adhipateyya*) XVI 15; XXII 97, 102.
탈출 ☞ **출현**(*vuṭṭhāna*)
탐욕 ☞ **갈망**(*rāga*)
탐욕 없음 (*anabhijjhā*) I 17.
탐욕 없음(不貪) (*alobha*) II 84; III 128; XIII 77; XIV 100, 106, 133, 143.
탐욕(貪) (*lobha*) II 84; III 95, 128; IV 87; VII 59; XIII 64, 77; XIV 90, 159, 161, 205; XVII 129; XXII 11, 49, 61.
탐욕스러움, 탐욕, 간탐 (*abhijjhā*) I 42, 140; XII 19; XVII 251.
탐욕이 빛바램(離慾) (*virāga*) I 32, 140; VIII 235, 245; XX 7; XXI 11*f*.
탐욕이 빛바램에 대한 관찰 (*virāga-anupassanā*) I 140; VIII 233; XX 90; XXII 113; XXIII 22*f*.
태만, 방일 (*pamāda*) I 140, 151; II 68; VII 59; XII 17, 27, 55.
태아의 첫 번째 단계 ☞ **깔랄라** (*kalala*)
태아, 태생 (*gabbha-seyyaka*) VIII 164; XVI 33; XVII 189, 194, 286; XX 22.
태양, 해 (*sūriya*) I 87; III 117; IV 195; V 21; VII 44; VIII 11; XI 19; XII 102; XIII 36, 97; XX 104; XXI 21; XXII 95.
태어날 곳 (*gati*) VIII 34; XIII 69, 92*f*; XIV 111; XVII 135, 160.
태어남 (*upapāta*) XIII 72; XVII 114.
태어남(生) (*jāti*) IV 63; VII 16; VIII 10; XIII 28; XVI 32*f*, 58; XVII 2, 63, 270*f*.
택법(擇法) ☞ **법의 간택**(*dhamma-vicaya*)
테람밧탈라 (Ther-amba-tthala) IV 135; XII 9.

토대 (*vatthu*) I 53; X 16; XI 107; XIV 47, 52, 78; XVII 51, 127*f*, 151, 189, 193, 204; XVIII 7; XX 25, 31; XXI 83; XXII 29. ㊟ **심장토대**

토양 (*bhūmi*) I 32; XIV 32; XVII 1, XVIII 1; XXII 80*f*.

토지, 국도 (*khetta*) II 61; IV 2, 13, 18; V 39; XIII 54; XVI 58.

통달지 (*pariññā*) XI 26; XX 2*f*, 89; XXII 92, 105*f*, 128.

통속적인 ☞ **일상적인 말**(*sammuti*)

통찰, 꿰뚫음 (*paṭivedha*) VIII 148; XVI 84; XVII 304, 308; XX 105; XXII 103.

통찰지(慧, **반야**) (*paññā*) I 7, 123; III 15; IV 45, 117*f*; V 41; VIII 111, 173; IX 124; XII 17; XIV 2*f*; XVI 1, 99; XX 3, 7; XXI 12, 74*f*, 89; XXII 42, 45, 98; XIII 2.

투도(偸盜) ☞ **도둑질**(*adinnādāna*)

투빠라마 (Thūp-ārāma) III 31.

특정한 말 (*vacī-bheda*) XIV 62.

특징 (*lakkhaṇa*) I 20; VIII 180; XIV 3, 8, 77; XVII 51; XVIII 19; XX 3*f*, 45*f*; XXI 2*f*, 52; XXII 99*f*.

특징, 성 (*liṅga*) VI 19, 36, 79; VII 54; IX 4, 57, 77, 84; XI 89.

틈 없이 뒤따르는 조건 (*anantara-paccaya*) III 6; XVII 66, 73*f*; XXIII 4, 14, 28.

파괴[업] (*upaghātaka*) XIX 16.

파루사까 숲 (Phārusaka) XII 79.

파멸처 (*vinipāta*) XIII 92.

파생된 물질 (*upādā-rūpa*) VIII 180; XIV 36*f*; XVII 77, 96; XVIII 4, 9, 14; XXII 86.

파악 (*pariggaha*) IV 114; VIII 180; XVIII 3*f*; XIX 4*f*; XXII 39.

【파】

판단할 수 없음(無記) (*avyākata/abyākata*) II 78; XIV 94, 126, 179*f*; XVII 51.

팔승처(八勝處) ☞ **지배하는 경지** (*abhibhāyatana*)

팔원소 (*aṭṭhaka, aṭṭhamaka*) XI 2, 88; XVII 193; XVIII 5*f*.

팔정도 (*aṭṭha-aṅgika-magga*) XXI 104; XXII 14. ㊟성스러운 도

팔해탈 ☞ **해탈**(*vimokkha*)

팽창 (*vitthambhana*) XI 37, 84*f*, 89*f*, 93.

팽창하는 겁 (*vivaṭṭa-kappa*) XIII 28*f*; XX 73.

편안함 ☞ **경안**(輕安, *passaddhi*)

평온(捨) (*upekkhā*) III 5, 9, 105*f*; IV 51, 112*f*, 156*f*, 182, 193; VII 18; VIII 74; IX 88*f*, 92, 96, 101, 119, 123; XII 37, 131; XIII 9; XIV 12, 85*f*, 126*f*, 154; XV 28; XVI 86; XVII 160; XX 44, 121; XXI 63, 83, 114; XXII 42.

평온의 기능(捨根, *upekkha-indriya*) XIII 9; XVI 1.

평정 (*tādibhāva*) I 10; VII 71.

평화로운 경지 (*santi-pada*) XXI 37, 40, 64.

포살, 우뽀사타 (*uposatha*) I 40; II 27, 60; V 5; VI 60; VII 100, 125; VIII 244; IX 32; XII 73; XVII 81; XX 109.

폭류 (*ogha*) I 6; IV 87; XIV 202; XXII 56, 70.

표상 없는 해탈 (*animittavimokkha*) VII 63; XXI 71, 89, 121.

표상 없음(無相) (*animitta*) I 140; VIII 29; XVI 23; XXII 44.

표상 없음의 관찰 (*animitta-anupassanā*) I 140; XX 91; XXII 113, 117.

표상(相) (*nimitta*) I 42, 54, 63, 140; II 67; III 113*f*, 132; IV 22*f*, 30, 72, 74, 111, 126*f*; VI 66; VII 51, 107; VIII 74, 141, 204, 206, 214; IX 43; X 9; XI 25; XIV 111*f*, 130; XV 26; XVII 136*f*; 278; XIX 26; XX 21, 90; XXI 10, 27, 33, 37*f*, 51*f*, 73, 83; XXII 4, 11, 44*f*, 79, 113, 117; XXIII 4, 7, 12.

풋사데와 장로 (Phussa-deva thera) VII 128.

풋사미따 (Phussa-mittā) XII 39.

풍(風) ☞ **바람**(*vāyo*)

피 (*ruhira*) XIII 2, 73.

피 ☞ **붉은 색**(*lohita*)

필수품 (*paccaya*) I 18, 42, 85, 96, 112*f*.

필수품, 자구, 소지품 (*parikkhāra*) I 2, 68, 96; II 60; VIII 41; IX 39; XXI 53; XXIII 35, 45.

필수품에 관한 계 (*paccaya-sannissita-sīla*) I 25, 42, 85, 97, 123, 129.

【하】

하나의, 같은, 단일화의 (*ekatta*) IV 105; XI 95, 104; XII 55; XVI 61; XVII 167, 309; XX 102; XXI 52, 135; XXII 97.

학습(계율) (*sekhiya*) I 52; II 29.

학습계율 (*sikkhā-pada*) I 27, 31, 40, 151; II 91; XIV 181; XXIII

40.
한 번만 싹 트는 자 (*ekabījī*) XXIII 55.
한 쌍의 전오식(前五識) (*dve-pañca-viññāṇa*) XVII 93, 126, 217; XVIII 8, 11; XX 31.
한 자리에서만 먹는 자 (*ekāsanika*) II 2, 35, 87.
한거 (*viveka*) I 117; II 1, 54, 63, 83; III 128; IV 125.
한계, 경계, 경내 (*sīmā*) III 58; IV 127; VI 81; IX 12, 40*f*, 66, 81, 87.
한정하는 물질 (*pariccheda-rūpa*) XIV 77.
함께 생긴 조건 (*sahajāta-paccaya*) XVII 66, 77; XXII 128.
합당한 (*sāmīci*) VII 90.
핫티꿋치 빱바라 (Hatthi-kucchi-pabbhāra) III 102; IV 10.
항까나까 (Haṅkanaka) XX 110.
항사빠따나 호수 (Haṁsa-patana) XIII 38.
항상함 (*nicca*) XVI 72; XX 47; XXI 56*f*.
해 ☞ **태양**(*sūriya*)
해로운(不善) (*akusala*) I 42, 52; IV 85; VII 59; X 16; XIII 64; XIV 23, 89*f*, 101*f*, 113, 117, 126*f*, 129, 132, 159*f*, 179, 193, 199, 205, 209; XVI 104; XVII 120, XIX 8; XX 28, 31, 44, 124; XXII 35, 62, 75, 85.
해악 ☞ **잔인함**(*vihiṁsā*)
해야 할 일 ☞ **역할**(*kicca*)
해체를 설하는 상좌부 (*vibhajja-vādī*) XVII 25; XXIII 후기.
해코지 않음 (*avihiṁsā*) IX 94; XV 25, 28.
해탈 (*vimokkha*) I 32; IV 118; V 32, 32*n*(팔해탈); VII 52, 63; IX 120; XIII 83; XIV 31; XVII 281; XXI 66*f*, 119.
해탈 (*vimutti*) I 32; IV 117; VIII 239; XIII 12; XXII 66.
해탈도론 (Vimutti-magga) **서문**; III 80*n*.
해탈지견 (*vimutti-ñāṇadassana*) I 32; VII 46.
해탈하기를 원하는 [지혜] (*muñcitu-kamyatā*) XXI 1, 46, 79*f*, 99, 131*f*.
해태 (*thīna*) III 95; XIV 167; XXII 49.
해태 · 혼침 (*thīna-middha*) I 140; IV 86, 104; V 35*f*; XIV 166, 175.
행(行) ☞ **상카라**(*saṅkhāra*)
행복(樂) (*sukha*) I 32; III 5, 9, 12, 21; IV 74, 86, 99, 182; VIII

230; XII 131; XIV 86, 139; XX 117; XXI 37; XXIII 8, 26. ㊟ **즐거움**

행복의 인식 (*sukha-saññā*) I 140; VIII 233; XII 49, 119, 131; XVII 62, 111; XX 90; XXI 11, 122; XXII 34, 133; XXIII 23.

행위, 업지음 (*abhisaṅkhāra*) VII 7, 59; VIII 236; XII 85; XIV 213; XVII 44*f*, 102*f*, 169*f*, 251*f*; XXI 18; XXIII 12. ㊟ 공덕이 되는 행위; ㊟ 공덕이 되지 않는 행위; ㊟ 흔들림 없는 행위

행위, 역할 (*kiriya*) XIV 152, 199; XVI 90, 98; XVIII 35; XIX 18.

행위(業) (*kammanta*) XXII 42, 45, 66.

행위자 (*kāraka*) XVI 90; XVII 273, 282, 302; XIX 20; XX 16.

행자(**사마타/위빳사나** ~) (*yānika*) XVIII 3, 5.

향(香) ☞ **냄새**(*gandha*)

향함 ☞ **기울임**(*abhiniropana*)

허공 (*ākāsa*) III 63; V 28; IX 122*f*; X 1*f*; XIII 41.

허공 ☞ **공간**(*vivara*)

허공의 까시나 (*ākāsa-kasiṇa*) III 105*f*; V 29, 37; XII 88*f*.

허공의 요소(空界) (*ākāsa-dhātu*) XIV 36, 63, 77, 80; XV 25, 30; XVII 13; XX 32, 36, 40.

허무주의 (*natthika-(vāda)*) XVII 23.

허영심 ☞ **교만**(*mada*)

헌신하는 (*niyyātita*) III 124, 126.

헤아림, 계산, 숫자 (*gaṇana*) I 132; IV 36, 119, 148, 177, 196; VIII 189*f*.

혀(舌) (*jivhā*) XIV 40, 46, 51, 117; XVI 10; XVII 156; XX 70.

혀의 감각기능(舌根, *jivvā-indriya*) XVI 1

혀의 감각장소(舌處, *jivhā-āyatana*) XV 3 :

혀의 알음알이(舌識, *jivhā-viññāṇa*) XIV 96, 117, 179.

혀의 알음알이의 요소(*jivhā-viññāṇa-dhātu*) XV 17.

혀의 요소(舌界) (*jivhā-dhātu*) XV 17.

현재 (*paccuppanna*) XIII 111*f*; XIV 186*f*.

현재 (*vattamāna*) VIII 174; XVI 68; XXII 81, 89.

현저함 (*ussada*) III 81, 83; IV 29; V 3, 7; VI 70; VIII 81; XI 88.

혐오스러움 (*paṭikūla*) I 124; II 39; III 6, 105, 117, 121; XXI 63, 109.

형상(色) (*rūpa*) I 20, 53, 57; III 109; VII 28; X 16, XIII 101;

XIV 54, 74, 96, 99, 107, 115, 134; XVII 127, 180, XVIII 11; XX 44.

형상의 감각장소(色處, *rūpa-āyatana*) XIV 76; XV 3.

형상의 요소(色界) (*rūpa-dhātu*) XV 17.

형성되지 않은 요소 (*asaṅkhata-dhātu*) XV 25, 34, 42; XVI 94.

형성되지 않은(無爲) (*asaṅkhata*) VII 62, 83; VIII 245; XV 25, 31, 42; XVI 15, 23, 74, 94; XXII 97, 101; XXIII 17, 52.

형성된(有爲) (*saṅkhata*) VII 83; VIII 245; XIV 216, 223; XV 15, 25, 40; XVI 23, 102; XVII 45; XX 17, 101; XXI 18.

형태, 측면, 모양, 구조 (*ākāra*) I 64; III 89, 103; IV 27 *etc.*; VII 21; VIII 40, 42, 163; IX 15, 56; XI 29 *etc.*; XI 29 *etc.*; XIV 61*f*, 66; XVII 14; XVIII 13; XX 18 *etc.*; XXI 6*f*.

혜(慧) ☞ **통찰지**(*paññā*)

혜해탈 (*paññā-vimutta*) XXI 74, 89; XXIII 58.

호기심 없음, 관심 없음 (*nirīhaka*) XV 15; XVIII 31; XX 103.

혼돈하지 않음 ☞ **미혹하지 않음** (*asammoha*)

혼란 ☞ **산란함**(*vikkhepa*)

혼침 (*middha*) 111 95; XIV 71.

혼합된 [전체] 눈 (*sasambhāra-cakkhu*) XIV 47.

화(火) ☞ **불**(*tejo*)

화, 분노 (*kodha*) I 151; III 95; VII 59, 103; IX 15, 22, 38; XVI 42.

화락천 (Nimmāna-rati) VII 115.

화생 (*opapātika*) XVII 154, 191, 286; XX 26; XXII 27.

확신 ☞ **결심**(*adhimokkha, adhimutti*)

확장, 증가 (*vaḍḍhana*) III 109*f*; IV 126*f*; V 26; XIII 6; IX 102; XIII 95; XXII 40.

회전(세 가지) (*vaṭṭa*) XVII 281, 298; XXI 41.

효력을 상실한 업 (*ahosikamma*) XIX 14.

후기 (*nigamana*) XXIII 후기.

후회 (*kukkucca*) III 95; XIV 170, 174; XXII 71. ㉾ **들뜸 · 후회**

후회하지 않음 (*avippaṭisāra*) I 10, 23, 32, 140; VI 67.

흐름, 상속(相續) (*santati*) XI 112; XIII 111, 113; XIV 66, 114, 124, 186, 188 *f*, 197; XVII 74, 165, 170, 189, 204, 223, 271, 310; XIX 23; XX 22, 26, 102; XXI 3; XXII 89, 128.

흐름, 상속(相續), **지속** (*santāna*) I

7; IV 141; VII 76; XIII 13, 111*f*; XIV 114*f*, 189; XVII 84, 167, 310; XX 102; XXII 126.

흔들림 없는 행위 (*āneñja-abhi-saṅkhāra*) XVII 60, 63, 104, 118, 125, 181, 251.

흔들림 없음 (*āneñja*) X 19; XII 2, 16, 19, 55.

흩어짐 ☞ **산란함**(*vikkhepa*)

희론 ☞ **산만함**(*papañca*)

희열(喜) (*pīti*) I 32, 140; III 5, 8, 12, 21; IV 51, 74, 86, 94, 182; VIII 226, 230; IX 112; XIV 86, 180; XVI 86 XVII 160; XX 115; XXI 19; XXII 42; XXIII 26.

히말라야 (*himavā*) VII 42; XIII 38, 48, 61; XXI 43.

힘(力, 五力) (*bala*) IX 124; XVI 86; XXII 25, 42; XXIII 20.

옮긴이 · 대림스님

세등선원 수인(修印)스님을 은사로 출가.
봉녕사 승가대학 졸업.
인도 뿌나 대학교(Pune University)에서
빠라맛타 만주사의 혜품 연구(A Study in Paramatthamanjusa)로 철학박사 학위취득
현재 초기불전연구원 원장.

역서로 『염수경(상응부 느낌상응)』(1996),
『아비담마 길라잡이』(전2권, 2002, 12쇄 2016, 전정판 2쇄, 2018, 각묵스님과 공역),
『들숨날숨에 마음챙기는 공부』(2003, 개정판 2019),
『앙굿따라 니까야』(전6권, 2006~2007),
『맛지마니까야』(전4권, 2012, 5쇄 2021),
『니까야강독』(I/II, 2013, 4쇄 2017, 각묵스님과 공역)이 있음

청정도론 제3권

2004년 4월 16일 초판 1쇄 발행
2024년 9월 3일 초판 9쇄 발행

옮긴이 | 대림 스님
펴낸이 | 대림 스님
펴낸곳 | 초기불전연구원
경남 김해시 관동로 27번길 5-79
전화 (055)321-8579
홈페이지 | http://tipitaka.or.kr
http://cafe.daum.net/chobul
이 메 일 | chobulwon@gmail.com
등록번호 | 제13-790호(2002.10.9)
계좌번호 | 국민은행 604801-04-141966 차명희
하나은행 205-890015-90404 (구.외환 147-22-00676-4) 차명희
농협 053-12-113756 차명희
우체국 010579-02-062911 차명희

표지디자인 | 끄레 어소시에이츠

ISBN 89-953547-8-X 04220
89-953547-5-5(전3권)

정가 30,000원